# Franz Liszt's Briefe

## Band II

## Von Rom bis an's Ende

Elibron Classics
www.elibron.com

Elibron Classics series.



ISBN 0-543-98110-X (paperback)
ISBN 0-543-98109-6 (hardcover)

This Elibron Classics Replica Edition is an unabridged facsimile
of the edition published in 1893 by Breitkopf und Härtel, Leipzig.

# Franz Liszt's Briefe.

Gesammelt und herausgegeben

von

La Mara.

---

Zweiter Band.

Von Rom bis an's Ende.

Leipzig

Druck und Verlag von Breitkopf & Härtel

1893.

# Inhalt.

Seite

## Nachtrag.

# Rom.

## 1. An Dr. Franz Brendel.

[Rom,] 20. December 61.

Verehrter Freund,

Zum neuen Jahr bringe ich Ihnen nichts Neues; meine bald alternde Anhänglichkeit und Freundschaft bleibt Ihnen unveränderlich ergeben. Lassen Sie mich hoffen, dass es mir vergönnt sein wird, Ihnen von Jahr zu Jahr mehr Beweise davon zu geben.

Seit Anfang October bin ich ohne Nachricht von Deutschland geblieben. Wie geht es meinen Freunden Bronsart, Dräseke, Damrosch, Weissheimer? Sagen Sie ihnen meine herzlichsten Grüsse und ertheilen Sie mir einige Notizen über das Weiterstreben und Leisten dieser meiner jungen Freunde, sowie auch über die Thätigkeit der *Redactions-Höhle* und den Verlauf der Euterpe-Conzerte.

Die Nummern der Zeitschrift vom October an bitte ich mir an die Adresse der Buchhandlung *Spithöver-Monaldini*, Piazza di Spagna, Rom zu senden. Ihren Brief adressiren Sie »*Herrn Commandeur Liszt*« Via Felice 113. »*Signor Commendatore*« ist meine hiesige Titulatur; befürchten Sie desswegen nicht, dass mich irgend ein Don Juan ersticht — noch weniger, dass ich bei meiner Rückkehr in Deutschland in Ihrer Redactions-Höhle als steinerner Gast erscheine! —

Von mir habe ich Ihnen eigentlich wenig zu sagen. Obwohl meine hiesigen Bekanntschaften ziemlich ausgebreitet und anziehender Art (wenn auch keineswegs *spezifisch* musikalisch!) sind, lebe ich im Ganzen mehr abgeschlossen als es mir in Deutschland möglich war. Die Morgenstunden gehören meiner

Arbeit und manchmal auch ein paar Abendstunden. Mit der Elisabeth hoffe ich in drei Monaten gänzlich fertig zu sein. Bis dahin kann ich nichts anderes unternehmen, weil mich dieses Werk gänzlich absorbirt. Nächstens will ich mich entscheiden, ob ich nächsten Sommer nach Deutschland komme oder nicht. Möglicherweise gehe ich im April nach Athen — ohne dafür Ilm-Athen zu vergessen! . — .

Zuerst schicken Sie mir die Zeitschrift, um dass ich nicht ganz musikalisch verwildere. Bei Spithöver, wo ich die Zeitungen regelmässig lese, finden sich blos die Augsburger Allgemeine, die Berliner Stern-Zeitung[1]), und mehrere französische und englische Blätter, welche so viel wie gar nichts von dem, was mir auf dem musikalischen Gebiet angelegen ist, enthalten.

Julius Schuberth schrieb mir vor kurzem ein recht freundliches Briefchen und fragt mich, welche von den Werken Dräseke's ich ihm zunächst zur Veröffentlichung anempfehlen könnte. Aufrichtig gesagt fällt es mir in Rom sehr schwer, mich in irgend eine Verlegers-Haut zu versetzen, selbst in eine so geniale wie Julius Schuberth. Trotzdem will ich ihm gerne gelegentlich antworten und ihm rathen, sich bei Dräseke selbst über die Opportunität der Herausgabe dieses oder jenes seiner Opus den sichersten Rath einzuholen, falls wirklich unsern Julius der Zweifel anwandelte, seine Verleger-Allwissenheit wäre nicht genügend erleuchtet hierzu! —

Empfehlen Sie mich freundschaftlichst dem Eingedenken Ihrer Frau.

Aufrichtig ergebenst F. Liszt.

An Kahnt bitte ich meinen besten Gruss zu bestellen. Späterhin werde ich ihn um ein Exemplar meiner Lieder für eine sehr liebenswürdige römische Dame ersuchen.

---

1) Wol die Kreuzzeitung.

## 2. An A. W. Gottschalg, Cantor und Organist in Tieffurt[1].

Geehrter Freund,

Obschon ich nicht anders denken kann, als dass Sie mir immer gleich getreu verbleiben, so ist mir doch jedesmal der lebendige Ausdruck Ihrer so wohlmeinenden Gesinnung erfreulich und ermunternd. Haben Sie also zunächst herzlichen Dank für Ihre zwei Briefe, welche mir wieder die besten Eindrücke Ihrer Morgen- und Abendbesuche in meinem blauen Zimmer auf der Altenburg vergegenwärtigen.

Selbstverständlich habe ich gegen die Veröffentlichung des Andante aus der Berg-Symphonie in dem Jubel-Album zu Ehren Johann Schneider's nichts einzuwenden. Ich bitte Sie nur, geehrter Freund, die Correctur genau durchzusehen und etwaige Auslassungen oder Fehler im Manuscript sorgfältig zu berichtigen.

Gerne würde ich Ihnen einen neuen Orgelbeitrag zusenden; aber leider fehlt es mir hier gänzlich an Anregung zu ähnlichen Arbeiten, und bis nicht einmal der *Tieffurter Cantor* nach Rom pilgert, wird wohl mein ganzer Orgelkram am Nagel hängen bleiben.

Ad vocem des Tieffurter Cantors will ich Ihnen sagen, dass ich seiner besonders gedacht habe in diesen letzten Tagen, indem ich den Lobgesang des heiligen Franciscus (»Cantico di San Francesco«) componirte. Der Gesang ist eine Entwicklung, gleichsam ein Spross, eine Blüthe des Chorals »in dulci jubilo«, wozu ich natürlich die Orgel verwenden musste. Nun aber, wie könnte ich einen Orgelsatz schreiben, ohne zugleich in Gedanken nach Tieffurt zu spazieren? — Und

1) »Den legendarischen Cantor« nannte der Meister gern scherzend den ihm treu ergebenen Freund. »Ich schätze ihn als einen sehr redlichen, tüchtigen, ernstlich strebsamen und verdienstlichen Kunstgenossen und interessire mich für sein weiteres Emporkommen — was ihm gebührt«, schrieb Liszt an den verstorbenen Schuberth. Seit langem ist G. inzwischen zum Hoforganisten in Weimar aufgerückt. Als Redacteur des »Chorgesang« und der »Urania« ist er in weiteren Kreisen bekannt.

siehe da, am Eingang der Kirche begegnete mir unser vortrefflicher Grosse[1]) mit seiner Posaune, und ich erinnerte mich eines alten Versprechens, nämlich eine »pièce« für seinen Sonntagsgebrauch zu componiren. Alsbald machte ich mich dran, und aus meinem »*Cantico*« ist jetzt eine *Concertante* für Posaune und Orgel geworden. Ich schicke Ihnen das Stück als *Osterei* Mitte April[2]). Einstweilen hier die ersten Accorde:

und an einem schönen Maiabend spielen Sie das Ganze mit Grosse in Ihrer Tieffurter Kirche und lassen Sie mich beide mit Orgel und Posaune fortleben! —

Es ist mir aufgefallen, dass Ihr Name nicht unter den Mitarbeitern des Jubel-Album Johann Schneider's genannt ist. Wenn noch Zeit und Platz dazu vorhanden, könnten Sie vielleicht Ihr Arrangement der Fuge aus der Dante-Sinfonie (mit dem Schluss, den ich für Sie dazu componirt) beisteuern. Dies ein ganz unmassgeblicher Vorschlag, vorausgesetzt, dass Härtel's bereitwillig damit einverstanden sind — und vor allem, dass es Ihnen passt.

. —. NB. Von den beiden Psalmen »An den Wassern Babylons«, welche Sie in Abschrift zurückbehalten, bitte ich Sie ausdrücklich *keinen* weiteren Gebrauch zu machen, weil ich noch ein paar *wesentliche* Änderungen daran vorgenommen

---

1) Der Liszt treu anhängende (1874 †) Posaunist der Weimarer Capelle, dessen der Meister in seinem Testament gedachte.

2) Leipzig, Kahnt, erschienen.

habe und die Dinge nur in ihrer jetzigen Gestaltung verbreitet und veröffentlicht wissen will. Ich sende das neue Manuscript gleichzeitig mit dem Cantico di San Francesco.

Grüssen Sie freundlichst Ihre Frau und seien Sie meines aufrichtigen Dankes und des besten Einklangs meiner freundschaftlichen Gesinnung mit der Ihrigen stets versichert.

Rom, 11ten März 62. F. Liszt.

Bei Absendung mehrerer Manuscripte zu Ostern will ich wieder ein paar Briefe nach Weimar schreiben und Jungmann 1) für seinen Brief danken. Der Mangel an Zeit ist mir in Rom fast ebenso empfindsam als in Weimar, und ich habe mir ein strenges Fasten von Correspondenzen zur Regel gemacht, sodass ich seit 3 Monaten kaum 3 bis 4 Briefe nach Deutschland expedirte.

Empfehlen Sie mich insbesondere freundschaftlich Herrn Regierungsrath Müller. 2)

## 3. An Dr. Franz Brendel *).

Verehrter Freund,

Ihr freundschaftliches Schreiben hat mir wieder etwas deutsche Luft gebracht, die mich hier um desto angenehmer berührt, als sie mir nicht im Übermass zukommt. Von deutschen Zeitungen sieht man äusserst wenige in Rom — auch lese ich dieselben sehr unregelmässig — und meine Correspondenten von dorther beschränken sich auf zwei, von welchen Freund Gottschalg, mein *legendarischer* Tieffurter Cantor, der eifrigste bleibt. Seine Briefe fliessen vom Herzen — und sind mir deswegen immer willkommen.

Für alles Erfreuliche Ihrer Mittheilungen sage ich Ihnen doppelten Dank. Erstens weil Sie es zumeist veranlasst,

---

1) Schüler Liszt's, in Weimar, starb daselbst Sept. 1892.

2) Freund Liszt's, als musikalischer Schriftsteller vielfach thätig, 1876 verstorben.

*) Autograph im Besitz von Hrn. Alexander Meyer Cohn in Berlin.

bevorwortet und durchgeführt. Dann dafür, dass Sie mir es in so freundschaftlicher Weise berichten. — Obschon ich seit langer Zeit gefasst bin, das *Fiasco* meiner Werke ruhig und unverrückt zu ertragen, so ist es mir doch angenehm zu erfahren, dass die *Faust*-Symphonie in Leipzig kein zu schlimmes Loos hatte.[1]) Ermangeln Sie nicht, lieber Freund, Herrn Schnorr meinen besten Dank zu übermitteln — und wenn ihm zufällig meine Lieder einen kleinen Spass machen könnten, so ist wohl Kahnt so freundlich, ein Exemplar (*eingebunden*) in meinem Auftrag an Schnorr zu senden.

Die Bronsart'sche Angelegenheit betreffend, bedaure ich aufrichtig, dass ich nicht früher darauf beschwichtigend einwirken konnte. Zwischen Gleichgesinnten sollten Misshelligkeiten und Zwiespalt sich nie einfinden — noch weniger zum Ausbruch gelangen. Da Sie mich um meine Ansicht fragen, gestehe ich offen, dass *principiell* Bronsart mir gänzlich berechtigt scheint, die Wahl der neuen Compositionen für den musikalischen Dirigenten zu vindiziren, trotzdem dass die paar versuchten Experimente nicht zu Gunsten des Princips sprechen (hinsichtlich des Erfolgs). Unter uns dürfen wir aber nicht verhehlen, dass ein grosser Theil der Schlaffheit und Verdorbenheit unserer deutschen musikalischen Zustände (wie auch anderwärts) der zu grossen — oder zu kleinlichen — Fügsamkeit und Schmiegsamkeit der Kapellmeister und Musikdirectoren zuzuschreiben ist. Ich weiss wohl, dass das Comité der Euterpe einen ganz anderen Sinn hegt und pflegt als die Gesellschaften X, Y, Z, oder die Hoftheater-Intendanzen A, B, C, D. Doch stellt sich immerhin die Frage: soll der Koch kochen — der Kutscher kutschiren? — Ergo lasst auch den Musiker gewähren. Das Unheil, was daraus entstehen könnte, ist nicht gar so fürchterlich.

Andrerseits erachte ich einen Personen-Wechsel in der Direction eines *neuen* Instituts als nicht zweckdienlich. Bei geistigen Bewegungen insbesondere sind die Führer sehr darauf

1) Im Concertverein »Euterpe« unter Bronsart's Leitung, wobei Schnorr von Carolsfeld das Tenorsolo sang.

angewiesen, sich *conservativ* in den Personen zu verhalten. Das Publikum verlangt vor allem *Bestimmtheit* — und eben diese ist durch den Personen-Wechsel gefährdet. Der Ersatzmann für B., den Sie mir nennen (sein Name fängt gleichfalls mit B an), ist gewiss sehr empfehlenswerth in jedem Bezug — was Talent, Position und ich glaube auch schätzbaren Charakter anbetrifft; nichtsdestoweniger stimme ich sehr *entschieden* für Beibehaltung Bronsart's — *wenn möglich.*

Ich brauche Ihnen nicht beizufügen, verehrter Freund, dass diese Meinung eine gänzlich *objective* ist. Von Bronsart habe ich seit letztem September kein Wort erfahren, und wie ich Ihnen früher sagte, meine musikalischen Nachrichten aus Deutschland beschränken sich auf die 2 oder höchstens 3 Briefe, die mir Gottschalg geschrieben.

Mit dem Wunsch, dass sich alle Schwierigkeiten durch Ihre verständnissvolle Lang- und Sanftmuth bestens ebnen, verbleibt Ihnen freundschaftlichst ergeben

[Rom] 12. April 62. F. Liszt.

P.S. Nächstens mehreres (wenig Interessantes für Sie, da hier gar nichts vorgeht, was Sie näher berühren könnte). — Ich schicke mich an, den Sommer und etwas länger hier zu verbleiben. — Um die Post nicht zu versäumen, erhalten Sie heute nur diese paar Zeilen.

## 4. An Madame Jessie Laussot in Florenz[1]).

Vos charmantes lignes, Madame, me sont parvenues au commencement de la semaine sainte. A ce moment on ne s'appartient plus à Rome; et je l'ai ressenti plus que d'autres, car les offices et cérémonies de la Chapelle Sixtine et de S$^{t}$ Pierre, auxquels je rattachais un intérêt musical spécial, ont

1) Später die Gattin des berühmten Culturhistorikers und Essaysten Carl Hillebrand. Vielfältig schriftstellerisch thätig, gründete und dirigirte sie daneben die »Società Cherubini« in Florenz und führte deutsche Musik (auch die Liszt's) mit Vorliebe daselbst auf.

absorbé tout mon temps durant plus de quinze jours. Veuillez donc m'excuser de ne pas vous avoir remercié plus tôt de votre bon souvenir auquel je suis fort sensible.

C'est par erreur qu'on vous a parlé de mon voyage à Florence. Je n'ai plus de tout le goût de me mouvoir de çi et de là, et à moins d'événements très imprévus, je ne bougerai pas d'ici de si tôt. Rome est un séjour plus commode que d'autres pour ceux qui ne demandent autre chose que de travailler à leur guise. Or quoique le sort de ce que j'écris me soit devenu assez indifférent, le travail n'en reste pas moins le besoin premier de ma nature. J'écris donc, tout simplement pour écrire — sans autre prétention ni souci — et à cet effet l'immobilité me convient.

Soyez assez bonne, Madame, pour vous charger de mes très affectueux respects pour Madame Ritter [1], auxquels vous joindrez mes meilleures amitiés pour sa famille, et veuillez aussi, je vous prie, agréer l'expression de mes sentiments bien sincèrement distingués et affectionnés.

F. Liszt.

3 Mai 62. (Via Felice 113— Rome.)

## 5. An Dr. Franz Brendel.

Rom, 12. Juni 62.

Grosses, Erhabenes, Unermessliches hat sich in der letzten Zeit hier zugetragen. Das Episcopat der ganzen Welt versammelte sich um den heiligen Vater, der bei Anwesenheit von mehr als 300 Bischöfen, Erzbischöfen, Patriarchen, Cardinälen, die Feierlichkeit der Canonisation der japanesischen Märtyrer am Pfingsttag vollzog. Ich muss darauf verzichten, verehrter Freund, Ihnen von dem überwältigenden Moment, wo der Papst das Te Deum intonirte, ein Bild zu geben; denn in protestantischen Ländern fehlt dazu, was ich die geistige Beleuchtung nennen möchte. Gehen wir also ohne

---

1) Mutter von Carl Ritter — Wagner's Freund — und Alexander Ritter, dem Componisten des »Faulen Hans«.

andre Transition zu unsern häuslichen musikalischen Angelegenheiten zurück!

Ich bin versichert, dass Sie sich nur nach reiflichem Ermessen zu einem Wechsel in der Wahl des Dirigenten der Euterpe entschlossen. . —. In meinem letzten Schreiben deutete ich hauptsächlich darauf hin, dass bei Conzert-Instituten das Princip der Stabilität in der musikalischen Direction am vortheilhaftesten zu erachten ist; womit ich keineswegs sagen wollte, dass man desswillen extreme Consequenzen oder sogar Inconsequenzen eingehen muss. Nun da Ihre Entscheidung getroffen, wird eine weitere Besprechung unnütz. Blassmann [1]) hat sich jetzt zu bewähren und die günstigen Erwartungen, zu welchen sein Talent und sein guter Ruf berechtigen, thatsächlich zu erfüllen. So sei es, und wie Schuberth zu sagen pflegt, *Punktum.*

Über den Versammlungsort der nächsten Tonkünstler-Zusammenkunft theile ich Ihre Ansicht. Zunächst rathe ich Ihnen, sich an Bülow zu wenden. Durch seine mehrjährigen Beziehungen mit dem Carlsruher Hof ist er zumeist qualifizirt, die gehörigen Präliminarien (»Anbahnungen«!) zu treffen. Wenn der Grossherzog und die Frau Grossherzogin die Sache mit Wohlwollen aufnehmen, so wird zweifelsohne auch das Nöthige und Förderliche in angemessenster Weise dafür geschehen. Wesentlich sind dabei:

a) Kostenfreie Überlassung des Theaters an 2 bis 3 Abenden — (wie *in Weimar* — was vielleicht in dem 1ten Schreiben zu erwähnen wäre?)

b) Amtliche Vorkehrung der Intendanz zur gesicherten und gleichfalls kostenfreien Mitwirkung des Carlsruher Orchesters und Chor-Personals.

Zur Verständigung über den geeignetsten Zeitpunkt haben Sie sich mit Dr. Devrient und Kalliwoda ausführlicher zu besprechen. Vor allem handelt es sich darum, das Interesse des Grossherzogs zu gewinnen — und falls Sie es für thunlich erachten, dass ich später direct einige Zeilen an

---

1) Er siedelte einige Jahre später nach Dresden über und ist daselbst verstorben.

S. K. H. richte, so bin ich gerne dazu bereit. Blos bitte ich Sie, mir genaue Notiz über die bereits gethanen Schritte und Resultate mitzutheilen.

Nach meinem Dafürhalten soll Bülow a priori mit der musikalischen Leitung des Musikfestes betraut sein — und diesen erledigten Punkt in dem Einleitungsschreiben an den Grossherzog sogleich bezeichnen. Andererweise wäre die Stellung Bülow's zu der Sache nicht genügend gestützt.

Kurz zusammengefasst: Sie ersuchen Bülow, die Leitung des Musikfestes zu übernehmen und sich brieflich oder mündlich (nach Opportunität) an den Grossherzog von Baden zu wenden mit der Bitte, S. K. H. möchte durch Ihr Wohlwollen das beabsichtigte Musikfest der 3ten Tonkünstler-Versammlung in Carlsruhe begünstigen und demselben gleichartige Protection ertheilen wie im vorigen Jahre der Grossherzog von Weimar etc. etc.

. — . Der vortreffliche Pohl hat mich gänzlich vergessen. Ich verlangte von ihm durch Gottschalg die Zusendung meiner Gesammelten Lieder, der Dante-Symphonie (in Partitur und 2 Clavier-Arrangement), der 4händigen Symphonischen Dichtungen und ein paar Exemplare meines Catalogs (bei Härtel erschienen).

Seit 2 Monaten warte ich darauf vergebens. Vor einigen Tagen schrieb ich an Frau von Bülow, Pohl eine Execution zuzuschicken; vielleicht hilft dies endlich!

Die Berlioz'schen Stimmen sind in Weimar geblieben. Grosse weiss darüber Bescheid — und möglicherweise sind sie zu Pohl mit den übrigen Partituren gekommen. Sobald man sie vorgefunden, stelle ich sie gerne der Bibliothek des Musikvereins nebst den Partituren als Geschenk zur Verfügung und *autorisire* Sie mit Vergnügen, verehrter Freund, in derselben Weise mit Stimmen und Partitur der Graner Messe zu verfahren.

Die Zeitschrift ist mir ebensowenig zugekommen als das Paquet von Pohl.

Herzliche Grüsse an Ihre Frau von Ihrem freundschaftlichst ergebenen F. L.

## 6. An Dr. Franz Brendel.

Verehrter Freund,

Nun da das Paquet endlich angelangt ist, soll Pohl nicht mehr gescholten werden, und seine »Unschuld« im vollsten Glanz leuchten! . — .

Soeben erhielt ich einige Zeilen von Berlioz; Schuberth, den ich vor meiner Abreise beauftragte, das Dedications-Exemplar der Faust-Partitur an Berlioz zu schicken, hat wieder in seiner unbefugten *Genialität* darauf vergessen und selbst möglicherweise die *Dedications-Platte* aus öconomischen Rücksichten gar nicht stechen lassen!! — Entschuldigen Sie, verehrter Freund, wenn ich Sie nochmals mit dieser Angelegenheit behellige, und Sie bitte, bei Schuberth eine *Execution* vorzunehmen, um von ihm ein Exemplar mit der *Dedications-Seite* zu erzwingen. Die Widmung soll, ebenso einfach wie die der Dante-Sinfonie, nur den Namen des Empfängers enthalten, folglich so lauten:

»An Hector Berlioz«.

Nach Berichtigung dieser unerlässlichen Sache erbitte ich mir von Ihrer Gefälligkeit, ein geschmackvoll *roth* oder *dunkelgrün gebundenes* Exemplar an Berlioz in Baden (wo er Anfangs August eintrifft) vielleicht durch Pohl (?) überreichen zu lassen. In dem Fall, dass weder Pohl noch seine Frau, was ich kaum vermuthe, diesen Sommer in Baden zubringen, schicken Sie das Exemplar an Fräulein Genast (welche, wie ich durch die »Zeitschrift« vernehme, sich jetzt in Carlsruhe befindet) mit der Bitte, dasselbe Berlioz einzuhändigen.

Von einer Herausgabe des Arrangements der Faust-Symphonie für 2 Pianoforte ist wohl nicht die Rede? — Schuberth hat gewiss weit Grösseres im Sinn, und ich bedaure fast, ihn durch die Übergabe des Manuscripts incommodirt zu haben! —

Nichtsdestoweniger stellen Sie ihn doch zur Rede darüber, oder besser, jagen Sie ihn in das Bockshorn der *That*, mit »*Faust-Recht*«. Wahrlich, der Schluss-Chor des dritten Theils der Faust-Tragödie »treu im Geiste des zweiten Theils gedichtet von Deutobold-Symbolizetti-Allegoriowitsch-Mystifizinsky:

»Das Abgeschmackteste,
Hier ward es geschmeckt,
Das Allvertrackteste
Hier war es bezweckt«

findet oftmalen seine Anwendung in Verlags-Angelegenheiten. Und da ich eben dieses mir sehr widerwärtige Capitel berühre, möchte ich gelegentlich auch erfahren, wie lange unser genialer Freund und Gönner, Julius Schuberth, die 2 Episoden aus Lenau's Faust (Nächtlicher Zug — und »Mephisto-Walzer«), die ich ihm vor mehr als einem Jahr zu Gnaden empfohlen und im Manuscript überlassen habe, zu ignoriren gedenkt?

Sollen die Blätter etwa ganz schimmelig werden, oder will er sie als *œuvre posthume* herausgeben? Diesem edlen Verfahren stillschweigend zu huldigen werde ich müde und beabsichtige, nächstens dem Verleger aus allen Verlegenheiten zu helfen durch die Zurückstellung der Manuscripte. —

»O Freunde, nicht diese Töne, sondern lasst uns angenehmere anstimmen!« (Ich citire wahrscheinlich nicht genau, obschon mir *der Sinn* der Apostrophe sehr gegenwärtig bleibt, insbesondere bei musikalischen *Genüssen* und *Erprobungen*!)

In die Reihe der »angenehmeren« stellen sich sogleich mehrere Benachrichtigungen Ihres Briefes und der Zeitschrift (die mir gleichzeitig in einigen 16 Nummern mit Pohl's Paquet zugekommen). Meine herzlichsten Wünsche knüpfen sich vor allem Übrigen an das vollständigste Gedeihen, Erwachen und Erblühen des »Senfkorns« unsres Allgemeinen Deutschen Musik-Vereins. Mit Gottes Hilfe will ich auch in andrer Weise als durch »*Wünsche*« anhaltend dazu beitragen. Nach meiner Ansicht wird die $3^{te}$ Tonkünstler-Versammlung hauptsächlich dahin wirken, den All. D. Musik-Verein, der die gesammte Entwicklung und Förderung der Kunst in sich fasst, zu befestigen und zu extendiren.

Verschiedenartige Rück- und Vorsichten bestimmten mich, Ihnen in meinem letzten Brief Carlsruhe als den geeignetsten Ort für die 3te Tonk.-Versammlung zu bezeichnen; vorausgesetzt dass S. K. H. der Grossherzog der Sache sein Wohlwollen zuwendet und uns die begünstigenden Verordnungen über die Verfügung des Theaters, des Orchesters und Chors ertheilt. Als Dirigent der musikalischen Aufführungen geziemt es Bülow die Vermittelung zur »*Anbahnung*« einer geneigten Zusicherung von Seiten des Grossherzogs zu übernehmen. Binnen zwei bis 3 Monaten können die wesentlichen Präliminarien festgestellt sein, und ich erwarte dann von Ihnen ausführlichere Nachricht über den weiteren Plan und nachherige Massnahmen.

Ohne gegen Prag irgend einen Einwand geltend machen zu wollen — vielmehr bei aller Anerkennung dessen, was Prag bereits geleistet und weiter zu leisten vermag — scheinen mir blos die jetzigen politischen Verhältnisse der österreichischen Monarchie die Opportunität der Tonk.-Versamml. in Prag zu beeinträchtigen. Andrerseits bin ich auch der Meinung, dass eine directere Einwirkung, als es bis jetzt möglich war, auf das zum grösseren Theil stagnirende Süd-Deutschland von Nutzen sein könnte. Stuttgart insbesondere, durch Pruckner, Singer, Stark etc. dürfte sich dabei anders als bei einem früheren Musikfest in Carlsruhe gebahren!

Dr. Gille's Betheiligung an den Statuten und Berathungen des M. V. ist ganz erspriesslich, gleichfalls die vorläufige Übersiedlung Pohl's nach Leipzig. . —. Der stetige Verkehr mit Ihnen, nebst dem Leipziger Stick- und Sauerstoff werden ihm sicher gut bekommen.

Aus Weimar habe ich kürzlich mehrfach Nachricht erhalten durch Graf Beust, Dingelstedt, Gille und Stör. Letzteren wird meine Antwort wenig befriedigen; ich kann aber mit ihm auf anderem Weg nicht weiter fortfahren und die übermässige Dominante seiner krampfhaften Eitelkeit als Grundton unsrer Beziehungen gelten lassen.

An Gille schreibe ich mit der nächsten Post, und auch an Müller, der mich durch sein *Erinnerungs-Blatt* aus Weimar (in der Nummer vom 8ten November der »Zeitschrift«, welche mir erst jetzt zugekommen) kürzlich erfreut hat. Übermitteln Sie gelegentlich, verehrter Freund, meinen besten Dank an Kulke für seinen Aufsatz über Symphonie und symphonische Dichtung — sowie die beiliegenden Zeilen an Fräulein Nikolas, von welcher ich ein ganz liebliches Briefchen erhielt.

Von meiner Elisabeth sind bereits mehr als 140 Seiten Partitur (in meinem kleinen zusammengezogenen Gekritzel) fertig geschrieben. Es fehlen aber noch der Schluss-Chor — ungefähr 40 Seiten — und der Clavier-Auszug. Mitte August werde ich das Ganze an Carl Götze nach Weimar zur Abschrift absenden, nebst dem Canticus des heiligen Franciscus, den ich im Frühjahr componirte.[1]) Bequemer wäre es für mich allerdings das Zeug selbst mitzubringen — aber, im *Vertrauen gesagt*, kann ich nicht an eine baldige Rückkehr nach Deutschland denken. Wenn später der Termin meiner römischen Internirung herannaht, sollen Sie, verehrter Freund, zuerst davon wissen.

Mit herzlichem Gruss an Ihre Frau verbleibe ich Ihnen in aufrichtiger, freundschaftlichster Ergebenheit

12ten Juli 62. Rom. F. Liszt.

Ihr kleiner Auftrag nach Löwenberg wird besorgt. Geben Sie mir bald wieder Nachricht von Ihnen und meinen näheren Freunden. Von hier aus ist durchaus nichts zu melden, was Sie interessiren könnte. Ungeachtet der Hitze werde ich die Sommer-Monate in Rom zubringen.

## 7. An Dr. Franz Brendel*).

Welch einen angenehmen Strauss von Überraschungen Ihr Brief mir bringt, verehrter Freund! Pohl hat sich also wirklich an die Faust-Brochüre gemacht — und selbst Schuberth das Clavier-Arrangement der Faust-Symphonie nicht im Kasten vermodern lassen. Wie seltsam alles das klingt, eben

1) »Cantico del sole« f. Baritonsolo, Männerchor u. Orgel. Kahnt.

*) Die Briefe Nr. 7, 8, 9, 18 u. 24 an Brendel sind theilweise veröffentlicht La Mara, »Musikerbriefe« II.

weil es so ganz, wie es sich gehört, und mir erwünscht ist! — Wenn Sie nach Leipzig zurückgekehrt, bitte expediren Sie mir bald ein paar Exemplare der Faust-Brochüre (die Nummern der Zeitschrift mit den Aufsätzen von Pohl sind mir nicht zugekommen) und fügen Sie auch das 2 Pianoforte-Arrangement der Faust-Symphonie bei (gelegentlich einige Exemplare). Von dem Paquet, welches mir Kahnt angemeldet hatte, mit einigen meiner 4 händigen Sachen, habe ich bis jetzt nichts empfangen, und da ich hier einen recht tüchtigen jungen Clavierspieler, Namens Sgambati [1]), aufgegabelt habe, welcher ganz vortrefflich sich als partenaire bewährt und z. B. die Dante-Sinfonie wacker und correct spielt, so wäre es mir angenehm, den ganzen Cyclus der Symphonischen Dichtungen mit ihm durchzunehmen. Sein Sie also so gefällig, verehrter Freund, und verlangen Sie bei Härtel den gesammten Wust, im 2 clavierigen Arrangement (von jeder Symph. Dicht. ein *doppeltes* Exemplar, denn mit einem *einzelnen Exemplar* kann ich nichts anfangen, weil ich selbst das Zeug nur nach Noten spielen kann!) und auch das 4 händige Arrangement mit Ausnahme der *Festklänge*, die mir bereits Härtels zugesandt haben.

Obendrein, in demselben Paquet erwarte ich die bei Schuberth erschienenen Märsche (»Goethe-Marsch« und Herzog von Coburg) und den Künstler-Festzug (4 händig), die ich früher verlangte. —

Die *Legende der heiligen Elisabeth* ist bis zur letzten Note der Partitur fertig geschrieben; es bleibt mir nur ein Theil des Clavierauszugs und das 4 händige Arrangement der Einleitung, des Kreuzzug-Marsches und des Schluss-Festzuges anzufertigen übrig — was spätestens bis Ende dieses Monates gemacht sein soll. Dann schicke ich das Paquet nach Weimar zur Abschrift, nebst ein paar andern kleinern Manuscripten. Was weiter damit geschehen kann, wird sich finden, je nachdem..... Einstweilen will ich ein paar kleine Landausflüge

1) Jetzt der erste Instrumental-Componist und Clavierspieler Italiens, Schüler Liszt's, seit 1871 Professor an der Accademia Sta. Cecilia in Rom.

versuchen (nach Albano, Frascati, Rocca di Papa — und noch etwas entfernter zur »Macchia serena« bei Corneto, wo in früheren Jahrhunderten viel Raub und Unfug getrieben wurde!) und vor Ende September hoffe ich mich ordentlich wieder zu frischen Arbeiten sammeln und setzen zu können und meine musikalischen »Raub- und Mordthaten« weiter zu treiben! Wenn ich nur dabei, wie Sie, das Sondershäuser Orchester hören könnte, Freund Stein und seine muthige Phalanx in's *Colosseum* herzuzaubern wüsste! — Die Localität würde gewiss allen nicht minder als der »Loh«[1]) zusagen, und Berlioz' Harold-Symphonie, oder »Was man auf den Bergen hört«[2]) müsste sich da ganz *»sondershäuslich«* vernehmen lassen. Ich denke mir manchmal die Aufstellung des Orchesters, mit den verwünschten Schlaginstrumenten in einer Arcade — unsere Gönner Rietz, Taubert und mehrere Grossmäuler der Kritik dicht daneben (oder im Aquarium!) — der Vorstand des deutschen Musik-Vereins auf dem »Pulvinare« ruhend, und die Mitglieder rings umher auf weichen Kissen gebettet und an den reservirten Plätzen der Subsellia prangend, wie ehemals die Senatoren und Gesandten! —

Erzählen Sie Stein von diesem Plan und sagen Sie ihm meinen freundlichsten Dank für alle die sorgfältige und verständnissvolle Pflege, die er in so liebenswürdiger Weise meinen verpönten Compositionen zuwendet. Was die Leistungen des Sondershäuser Orchesters anbetrifft, bin ich gänzlich Ihrer Meinung und wiederhole, dass dieselben in Reichhaltigkeit, einsichtiger und liberaler Wahl der Werke, sowie in Präcision, Schulung und Feinheit der Ausführung durch ein anderes Orchester nicht nur nicht überboten, sondern selbst nicht oft egalirt werden. — Schade nur, dass kein ordentlicher Conzertsaal in Sondershausen gebaut wird. Die Kapelle verdiente wohl längst diese Aufmerksamkeit; sollte sie ihr je zu Theil werden, so empfehlen Sie eindringlich Stein, das Podium des Orchesters möglichst auszubreiten und sich nicht

---

1) Die Sondershäuser Concerte werden bekanntlich im »Lohgarten« gegeben.

2) Symphonische Dichtung Liszt's.

den üblichen *Beschränkungen* zu fügen, wie der Fehler begangen ward im Gewandhaus, im Odeonsaal in München etc. etc. und leider auch in Löwenberg. Der Pariser Conservatoire-Saal bietet in diesem Bezug das richtige Mass, und ein guter Theil der Wirkung der dortigen Aufführungen ist diesem günstigen Umstand zuzuschreiben. —

Meinen Nachrichten zufolge ist Bülow nicht disponirt, sich in die Präliminarien der nächsten Tonkünstler-Versammlung einzumischen. Darnach wäre Jemand anderes mit der früher bezeichneten Aufgabe in Carlsruhe zu betrauen, obschon sich Bülow am meisten dazu qualifizirte. Wenn Sie es nicht vorziehen, sogleich direct mit Devrient in Conferenz zu treten, könnte wohl Pohl »*anbahnend*« am besten wirken. Es würde für ihn keine besondere Mühe sein, sich von Baden nach Carlsruhe zu begeben und Devrient für die Sache günstig zu stimmen. Dies wäre vor allem nothwendig, denn ohne Devrient's Cooperation lässt sich nichts Derartiges in Carlsruhe unternehmen. Wenn die Tonkünstler-Versammlung nicht ausserhalb der Theatersaison stattfindet, kann eine oder mehrere Theater-Aufführungen damit in Verbindung gebracht werden; zumal von Gluck'schen Opern, sowie auch den Carlsruher Gesangvereinen ein ultraclassisches Oratorium von Händel gerne zugestellt sein dürfte. .—.

Welch »*verwundersame* Dinge« führen Sie im Schilde, verehrter Freund? Dieses Wort spannt meine Neugierde; andrerseits aber theile ich Ihren Aberglauben, nur von den vollzogenen Thatsachen (»faits accomplis«) zu sprechen. An Schelle gewinnen Sie einen recht tüchtigen Mitarbeiter. Ist seine Geschichte der Sixtinischen Kapelle bereits erschienen? In diesem Falle sein Sie so freundlich und schicken mir den Band mit den übrigen Musikalien. —

Meine Tochter, Frau von Bülow, schreibt mir Wunder von dem neuen Werk Wagner's: »Die Meistersinger« und sagt unter anderm:

»Ces Meistersinger sont aux autres conceptions de Wagner »à peu près ce que le »*Winter's tale*« est aux œuvres de »Shakespeare. Sa fantaisie s'est prise de gaieté et de drô-

»lerie, et elle a évoqué le Nuremberg du moyen âge avec »ses jurandes, ses poëtes artisans, ses pédants, ses cheva- »liers, pour faire vibrer le rire le plus franc au milieu de »la poésie la plus haute, la plus idéale. Abstraction faite »du sens et de la destination de l'œuvre, on pourrait en »comparer le travail artistique à celui du *Sacraments-Häus- »chen* de St Laurent (à Nuremberg). Aussi bien que le »sculpteur, le compositeur a rencontré la forme la plus »gracieuse, la plus fantastique, la plus pure, — la har- »diesse dans la perfection; et comme en bas du Sacraments- »Häuschen il y a Adam Kraft, le soutenant d'un air grave »et recueilli, dans les *Meistersinger* il y a Hans Sachs, »calme, profond, serein, qui tient l'action et la dirige« etc.

Diese Beschreibung gefiel mir so sehr, dass ich Ihnen, da ich einmal darauf gerathen war, das lange Citat nicht ersparen konnte. Wie Sie wissen, sind Bülow's mit Wagner in Bieb- rich — Ende dieses Monates soll in Frankfurt eine Vorstel- lung des Lohengrin unter Wagner's Leitung stattfinden. An einem ausführlichen Bericht darüber darf es wohl nicht in der »Neuen Zeitschrift« fehlen, und ich könnte Ihnen dazu meine Tochter am besten empfehlen. Die Briefe, in welchen sie mir ab und zu von den musikalischen Ereignissen in Berlin und anderwärts einiges mittheilt, sind wirklich reizend, und von feinstem Verständniss und schlagendem Witz belebt. —

Berlioz war so freundlich, mir den gedruckten Clavier- auszug seiner Oper »les Troyens« zu schicken. Obgleich für Berlioz'sche Werke Clavierauszüge schlechtweg eine Verrätherei bleiben, so hat mir doch das flüchtige Durchlesen der »Troyens« einen seltsam gewaltigen Eindruck gemacht. Eine colossale Kraft ist daran nicht wegzuleugnen, und an Zartheit, — ich möchte fast sagen *Subtilität* der Empfindung — fehlt es auch gewiss nicht.

Pohl wird Ihnen von der Aufführung der komischen Oper Berlioz': »Beatrice und Benedict« in Baden berichten, und ich will annehmen, dass diese Oper, welche wenig äussere Mittel erfordert und sich an einen bekannten Shakespeare'schen Stoff anlehnt, einer günstigen Aufnahme begegnen wird. Berlin oder eine andere grössere Bühne Deutschlands würde sich wahrlich nichts vergeben, eine Oper von Berlioz dem Repertoire anzueignen. [1]) Umsonst sucht man sich damit zu entschuldigen, oder gar dagegen geltend zu machen, dass Paris eine ähnliche Unterlassungssünde begeht — denn worin andre fehlen, sollen wir sie nicht nachahmen. Paris entwickelt übrigens seit einer langen Reihe von Jahren eine dramatische Thätigkeit und Initiative, welche Deutschland bei weitem nicht erreicht — und wenn besondere, bedauernswerthe persönliche Umstände Berlioz verhindern, seine Werke in Paris aufzuführen, so haben sich die Deutschen nicht daran zu kehren.

Baldige Nachricht von Ihnen erwartend (wenn auch noch nichts von den »*verwundersamen* Dingen« verlautet) verbleibt Ihnen, verehrter Freund, in herzlicher Ergebenheit

Rom, 10ten August 62. F. Liszt.

Via Felice 113.

Wer hat die Correcturen der Faust-Symphonie besorgt? Schärfen Sie ja Schuberth ein, keine scandalösen Auflagen von meinen Sachen in die Welt zu schicken. Bülow ist schon so freundlich und übernimmt die letzte Correctur, wenn nur Schuberth sich die Mühe nimmt, ihn darum zu ersuchen.

## 8. An Dr. Franz Brendel.

[Rom] 29. August [62] Via Felice 113.

Verehrter Freund,

Zur Erörterung der Hauptpunkte Ihres letzten Schreibens (welches sich mit dem meinigen gekreuzt) — nämlich der Frage, *wo* die nächste Tonkünstler-Versammlung stattfinden soll? sei noch Folgendes gesprächsweise beigefügt.

Ich möchte nicht so gänzlich ohne weiteren Beweis annehmen, dass Carlsruhe ein durchaus ungünstiger Ort für den beabsichtigten Zweck sei — obschon Pohl und Bülow es befürchten und dazu nur zu mannigfache Veranlassung haben.

1) Ein Vierteljahrhundert später geschah dies.

Was Bülow anbetrifft, habe ich Ihnen bereits geschrieben, ihn von allen Präliminarien zu entlasten. Wenn es an der Zeit sein wird, leistet er gewiss das *seinige* — das heisst mehr als zu erwarten und zu fordern. Blos darf man ihn nicht mit Nebensachen molestiren, selbst nicht da, wo er seiner Stellung und seinen Antecedenzien gemäss am nächsten bezeichnet ist (als z. B. in Carlsruhe, wie ich es früher bemerkte). — Seine Individualität ist eine zu ausnähmliche, um dass man nicht auch ihren Singularitäten Geltung einräumen sollte. Lassen wir ihn also einstweilen unbetheiligt an der Sache, da es ihm derartig gelegen ist, mit dem *Vorbehalt* aber seiner Direction der musikalischen Aufführungen — welche er schliesslich, wie ich es hoffe und wünsche, übernehmen wird. Auf Carlsruhe zurückkommend, mache ich Ihnen den Vorschlag, falls Sie nicht gewichtige positive Gründe gegen den Ort haben, selbst an den Grossherzog zu schreiben, und ihn mit meinem Namen zu ersuchen, dem Musik-Verein seine Gunst angedeihen zu lassen etc. — Das Schlimmste, was ich dabei riskirte, wäre eine höflich ausweichende Beantwortung; dies ist zwar eine Gattung, die ich in der Regel nicht cultivire, doch zu Ehren solch ehrenwerther Versammlung will ich gerne die Gefahr bestehen mit der Hoffnung, dass es zu Nutzen und Frommen führt.

Schreiben Sie mir also, in welchem Sinn Ihnen Seifriz geantwortet — und welche Erkundigungen Riedel in Prag eingezogen. Allerdings bleibt Prag unter *gewissen* Umständen (die ziemlich ungewiss?) sehr anzurathen; man müsste nur einigermassen sich auf die dortigen musikalischen Autoritäten und Notabilitäten, so wie auch auf die Behörde (in Bezug der officiellen Genehmigungen und *humanen* Begünstigungen) stützen können. Kurz gesagt, wenn die Tonkünstler-Versammlung dort von einigen thätigen, einflussreichen Personen in *gutes Licht* gestellt und angesehen wird, so ist alles leicht anzuordnen; wo nicht, sind alle weiteren Schritte vergebene Mühe. Ihrer Meinung, verehrter Freund: »die Schwierigkeiten dürften in Prag keinesfalls grösser sein als in Leipzig«, kann ich nicht unbedingt beipflichten — denn Sie vergessen, dass *Sie selbst* als Leipziger Bürger, durch Ihre consequente Ausdauer, Ihren persönlichen Einfluss die meisten Schwierigkeiten gehoben, während in Prag Sie nur durch Vermittlung anderer einzuwirken vermögen. Die Frage ist also, ob Sie auf zuverlässige Freunde dort zuversichtlich rechnen können?

Bis auf nähere Nachricht von Ihnen scheint mir Bülow's Vorschlag, *Löwenberg allen übrigen Ortschaften vorzuziehen*, sehr in Betracht zu ziehen. Unser liebenswürdiger Fürst würde gewiss nicht unterlassen, die Tonk.-Vers. auf das angelegentlichste zu unterstützen, und den kleinen *Miseren* der kleinen Stadt Löwenberg könnte auch, für einige Tage wenigstens, aus- und abgeholfen werden. Überlegen Sie nochmals reiflich den Plan, und sehen Sie nicht Löwenberg durch die Lorgnette unsrer trefflichen Freundin Frau von Bronsart! — Natürlich müsste ein Zeitpunkt gewählt werden, wo die Kapelle versammelt ist, sowie das ganze Programm mit Seifriz fixirt werden und durch seine freundschaftliche Cooperation sich vollziehen. Meinem Erachten nach wäre in Löwenberg manches zu ermöglichen, wovon anderwärts kaum die Rede sein kann, und da einmal Bülow diese Idee aufgefasst hat, empfehle ich sie Ihnen nachdrücklich zur »Anbahnung« einer glücklichen Verwirklichung. —

Gleichzeitig mit Ihrem letzten Brief sind mir auch drei der Faust-Aufsätze von Pohl zugekommen. Ich schreibe ihm mit der nächsten Post meinen herzlichen Dank dafür — und will nebenbei seinem bibliographischen und statistischen Behagen die kleine Notiz zu Gute kommen lassen, dass Mademoiselle Bertin vor der Juli-Revolution eine *italienische* Oper, *Faust* oder *Fausto* betitelt, in Paris zur Aufführung brachte. Bevor die Artikel Pohl's als Brochüre erscheinen, hätte ich sie gerne ganz durchgelesen — doch wenn er damit Eile hat, sagen Sie ihm nichts davon; vielleicht aber, wenn die Brochüre nicht zu dick wird, wäre es füglich, den Aufsatz Pohl's über die *Dante-Sinfonie* (wie er in der Partitur-Ausgabe bei Härtel erschienen) mit beizubringen.

Trotz der missfälligen Dresdner Aufführung der Dante-Sinfonie (woran übrigens die schlechten, incorrect geschriebenen Orchester-Stimmen und meine nachlässige Direction einen Theil der Schuld tragen, abgesehen von der *Entrückung* des *geistigen Inhalts*, (ein Umstand, welchen das gewöhnliche Publikum nur auf höheren Befehl der *Tradition* tolerirt — dann aber sogleich verkehrt anstaunt!); trotz also dieser leidigen Dresdner Aufführung, die mir nur die einzige Befriedigung brachte, dass ich gleich darauf einige nicht unwesentliche Verbesserungen, Vereinfachungen und Läuterungen an der Partitur vornahm — sowie sie sich während der Proben und der Aufführung in meinem Kopf festgesetzt hatten und ich sie zum voraus hörte, ohne mich um das gegenwärtige Publikum weiter zu bekümmern..... — Nun, was wollte ich sagen, nach allen diesen Parenthesen und Ausschweifungen? Ja, endlich komme ich wieder darauf: — die Dante-Sinfonie bleibt ein Werk, das sich seines Titels nicht zu schämen braucht, — und was Sie mir von dem Eindruck der Bergsymphonie (in Sondershausen) schreiben, bestärkt mich in meiner Anmassung. Desshalb wäre es mir lieb, das Vorwort von Pohl wieder am Schluss der Faust-Brochüre abgedruckt zu sehen; denn so, wie die meisten Leute beschaffen sind, müssen sie zuerst *lesen*, um bis zum *Hören*, *Verstehen*, *Fühlen* und *Empfinden* zu gelangen. — —

Die Auflage der Faust-Symphonie (2 Pianoforte-Arrangement) ist ganz lobenswerth und, wie man im Musikalienhandel zu sagen pflegt, elegant. Der Stecher hat wohl daran gethan, den Stich zu drängen, viele Notenzeilen auf jede Seite, und viele Takte auf jede Zeile zu bringen. Schuberth soll auch bald ein Compliment von mir erhalten nebst ein paar Correctur-Andeutungen zur Faust-Symph. Es sind mir übrigens nur wenige und ziemlich geringe Fehler bis jetzt aufgefallen.

Die Herausgabe der 2 Lenau'schen *Faust-Episoden* (diesen Punkt hat Pohl in seinem Aufsatz mit feinem Verständniss berührt) mag Schuberth nach seinem Dafürhalten vornehmen; ob zuerst das Clavier-Arrangement oder die Partitur erscheint, ist mir ziemlich indifferent; nur müssen die *beiden Stücke gleichzeitig* veröffentlicht werden, der »nächtlicheZug« als Nr. 1 und »Mephisto's Walzer« als Nr. 2. Ein thematischer Zusammenhang ist freilich zwischen den beiden Stücken nicht aufzuweisen; nichtsdestoweniger sind sie *zusammengehörig* durch den Contrast der Empfindung. Ein solcher *Mephisto* kann nur aus einem derartigen *Pudel* hervorspringen! — . — .

Mit der *Elisabeth* (wovon ich nur noch den Clavierauszug zu schreiben habe, was ungefähr 14 Tage Arbeit verlangt,) schicke ich auch die 3 Psalmen in ihrer neuen, definitiven Gestaltung nach Weimar. Gelegentlich wird es mich freuen, wenn der 13$^{te}$ Psalm »Herr, wie lange willst du meiner vergessen« zur Aufführung kommt. Der Tenor-Part ist sehr wichtig; — ich habe mich dabei *selbst* singen lassen und das Gebahren des Königs David in Fleisch und Blut mir eingegossen! —

Hoffentlich ist Schnorr so gefällig den Tenor-Part (die einzige Solo-Stimme des Psalms, die aber alles bewegt, den Chor und das Orchester durchdringt und beherrscht,) sich anzupassen. Theodor Formes hat ihn vor acht Jahren in Berlin sehr gut gesungen; diese Aufführung des Stern'schen Conzerts war aber für mich nur eine *erste Correctur*-Aufführung! —

Mit den Noten allein ist nichts auszurichten; nach Seele, Geist und wirklichem Leben dürstet uns. Ach! das Componiren ist ein Jammer, und die armseligen Kinder meiner Muse erscheinen mir manchmal wie Findelkinder im Hospital, als Nummer so und so viel herumwandelnd! —

Übermitteln Sie freundschaftlich meinen besten Dank an Schnorr, der sich in so liebenswürdiger Weise meiner verwaisten *Lieder* angenommen. Sein besseres Selbstbewusstsein — der Gott, den wir in der Brust tragen — lohne es ihm! — Meine Tochter, Frau von Bülow, schreibt mir Wunder von Schnorr und seiner Frau, und der Aufführung des »Tristan« bei Wagner in Biebrich. Gäbe es nur schon electrische Telegraphen zu Gunsten der musikalischen Ubiquität! Sicher würde ich keinen Missbrauch damit treiben und mich nur selten mit dem Musik-Trödel in Correspondenz setzen; aber Tristan und Isolde sind mein »Seelenflehen«!

Die französischen Journale enthalten nur Lob und Erfolgrufe für *Benedict und Beatrice*, die in Baden aufgeführte neue

Oper von Berlioz. Pohl wird Ihnen gewiss ausführlich darüber berichten. Nach seinem Aufsatz zu schliessen, hat das Tenor-Solo am Schluss der Faust-Symphonie (welches ein Stein des Anstosses bei der Weimarer Aufführung geblieben, so dass mir gewichtige und wohlwollend gesinnte Freunde triftigst angerathen, das Solo und den Chor zu streichen und die Symphonie mit dem Orchester C-dur-Accord abzuschliessen) in Leipzig weniger Ärgerniss gegeben. Eigentlich beabsichtigte ich zuerst, den ganzen Chorus mysticus *unsichtbar* singen zu lassen — was aber nur bei Aufführungen in Theater-Sälen möglich ist durch den herabgelassenen Vorhang. Ausserdem bleibt mir das Bedenken, ob der Klang nicht zu undeutlich wird...

Wie dem und anderen Dingen auch sein mag, will ich es an Geduld und gutem Willen nicht fehlen lassen — dabei aber die Ihrige nicht gar zu übermässig in Anspruch nehmen. Genug also für heute von Ihrem herzlich ergebenen

F. Liszt.

P. S. NB. Der nächsten Musikalien-Expedirung bitte ich Sie, die *Manfred*-Chöre von Schumann (*Gesang* und Clavier-Begleitung) beizulegen. Wahrscheinlich beschäftigt mich diesen Herbst derselbe Stoff, der meiner Meinung nach durch Schumann nicht erschöpft ist.

## 9. An Dr. Franz Brendel.

Verehrter Freund,

Sie haben von dem Trauerschlag gehört, der mich Mitte September getroffen.[1] Bald darauf kam Monsieur Ollivier nach Rom, und während seines hiesigen Aufenthalts, der sich bis zum 22. October ausdehnte, war ich so zu sagen unzurechnungsfähig für anderwärtige Angelegenheiten. Die letzte Woche musste ich im Bett verbringen. Daher die lange Verspätung meiner Antwort.

---

1) Liszt's älteste Tochter, M^me Blandine Ollivier, war gestorben.

So wie ich mir die Sachlage der Tonkünstler-Versammlung verdeutliche, fällt es mir schwer, einen massgebenden Rath zu ertheilen. Es handelt sich hier nicht von theoretischen, wohl aber von ganz praktischen Dingen, auf welche letztere mein Einfluss leider ein sehr beschränkter ist. In meinem vorhergehenden Schreiben glaube ich Ihnen schon gesagt zu haben, dass ich gerne bereit bin, falls Sie sich für Prag entscheiden, die Eingabe an das österreichische Ministerium, behufs der staatlichen Unterstützung, mit zu unterzeichnen. Gleichzeitig deutete ich Ihnen an, dass mein Cousin Dr. Eduard Liszt die betreffende Eingabe am besten redigiren würde (nach einem ihm zugesandten Conzept) und sich überhaupt in dieser Angelegenheit mit gutem Rath und fördernder That bewähren könnte. Meinerseits würde ich auch die Mühe nicht scheuen, um ein günstiges Resultat für die Sache der Tonkünstler-Versammlung von Seiten der österreichischen Regierung zu erlangen. Zum voraus garantiren kann ich es freilich nicht: doch halte ich es nicht für unmöglich, und wenn es an der Zeit sein wird, will ich Ihnen Näheres darüber mittheilen.

Zunächst stellt sich aber für mich die Frage, ob ich mich persönlich an einer im Jahre 63 stattfindenden Tonkünstler-Versammlung betheiligen kann?[1]) Und leider muss ich mir diese Frage entschieden *negativ* beantworten. Meiner Angewohnheit zufolge, andere nicht mit der Erörterung meiner Verhältnisse zu behelligen, vermeide ich auch in diesem Falle, ausführlicher darauf einzugehen. So viel davon können Sie indessen als ungefähr bestimmt annehmen: Zu einem dauernden Aufenthalt in Deutschland habe ich weder Aus- noch Absicht. Wahrscheinlich aber komme ich im Laufe des nächsten Sommers ob eines etwa 3wöchentlichen Besuchs bei meinem gnädigen Herrn, dem Grossherzog, nach Weimar. Von Weimar aus komme ich auch zu Ihnen nach Leipzig und kehre dann wieder über Triest oder Marseille hierher zurück.

Anträge für Conzert-Aufführungen meiner Werke unter

1) Dieselbe fand nicht 1863, sondern erst 1864 statt.

meiner Leitung sind mir in letzter Zeit von mehreren Orten gestellt worden. Noch gestern erhielt ich von London einen Brief ähnlichen Inhalts, den ich, wie die übrigen, mit verbindlichem Dank und Entschuldigungen beantworten werde. —

Ich bin fest entschlossen, längere Zeit hier ungestört, unaufhaltsam und consequent fortzuarbeiten. Nachdem ich die mir gestellte *symphonische* Aufgabe in Deutschland, so gut ich es vermochte, zum grösseren Theil gelöst habe, will ich nunmehr die *oratorische* (nebst einigen zu derselben in Bezug stehenden Werken) erfüllen. Die Legende der heiligen Elisabeth, welche seit ein paar Monaten gänzlich beendet ist, darf nicht isolirt bleiben, und ich muss dafür sorgen, dass die gehörige Gesellschaft für dieselbe heranwächst! Anderen Leuten mag diese Sorge als etwas Geringes, Unnützes und jedenfalls Undankbares und wenig Einträgliches erscheinen; für mich ist es der einzige Kunst-Zweck, den ich anstreben muss und welchem ich alles Übrige zu opfern habe. In meinem Alter (51 Jahre!) ist es gerathen, zu Hause zu bleiben; was man zu suchen hat, findet sich inwendig, nicht auswärts; und nebenbei gesagt, fehlt es mir ebenso sehr an Lust, mich herumzutreiben, als an den dazu gehörigen Geldmitteln.

Doch genug von meiner geringen Person. Gehen wir gleich über zu den zwei Mordskerlen, welche nach Ihrer Meinung eine Hauptrolle bei der nächsten Tonkünstler-Versammlung spielen sollten: Berlioz — und Wagner.

Die Zusammenstellung schien mir zuerst, unter den jetzigen Umständen, sonderlich. In so weit als ihre zweiköpfige Persönlichkeit hineingezogen wird, halte ich sie sogar für unmöglich. Nehmen wir also jeden a parte.

A) Berlioz. Nach den stattgefundenen und gedruckten Vorgängen scheint es mir mehr als zweifelhaft, dass sich Berlioz entschliessen könnte, die musikalische Leitung der Tonkünstler-Versammlung zu übernehmen, selbst wenn Benazet en personne sich als Vermittler aufstellte. Ausserdem wäre sein moralischer Einfluss bei dem Feste und den Verhandlungen ein hemmender und störender. Lassen wir also Berlioz in Paris oder Baden-Baden, und begnügen wir uns, consequent zu bleiben und ihm unsre Verehrung zu bezeugen durch Aufführung eines seiner grösseren Werke. (Vielleicht das *Te deum?* — wenn ich nicht irre, so dauert es eine grosse Stunde. Für Prag wäre diese Wahl geeignet — wenn nicht das Requiem vorgezogen werden sollte. Auch könnte man auf *beide zusammen* reflectiren, die 1 Conzert reichlich bestellen würden. Besprechen Sie sich mit Riedel über die dazu erforderlichen Mittel etc.)

B) Wagner. Was soll ich Ihnen von Wagner sagen? Haben Sie ihn in Leipzig dieser Tage gesprochen? Wie stehen Sie mit ihm jetzt?...... Ach, es ist ein Jammer, dass wir ihm keinen Goldfluss schaffen und keine goldnen Paläste bauen können! Was macht er sich aus Bewunderung, Enthusiasmus, Hingebung und allen dergleichen unwesentlichen Dingen?

Ungeachtet dessen ist es unsre Schuldigkeit und Pflicht, ihm getreu und ergeben zu verbleiben. Der gesammte deutsche Musik-Verein soll eine eherne Mauer seinem Ruhme bilden! — Er ist es wahrlich werth!

Sehen Sie also zu, verehrter Freund, was sich mit Wagner verabreden lässt. Seit meiner Abreise von Berlin haben wir uns nicht geschrieben. Es wundert mich aber fast, dass ich nicht eine Zeile nach dem Tod Blandine's von ihm erhalten!. — .

Auf Wiedersehen also, verehrter Freund. In Weimar oder Leipzig kann ich Ihnen erst sagen, was mir zu thun später möglich sein wird. Für das Jahr 63 aber muss ich auf das bestimmteste um Dispens von dem Directorium des deutschen Musik-Vereins bitten! —

Mit herzlichem Gruss freundschaftlichst ergeben

8. November [1862]. F. Liszt.

P. S. Schönsten Dank noch für Ihre Sondershäuser Aufsätze.

## 10. An A. W. Gottschalg.

Geehrter Freund,

Ihr herzliches Schreiben ist mir am 22. October zugekommen und hat mir diesen Tag, den ich diesmal nicht ohne

Trauer begehen konnte, durch so manche liebe und tiefe Erinnerung verschönert. Haben Sie Dank dafür und übermitteln Sie meinen besten Gruss an alle mir von Ihnen Genannten, welche meiner freundlichst gedachten. Leider stellt sich für mich keine Aussicht, sobald den 22. October mit meinen Weimarer Freunden zu festiviren; doch kann ich Ihnen vorläufig mittheilen, dass ich beabsichtige, S. K. H. dem Grossherzog im Laufe des Sommers einen Besuch abzustatten. Dann wollen wir uns auch einen guten hellen Tag in Tieffurt gönnen — und ein paar neue Orgelstücke zusammen durchnehmen. Grosse darf dabei nicht fehlen, noch der *Posaunenkasten*, der mir seit der Pariser Reise speciell im Gedächtniss geblieben ist.[1]) Einstweilen aber sagen Sie dem guten lieben Grosse, er möge mir nicht grollen ob der Verzögerung der versprochenen Zusendung seines »Sonntags-Posaunenstücks«. Dasselbe ist längst fertig, wie ebenso 3 oder 4 Orgelsachen, die ich für Sie, geehrter Freund, im vorigen Frühjahr geschrieben. Nur sind unter den jetzigen Verhältnissen die Postbestellungen so wenig sicher, dass ich mich nicht getraue, die Manuscripte zu expediren. Für Wien oder Paris könnte ich zwar die Gefälligkeit der Gesandtschaften benutzen; aber nach Weimar wird es weitläufiger.... und so muss das Paquet mit der Legende der heiligen Elisabeth, den instrumentirten (und wesentlich umgearbeiteten) 3 Psalmen, mehreren Clavier- und Orgelpiècen, nebst Grosse's Sonntagsstück ruhig im Kasten liegen bleiben, bis sich endlich eine ganz zuverlässige Gelegenheit darbietet. Im schlimmsten Fall bringe ich den ganzen Kram selbst mit.

Das Schneider-Orgel-Album und das später erscheinende Arnstädter Bach-Orgel-Album (wo der herrliche Fugensatz aus Bach's Cantate, den ich für Orgel — nicht ohne Mühe — gesetzt habe, veröffentlicht wird) bitte ich Sie, bis zu meiner Rückkehr in Ihrer Bibliothek aufzubewahren.

Sehr unangenehm berühren mich die hyper-mercantilischen Spitzfindigkeiten eines meiner Verleger, dessen Sie in Ihrem

---

1) Grosse nahm sein Instrument mit auf die Reise, um es nöthigenfalls für den Meister in Bereitschaft zu haben.

Schreiben erwähnen. Es ist wahrlich ungebührlich, wenn *Ihnen* nicht der gewöhnliche Rabatt und selbst ein ausnahmsweiser, bei dem Ankauf der Faust-Symphonie angesetzt wurde. Wem gelänge es aber, den Mohren weiss zu waschen? Obendrein muss man zumeist auch die Tintenschwärze seiner Rechnungen ertragen! — Ich könnte darüber manches erzählen, und eben von Leuten, die sich nicht schämen, hinterdrein grossmäulig von ihrer *Freundschaft* für mich zu sprechen! »O Freunde, nicht diese Töne, sondern lasst uns *angenehmere* anstimmen«, singt Beethoven.

In der »Elisabeth« befinden sich hoffentlich dergleichen. Wenigstens habe ich, so gut ich es vermochte, das Werk mit Sorgfalt ausgearbeitet und mehr als ein Jahr sozusagen *durchlebt*. In No. 3 der Partitur — die *Kreuzritter* — werden Sie dem alten Pilgerlied aus der Zeit der Kreuzzüge, welches Sie die Freundlichkeit hatten, mir mitzutheilen, wieder begegnen. Es leistete mir einen vortrefflichen Dienst als zweiter Satz des Kreuzzug-Marschs. In der Schlussanmerkung der Partitur sage ich Ihnen auch meinen Dank dafür und citire das ganze Lied nach Ihrer Abschrift.

Zu den angenehmen Kunden (Ausnahmen der Regel!), die mir von unsern Gegenden zugekommen, rechne ich die Verbesserung Ihrer pecuniären Lage, die wahrscheinlich Ihre Anstellung als Lehrer bei der neu eingerichteten Seminarclasse mit sich bringt. An Verdienst mangelt es Ihnen am wenigsten, und gleichfalls auch nicht an Eifer und kräftiger Ausdauer. Mögen Sie nur, geehrter Freund, mehr und mehr die gerechte Belohnung finden!

Mit bestem Gruss

Rom, 15. Nov. 62. F. Liszt.

## 11. An Eduard Liszt.

Liebster Eduard,

Die Empfindung unserer doppelten Verwandtschaft ist für mich eine stets erhebende und trostreiche. Wahrlich Du bleibst mit mir, so wie ich mit Dir — cum sanguine, corde et mente.

Hab' Dank für Deine herzlichen Zeilen und entschuldige, dass ich Dir nicht längst geschrieben. Ich konnte Dir zwar dieses oder jenes, mehr oder weniger Interessante mittheilen; doch schien mir alles lästig und ungenügend *Dir* gegenüber. Mehr als je bedurfte ich zuerst einer geraumen Zeit, um mich zu fassen, zu sammeln und gehörig aufzurichten. Das erste Jahr meines hiesigen Aufenthalts hat mir dazu verholfen. Hoffentlich würdest Du nicht unzufrieden sein mit der Seelenstimmung, die mir mein 50tes Lebensjahr gebracht; wenigstens fühle ich sie im reinsten Einklang mit den besseren, höheren Ahnungen der Kinderzeit, wo da der Himmel so nahe für jeden vor der Seele liegt und leuchtet! — Auch möcht' ich sagen, dass mir durch ein festeres, klareres Bewusstsein mehr Friede geworden.

Blandine hat ihre Stätte in meinem Herzen neben Daniel. Beide verbleiben mir als Sühne, Reinigung, Fürbitter mit dem Zuruf »Sursum corda!« — Wenn einst der Tod herannaht, soll er mich nicht unvorbereitet oder zagend treffen. *Unser* Glaube hofft und harrt noch der Erlösung, welcher er uns zuführt. So lange wir aber auf Erden sind, müssen wir unser Tagewerk verrichten. Das meine soll nicht brach liegen. So wenig man auch davon halten mag, ist es für mich unerlässlich. Für meine Seelen-Thränen muss ich mir gleichsam Lacrymatorien anfertigen, für meine lieben Lebenden Flammen anzünden und meine lieben Todten in »*geistes-körperlichen*« Urnen aufbewahren. Dahin stellt und deutet sich die *Kunst-Aufgabe* für mich.

Du weisst, dass ich die Legende der heiligen Elisabeth beendigt (200 Seiten Partitur-Umfang — $2^1/_2$ Stunden Dauer der Aufführung). Nebenbei sind auch einige andere Compositionen herangewachsen, als da: der Sonnen-Canticus (»Cantico del sole«) des heiligen Franciscus — eine instrumentale »*Evocatio*« in der Sixtinischen Kapelle —, 2 Psalmen etc. Mögest Du *uns* darin im Geist und Gemüth wiederfinden.

Nun stelle ich mir die grosse Aufgabe des *Christus*-Oratoriums. Bis zum 22. October 63 gedenke ich sie, nach Schwäche und Kraft, gelöst zu haben.

Wie Du siehst, liebster Eduard, ist es mir nicht aus dem Kopf zu bringen, *Notenköpfe* zu schreiben. Trotz allen guten Lehren und *freundschaftlichen* Rathgebern (die es weit besser mit mir meinen, als ich es je verstehen konnte!) gehe ich sogar so weit zu behaupten, dass ich seit mehreren Jahren, so wie in den mir übrig bleibenden, nichts Sinnigeres zu thun vermag, als wohlgemuth darauf los zu componiren. Welche harmlosere Beschäftigung gäbe es denn; insbesondere da ich niemals meine Opusculen irgendwo aufdringe, ja selbst öfters gebeten habe, man möchte mich mit gewissen, zu *ungewissenhaften* Aufführungen derselben verschonen, — und ich von Niemandem mehr Anerkennung und Billigung verlange, als es eben jedem nach Geschmack und Laune passen kann? —

Aus Pest habe ich kürzlich durch Baron Pronay im Namen des Conservatoriums-Vorstandes eine Einladung erhalten, mein Domizil in Pest aufzuschlagen und dort die ungarische Musik zu fördern. Wahrscheinlich erfährst Du von meiner *entschuldigenden* Antwort.

*Unter uns*, offen und deutsch gesagt, frommt es mir nicht, eine äusserliche musikalische Bethätigung (in der Art wie meine seit ein paar Jahren abgelaufene und seit September 1861 durch meinen Kammerherrenschlüssel *versperrte* weimarische Kapellmeisterei) fernerhin zu ergreifen. Möglicherweise aber trifft sich späterhin eine fügliche Gelegenheit, etwas für Ungarn zu componiren. Nach dem Precedens der *Graner Messe* dürfte man mir wohl, z. B. bei einer ausserordentlichen Veranlassung, etwa ein *Te Deum* oder Ähnliches anvertrauen. Hierfür würde ich gerne mein Bestes leisten, und nur in solcher Weise halte ich es für angemessen, nach Ungarn zurückzukehren.

Einstweilen verbleibt ruhig in Rom, seiner Pflicht als Christ und Künstler redlich nachstrebend,

Dein Dir von Herzen treuergebener F. Liszt.

Rom, 19ten Nov. (Tag der heiligen Elisabeth) 62.

## 12. An Dr. Franz Brendel.

Verehrter Freund,

Die in Ihrem vorletzten Schreiben angedeuteten Schwierigkeiten und Übelstände der musikalischen Situation sind mir leider nur zu bekannt. Niemand mehr als ich ist darin bewandert und kann die Verdienste Ihres uneigennützigen, beharrlichen, überzeugungstreuen Wirkens und Strebens besser schätzen und anerkennen. Auch gehört es zu den Schattenseiten meiner jetzigen Stellung, dass ich Ihnen, verehrter Freund, nicht viel zu nützen vermag und zumeist nur auf eine mir nicht besonders zukommende Passivität und Enthaltsamkeit beschränkt bin. Indessen soll es gewiss an meiner Bereitwilligkeit nicht fehlen, überall, wo ich noch einigermassen mit helfen kann. — Nach Ihrem Wunsch schreibe ich nächstens in Angelegenheit des Tonkünstler-Vereins an den Fürsten H[ohenzollern]. Hoffentlich zeigt sich unser liebenswürdiger, edelgesinnter Gönner nicht minder geneigt als früher. Ihrerseits vernachlässigen Sie nicht, das Gelegene und *Modale* der zu erwartenden Unterstützung mit Seifriz brieflich zu besprechen. Schade nur, dass sich Bülow's Vorschlag, die nächste Versammlung des T. K. Vereins in Löwenberg abzuhalten, nicht als ausführbar erwies. Wenn es noch passend wäre dahin einzulenken, möchte ich nicht abrathen, weil mir eben dieser Mittelpunkt zeitweilig günstig erscheint. Wie aber schon vorher gesagt, steht es mir nicht zu, darüber eine massgebende Meinung zu äussern, und ich bescheide mich gänzlich damit, Ihre Ein- und Vorsicht schalten und walten zu lassen.

Der ausserordentliche Erfolg Bülow's in Leipzig erfreut mich sehr und noch mehr Ihre wieder aufgenommenen und engergeknüpften Beziehungen mit ihm. Er ist der geschaffene *Protostat* des Fortschritts und edel bis zum Überfluss! Ohne seine thätige Mitwirkung als Dirigent und Bannerträger wäre eine jetzige Tonkünstler-Versammlung mindestens ein Anachronismus.

Von Wagner erhielt ich kürzlich einen Brief, worin er mir die Aufführung des Tristan Ende Januar in Wien anzeigt. Nachher beabsichtigt er Conzerte in Berlin, — und wie man sagt, auch in Petersburg zu veranstalten. Meine Bemühungen, ihm in Weimar ein leidliches Domizil zu bereiten, scheinen momentan an seiner Abneigung gegen eine geringfügige Anstellung und den für ihn sehr widerwärtigen Verhältnissen einer kleinen Stadt zu scheitern. Allerdings ist sein Projekt, 3000 Thaler jährlich durch eine Vereinbarung der Grossherzöge von Weimar und Baden und des Königs von Preussen zu beziehen, viel angemessener. Es frägt sich blos, ob die hohen Herrschaften darauf eingehen? .—.

Mit herzlichstem Gruss aufrichtigst ergeben

30. December 62. F. Liszt.

## 13. An Breitkopf & Härtel.

Hochgeehrter Herr Doctor,

Die mir in Ihrem freundlichen Schreiben angemeldeten 4 Partituren der Beethoven'schen Sinfonien sind mir gestern zugekommen. Mein Auge weidet und labt sich einstweilen an allen Vorzüglichkeiten der herrlichen Ausgabe, und sogleich nach Ostern will ich mich an die Arbeit setzen. Es soll meinerseits nicht an gutem Willen und Fleiss fehlen, Ihren Auftrag entsprechend zu erfüllen. Allerdings muss sich ein Clavier-Arrangement dieser Schöpfungen damit begnügen, ein sehr dürftiges und weit entferntes *Ungefähr* zu verbleiben. Woher den nichtigen Hämmern des Claviers Athem und Seele, Schall und Kraft, Fülle und Weihe, Colorit und Accent einflössen? — Doch will ich es versuchen wenigstens die schlimmsten Übelstände zu beseitigen und der Clavier-spielenden Welt ein möglichst getreues Schema des Beethoven'schen Genius zu liefern.

Um der Bezeichnung des Gesammt-Titels »Kritisch durchgesehene Ausgabe« bestens nachzukommen, bitte ich Sie, hochgeehrter Herr Doctor, mir späterhin nebst Ihrer neuen Auflage der Partituren von der Pastoral-, C-moll- und A-dur-Symphonie auch ein Exemplar meiner veröffentlichten Bearbeitung derselben zu überschicken. Wahrscheinlich werde ich mehreres daran verändern, erleichtern, berichtigen — und einige Fingersätze beifügen. Je vertrauter man mit Beethoven geworden, desto mehr haftet man an gewissen Einzelheiten und findet, dass selbst Geringfügiges nicht werthlos ist. Mendelssohn, auf dessen Empfehlung Sie vormals meine Clavier-Partituren der Pastoral- und C-moll-Sinfonie edirten, hatte seinen Spass an dergleichen Grübeleien und Spitzfindigkeiten! —

In Betreff der Übereinkunft ob der A-dur-Sinfonie schreibe ich nächstens an Carl Haslinger und erwarte von ihm, dass er meinem Wunsch in freundlicher Weise willfahrt.[1])

Mit verbindlichem Dank verbleibt Ihnen, hochgeehrter Herr Doctor, bereitwillig ergebenst

26. März 63. Rom. F. Liszt.

P. S. Vor Ende des Sommers sollen die 4 Sinfonien im Clavierauszug fertig sein und in Leipzig anlangen. Wenn Sie mit meiner Arbeit zufrieden sind, übertragen Sie mir nach Beendigung der Sinfonien das Arrangement der Ouverturen — vorausgesetzt, dass Sie nicht anderweitig darüber verfügt haben.

## 14. An A. W. Gottschalg in Weimar.

Geehrter Freund,

Dieses Jahr fiel mein Namenstag inmitten der Charwoche, am Grün-Donnerstag. Ihr herzliches Schreiben brachte mir wieder das für mich Erfreulichste auf dieser Welt zu. Haben Sie Dank dafür, und übermitteln Sie denselben an jene, welche Ihre aufrichtige, wohlwollende und treue Gesinnung theilen! Zunächst nenne ich Carl Götze,[2]) dessen gemüthvolle Zeilen

1) Eine Liszt'sche Clavierübertragung dieser Symphonie war bei Haslinger erschienen.

2) Chorist in Weimar, (bevorzugter Copist des Meisters) als Capellmeister in Magdeburg 1886 verstorben.

ich so gerne nach seinem Wunsch beantworten möchte, und meinen lieben Kammervirtuosen Grosse. In Bülow's Conzert und der Aufführung von Berlioz' Oper hat wohl die *Grosse-Posaune* glänzend fungirt! Den Nachklang von dem ersteren vernahm ich, dank Ihres begeisterten Referats, in der Brendel'schen Zeitung, wo mir zuerst eine kleine Weisung, welche Sie in Bezug meiner wenig beachteten Lieder an eine der vortrefflichsten und anmuthigsten deutschen Sängerinnen richteten, auffällig erschien. Ich kann Ihnen es gewiss nicht übel deuten, dass Sie einiges Interesse an den Liedern finden und es unverhohlen aussprechen. Im Gegentheil ist mir Ihre sympathische Auffassung stets sehr wohlthuend, bei so mancherlei directen und indirecten Verunglimpfungen, die mir zuertheilt. Leider aber muss ich mich darauf gefasst machen, für meine Compositionen nur ausnahmsweise Freunden zu begegnen. Die Schuld liegt an mir; warum sich anmassen, selbständig empfinden zu wollen und das behäbige Wohlgefallen anderer schlechtweg hintanzusetzen? — An allem, was ich seit mehreren Jahren schreibe, haftet ein ursprünglicher Fehler, der mir ebensowenig verziehen wird, als ich ihn vermeiden kann. Allerdings liegt auch in diesem Fehler der Lebensnerv meiner Compositionen, die eben nur so und nicht anders sein dürfen. —

An dem Psalmen habe ich einige wesentliche Änderungen getroffen und ich will nächstens Kahnt das Manuscript zuschicken. Ein paar Stellen davon (insbesondere der Vers »Der Zions-Lieder singet uns doch eins«), die mir in der früheren Lesung immer unbeholfen erschienen, sind mir jetzt besser gerathen. Wenigstens klingen sie ziemlich befriedigend für mein Seelen-Ohr.

Das Christus-Oratorium schreitet nur langsam vorwärts, wegen der vielen Störungen, die ich diesen Winter erdulden musste. Hoffentlich gestattet mir der Sommer einige volle Arbeits-Monate. Es dürstet mich darnach.

Von den hiesigen musikalischen Bestrebungen erfahren Sie das Bemerkenswerthere durch einen Aufsatz, den ich an Brendel in voriger Woche gesandt. Näheres und Weiteres über mich selbst bleibt einstweilen noch unbestimmt. Wahrscheinlich wird mir schliesslich nichts Besseres zu thun ermöglicht sein, als meine ganze Sache auf immer fortzuschreibende Notenköpfe zu stellen, die weder gedruckt noch gehört zu werden bedürfen.

Wie dem auch sei, verbleibt Ihnen, geehrter Freund, in aufrichtiger Anhänglichkeit

freundschaftlich und dankbar ergeben

14. April 63. Rom. F. Liszt.

P. S. Das Bach-Album und andere Musikalien, die Sie mir etwa mitzutheilen hätten (z. B. Ihr Arrangement der Dante-Fuge, wenn dasselbe in Druck erschienen), bitte ich Sie, mir durch Kahnt zukommen zu lassen. Fügen Sie auch ein Exemplar des Ave Maria für Orgel bei.

## 15. An Dr. Franz Brendel.

Verehrter Freund,

Die letzten Monate brachten mir so viele Störungen in meiner Arbeit, dass ich darüber noch ganz verdriesslich bin. Mit der Osterwoche wollte ich mich endlich wieder ordentlich an's Schreiben setzen; allerlei Beanspruchungen und Verbindlichkeiten liessen es aber nicht zu. Ich muss also meinen früheren Vorsatz consequent durchführen und mich gänzlich absperren. In dem Netz der gesellschaftlichen Höflichkeits-Beziehungen bin ich übel dran; ich bedarf durchaus der freien Luft meiner geistigen Bethätigung, ohne welche mir nichts frommen kann.

Wie es später mit meiner beabsichtigten Reise nach Deutschland aussehen wird, weiss ich nicht. Wahrscheinlich werden meine müden Gebeine in Rom begraben. Bis dahin kömmt Ihnen die Unbeweglichkeit besser zu statten, als das Herumtreiben auf Eisenbahnen und Dampfschiffen. Andererseits giebt es für mich wenig auszurichten in Deutschland. Der Krieg ist vor der Thür; Trommeln und Kanonen müssen vorrücken; Gott beschütze den Glauben der Helden, und verleihe Sieg den Rechten der Menschheit!. —.

Wo befindet sich Wagner, und wie steht es mit den Aufführungen des Tristan, der Nibelungen, der Meistersinger in Weimar oder anderwärts? Benachrichtigen Sie mich darüber. Ich habe längere Zeit nicht mehr nach Weimar geschrieben und auch nichts von dort gehört. Mein einziger deutscher Correspondent (Frau von Bülow) leidet an einem Augenübel, welches unsern Briefwechsel unterbrach ... so dass ich ganz unwissend über alle Vorgänge bleibe. Die Februar-Nummern der Neuen Zeitschrift sind die letzten, die ich erhalten. Ihre Aufsätze über die Kritik sind vortrefflich, wie nicht anders von Ihnen zu erwarten. — Melden Sie meinen freundschaftlichsten Dank an Louis Köhler für seine wohlwollende Ausdauer in der »*Anbahnung* zu einem günstigeren Verständniss meiner Partituren«. Je undankbarer diese Aufgabe ist, desto herzlicher erkenntlich bleibt dafür seinen Freunden

Ihr aufrichtigst ergebener

Rom, 8. Mai 63. F. Liszt.

## 16. An Eduard Liszt.

Liebster Eduard,

Müdigkeit oder sonst etwas brachte mir wieder meine »*Berceuse*« in Erinnerung. Mancherlei *Berceusen* fügten sich im Hinträumen an. Magst Du mitträumen? Es soll Dir keine Mühe kosten; ohne selbst die Tasten zu berühren, hast Du Dich nur in den Empfindungen, die darüber schweben, einzuwiegen. Eine ernstlich liebenswürdige, geistig wie musikalisch vielfach bevorzugte Frau sorgt dafür. Sie spielt das kleine Stück entzückend und hat mir versprochen, Dir es *vorzuzaubern*. Ich übersende Dir also nächstens die Abschrift der neuen Version der *Berceuse* mit der Adresse »an Frau Fürstin

Marcelline Czartoryska, Klostergasse 4.«[1]) Begieb Dich dahin — und falls Du die Fürstin nicht zu Hause triffst, lasse das Manuscript mit Deiner Karte zurück. Ich habe Deinen Besuch zum voraus angemeldet und von Dir als meinem Herzens-Verwandten und Freund gesprochen. Du findest in der Fürstin Cz. eine seltene Verstandesbildung, die anmuthigsten gesellschaftlichen Formen, einen lieblich eifernden *Mozart-*, *Beethoven- und Chopin*-Cultus und über dies alles den leuchtenden katholischen Glauben, wiederstrahlend im polnischen Blutgefühl.

*Patria in Religione et Religio in patria* könnte der Wahlspruch Polens sein. Gott schütze die Bedrängten! —

Noch eine Bestellung an die Fürstin Cz. bitte ich Dich zu übernehmen. Während ihres hiesigen Aufenthalts sprach sie mir mehrmals den Wunsch aus, einige von meinen Compositionen (um welche sie sich bisher, absichtlich oder nicht, wenig bekümmerte) zu kennen. Ich spielte mit ihr das Arrangement für 2 Pianoforte von den symphonischen Dichtungen: *Héroïde funèbre, Tasso* und *les Préludes,* welchen sie eine wohlmeinend höfliche Toleranz gewährte. Ohne mehr zu beanspruchen — denn überreiche Erfahrung hat mir gelehrt, dass meine Sachen leichter Befremdung als Befreundung einflössen — möchte ich doch den musikalischen Faden unsrer angenehmen Beziehungen nicht gänzlich abbrechen und ihr zunächst als Busse verschiedene Notenblätter vorlegen. In den römischen dürftig bestellten Musikalien-Handlungen fanden sich nicht die ihrem Talente entsprechenden Compositionen, und ich versprach, bei Dir Aushülfe zu verlangen. Deshalb ersuche ich meinen liebsten Eduard, folgende Opus einfach und sauber in einen Band zusammen binden zu lassen (in der hier angegebenen Reihenfolge) und denselben der Frau Fürstin Cz. bald einzuhändigen.

1. Glanes de Woronice (Leipzig, Kistner).
2. Mélodies de Chopin, transcrites par Liszt (Berlin, Schlesinger).

---

1) Eine Schülerin Chopin's.

3. Mazurka (Senff, Leipzig).
4. 2 Polonaises (idem).
5. 2 Balladen (1 und 2. Kistner, Leipzig).
6. Consolations (Härtel, Leipzig).

Wenn der Band nicht schon zu dick, könnten noch die »Valse mélancolique« und »Romanesca« (2. Auflage bei Haslinger) beigefügt werden. Selbstverständlich das Ganze, Inhalt und Einband, auf meine Rechnung und als Geschenk an die fürstliche Künstlerin. Sollten die Dinge in Wien nicht vorräthig sein, verschreibe sie schnell von Leipzig durch Haslinger oder Spina.

A propos von Spina: ist das Arrangement für 2 Claviere von meiner Orchester-Bearbeitung der prächtigen Schubert'schen C-dur-Fantasie noch nicht erschienen? Diese Verzögerung, respective Vernachlässigung, ist mir keineswegs angenehm. Herzlichst Dein

22. Mai 63. Rom. F. Liszt.

## 17. An Dr. Franz Brendel.

Verehrter Freund,

Ich musste die ganze vorige Woche im Bette zubringen — und bin noch ziemlich schwach auf meinen Beinen. Daran liegt aber weiter nichts; der Kopf ist wieder frei; das Übrige denkt man sich hinzu. Übermorgen verlasse ich meine Wohnung Via Felice und ziehe nach dem *Monte Mario* (eine Stunde von der Stadt entfernt). Pater Theimer ist so freundschaftlich, mir sein Logis in dem dortigen fast unbewohnten Hause der Oratorier zu überlassen. Die Aussicht ist unbeschreiblich grossartig. Ich will versuchen mich endlich *naturgemäss* einzurichten. Hoffentlich gelingt es mir, meinem klösterlich-künstlerischen Ideal näher zu kommen ... Einstweilen mögen Sie mich darüber auslachen. In meinem nächsten Brief schreibe ich Ihnen, wohin mir zu adressiren.

Der Herr Pfarrer Landmesser bringt Ihnen vor Ende Juli nähere Nachrichten von mir nach Leipzig, auf seiner Rückreise nach Danzig. Ich übergebe ihm das Manuscript der Psalmen (von welchem ich Ihnen gesprochen). Sie sind jetzt zur Veröffentlichung herangereift und werden Kahnt's Verlag nicht verunzieren.

Auch das corrigirte Exemplar der Faustsymphonie schicke ich Ihnen für Schuberth bei dieser Gelegenheit.

Was die Aufführung meiner Werke überhaupt anbetrifft, so bin ich darüber mehr als je durchaus *negativ* gestimmt und gesinnt. Meine Freunde, und Sie insbesondere, Verehrtester, haben in diesem Bezug das Ihrige reichlich und in zuvorkommendster Weise geleistet. Nun scheint es mir ganz an der Zeit, mich etwas zu vergessen, oder wenigstens sehr in Hintergrund treten zu lassen. Mein Name ist zu oft genannt worden; manche haben sich daran unnützer Weise gestossen und geärgert. Zur »Anbahnung eines Verständnisses« wird es sich zweckdienlich erweisen, meine Sachen als Reservecorps zu betrachten, und frischere Werke anderer Componisten vorzuführen.

Damit ist genügend angedeutet, dass die Legende der heiligen Elisabeth ruhig in meinem Papierkasten fortschlummern kann. Desgleichen auch das Werk, mit welchem ich jetzt beschäftigt bin, und das zu meinem Leidwesen nur äusserst langsam vorrückt, in Anbetracht der vielen Störungen, die mich fortwährend quälen.

Sollte irgend eine Programm-Nummer durch eine meiner Compositionen ausgefüllt werden, so wird es am bequemsten sein, unter den veröffentlichten zu wählen, wobei wenigstens die Approbation des Verlegers einigermassen in Aussicht gestellt bleibt!

Meines Erachtens haben Sie eine gute Wahl an Porges getroffen. Der junge Mann ist tüchtig, verständig, begeisterungsfähig, und was ihm etwa noch an Gewandtheit fehlen dürfte, wird er leicht sich aneignen. Das Wesentliche bei einer solchen Aufgabe ist eine ehrliche, ehrbare und nicht zu trockene Strebsamkeit. Was ich von Porges gehört und kenne, lässt mich schliessen, dass er den verschiedenen Anforderungen des Redactionsgangs bestens entsprechen wird. —.

Was ist von den Wunderdingen, die Pohl von Löwenberg mitgebracht, zu halten? Es fehlt mir an der nöthigen Einbildungskraft, um den vorläufigen Andeutungen, die Sie mir darüber mittheilen, eine Klarheit abzugewinnen. Berichten Sie mich also genauer, wenn Sie befinden, dass ich mich unter gewissen Voraussetzungen einzumischen hätte. Ebenso sagen Sie mir gerade heraus ohne Periphrase, *was* der Musik-Verein zunächst von dem Protectorat des Grossherzogs von Weimar erwartet und verlangt?.—. In's Blaue hinein soll man nicht mit Fürstlichkeiten herumschiessen! Es ist nur ein ärgerlicher Pulververlust dabei zu gewärtigen.

Wie verhält sich Kap. M. Wehner? ist er noch in Gnaden bei seinem Könige?[1]) K. M. Bernhard Scholz war im vorigen Monat hier — er hat mich aber seines Besuchs nicht gewürdigt. —.

Die heutige Post bringt mir einige recht gemüthliche Zeilen meines braven Cantor Gottschalg in Tieffurt. Er benachrichtigt mich von einem Conzert in *Denstedt*, wo mehrere Piècen von mir aufgeführt wurden — unter anderen auch einer der Psalmen (die ich nächstens an Kahnt in *wesentlich verbesserter* Version schicke, durch Landmesser), von Fräulein Genast gesungen. Dieselbe, wie mir Gottschalg schreibt, vermählt sich heute. Wissen Sie mit wem? Ich stehe so gänzlich ausserhalb aller meiner Weimar'schen Beziehungen, dass ich nichts davon gehört habe. Da mir aber meine vortreffliche Liedersängerin in freundschaftlichstem Andenken geblieben, bitte ich Sie, verehrter Freund, mir ihren neuen Namen zu schreiben und auch, ob ihr Gemahl in Weimar oder anderwärts domizilirt ist. —

Von meinem neuen Domizil auf Monte Mario bin ich vollständigst befriedigt. — Herr Pfarrer Landmesser wird es Ihnen genau beschreiben — und vielleicht lässt sich eine Photographie davon auffinden — wo nicht, bestelle ich später eine für Sie. Getreu ergebenst

Rom, 18. Juni 63. F. Liszt.

---

1) War beim König v. Hannover; er ist längst verstorben.

## 18. An Dr. Franz Brendel.

Verehrter Freund,

In dem lieblichen Sondershäuser Park also finden Sie diese Zeilen. Man lässt sich dort gerne eingewöhnen, und die vortrefflichen Aufführungen der *Loh*-Conzerte — ich leite das Wort von »*Lohe*« ab — verleihen der Atmosphäre eine besondere geistige Stimulanz. Grüssen Sie freundschaftlich Stein — und überbringen Sie meinen besten Dank der muthigen Kapelle, für welche die »symphonischen Dichtungen« kein Ärgerniss geblieben!...

Die Sendung von Kahnt ist mir einige Tage später als Ihr Brief (vom 26. Juni) richtig zugekommen. Mililotti[1] wird selbst an Riedel seinen Dank brieflich abstatten für die gefällige Mittheilung der Programme. Gelegentlich, wenn die Conzerte Mililotti's weiter herangedeihen, kann ein Austausch vorkommen, und römische Programme nach Leipzig wandern. Zur Zeit aber ist die hiesige musikalische Bethätigung von geringem Interesse für auswärts.

Mit der Partitur-Auflage der *Mignon* und *Loreley* hat mir Kahnt ein Privatvergnügen bereitet. Sie scheint mir correct, und ich bin so albern die Instrumentirung hübsch zu finden. Beiläufig gesagt, fällt mir eine andre Instrumentirung wieder ein: diejenige mehrerer Schubert'scher Lieder (Erlkönig, Gretchen, die junge Nonne, und noch ein paar andre), welche ich für Fräulein Genast geschrieben hatte. Es ist keine fabrikmässige Bearbeitung und dürfte vielleicht feinfühlenden Musikern nicht missfallen. Das Manuscript der Partituren ist in Löwenberg bei Seifriz zurückgeblieben. Sollte sich dafür ein bereitwilliger Verleger finden, so steht es ihm zur Verfügung. . — .

Einen wesentlichen Punkt Ihres Briefes beantwortend, bin ich ganz einverstanden mit einer *Bericht-Vorlage* über Bestand und Thätigkeit des allgemeinen deutschen Musikvereins an den

1) Director der classischen Musikgesellschaft in Rom, hatte Prof. Riedel um Programme seiner Concerte bitten lassen.

Grossherzog von Weimar. Anschliessend wäre Seine K. H. unterthänigst aufzufordern, einiges Interesse für die Verbreitung und das Gedeihen des Instituts bei seinen allerhöchsten Verwandten allergnädigst zu vermitteln: das heisst auf schlecht Deutsch gesagt, durch Empfehlungsschreiben, oder in andrer Weise sein Protectorat zu bekräftigen. Bei Übergabe dieser *Bericht-Vorlage* (welche am zweckmässigsten durch Pohl und Regierungsrath Müller stattfände,) könnte entweder direct mit dem Grossherzog, oder mit S. E. dem Grafen Beust auf das *Wünschenswerthe* der Theilnahme der Frau Grossherzogin, der Königin von Preussen, des Königs der Niederlande, I. Kais. Hoheiten der Grossfürstinnen Helene und Marie (von Russland), des Grossherzogs Peter von Oldenburg (in Petersburg), des Grossherzogs und der Grossherzogin von Baden, des Erbprinzen von Meiningen, der Herzöge von Altenburg und Coburg etc. mündlich aber deutlich hingewiesen werden. Ich nenne diese Namen, weil sie, sowohl durch ihre nahe Verwandtschaft und Beziehungen zu dem Grossherzog, als ihre musikalische Liebhaberei sich zunächst als Beschützer und Gönner des allgemeinen Deutschen Musik-Vereins kennzeichnen.

Gerne hätte ich in Weimar die Obliegenheiten eines Vereins-Diplomaten übernommen und zunächst die effective Intervention des Grossherzogs zu gewinnen nachgesucht ... Von hier aus aber kann ich momentan nichts ausrichten. Mein gnädigster Herr hat keine Mussestunden für Vorträge künstlerischer Angelegenheiten, die ich in der ewigen Stadt auskochen könnte, und wenn ich es probirte Ihn damit zu behelligen, würde sein erstes und alleiniges Wort sein: »Warum kommt Liszt nicht zurück, anstatt mir dergleichen Allotria zu schreiben?« — Noch kürzlich erhielt ich von Ihm einen sehr gütigen Mahnbrief, der mich zur Künstler-Versammlung im August nach Weimar zurückberuft. . — .

Ihren Sondershäuser Aufenthalt möchte ich Ihnen auch rathen dahin zu benutzen, sich dem Fürsten vorstellen zu lassen und seine Gunst für den Musik-Verein zu erwerben. Sprechen Sie mit Stein ob dieser Angelegenheit, zu deren Pflege er sich am besten qualifizirt. Möglicherweise liesse sich eine grössere Aufführung im Loh zum Besten des Vereins veranstalten. . — .

Dieser Brief ist so angepfropft mit Fürstlichkeiten, Majestäten und Hoheiten, dass mir dies eine natürliche Transition bietet, Ihnen eine ausserordentliche, ja unvergleichliche Ehre, welche mir am vorigen Sonnabend 11ten Juli wiederfahren, zu melden. Seine Heiligkeit der Papst Pius IX. kam nach der Kirche der Madonna del Rosario und weihte meine Wohn-Zimmer durch Ihre Gegenwart. Nachdem ich dem Papste eine kleine Probe meiner Geschicklichkeit auf einem Harmonium und meinem Arbeits-Pianino dargelegt hatte, sprach derselbe in huldreichster Weise einige sehr bedeutungsvolle Worte zu mir, wodurch er mich ermahnte, dem Himmlischen im Irdischen nachzustreben und mich durch meine vorüberschallenden Harmonien auf die ewig verbleibenden vorzubereiten. — S. H. verblieben ungefähr eine kleine halbe Stunde; Monsign. de Merode und Hohenlohe waren in seiner Begleitung — und ich hatte vorgestern Audienz im Vatican (zum erstenmale meines Hierseins), wo mich der Papst mit einer schönen Kamee der Madonna beschenkte. —

Noch eine Fürstlichkeit fügt sich diesem Brief an und nöthigt mich zu enden. Soeben meldet man mir den Principe della Rocca, der mit seinem photographischen Apparat angefahren kömmt. Nächstens erhalten Sie also das Bildchen der Madonna del Rosario, von welcher jetzt, nach dem Besuch des Papstes, ganz Rom spricht.

Tausend herzliche Grüsse.

18. Juli 63. F. L.

## 19. An Breitkopf & Härtel.

Rome, 28 Août 63.

Mon cher Monsieur,

La tâche que vous avez bien voulu me confier est presque terminée, et vous recevrez par la même poste la Partition *de Piano* de 8 Symphonies de Beethoven, en attendant la $9^{me}$ que je me propose de vous envoyer avec les épreuves des précédentes. Les Numéros 1, 2, 3, 4 et 8 sont reliés en un volume; il n'y manque que la Marche funèbre de la Symphonie héroïque publiée dans l'Album-Beethoven chez Mechetti, Vienne. Il me faudrait revoir cet arrangement (que vous m'obligerez de me faire parvenir avec les prochaines épreuves), car probablement j'y ferai de nombreuses corrections et modifications, ainsi que je l'ai pratiqué pour les Symphonies en *ut* mineur, en *la*, et la *pastorale*, éditées il y a une vingtaine d'années, et dont les exemplaires vous sont restitués aujourd'hui avec force changements, *errata* et *addenda*, vu que pour satisfaire à ma propre critique, il m'a fallu leur appliquer la torture du crayon rouge et de la colle, et les soumettre à un travail de remaniement fort détaillé.

En m'initiant davantage au génie de Beethoven, j'espère aussi avoir progressé quelque peu dans la manière d'en adapter les inspirations au Piano, en tant que cet instrument le comporte, et j'ai tâché de ne pas négliger le compte qu'on doit tenir de la facilité relative de l'exécution en maintenant une exacte fidélité à l'original. Tel que se présente actuellement cet arrangement des Symphonies de Beethoven, les élèves de première classe des Conservatoires seront à même de les jouer passablement *à prima vista*, sauf à mieux réussir en la travaillant, ce qui serait toujours conseillable. Quelle étude mériterait plus de soins et d'assiduité que celle de ces chefs-d'œuvre? Plus on s'y adonnera et plus on en retirera de profit, d'abord sous le rapport du sens et de l'intelligence esthétique, puis aussi sous celui de l'habileté technique et du perfectionnement de la virtuosité — dont il ne faut dédaigner que le mauvais emploi qui s'en commet parfois.

Par le titre de *Partition de Piano* (qui est à conserver et à traduire en allemand par »Clavier-Partitur« oder »Pianoforte-Partitur«?) j'entends indiquer mon intention d'associer l'esprit de l'exécutant aux effets de l'orchestre, et de rendre sensibles dans les étroites limites du Piano des sonorités et nuances diverses. A cette fin j'ai souvent noté les noms des instruments: Hautbois, Clarinette, Timballes etc. ainsi que les contrastes des instruments à cordes et à vent. Il serait sans doute étrangement ridicule de prétendre que ces désignations suffisent pour transplanter la magie de l'orchestre sur le clavier; cependant je ne les tiens pas pour superflues. A part leur petite utilité d'instruction, les pianistes de quelque intelligence pourront s'en servir pour s'habituer à accentuer et à grouper les motifs, faire ressortir ce qui est principal, y subordonner l'accessoire, et, en un mot, se régler sur la norme de l'orchestre.

Pour me rassurer complètement sur mon travail, permettez-moi, mon cher Monsieur, de vous prier de le communiquer avant l'impression à Mr Ferdinand David et à Monsieur Moscheles. La minutieuse familiarité qu'ils ont acquise avec les Symphonies de Beethoven, leur montrera de suite les erreurs, oublis, méprises et méfaits dont bien involontairement j'ai pu me rendre coupable. Veuillez bien les assurer que leurs avertissements à ces égards me seront très précieux et que je ne manquerai pas d'en profiter pour l'honneur de votre édition. En particulier je voudrais apprendre de Mr David si le *NB* placé à la page 78 du manuscrit (Finale de la 8me Symphonie: »*der Vortrag der Haupt-Figur* etc.«) est fondé, — et lui serai fort reconnaissant des autres renseignements qu'il voudra bien me donner amicalement. Quant à Mr Moscheles, j'espère qu'il ne désapprouvera pas que j'aie suivi son exemple en chiffrant à profusion des doigtés pour la plus grande commodité de la masse des exécutants; mais peut-être aurait-il la complaisance de me suggérer des chiffres mieux assortis et de me faire part de ses observations sur tel ou tel artifice du »Clavier-Satz« qu'il possède en maître consommé. Il n'est qu'un point sur lequel je me risquerai jusqu'à un acte de rébellion: c'est celui des *pédales*: passion *basse*, dont je ne me corrige guère, pour si fâcheux que soient les reproches qu'elle m'attire! —[1])

---

1) »Wenn man auch« — schreibt er ein andermal (27. Aug. 1861) an Breitkopf & Härtel — »von Seiten der Clavierspieler den richtigen Gebrauch des Pedals voraussetzen dürfte, so bin ich doch

Si, comme je voudrais m'en flatter, mon arrangement des Symphonies vous satisfait, je serais tenté de vous proposer pour l'année prochaine un travail analogue sur les Quatuors, ces magnifiques joyaux de la couronne de Beethoven que le public-pianiste ne s'est pas encore appropriés dans la mesure qui conviendrait à sa culture musicale.

Mais je crains vraiment de fatiguer votre patience à force de vous donner des preuves de la mienne. ... Considérez donc ce projet des Quatuors comme non avenu pour peu qu'il vous paraisse inopportun, et veuillez bien, mon cher Monsieur, agréer l'expression de mes sentiments très sincèrement distingués et dévoués.

(Monte Mario, Madonna del Rosario.) F. Liszt.

P. S. Comme il m'a été impossible de dénicher ici un copiste qui remplisse les conditions raisonnablement exigibles, (celui dont j'ai pu me servir tant bien que mal l'année dernière, partage son temps entre la prison et le cabaret!), je me trouve obligé de vous envoyer le manuscrit tel quel en vous faisant toutes mes excuses sur sa mauvaise tournure calligraphique. Pour le mettre au net il faut quelqu'un de très expérimenté, comme tel je puis vous recommander avec sécurité M^r^ Carl Götze (»Mitglied oder Vice-Director des Theaterchors«) à Weimar. Il a de longue main l'habitude de mon écriture et s'acquitterait de la copie des Symphonies avec intelligence et soin.

NB. Un exemplaire de la *Partition d'Orchestre* des Symphonies sera fort utile au travail du copiste de mon arrangement, pour l'exactitude des nuances, la division des parties et l'indication des instruments.

En tout cas il sera nécessaire que je revise les dernières épreuves. . — .

Pour terminer, j'ajoute encore qu'il me sera agréable de recevoir avec l'envoi des épreuves et même plus tôt un exemplaire de mes Etudes d'exécution transcendante et aussi de

---

durch mancherlei Ohr-verletzende Erfahrungen auf die umständlichste Bezeichnung des Pedals wieder zurückgebracht worden«.

celles d'après Paganini (Edition Breitkopf et Härtel), que j'ai promis en cadeau à un excellent Pianiste d'ici, M$^r$ Sgambati, très capable de les jouer convenablement en public, — et en plus, un exemplaire de mon *Ave Maria* (pour Chœur avec accompagnement d'orgue) qui doit être prochainement exécuté ici.

## 20. An Dr. Franz Brendel.

Verehrter Freund,

Heute Morgen versandt' ich an Härtel und Schuberth Manuscripte und Correcturen — musste also den Ortsnamen *Leipzig* mehrmals schreiben. Dies kam mir wie ein Vorwurf vor, Ihnen gegenüber, den ich sogleich wegräumen will. Sie dürfen nicht durch *Andere* von mir hören, ohne sich selbst die Mühe zu geben, meine schlechte Schrift zu lesen. Zwar habe ich Ihnen nichts Besonderes zu melden. Der Sommer ist still verflossen, und ich bin wenig herumspaziert, wohl aber am Arbeiten ziemlich anhaltend sitzen geblieben. Meine Wohnung bekömmt mir mehr und mehr, so dass ich auch den Winter hier zubringen werde. Sie erhielten wohl mit meinem letzten Brief die Photographie der »Madonna del Rosario«? Leider kann ich Ihnen die überaus grossartige, wahrlich sublime Aussicht, die man von allen Fenstern geniesst, nicht mitsenden. Sie müssen sich also ganz Rom, die wundersame *Campagna* und alle vergangenen und gegenwärtigen Herrlichkeiten hinzudenken.

Seit längerer Zeit bin ich ohne andere Nachricht von Ihnen, als Ihre vortrefflichen Aufsätze über »die künstlerische Individualität« etc., wo mir unter vielen anderen richtigen und feinen Bemerkungen das Axiom: »Die künstlerische Natur, wenn sie ächt ist, corrigirt sich selbst in Folge des Wechsels der Gegensätze« sehr zusagt. Möge es sich an mir bewahrheiten; — so viel ist gewiss, dass an dem langwierigen Geschäft des Selbst-Corrigirens wenige so zu laboriren haben als eben ich, da mein geistiger Entwicklungsprocess durch so verschiedenartige Vor- und Zwischenfälle, wenn nicht behindert, doch sonderlich erschwert war. Nicht unpassend sagte mir vor etwa zwanzig Jahren ein geistreicher Mann: »Sie haben es eigentlich mit drei Menschen in sich zu thuen, die sich zuwiderlaufen: der gesellige Salon-Mensch, der Virtuos und der denkend-schaffende Componist. Wenn Sie mit einem von den Dreien ordentlich fertig werden, können Sie von Glück sagen.« — *Vedremo*!

Weitzmann's »Carneval in Rom um die Mitte des 17ten Jahrhunderts« las ich in der Neuen Zeitschrift mit grossem Vergnügen. Es ist eine anmuthige, lebensvolle Skizze, gelehrsam gewürzt, aber ohne Pedanten-Blei. Ist schon eine Besprechung der sehr bemerkenswerthen »Geschichte des Claviers« etc. desselben Autors in Ihrem Blatt erschienen? Frau von Bülow schrieb mir kürzlich, dass Hans beschäftigt ist einige Aufsätze für die N. Z. anzufertigen. Wahrscheinlich besorgt er die Recension über Weitzmann's Clavier-Geschichte, was am zutreffendsten wäre; wo nicht, möchte ich Ihnen rathen, einen Ihrer Mitarbeiter damit zu beauftragen und mehrere Auszüge aus dem Werke selbst beizugeben. Das verwünschte Clavier hat seine unabweisliche Bedeutsamkeit, schon des allgemeinen Missbrauchs halber! — Zu Ehren der Härtel'schen Beethoven-Auflage habe ich mich auch wieder mit Claviersatz-Studien und -Experimenten beschäftigt. Das Arrangement der 8 Beethoven'schen Symphonien, welches ich soeben nach Leipzig expedirt, ist hoffentlich nicht misslungen. Es kostete mir mehr Mühe, Hin- und Herversuchen, Verbessern, Wegschaffen und Hinzufügen, als ich es Anfangs vermeinte. Im Altern wird man überlegter und unbefriedigter . . .

An Schuberth schickte ich die Correctur des 2 Pianoforte-Arrangements der Faust-Symphonie, nebst einem hübschen, wohlklingenden Arrangement der *Préludes* von Herrn Klauser (in New-York), wodurch ich mich verleiten liess, das abgedroschene Stück wieder durchzuspielen und den Schlusssatz aufzufrischen und mit neuen Figurationen zu transscribiren. Wenn sich ein gewandter Spieler dazu findet, wird es brillant effectuiren.

Doch genug von all dem Clavierkram! Es drängt mich Partitur-Papier wieder anzuschwärzen — und zunächst soll mein Christus-Oratorium weiter vorschreiten. — Benachrichtigen Sie mich, ob Kahnt die 2 Psalmen, die ihm Herr Pfarrer Landmesser übergeben, edirt, und empfehlen Sie ihm, Herrn von Bülow um die Revision der letzten Correctur zu ersuchen. Nichts ärgerlicher für mich, als nachlässige fehlerhafte Ausgaben, wie sie Schuberth gerne haben möchte, wenn man seiner *Genialität* ungehemmten Lauf liesse!

Von dem Ausschuss des Kölner Dombaues erhielt ich eine Einladung zu den am 14—15ten October anberaumten Festlichkeiten. Die Zuschrift erinnert mich in verbindlicher Weise, dass mir im Jahre 42 die Ehre ertheilt wurde, dem Kölner Dombau als Mitglied des *Vorstandes* anzugehören. Ich habe diese besondere Auszeichnung nicht vergessen; schlechterdings aber scheinen die Herren nicht daran zu denken, in welcher Art meine Wirksamkeit jetzt angemessen sein könnte, und hüten sich klüglichst, mir etwa von einer kirchlichen Composition zu sprechen, obschon sie vermuthen könnten, dass ich gerade in dieser Gattung einiges zu leisten im Stande bin. Allerdings ist für den verehrlichen Ausschuss die alte Leier meiner »Glanzperiode«, »der bezaubernden Töne, die ich den Tasten entlockte« etc. geläufiger und bequemer. Obendrein liesse sich auch ein kleines *Sümmchen* herausschlagen, wenn ich mich dazu verstände, eben nur *das* zu gelten, für was mich die guten Leute gelten lassen möchten. Glücklicherweise liegt meine Werth-Bestimmung nicht in ihrer Befugniss, und in solcher mir sehr einleuchtender Überzeugung beantwortete ich ihr Schreiben höflichst, mit bescheidener Hinweisung auf meine zeitweilige Beschäftigung in Rom und dem Citat einer Hymne des heiligen Ambrosius, der Liturgie der *heiligen 3 Könige* entnommen, welche in innigster Beziehung mit dem Kölner Dom steht. Gleichzeitig beruhige ich sie ob jedweder behelligenden Absicht meinerseits und erkläre mich als gänzlich befriedigt, meine Verpflichtungen als Vorstands-Ehrenmitglied *im Stillen* zu erfüllen durch ein speciell für den Dom componirtes Werk (was ich nicht verabsäumen werde), ohne aber irgendwie den geringsten Anspruch auf die Theilnahme — geschweige Begünstigung — der wackeren Kölner Herren zu erheben. — Ich schmeichle mir, nicht in Ungnade bei den heiligen 3 Königen zu stehen; folglich brauche ich mich um das Übrige in Köln nicht zu bekümmern!

Nun können meine Leipziger Packete gelassen fortreisen. Mit freundschaftlichstem Grusse ergebenst

7ten Sept. 63. F. Liszt.

Monte Mario (Madonna del Rosario).

P. S. Sgambati, ein ausgezeichneter römischer Pianist, wünscht mein A-dur-Conzert zu studiren. Schott hat bis jetzt vergessen, die mir gebührenden Gratis-Exemplare dieses Stückes zu schicken — und ich bitte Sie der nächsten Sendung von Kahnt ein *Doppel-Exemplar (Arrangement für 2 Pianoforte*, da an eine Orchester-Aufführung hier nicht zu denken ist) beizufügen. Von Härtel habe ich gleichfalls für Sgambati und Bach[1]) meine Etüden, die Paganini'schen, und *mein Ave Maria (Chor-Partitur und Stimmen*, für eine Aufführung der von Mililotti dirigirten Classischen Conzerte bestimmt,) verlangt. Der Portokosten wegen, die ziemlich beträchtlich sind, ist es vorzuziehen, alle die Dinge in *einem* Packet zu expediren; wenn Sie so freundlich sein wollen, Härtel dies anzudeuten und von ihm die 3 Opus in Empfang zu nehmen. Auch möchte ich nicht länger als bis Ende October darauf warten. Gottschalg hat mir bald Abschriften zu schicken, die gleichzeitig mitkommen können.

## 21. An Justizrath Dr. Gille in Jena.

Verehrter Freund,

Mein längeres Stillschweigen bitte ich Sie mir freundschaftlich nachzusehen. Ich könnte es nicht anders entschuldigen als durch eine verschlimmernde Anklage, nämlich der unter so verschiedenartigen Verhältnissen, Stimmungen und Arbeiten

1) Soll wol Bache heissen.

mir mehr und mehr angewöhnlichen Enthaltsamkeit von der Correspondenz-Cultur. Ausgenommen Bülow's, meinen Cousin Eduard in Wien und Brendel, dem ich für die Freundlichkeit, mit welcher er das Nothwendigere meiner musikalischen Dinge besorgt, sehr dankbar bin, schreibe ich an Niemand in Deutschland, wenn sich nicht eine bestimmende Veranlassung dazu trifft. Den Weimarer Freunden gegenüber wird noch meine Mittheilungslust dadurch verkümmert, dass ich mir einbilde, sie möchten mich ebenso gerne bei sich sehen, als ich mich dort heimisch fühle. Da ich ihnen aber nicht schreiben kann »Ich komme und bleibe mit Euch«, verhalte ich mich still und stiller.

Der römische Aufenthalt ist für mich kein beiläufiger; er bezeichnet sozusagen den dritten Abschnitt — (wahrscheinlich den Abschluss) meines oft getrübten, doch immerhin arbeitsamen und sich aufrichtenden Lebens. Ich bedarf also eine geraume Zeit, um mit mehreren langwierigen Arbeiten und mit mir selbst ein *gutes Ende* zu machen. Dazu verhilft mir günstig meine hiesige Zurückgezogenheit, die fernerhin noch etwas accentuirter sein wird, und meine jetzige klösterliche Wohnung, welche mir nicht nur die herrlichste Aussicht über ganz Rom, die Campagna und die Gebirge gewährt, sondern auch, was ich ersehnte: Ruhe von aussen und Friedsamkeit. — Anbei eine Photographie der »Madonna del Rosario« als Illustration der kürzlich von den Zeitungen gebrachten Notizen, anlässlich des Besuchs des Heiligen Vaters.

Ihre freundschaftlichen Zeilen hatten ein besonderes Zusammentreffen mit dem *Dettinger Te Deum*, dessen Sie erwähnen, was ich eben durchspielte, als man mir sie brachte. Eine sehr liebenswürdige englische Dame erfreute mich vor kurzem mit der empfehlenswerthen Londoner Ausgabe »Novello's centenary Edition« (zu 1 bis 3 Schilling höchstens jedes Werk) der Oratorien Händel's, Haydn's, Mendelssohn's etc., die mir stets eine willkommene Gesellschaft bieten. In demselben Heft als das Dettinger Te Deum befindet sich die »Coronation Anthem« (1741 componirt). »Zadok the priest and Nathan the prophet, anointed Solomon king.«

Der Anfang ist wunderbar gross und mächtig, wie die Bibel selbst. —

Übrigens bei aller Verehrung für Händel lässt meine Vorliebe für Bach nicht nach, und wenn ich mich sattsam an Händel's Dreiklängen erbaut habe, drängt es mich nach den kostbaren Dissonanzen der Passion, der H moll-Messe und anderer Bach'schen polyphonischen Spezereien.

Empfehlen Sie mich freundschaftlich Ihrer Frau und überbringen Sie den herzlichsten Gruss an M. Gille *junior* von

Ihrem treu ergebenen

10ten Sept. Rom. [1863.] F. Liszt.

(Monte Mario, Madonna del Rosario.)

In Ihrem nächsten Schreiben vergessen Sie nicht, mir etwas von *Ihrem* musikalischen Jubiläum (in Jena) mitzutheilen.

## 22. An Dr. Franz Brendel.

Verehrter Freund,

Ich stecke tief in der Arbeit. Je mehr man das Feld besäet, je mehr erweitert es sich. Man müsste ein Methusalem-Alter vor sich haben, um etwas Ausgiebiges zu leisten!

Ihre Briefe, im Gegensatz zu manchen anderen, sind mir immer sehr willkommen, und ich danke Ihnen freundschaftlichst für alles Gute, Wohlwollende, Redliche und Herzliche, was die Fortdauer unsrer Freundschaft mit sich bringt. Wenn Sie mir auch nicht immer Angenehmes und Erfreuliches mittheilen, so ertrage ich gelinder selbst das Widerwärtige durch Ihre stets gemässigte und charakterfeste Dolmetschung. Die kürzlich von Ihnen erduldete Erfahrung mit Y. Z. bedauere ich aufrichtig und möchte gerne Ihnen einen Ersatz für diesen ebenso ungewünschten als misslichen Verlust stellen können. Leider aber kenne ich Niemand, der dazu recht passte. Es fehlt nur gar zu sehr an *Menschen* in dieser Welt! Wenn man sie erprobt, erweisen sie sich unbrauchbar. Meine zehn Dienstjahre in Weimar haben mich davon überreichlich belehrt!

Wahrscheinlich werden Sie sich in Sachen der Mitarbeiterschaft schlechtweg hinschleppen müssen, bis wir endlich in ein besseres Fahrwasser gelangen. Seit mehr als 3 Monaten ist mir die Neue Zeitschr. nicht mehr zugekommen; — vergessen Sie nicht, die Nummern dem nächsten Packet beizulegen (nebst den von *Härtel* verlangten Musikalien) und adressiren Sie immer »*Madonna del Rosario* (wovon anbei eine Photographie) *Monte Mario — Rom.*«

Kahnt's Bereitwilligkeit, die Partitur der beiden Psalmen zu ediren, ist mir sehr schmeichelhaft. Er wird das Manuscript bald erhalten, dem ich auch die Instrumentirung der Wilhelm Tell-Lieder beifügen möchte. Bei guter Gelegenheit dürfte sich ein gutwilliger Sänger dazu finden (etwa *Schnorr?*), der dem Ding Geltung verschafft. Das Instrumental-Gewebe ist nicht hausbacken und hebt den Gesang günstig hervor. Mein kritteliger Excollege Stör lobte es ehemals — bei einer Hofconzert-Aufführung, wo Caspari diese Lieder sang — und seither habe ich noch einige schmucke Flitterchen hinzugewirkt. Man soll sich selbst loben, zumal da es andere gar zu oft unterlassen! —

Angelegentlich der Tonkünstler-Versammlung scheint mir die Ortswahl Leipzig am *zweckdienlichsten* für jetzt, und ich rathe Ihnen dabei zu verbleiben. Im Laufe des Winters wollen wir über Programm und Anordnung einen »Gedanken-Austausch« (»un échange d'idées«, wie Fürst Gortschakoff sattsam wiederholt!) pflegen, der sicher zu einem mehr harmonischen Resultat führen wird als die russischen Noten. Glücklicherweise haben wir uns nicht über die Tragweite der Tractate von 1815 zu zanken!

Herzlichen Gruss von Ihrem treu ergebenen

10. October 63. F. Liszt.

P. S. Vor ungefähr 6 Wochen erschien in der Leipziger illustrirten Zeitung eine biographische Notiz mit Portrait von F. Liszt. Schicken Sie mir diese Nummer und sagen mir, von *wem* der Aufsatz.

.—. Ist etwas Neues von Partitur- oder Claviersachen erschienen, was mich interessiren könnte? — Hier spricht man mir nur *als Novitäten* von Mendelssohn und sogar Weber!

## 23. An Madame Jessie Laussot.

Voici, chère Madame, quelques mots, que je vous prie de faire parvenir à Madame Ritter (mère), ne sachant où les lui adresser. [1])

La mélancolique familiarité avec la mort que j'ai dû acquérir durant ces dernières années, n'affaiblit point la douleur que nous laissent en disparaissant de cette terre les âmes aimées. Si à la vue des tombes qui s'ouvrent, je repousse le désespoir et le blasphème, c'est afin de pleurer plus librement, et ne point me séparer, ni par la vie ni par la mort, de la communion de l'amour. —

Celle que nous pleurons m'était particulièrement chère. La débilité de son état physique avait perfectionné en elle les facultés intuitives. Elle prenait sa revanche au dedans et vivait par delà ... A notre première rencontre je croyais la retrouver. C'était à Zurich, chez Wagner dont elle ressentait si profondément le puissant et splendide génie. Pendant plusieurs semaines elle prenait habituellement mon bras pour passer dans la salle à manger à l'heure du dîner et du souper, — et répandait un singulier charme d'aménité, d'affection douce et conciliante dans cet intérieur auquel une certaine part exquise d'intimité faisait défaut. Elle possédait à un rare degré le secret de rendre sa présence agréable et harmonique. Tout en elle, jusqu'à son silence était compréhensif, car elle semblait *entendre* ou plutôt fixer les pensées que la parole ne rend que d'une manière informe, et les achevait dans son noble cœur.

Que son âme vive à toujours dans la plénitude de la lumière et de la paix de Dieu! —

Bien cordialement à vous

15 Octobre 63. F. Liszt.

(Madonna del Rosario. Monte Mario.)

---

1) Sie hatte ihre Tochter Emilie, die Schwester von Carl und Alexander Ritter, verloren.

Veuillez me pardonner le retard de ces lignes. Ce n'est qu'hier que j'ai appris par M^r Sgambati votre adresse.

## 24. An Dr. Franz Brendel.

Verehrter Freund,

Mit der letzten Zusendung von Kahnt, die in der vorigen Woche hier angelangt, erhielt ich vieles Erfreulich-Ermuthigende mittelst der Nummern der Neuen Zeitschrift. Ich konnte mir wahrlich nicht einbilden, dass meinen darin besprochenen Compositionen ein so milder, liebevoller Lichtstrahl zu Theil würde, als die Chiffre 8 darüber verbreitet. Sagen Sie mir den Namen der Chiffre 8 — ich verspreche Ihnen, das Geheimniss nicht zu verrathen — und einstweilen melden Sie dem mir bis jetzt unbekannten Referenten meinen herzlichsten Dank für seine Vertrautheit mit meinem Gemüth, wie er sie in so innig zusprechender Weise durch den Commentar der »Seligkeiten« und der Instrumentirung des »Mignon-Lied« bekundet.[1])

Er hat mein Bestreben auf das richtigste erfasst, indem er das Resultat andeutet, den wahrhaft katholischen, universellen, unsterblichen Geist geistig zu beleben — folglich zu entwickeln — und die aus dem »tiefsten Mittelalter zu uns herübergekommenen Bildungen gleichsam aus der dumpfen Klosteratmosphäre in den das Weltall durchdringenden Lebensäther des freien Geistes« einzuweben.

Vollends stimme ich auch dem äusserst zutreffenden Schluss desselben Aufsatzes bei: »Unsre Zeit hat sich nicht des Rechtes begeben, sich im Zusammenhange mit dem Unendlichen zu fühlen« und will mich ernstlich befleissigen, den wohlwollenden Erwartungen des Referenten möglichst zu entsprechen. Seine Erwähnung der Psalmen führt mich auf den Wunsch, meine 4 Psalmen (die sehr verschiedenartig sind, sowohl in der Empfindung, als der musikalischen Anlage nach) bald in Partitur veröffentlicht zu wissen. Kahnt's Bereitwilligkeit ist mir somit eine sehr willkommene, und ich

---

1) Es war Heinrich Porges.

bitte ihn, seinen guten Willen durch die Herausgabe bis zur nächsten Ostermesse freundlich zu bethätigen.

Über Format und Ausstattung möge er »al suo commodo« (wie man hier sagt) selbst bestimmen.

Ich halte immerhin für angemessen, die 4 Psalmen in *gleichem* Format zu ediren, und wenn er sich für die Beibehaltung des Prometheus-Partitur-Formats entschliesst (wie er mir schreibt), bin ich sehr einverstanden und befriedigt. Übermorgen werde ich die Instrumentirung des 23$^{ten}$ und 137$^{ten}$ Psalm nebst der Partitur des 13$^{ten}$ an Kahnt absenden. Letzterer gehört zu meinen ausgeführtesten, enthält zwei Fugensätze und ein paar Stellen, die mit Blut-Thränen geschrieben. Sollte ein neueres Werk von mir in einem grossen Orchester- und Chor-Conzert zur Aufführung gelangen, so möchte ich diesen Psalm vorschlagen. Der poetische Inhalt desselben ist mir fruchtbar aus der Seele entquollen; nebenhin glaube ich, dass die musikalische Form nicht ausserhalb der rechtmässigen Tradition herumschweift. Ein lyrischer Tenor ist dazu nothwendig; er muss singend beten, seufzen, klagen, sich erheben, besänftigen und biblisch begeistern können. — Orchester und Chor sind auch sehr in Anspruch genommen. Eine oberflächliche, herkömmlich-tüchtige Einstudirung genügt nicht. ...

Entschuldigen Sie, verehrter Freund, wenn ich Sie dermassen mit Randglossen meiner Manuscripte belästige. Ich füge blos noch bei, dass es mir lieb wäre, den kurzen Männer-Chor-Psalm (»Die Himmel erzählen die Ehre Gottes«) gleichfalls bis zur Ostermesse in Partitur gedruckt zu sehen, nach der Abschrift, die ich Kahnt vor meiner Abreise zurückliess, — und komme wieder zu den Aufsätzen der Neuen Zeitschrift, unter welchen mich zunächst die Mittheilungen über die Ungarische Kapelle in Breslau zu Dank verpflichten.

Von meinem Ex-Kammer-Virtuosen Josy in so freundlicher Weise abermals zu hören, ist mir höchst angenehm[1])

---

1) Ein äusserst musikalischer Zigeunerknabe dieses Namens wurde Liszt 1844 in Paris vom Grafen Sandor Teleki geschenkt. Seine Versuche, ihn künstlerisch zu erziehen, aber scheiterten an der Unmöglichkeit, das Naturkind an ernste Studien zu gewöhnen,

und ich ersuche Sie, dem Verfasser des Aufsatzes, der sich so eingehend mit meinen Rhapsodien, und dem noch weniger bekannten Buch (geschweige von der irrthümlichen Auffassung, die dasselbe andererseits zu erleiden hatte!) über »ungarische Zigeuner-Musik« beschäftigt hat, nebst meinem aufrichtigsten Dank beifolgende Photographie meiner Wenigkeit, als Ersatz für das Portrait, welches er an Josy geschenkt, zu übermitteln. Geben Sie mir Auskunft in Ihrem nächsten Schreiben betreffs der Stellung und Wirksamkeit dieses verehrlichen Breslauer Correspondenten, von dem ich noch nichts in der N. Zeit. gelesen hatte. Zum zweiten Mal sende ich Ihnen anbei die Photographie meiner jetzigen Wohnung »Madonna del Rosario«, da das erste Exemplar verloren ging, und um einem ähnlichen Post-Fehler vorzubeugen, lass ich diese Zeilen mit Recepisse bestellen.

Bülow's Aus- und Eingrabungen sind prächtig und der Nachruf an Fischl vom edelsten Herzschlag. Wann erscheinen die Aufsätze über Offenbach etc. aus derselben geistigen Region? . . . Begierig seh ich auch den Nachrichten entgegen über die Berliner Orchester-Conzerte, von Bülow in Gang gebracht und dirigirt.

Sie sprechen nur flüchtig vor einer neuen *Programm-Form*, »auf die Sie sich etwas einbilden«. Belehren Sie mich besser darüber und schicken Sie mir ein paar der kleinen Programme.

Von Pohl erhielt ich kürzlich einen recht herzlichen Brief, den ich sogleich beantwortete. Seinen »Vorschlag zur Güte« etc. in der N. Z. habe ich noch nicht gelesen, so wie auch viele andre Aufsätze in den letzten Nummern, die ich bald nachholen will. Bei aller Zurückgezogenheit und Abschliessung bin ich immer sehr gestört durch Besuche, Höflichkeits-Pflichten, musikalische Pfleglinge, weitläufige — zumeist unnütze Correspondenzen und Obliegenheiten. Unter anderem lud mich die Petersburger philharmonische Gesellschaft ein, in der nächsten

---

wie Liszt selbst in »Die Zigeuner und ihre Musik in Ungarn« (Ges. Schriften, Bd. VI.) erzählt.

Fastensaison zwei ihrer Conzerte mit Aufführungen meiner Compositionen zu dirigiren. Der Brief lautet zwar etwas vernünftiger als der des Kölner Dombau-Vorstandes (von dem ich Ihnen letzthin geschrieben); nichtsdestoweniger können aber die guten Leute von dem Gefasel »meiner ehemaligen Triumphzüge, unerreichter Meisterschaft auf dem Clavier« etc. nicht ablassen, und dies ist mir gründlich zum Ekel geworden, — wie abgestandener, lau-warmer Champagner. Comité-Herrn und andre brauchten sich wahrlich etwas mehr zu schämen ihrer flauen Flachheit mir gegenüber, als mich ungebührlich mit Zurückweisungen auf meinen verjährten, überwundenen Standpunkt zu verunglimpfen. — Nur eine Musik-Gesellschaft hat sich seit meiner Abwesenheit von Deutschland einer ehrenvollen Ausnahme zu rühmen: nämlich die Gesellschaft »Zelus pro Domo Dei« in Amsterdam, welche in Folge der Kenntnissnahme und Aufführung der Graner Messe mir das Ehren-Mitglieds-Diplom, mit einem sehr liebenswürdigen, im richtigen Ton gehaltenen Schreiben vorige Woche zuschickte.

Das Diplom trägt die Bezeichnung: »Roomsch Catholiek Kerkmusiek Collegie« und die Gesellschaft besteht seit 1691.

Zur Unterhaltung für Ihre Frau, als französische Lectüre, theile ich Ihnen eine Abschrift meiner Beantwortung der Petersburger und Amsterdamer Briefe mit. Nach Durchlesung bitte ich Sie die beiden Abschriften an meine Tochter nach Berlin zu senden, um deren kleine Sammlung meiner Correspondenz-Miscellanea zu vermehren.

Herzlichsten Gruss. — Freundschaftlichst ergeben

11ten November 63. F. Liszt.

## 25. An Breitkopf & Härtel.

Hochgeehrte Herren,

.—. Ich bitte Sie, Herrn Conzertmeister David meinen freundschaftlichsten Dank zu übermitteln für seine Billigung des *NB.* im Final der 8ten Symphonie. Die bezeichnete Vortragsweise des Final-Motivs blieb für mich die einzig wichtige Frage; durch die günstige Lösung derselben bin ich nun durchaus befriedigt, und folglich ist es mir sehr angenehm Ihrer Ansicht beizupflichten: die Herausgabe der 9 Clavier-Partituren fortan zu bestellen, ohne *anderweitigen* Rath einzuholen. Mein früher dahin deutendes Ansuchen sollte Ihnen blos als Beweis meiner strengsten Gewissenhaftigkeit dienen; sobald Sie es für überflüssig erachten, möge es auch als solches unterbleiben.

Ebenso ist durch Ihre Zuschrift die Copisten-Sorge erspart. Freilich aber konnte ich bei aller Anerkennung der Muster-Arbeiten aus der Officin Breitkopf & Härtel den Stechern kaum zumuthen, sich mit meiner schlechten — und obendrein durch viele Radirungen und Correcturen verundeutlichten Notenschrift abzuquälen, und empfahl Ihnen desswegen zur Aushülfe Herrn Carl Götze in Weimar, der meine verworrenen Manuscripte geläufig entziffert. Nichtsdestoweniger gilt für die besten Copisten, was Beethoven zuletzt von Mälzel's Metronom sagte: »Besser keinen!«

Erlauben Sie mir also, hochgeehrte Herren, alles Vorhergehende und Weitläufigere auf das einfachste zusammenfassend, Ihnen *absolute Vollmacht* über die Edirung der 9 Symphonien zu belassen — angenommen, dass mir die letzten Correcturen zur Revision zugesandt werden.

In Erwartung der mir freundlichst zugedachten Partituren Beethoven's Quartetten, Egmont und Christus am Ölberge) sage ich besonderen Dank dafür und behalte mir vor, Ihnen späterhin eine Probe meines kleinen *savoir-faire* im Genre des Quartett-Arrangements zur Ansicht zu schicken. Wenn sie Ihre Zustimmung erhält, will ich dann gerne nächsten Sommer weiter vorschreiten in der Ausführung einer älteren Lieblingsidee: Beethoven's Quartette dem »häuslichen Herd« des Claviers anzubequemen und sie gleichsam zu einem Mittelglied in der *catena aurea* des Meisters, zwischen seinen Sonaten und Symphonien auszuarbeiten. — Honorar-Bedingungen dürften dabei nicht behindernd eintreten, zumal da aus dergleichen Fragen in unseren schon über 20 Jahre andauernden Beziehungen niemals die geringste Schwierigkeit vorgefallen. Übrigens gewährt mir die Art und Weise Ihrer Erörterung meines eventuellen Vorschlags die beste Aussicht auf dessen Verwirklichung zu gegenseitiger Befriedigung, in *tempore opportuno*. .—. Genehmigen Sie, hochgeehrte Herren, nebst meinem aufrichtigen Dank die Versicherung meiner hochachtungsvollen Ergebenheit.

Rom, 16$^{ten}$ November 63. F. Liszt.

(Monte Mario, Madonna del Rosario.)

## 26. An Dr. Franz Brendel.

Verehrter Freund,

Zur Entschuldigung meines verspäteten Schreibens erwähne ich kurzweg eine Unpässlichkeit, die mir in der Weihnachtswoche keine andere Beschäftigung oder Zerstreuung erlaubte als im Bette zu liegen. Darauf folgten während der letzten Wochen andere Dinge, ohne allen Bezug mit musikalischem Handel und Wandel, deren Erledigung aber drängte.

Ihren vortrefflichen Neujahrsbrief erhielt ich gestern. Er bestätigt vollends meine Ansicht der Sachlage (wie sie mir längst klar geworden) und mein *Einverständniss* mit Ihnen über unser »Soll und Haben.« Letzteres steht leider nicht im gehörigen Gleichgewicht — wozu es gebracht werden muss. Zunächst handelt es sich *drei* Punkte zu sichern; unnütze Erörterungen zwischen uns ersparend, bezeichne ich dieselben in geographischer Weise mit den Namen: Weimar, Löwenberg, Carlsruhe. Darin sind jetztweilig alle wesentlichen Fragen: Theilung der Arbeit, Anstellung der passenden Persönlichkeiten, Herbeischaffung der zweckmässigen Mittel, lebensfähige Organisation des Musikvereins etc. etc. enthalten und zu lösen. Angenommen, dass Sie sich nicht täuschen über meinen sehr beschränkten Einfluss, so ist mein persönliches Kommen und Vermitteln unerlässlich. Ich verhehle Ihnen nicht, dass es mir wenigstens *ungelegen* ist, Rom, wenn auch nur für kurze Zeit, zu verlassen, und man dürfte mir es nicht verübeln, mehr Befriedigung in meiner hiesigen Zurückgezogenheit zu finden, als in den sterilen Widerwärtigkeiten eines sogenannten »Wirkungskreises.« Gilt es aber wirklich, wie

Sie mir es versichern, der guten Sache und einigen lieben Freunden dienlich zu sein, nun, dann soll jedwedes andre Bedenken weichen, und meine Bereitwilligkeit die Probe bestehen. Obwohl mir der Entschluss zur Abreise sehr schwer fallen wird, will ich Anfangs Juni meinen Pass nach Carlsruhe visiren lassen und dem dortigen Musikfest beiwohnen, *vorausgesetzt, dass Bülow die Direction desselben übernimmt.* In den Zwischenpausen der Proben und Aufführungen besprechen wir uns mit unseren wenigen thatkräftigen Freunden über das *Wie* und *Was* der Angelegenheiten des *Musikvereins*, der vorerst auf feste Beine gestellt zu werden verlangt. Insoweit ich dazu beitragen kann (speciell durch Bevorwortung bei dem Protector und dem Fürsten Hohenzollern) geschieht es gewiss.

Pohl scheint falsche Brillen aufgesetzt zu haben, wenn er in meinem Brief gelesen, dass ich nichts Eiligeres zu thuen wünsche, als nach dem alleinigen Deutschland zurückzukehren! Man mag darüber denken, was beliebig; *positiv* aber bleibt, dass ich mich weder um deutsche, noch französische, englische, russische oder italienische Laffen weiter kümmere und mich gänzlich in meiner stillen Arbeitsamkeit abschliesse. »Lasst mich ruhen, lasst mich träumen«, zwar nicht unter »blühenden Mandelbäumen«, wie Hoffmann singt [1]), doch getrost und geborgen unter dem Schutz der *Madonna del Rosario*, die mir diese Zelle gewährt. Meine deutschen Freunde thäten wahrlich viel vernünftiger, mich hier zu besuchen, als mich nach ihren Gauen zu verlocken. Jedenfalls können Sie *die übrigen Bekannten* versichern, dass ich sie durch keine längere Anwesenheit mehr incommodiren werde, und meine Dazwischenkunft bei dem Carlsruher Musikfest nur eine vorübergehende, durchaus harmlose ist. Spätestens Mitte Juli beabsichtige ich wieder hier einzutreffen, und wo möglich früher.

Das *Pro memoria* des A. D. Musikvereins, an den Grossherzog gerichtet, nebst dem Protokoll der Audienz am 17. November, habe ich durch Gille erhalten. Dank und Beantwortung schicke ich nächstens. Ebenfalls auch das Programm

1) In dem von Liszt componirten Lied.

einer sehr *ausnahmsweisen* Feierlichkeit, welche am $5^{ten}$ Februar stattfindet und mich bereits vielfach beschäftigt.

Freundschaftlichst einverstanden und herzlich ergeben

22. Januar 64. F. Liszt.

Für die richtige Zusendung des letzten Noten-Packets bitte ich Kahnt meinen besten Dank zu sagen. Porto und Zoll kosteten über 13 preuss. Thaler. A propos, beschämen Sie mich nicht mehr durch *Frankirung* Ihrer Briefe. Meinerseits frankire ich auch nur, wenn ich Ihnen *Packet-Briefe* mit Abschriften etc. zusende.

*Letztes Postscriptum.* .—. Leisten Sie mir noch die Gefälligkeit, meine beiliegende Antwort an Herrn B. richtig zukommen zu lassen. Seine Adresse ist mir unbekannt — und obschon, wie er mir früher schrieb, wir uns in Weimar begegnet haben, so entsinne ich mich kaum seiner Persönlichkeit. Grollen Sie mir nicht über diese anscheinliche Anmassung und Renommage dieser für heute *letzten* Mittheilung.... Meiner Bescheidenheit wird andererseits genügend zu Hilfe gekommen, um dass es mir nicht beikommen kann, allzugrosse Rosinen im Kopfe zu tragen! — Ausserdem bin ich Gottlob zu ehrlich und wahrheitsliebend, um der Eitelkeit zu verfallen.

## 27. An Dr. Franz Brendel.

Verehrter Freund,

Entschuldigen Sie heute ein Musikverlags-*Intermezzo*. Von Julius Schuberth und dem *Bureau de Musique* Peters erhielt ich widersprechende Briefe, eine *recht*- oder *un*rechtmässige Ausgabe meines Arrangements des Beethoven'schen Septetts betreffend. Ersterer ist vielseitig — der andre sehr einseitig, und aus beiden werde ich nicht klug, da mir die Angelegenheit gänzlich ferne liegt und ich mich kaum entsinne, wo und wie ich das Septett vor länger als zwanzig Jahren für Clavier arrangirt habe. Obschon mir Schuberth wenig Veranlassung gegeben, mit seinen Edirungen befriedigt zu sein, so möchte ich ihm doch in dieser Handels- und Händel-Frage keinen Schaden bringen; folglich habe ich ihm nicht geantwortet.

Desgleichen will ich auch Peters' Schreiben stillschweigend übergehen und stelle Ihnen, verehrter Freund, anheim, den beiden Herren begreiflich zu machen, dass ich mich jedweder Einmischung in ihre Verlags-Debatten enthalte. Zur genauen Einsicht in die Sache übersende ich Ihnen hiermit Peters' Brief, worauf ich nichts andres zu sagen hätte, als dass ich mich nicht erinnere ein 4händiges Arrangement des Beethoven'schen Septetts angefertigt zu haben... Aber dies eben ziehe ich vor *nicht* zu sagen. Die beiden Herren mögen die Sache untereinander gütlich ausmachen und mich dabei gänzlich ignoriren.

Da Bülow nun glücklich zurückgekehrt, wird wohl das Programm des Carlsruher Musikfestes bald zum Abschluss gelangen. Reményi, der mit *aussergewöhnlichem* Beifall ein halb Dutzend mal hier im Teatro Argentina spielte, hat besondre Lust sich auch beim Musikfest zu produziren; ich bemerkte ihm aber, dass wahrscheinlich Conzertmeister Singer bereits engagirt wäre. Sollte Singer nicht kommen können, so schlage ich Reményi mit vollster Sicherheit vor. Von den mir bekannten Violinisten wüsste ich kaum drei, die mit ihm, besonders in Bezug auf Effect, zu concurriren im Stande sind. Benachrichtigen Sie Bülow von dem freundlichen Anerbieten Reményi's, und lassen Sie mir gelegentlich wissen, ob es statthaft. —

Sobald ich Bestimmteres von dem Programm erfahre, beantworte ich das freundschaftliche Schreiben von Gille. Einstweilen habe ich mich (nach 4monatlichen unaufhaltsamen Störungen!) wieder zu meiner Arbeit gesetzt, von welcher ich bis zu meiner Reise nicht ablassen darf.

Welch königliche Wunderthat, der Brief Ludwig's von Baiern an Wagner! Er sollte wahrlich mit goldnen Lettern in der Walhalla eingegraben werden. O möchten sich doch einige andre Fürsten einen derartigen Styl aneignen! —

Freundschaftlichst ergeben

Rom, 28. Mai 64. F. Liszt.

## 28. An Dr. Franz Brendel.

Verehrter Freund,

Kurz nach Absendung meiner Zeilen, den Peters-Schuberth'schen Hader anbetreffend, erhielt ich den Programm-Entwurf Ihres vorletzten Briefes. Überaus wichtig und unentbehrlich sind die Wagner-Nummern. Hoffentlich hat er Ihnen seine zusagende Bestimmung bereits mitgetheilt. Bülow wird das Übrige am besten ordnen und leiten. Ich schrieb ihm vorgestern, um ihm nochmals eine strenge Mässigung in Bezug der Nummern meiner Composition anzuempfehlen. *Die Hälfte* von denen, die in Ihrem Programm-Entwurf bezeichnet sind, genügt reichlich. Die Leute wollen nicht so viel von mir hören, und ich möchte mich nicht aufdringen.... Bei dieser Gelegenheit insbesondere liegt es mir blos daran, meine paar Freunde *wiederzusehen*, — keineswegs aber, eine beifällige Anerkennung von Seiten des Publikums nachzusuchen. Ein solch irreleitendes Geläster hat für mich längst und gänzlich aufgehört. Also, lieber Freund, lassen Sie mich nicht zu dick anschwellen auf unserm Programm! Wenn darauf noch ein Platz für Reményi vorhanden bleibt, wird er ihn sicher glänzend ausfüllen. Sowohl als Solospieler wie als Quartettist leistet er Ausserordentliches.

Sie verlangen »bestimmte Auskunft über meine Reise«. Wie ich Ihnen früher schrieb, bin ich entschlossen, der Tonkünstler-Versammlung beizuwohnen und nachher auf einige Tage nach Weimar zu gehen. Meine Abreise von hier hängt von dem Datum der Carlsruher Conzerte ab. Ich werde mich so einrichten, mehrere Tage früher dort einzutreffen, und Bülow bitten, mir Quartier zu besorgen. Verschiedene Rücksichten (worunter auch öconomische) gebieten mir, meine Abwesenheit von Rom nicht über einen Monat auszudehnen, und ich bin jedenfalls verpflichtet, bevor ich hieher zurückkehre, meine Mutter in Paris zu besuchen. Es bleibt mir folglich wenig Zeit für Spaziergänge am Ilm-Strand oder anderwärts übrig.... Doch will ich hoffen, dass sich meine Reise nicht als eine Müssiggängerei ausnimmt, und werde Sorge tragen, *allen Ihren Wünschen* die möglichste Befriedigung »*anzubahnen*«. Näheres und Weiteres darüber sage ich Ihnen mündlich Ende August. Etwaigen Velleitäten eines andauernden Aufenthalts für mich in Deutschland aber bitte ich Sie auf das entschiedenste zu widersprechen. In einigen Zeitungen scheint das Gerücht zu cursiren, dass ich mich in Ungarn ansiedle. Daran ist nichts andres wahr, als die voraussichtliche Bestellung und Composition einer 2ten *Graner* Messe und vielleicht die ungarische Übersetzung der »Elisabeth«. Diese beiden Veranlassungen dürften mich im Laufe des nächsten Jahres bestimmen, abermals nach Ungarn zu gehen (?).

Entschuldigen Sie mich freundlichst bei Riedel, der mich einladet seinem Conzert in der Thomaskirche (Anfangs Juli) beizuwohnen. Es freut mich, dass sich die »Seligkeiten« auf seinem Programm halten, und freundschaftlich danke ich es H. von Milde, das Meiste dabei durch seine edle Empfindung, seinen begeistigten Vortrag zu bewirken. Ob der Psalm (»an den Wassern Babylon's) für Frau v. Milde nicht etwas zu tief liegt, möchte ich nicht entscheiden. Ich entsinne mich nur, dass sie ihn einmal auf der Altenburg *verklärend* gesungen. Natürlich kann ich es ihr nur als eine sehr schmeichelhafte Aufmerksamkeit und Liebenswürdigkeit anrechnen, wenn Frau von Milde das Wagniss begeht, irgend eines meiner Opus irgendwo und speciell in Leipzig unter ihrem gesanglichen Schutz einzuführen.

Mit herzlichem Dank und Gruss ergebenst

13. Juni, Rom 64. F. Liszt.

## 29. An das Comité des Unterstützungsvereins für bedürftige ungarische Musiker in Pest.

Messieurs,

Vous voulez bien m'inviter d'une manière très flatteuse à faire partie de l'Association que vous fondez, ayant pour but de secourir les musiciens pauvres et infirmes en Hongrie. Tout lien qui me rattache à notre noble pays m'est cher. J'accepte cordialement d'être *tout vôtre*, et me plais à espérer que la considération dont vous jouissez jointe à votre intelligente sollicitude pour cette bonne œuvre, lui assureront bientôt et durablement d'excellents résultats.

Le Bien que vous vous proposez de réaliser, n'est pas sujet à controverse, mais d'une évidence si élémentaire que vous ne rencontrerez de toute part qu'approbation, encouragement, aide et appui. Cependant, puisque vous me faites l'honneur de me demander un avis explicite par rapport aux Statuts de votre Société, je me permettrai de vous observer qu'il me semblerait désirable de ne pas se borner exclusivement et à tout jamais à secourir les musiciens malades, infirmes, — et leurs héritiers nécessiteux. Les bien-portants quand ils sont à la fois bien méritants, ont droit aussi à votre sympathie ... Sans m'étendre ici sur ce point, je recommande seulement à votre attention, Messieurs, les Statuts (publiés à Leipzig) de l'association qui s'est constituée à Weimar en Août 1861 sous le nom de »Allgemeiner deutscher Musik-Verein«, où il a été tenu simultanément compte des besoins de la *Musique* et de ceux des *Musiciens* à notre époque.

Si je n'avais le triste honneur d'être pauvre je m'empresserais de mettre une somme notable à votre disposition. Donc, veuillez me pardonner la modique offrande de *Cent florins* C. M. que vous recevrez prochainement (par l'intermédiaire de mon Cousin Dr. Edouard Liszt, à Vienne) et agréez, je vous prie, Messieurs, l'assurance de mon sincère désir de rendre par la suite de meilleurs services à votre œuvre, ainsi que l'expression de mes sentiments très distingués et dévoués.

Rome, 18 Juin 1864. (Madonna del Rosario.)

F. Liszt.

## 30. An Eduard Liszt.

Très cher Edouard,

Certainement je ne me suis pas »*plaint*« de vous au Comte Gallenberg ni à qui que ce soit au monde. Tout au contraire et à chaque occasion je me *loue* de mon bien-aimé cousin, et suis heureux et fier de sa loyale, délicate et noble amitié qui m'est un des plus doux bienfaits de la Providence.

Néanmoins je sais bon gré au Comte Gallenberg de vous avoir un peu poussé à m'écrire *extra* une si bonne et tendre lettre, dont je vous remercie de cœur et d'âme.

La circulaire électorale que vous y avez jointe me donne une véritable satisfaction et je suis heureux de l'évidence publique acquise à votre »Ehrenhaftigkeit, Charakterfestigkeit und grosse Befähigung.« Dans les circonstances actuelles il n'y avait pas moyen, ce me semble, d'obtenir un plus complet succès en concurrence avec Schuselka;[1]) mais j'espère que votre tour viendra bientôt. L'attente est pénible pour vous, sans doute, et aussi trop prolongée, en égard à vos mérites ... pourtant il faut s'y résigner, et cela le plus simplement possible, en s'abstenant de paroles et démarches inutiles. Toujours mériter, sauf à n'obtenir que parfois — peu ou prou — est encore le plus sage parti en ce monde, où »qui peu endure, peu dure!« —

. —. Vous reverrai-je à la fin d'Août à Carlsruhe? Je le désire bien vivement. Avant de revenir ici (au commencement d'Octobre) je passerai quelques jours près de ma mère à Paris. Vous ne m'en voudrez pas de commencer d'abord par elle, et de remettre à une autre année ma passagère installation chez vous à Vienne, que j'accepte de même que vous me l'offrez, et pour laquelle l'occasion se trouvera quand je reviendrai en Hongrie, si tant est qu'on y soit disposé (comme il paraîtrait) à me faire une commande analogue à celle de la »*Graner Messe*«. Autrement et à moins de circonstance déterminante pour moi, je suis résolu à ne plus fatiguer les gens de ma personne, ainsi qu'à me soustraire à la fatigue oiseuse que me causent les gens. Grâce à Dieu j'ai de quoi travailler sans m'inquiéter autrement de mon travail que par rapport à la bonne conscience que j'en voudrais garder. A cet effet Rome me convient singulièrement, et je ne m'en absenterai, pour si peu que ce soit, qu'à *bon escient*.

Ci-joint ma réponse au Comité de l'association en faveur

---

1) Eduard Liszt trat damals (ohne Erfolg) gegen Schuselka als Candidat für den Reichstag auf.

des Musiciens indigents de Hongrie,[1]) à laquelle je prie la Princesse de vous autoriser à joindre le commentaire obligé — de 100 florins. Faites-les parvenir aussitôt au Comité, en demandant réception, que vous m'enverrez.

Reményi viendra vous voir prochainement. Il a passé près de deux mois ici et s'est fait entendre fort souvent au théâtre Argentina avec un succès extraordinaire. Je l'ai invité à venir à Carlsruhe, persuadé qu'il n'y réussira pas moins qu'à Rome. En attendant je vous prie de lui faire un cordial accueil.

Bien tout à vous de cœur

22 Juin 64. [Rome.] F. Liszt.

Gruss und Liebe an die Deinen.

Il s'entend de soi aussi que je garde les sentiments les plus affectionnés à Cornelius et à Tausig, ce que vous leur direz.

## 31. An Dr. Franz Brendel.

Verehrter Freund,

. — . Reményi's Mitwirkung *kann ich Ihnen zusichern.* Mitte Juli erwarte ich ein Schreiben von ihm mit genauer Angabe seiner Adresse. In dem vorläufigen Programm der Conzert-Aufführungen ist es überflüssig seinen Namen zu nennen. Wie aber steht es mit Wagner? — Frau von Bülow schreibt mir darüber sehr Betrübendes.... Sollte er sich definitiv weigern der Tonk.-Vers. beizuwohnen, so bliebe nur übrig seine Erlaubniss zur Aufführung der früher im Programm bezeichneten Fragmente aus den *Meistersängern* und andrer seiner Werke (nebst den Partituren und Stimmen) zu erlangen. Meines Erachtens sind diese Stücke *unerlässlich* für den Hauptag des Carlsruher Programms. Am besten wird es sein, wenn Bülow *allein* die Sache zu dem erwünschten Ausgang führt. Es scheint mir unmöglich, dass Wagner ihm und uns allen das Leid einer gänzlichen Absage zufügt! Jedenfalls muss alles aufgewandt werden, ein derartiges Missgeschick — ja ich sage, *Skandal* — zu vermeiden.

Ferner will ich Sie, verehrter Freund, der Mühe ausführ-

1) Siehe den vorhergehenden Brief vom 18. Juni.

licher Mittheilungen totaliter entheben. Frau von Bülow soll mir über den weiteren Fortgang der Präliminarien der Tonk.-Vers. referiren; Sie haben für Ihren Theil mehr als genügend zu thuen, schreiben, vermitteln, ausgleichen, vorbereiten, hin und her überlegen, ausbrüten etc. etc.

Es bleibt also dabei, dass ich komme, und Sie haben über mich zu verfügen während der paar Wochen meines Aufenthalts in Deutschland, an dem Sie hauptsächlich Schuld tragen. Beiläufig unter uns gesagt, ohne Ihre dringenden Briefe hätte ich mich wahrscheinlich darauf beschränkt, Bülow's in Marseille *rendez-vous* zu geben und meine Mutter in Paris einige Tage zu besuchen. Andre Wege giebt es nunmehr äusserst wenige für mich — und diejenigen, welche ich noch durchwandern muss, finden sich nicht auf Reisen, wohl aber und einzig nur an meinem stillen Schreibtisch!

Mit herzlichem Gruss und freundschaftlichst ergeben

1. Juli 64. F. Liszt.

Gestern erhielt ich ein freundschaftliches Schreiben von Séroff. Dürfte sich nicht ein Fragment aus seiner »Judith« dem Carlsruher Programm anpassen?

## 32. An Walter Bache in London.[1])

Je réponds à vos lignes, cher Monsieur Bache, en vous assurant une fois de plus de mon très sincère et affectueux intérêt. Vous ne me trouverez jamais en faute ni en retard quand il s'agira de vous en donner des preuves, soyez-en parfaitement certain.

Les bonnes nouvelles que vous me donnez de Madame Laussot me sont fort agréables. J'espère qu'elle me fera le plaisir de revenir à Rome, car je n'entrevois aucune chance d'aller à Florence. Vers la mi-Août je me mettrai en route pour Carlsruhe où j'ai promis d'assister à la 3ième »Tonkünstler-Versammlung«. De là je me rendrai à Weimar, et passerai

1) Adressat (1842—88) Schüler Liszt's, war seit seiner Niederlassung in London als Lehrer, Pianist und Dirigent begeistert für seinen Meister thätig. Die alljährlich von ihm veranstalteten Recitals und Orchesterconcerte waren fast ausschliesslich Liszt gewidmet.

à Paris pour revoir ma mère avant de rentrer ici aux premiers jours d'Octobre.

Veuillez dire à Mme Laussot qu'elle me ferait injure si elle ne me comptait parmi ses adhérents les plus véritablement affectionnés et dévoués. En particulier je lui conserve une reconnaissante mémoire des »*Ideale*« et de tout ce qui s'y rattache. Elle est du très petit nombre des nobles et intelligentes exceptions dans le trop grand nombre de mes amis et connaissances. J'en parlais dans ce sens avant-hier à une jeune personne d'origine grecque qui habite Florence (où elle fréquente les concerts de Mme Laussot) chez le Comte de Sartiges. L'Athénienne joue du piano à merveille, et à ravir.

Vous me rapporterez le Scherzo d'Ehlert avec d'autres de ses compositions.

En attendant chargez-vous de mes meilleurs compliments pour Ehlert.

Mille choses cordialement affectueuses, et à revoir l'hiver prochain.

2 Juillet 64. Madonna del Rosario. F. Liszt.

Merci de la triple photographie [1]) qui est trois fois la bienvenue.

## 33. An ?*)

Lieber Freund,

Ihre freundlichst gemeldete Sendung von Musikalien ist noch nicht angelangt; doch will ich nicht ermangeln, Ihnen meinen Dank zu sagen, bevor ich mich auf 6 bis 7 Wochen von hier entferne.

Übermorgen reise ich nach Carlsruhe zur »Tonkünstler-Versammlung«, deren Conzerte (von Bülow dirigirt) am 22. bis 26. August stattfinden. Von da mache ich meinen Besuch in Weimar. Ende September bin ich bei meiner lieben Mutter in Paris und spätestens Mitte October wieder hier zurück. Es darf Sie nicht überraschen, wenn ich meinen angeblichen

---

1) Wahrscheinlich von Mme Laussot, Pinelli und Bache.

*) Autograph (ohne Adresse) im Besitz von Hrn. Etienne Charavay in Paris. Der Brief scheint an einen Wiener Freund gerichtet.

Aufenthaltswechsel zeitungsweise dahin gestellt sein lasse und immerdar in Rom verbleibe.

Das Wort *immerdar* bringt mich auf den 22ten (nach der üblichen protestantischen Nummerirung 23ten) Psalm, den ich eigentlich für Tenor componirte, während der 137te für Mezzo-Sopran (Fräulein Genast, jetzt in Basel mit Herrn Merian vermählt,) bestimmt ist.

Daher überrascht es mich, dass Sie letzteren Psalm und nicht den 22ten Herrn Erl zugedacht, und ich befürchte, dass die Wirkung desselben durch einen Tenor nicht begünstigt sein wird. Sowohl die Violin-Begleitung, welche mehrmals unisono erklingt, als der Schluss-Chor »Jerusalem, Jerusalem«, exclusiv von Frauen- (oder Knaben-) Stimmen auszuführen, erheischen eine weibliche Solo-Stimme. Ausserdem scheinen mir die Empfindung und geistige Tonalität des Psalms nicht im Masculinum sich zu bewegen. Die Herrn Israeliten dürften nicht derartig seufzen, träumen und himmelan versinken.

Mit den neuen Opus von Kremser, Hasel und Ziehrer, die Sie mir versprochen, wird es mir sehr angenehm sein bei meiner Rückkehr ausführliche Bekanntschaft zu pflegen.

Einstweilen besten Dank und Gruss von

Ihrem freundschaftlich ergebenen F. Liszt.

Rom, 7. August 64. (Madonna del Rosario.)

## 34. An Eduard Liszt.

Weimar, 7. Sept. 64.
(in dem blauen Zimmer der Altenburg!)

Es betrübte mich, auf Deine Anwesenheit bei der Carlsruher Tonkünstler-Versammlung verzichten zu müssen, liebster Eduard. Deine Zeilen aber deuten eine Förderung Deiner Carrière an, worüber ich mich herzlich freue. Hoffentlich hast Du mir bald Bestimmteres in diesem Bezug mitzutheilen. Du weisst, dass mir Dein Wohlergehen zu den erwünschtesten Befriedigungen meines Lebens gereicht! —

Betreffs der Tonkünstler-Versammlung findest Du in der Beilage der Allgemeinen Augsburger Zeitung ein freundliches und genügendes Resumé — 31. August, 1. bis 3. September.

Bülow war leider durch eine ernstliche Krankheit verhindert, die Leitung des Ganzen zu übernehmen. Persönlich und künstlerisch war für mich sein Ausbleiben sehr empfindsam — doch ist über die Aufführungen keineswegs zu klagen, und die Aufnahme von Seiten des Publikums, insbesondere die meines Psalms, war eine äusserst günstige. Ich konnte wahrlich nicht ein so wohlwollendes Entgegenkommen (nach so mancherlei früheren Erfahrungen) erwarten. Freund Löwy hätte diesmal keine Veranlassung gefunden, sich auf einem hinteren Logenplatz zu verbergen! In den Kammermusik-Soiréen wurden 3 meiner Lieder (»Es muss ein Wunderbares sein«, »Ich liebe Dich« und »Mignon«) von Herrn und Frau Hauser gesungen und da capo verlangt. Reményi spielte prächtig, und Fräulein Topp [1]) ist ein Wunder.

Nach Beendigung der Tonkünstler-Versammlung ging ich Sonntag früh mit Cosima (welche die Conzertwoche mit mir in Carlsruhe blieb) nach München. Hans lag zu Bett im bairischen Hof; sein nervös-rheumatisches Übel hat sich jetzt im linken Arm festgesetzt, den er wahrscheinlich mehrere Wochen lang nicht bewegen können wird. Über den physischen Schmerz peinigt ihn dieser Zustand durch die nothgedrungene Unthätigkeit heftigst. Müssig geduldeu ist für gewisse Naturen das Unerträglichste. Er reiste, so schlecht es ging, vorigen Samstag nach Berlin zurück, wohin ihn seine Frau begleitete, und ich habe ihm versprochen, nach meinem Besuche bei dem Fürsten Hohenzollern in Löwenberg (der in den nächsten Tagen erfolgen soll) ein paar Tage bei ihm zu verleben.

Von Wagner's wundersamem Schicksal hast Du erfahren. Ein derartiger Stern hat bis jetzt noch keinem Wort- oder Tondichter geleuchtet. NB. S. M. der König von Baiern adressirt an »den Wort- und Tondichter Richard Wagner«. Gelegentlich mehr über das merkwürdige Verhältniss Wagner's. Ich sah Wagner öfters in München und brachte einen Tag mit ihm allein in seiner Villa (am Starnberger See) zu.

Seit vorgestern bin ich hier. . — .

---

1) Alida Topp, Schülerin Liszt's.

Behalte mich lieb — wie ich Dich. Von ganzem Herzen
Dein F. Liszt.

Adressire *Weimar* (auf der Altenburg). Ich muss von Löwenberg hierher zurückkommen (zwischen dem 15ten und 18ten September), um dem Grossherzog auf der Wartburg aufzuwarten.

## 35. An Breitkopf und Härtel.

Hochgeehrter Herr Doctor,

Mit den Correcturen der Pastoral- und Cmoll-Sinfonie (worin ich kaum ein paar Fehler vorgefunden) übersandte ich Ihnen (von Weimar) mein Clavier-Arrangement der 3 Instrumentalsätze der 9ten Sinfonie. Nach vielerlei Hin- und Herprobiren stellte sich mir die Unmöglichkeit eines nur gewissermassen befriedigenden und wirksamen Arrangements des 4ten Satzes *für 2 Hände* unwegleugbar und deutlichst heraus. Hoffentlich werden Sie mir es nicht verübeln, wenn ich darauf verzichte und meine Bearbeitung der Beethoven'schen Sinfonien mit dem 3ten Satz der 9ten als beendet betrachte, da es nicht in meiner Aufgabe liegt, einen einfachen *Clavierauszug* dieses verhängnissvollen 4ten Satzes zum Gebrauch der Chor-Dirigenten anzufertigen. Derartige Arrangements sind bereits vorhanden, und ein besseres, ausreichenderes, den unbehülflichen Clavieren und Clavierspielern angemesseneres erkläre ich *nicht* leisten zu können, und glaube auch, dass es heut zu Tage Niemand zu leisten vermag.

In der bei Schott erschienenen Auflage der 9ten Sinfonie für *2 Pianoforte* war mir die Möglichkeit geboten, die wesentlichsten Bestandtheile der *Orchester-Polyphonie* auf zehn Finger zu reduziren und den Chor dem 2ten Spieler *anzuhändigen*. Beide Theile aber, den instrumentalen und vocalen, in zwei Hände einzuzwacken, geht weder *à peu près*, noch *à beaucoup près!*

Falls andre Correcturen der übrigen Beethoven'schen Sinfonien fertig wären, könnten mir dieselben bis nächsten Dienstag, 20. September, nach *Weimar* gesandt werden. Gleichzeitig würde es mich freuen die herrlichen achtstimmigen

6 Motetten von Bach (unter welchen »Singet dem Herrn ein neues Lied«) zu erhalten. Ich bedarf um desto mehr der Lectüre solcher Werke, als mir jetzt die Entbehrung deren Aufführung auferlegt ist.

Nächste Woche werde ich mich noch ein paar Tage in Weimar (oder Wilhelmsthal) aufhalten; von da aus besuche ich meine Mutter in Paris, und spätestens 18. October bin ich zurückgekehrt in Rom.

Hochachtungsvoll ergebenst F. Liszt.

Schloss Löwenberg, 14. Sept. 64.

Das mir gefälligst nach Carlsruhe gesandte Exemplar der symphonischen Dichtungen beauftragte ich Herrn Kahnt mit bestem Dank zurückzustellen.

## 36. An Breitkopf und Härtel.

Hochgeehrter Herr Stadtrath,

Ihrem so freundlich ausgesprochenen Wunsch zufolge, will ich es nochmals versuchen, dem 4ten Satz der 9ten Sinfonie am Clavier »beizukommen« und bald nach meiner Rückkehr in Rom die mir auferlegte *tentative* zu begehen. Möge sich dabei die Variante des Sprüchworts »Tant va la cruche à l'eau qu'à la fin . . . . *elle s'emplit*« — günstig bewähren.

Auf Varianten gerathen, erlauben Sie mir Ihnen eine ausnahmsweis werthvolle Sammlung derartiger Dinge zu bezeichnen. Ein sehr fein und ernstlich gebildeter Musiker, mit welchem ich seit vielen Jahren befreundet bin — Herr Franz Kroll (in Berlin), hat es sich angelegen sein lassen, die bemerkenswerthen Varianten der Bach'schen Manuscripte des »Wohltemperirten Claviers« in strebsam fortgesetzter Ausdauer zu sammeln, auszuschreiben und zur Herausgabe einzurichten. Als er mir vorige Woche mehrere davon mittheilte, überzeugte ich mich von dem gehaltvollen Interesse dieser Sammlung und ermunterte Freund Kroll, Ihnen, hochgeehrter Herr, näher darüber zu berichten. Indem ich Ihnen einliegend seinen durch mich veranlassten Brief übersende, erfülle ich mit Vergnügen und vollster Gewissenhaftigkeit die musikalische Pflicht, die Veröffentlichung der Bach'schen Varianten zu bevorworten, und Ihnen Kroll's Arbeit als einen wesentlich nützlichen, vervollständigenden Beitrag Ihrer mustergültigen Auflage der »*Bach-Gesellschaft*« bestens zu empfehlen.

Empfangen Sie, hochgeehrter Herr Stadtrath, die Versicherung meiner aufrichtigen Hochachtung und Ergebenheit.

Wilhelmsthal, 1. October 64. F. Liszt.

## 37. An Madame Jessie Laussot.

Vous voudrez bien m'excuser, chère Madame, d'avoir tardé à vous remercier de votre bienveillante lettre. Parmi vos nombreuses et rares qualités, il en est une que j'admire particulièrement: c'est la vaillance de vos sympathies musicales. Cependant je dois me faire scrupule de vous exposer à de trop rudes épreuves, et sachant d'expérience combien peu de dispositions favorables mes œuvres rencontrent, j'ai dû m'imposer à leur égard une sorte d'incurie systématique et de passivité résignée. Aussi durant les années de mon activité extérieure en Allemagne ai-je constamment observé la règle de ne jamais demander à qui que ce soit de faire exécuter aucune de mes compositions; mieux encore, j'en ai déconseillé net diverses personnes qui me témoignaient quelqu'intention de ce genre — et procéderai de même ailleurs. Il n'y a ni modestie ni orgueil en cela, ce me semble, car je tiens simplement compte de ce fait: — que M^r Litz est quasi partout le bien venu quand il se montre *au Piano* (— surtout depuis qu'il fait profession du contraire —) mais qu'on ne lui passe pas de se mêler de penser et d'écrire à sa guise.

En effet, voilà une quinzaine d'années, que de tous côtés, des amis soi-disant, aussi bien que les indifférents et malveillants chantent à tue-tête à ce malheureux M^r Litz qui n'en peut mais: »Soyez pianiste, et ne soyez que cela. *Comment peut-on n'être pas pianiste,* quand etc. etc.«

Peut-être ont-ils raison — mais ce serait trop exiger que de me faire souscrire à ma propre condamnation. Loin de là, j'avoue que la contradiction finit par me tenter sérieusement et que je suis résolu à la poursuivre jusqu'au bout, sans illusion ni agrément quelconques. Seulement, à certains moments, je me figure qu'il y aurait quelqu'application à me faire de cette judicieuse maxime de Champfort: »La célébrité est la punition du talent et le châtiment du mérite.«

Notre ami Sgambati est heureusement fort en train d'encourir cette *punition* et ce *châtiment* — à très bon droit, certes. Il a fait merveille cet hiver à ses quatre concerts qui ont eu tout ensemble un succès de vogue et de véritable bon goût. Pour ma part j'ai pris Sgambati en *pleine* affection, et le remarquable développement de son talent de si fine et noble trempe m'intéresse vivement.

Mille choses bien cordialement affectionnées et dévouées.

Rome, 6 Mars 65. F. Liszt.

## 38. An Dr. Franz Brendel.

Verehrter Freund,

Definitive Notizen über die nächste Tonkünstler-Versammlung in Dessau von Ihnen erwartend, danke ich Ihnen einstweilen für Ihre letzten Mittheilungen. Den Schwerpunkt der musikalischen Aufführungen bietet natürlich diesmal Riedel und sein Verein. In dem Programm-Entwurf bemerke ich gleich Anfangs meinen Psalm 137. Welche Sängerin übernimmt ihn? — Geist und Seele sind unentbehrlich dabei.

Bronsart schrieb mir Anfangs März, dass er eine Conzertreise nach den russischen Ostseeprovinzen beabsichtigt. Es würde mich freuen, wenn sich der Euterpe-Hader und Zwist bei der Dessauer T. K. V. ausgliche und Bronsart sich zur Direction verstände.

Nachträglich schicke ich Ihnen anbei das Programm des Conzerts im Capitolsaal, wo seit mehreren Jahren keine besondere Festlichkeit vorfiel und wohl nie eine derartige. Zum erstenmale vereinigten sich die verschiedenen Kapellen Roms (Sixtina, St Peter, Lateranense und Liberiana) zu einer Aufführung, die im Ganzen als eben so gelungen als günstig aufgenommen zu bezeichnen ist. Das Conzert war dem Heiligen

Vater anheimgestellt und von Ihm acceptirt. Dieser ausnahmsweise Charakter der Sache, der dann, wie voriges Jahr, in Einklang mit dem Modus der Detail-Einrichtungen gebracht wurde — (einige Damen der Aristokratie und Commissaires vertheilten die Billette, für welche nur ein *Minimum* festgestellt ward, keine Affichen etc.) bestimmte meine Mitwirkung. Ich spielte den *Cantique* (letzte Nummer der bei Kistner erschienenen »Harmonies poétiques et religieuses«) und, da der Applaus nicht endete, fügte ich noch meine Transscription der »*Charité*« von Rossini (bei Schott herausgegeben) hinzu. Alles, was in Rom Anspruch auf Bildung hat, war zugegen, und der Saal überfüllt.

Mit freundschaftlichem Gruss aufrichtig ergebenst

3. April 65. F. Liszt.

P. S. Bitte durch Kahnt bei Härtel's baldigst anfragen zu lassen: Wie weit der Stich meines Arrangements der Beethoven'schen Sinfonien gelangt ist, und ob ich auf die Zusendung der Orchester-Stimmen (autographirt) mehrerer meiner symphonischen Dichtungen, — speziell der Dante-Sinfonie — in dieser Osterwoche, wie früher bestimmt, rechnen kann? — Es ist möglich, dass die Dante-Sinfonie Ende April hier zur Aufführung kommt. Bis dahin erhalten Sie noch weitere Nachricht von mir.

Bei Bote und Bock erscheint nächstens (für Pianoforte) ein sehr einfacher Hymnus von mir, betitelt »der Papst-Hymnus«.

## 39. An den Fürsten Constantin von Hohenzollern-Hechingen.

Monseigneur,

Votre Altesse comprendra que ce soit pour moi un besoin de cœur de lui parler d'une très heureuse conjoncture qui m'assure désormais, à pleine mesure, la fixité de sentiment et de conduite à laquelle j'aspirais. Il me semblerait commettre une ingratitude et manquer à la condescendante amitié dont vous voulez bien m'honorer, si je ne vous faisais part de la détermination que j'ai prise.

Mardi 25 Avril, fête de S^t Marc l'Evangéliste, je suis entré dans l'état ecclésiastique en recevant les ordres mineurs dans la chapelle de S. A. S. Monseigneur Hohenlohe, au Vatican. Convaincu que cet acte m'affermissait dans la bonne voie, je l'ai accompli sans effort, en toute simplicité et droiture d'intention. Il correspond d'ailleurs aux antécédents de ma jeunesse, comme aussi au développement qu'a pris durant ces quatre dernières années mon travail de composition musicale, que je me propose de poursuivre avec une nouvelle vigueur, le considérant comme la forme la moins défectueuse de ma nature. —

Pour parler familièrement: si »l'habit ne fait pas le moine«, il ne l'empêche pas non plus; et dans certains cas, quand le moine est tout fait au dedans, pourquoi ne pas y approprier à l'extérieur l'habit? —

Mais j'oublie que je n'entends nullement devenir moine, dans le sens rigoureux du mot. La vocation me manque à cet effet, et il me suffit d'appartenir à la hiérarchie de l'Eglise au degré que les ordres mineurs m'assignent. Ce n'est donc pas le froc, mais la soutane que j'ai revêtue. Et à ce sujet, Votre Altesse me passera cette légère vanité de lui raconter qu'on me fait le compliment de dire que je porte ma soutane comme si je l'avais toujours portée.

J'habite maintenant le Vatican, auprès de M^gr Hohenlohe, dont l'appartement est au même étage que les *Stanze* de Raphaël. Ma demeure ne ressemble guère à une prison cellulaire, et la bienveillante hospitalité que m'y fait M^gr H. m'exempte de tout assujettissement pénible. Aussi ne la quitterai-je que rarement et pour peu de temps, les déplacements et surtout les voyages m'étant devenus fort onéreux à divers égards ... Mieux vaut travailler en paix chez soi, que se répandre au dehors, — sauf les cas majeurs. Il s'en présente un pour moi, au mois d'Août, et je remplirai ma promesse d'aller à Pest, lors de la célébration des fêtes musicales qu'on prépare pour le 25^me anniversaire de la fondation du Conservatoire. Mon Oratorio de »Sainte Elisabeth« et la Symphonie de la »Divina Commedia« font partie du programme.

L'année prochaine, si Votre Altesse pensait encore à réaliser son noble projet d'un congrès musical à Löwenberg, je serais très heureux d'y participer, et me mets complètement à vos ordres et services.

Permettez-moi, Monseigneur, de vous exprimer de nouveau mes plus reconnaissants remercîments pour les témoignages de sympathie que vous accordez si généreusement à ma personne et à mes œuvres, et daignez agréer l'hommage des sentiments invariables du très respectueux dévouement avec lesquels j'ai l'honneur d'être,

De Votre Altesse, le très humble et bien affectionné serviteur

Vatican, 11 Mai 1865. F. Liszt.

## 40. An Breitkopf und Härtel.

Hochgeehrter Herr Doctor,

Meine alten musikalischen Schwächen haben mich nicht verlassen! Das Schwächste und Schlimmste dabei ist wohl mein andauerndes Fort-Componiren; doch spuken mir so wunderliche Dinge im Kopf herum, dass ich nicht umhin kann, sie aufzuschreiben. Auch wünschte ich etwas von dem Druck-Schicksal der Ihnen gesandten Manuscripte zu vernehmen. Sind die Clavier-Partituren der Beethoven'schen Sinfonien erschienen? Wie weit ist der Stich des *Conzerts* für 2 Pianoforte (E moll)[1]) gelangt? Möchten Sie so freundlich sein mir bald einige Exemplare zuzusenden?

In Betreff der autographirten Orchester-Stimmen meiner Symphonischen Dichtungen wäre es mir angenehm, wenn dieselben bis Ende Juli erscheinen könnten. Wahrscheinlich gehe ich Anfangs August nach Pest, wo bei Gelegenheit der Conservatoriums-Festivitäten mehrere meiner Compositionen (speziell die *Dante-Sinfonie*) aufgeführt werden. Falls die Stimmen fertig sind, bitte ich Sie, hochgeehrter Herr Doctor, mir sie dann nach Pest zu expediren. Einstweilen bedarf

1) Concerto pathétique.

ich deren hier nicht; wenn aber die »Préludes« in Bereitschaft vorliegen, werden Sie mich verpflichten, sämmtliche Orchester-Stimmen mit *vierfachem* Quartett *womöglich Anfangs nächsten Monates* Herrn Dr. R. Pohl (571 Hirschgasse *Baden-Baden*) zukommen zu lassen. Sie sind mir verlangt worden zum Gebrauch bei einem Badenser Festival, welches Monsieur Reyer dirigiren wird.

Entschuldigen Sie bestens alle die Mühewaltungen, die ich veranlasse, und empfangen Sie den Ausdruck meiner hochachtungsvollen Ergebenheit.

Vatican, 27. Mai 1865. F. Liszt.

## 41. An Dr. Franz Brendel.

Geehrter Freund,

Ihre günstigen Nachrichten über die Dessauer Tonkünstler-Versammlung erfreuten mich sehr. Durch das *schiefe* Anhören, welchem in den verflossenen Jahren meine Werke begegneten, bin ich befangen geworden; um meine Freiheit im Schaffen unverkümmert zu bewähren, musste ich von dem äusserlichen Erfolg gänzlich absehen. Daher mein absolutes Misstrauen gegen Aufführungen meiner Compositionen, das mir übrigens nicht als übertriebene Bescheidenheit angerechnet sein dürfte. Ob der Hunnenschlacht war ich besonders unschlüssig; die christliche Deutung des Kaulbach'schen Bildes, so wie sie mit dem *Choral* hervortritt, schien mir ein Stein des Anstosses für die löbliche Kritik. Kaulbach hatte diese Interpretirung zwar angeregt, vermöge der *besonderen Beleuchtung des Kreuzes* . . . doch sind auf dem Bilde weder Bettelmönche noch Bischöfe zu erblicken . . . und obendrein war zur Zeit der Hunnenschlacht die Orgel *nicht* erfunden! Dies letzte Schlag-Argument wurde mir in Weimar triumphirend zugeschleudert von Seite der unfehlbaren Censoren. Seither verzichtete ich darauf, das Werk aufführen zu lassen, und begnügte mich, es im Arrangement für 2 Pianoforte an Kaulbach zu schicken. Dergestalt wurde es auch in seinem Salon *executirt*, worauf natürlich die Klage laut erging, dass ich meine Zeit in so abscheulichem Tonwirrwarr vergeude, während ich doch vermöchte die Leute in angenehmer Weise mit meinem Clavierspiel zu ergötzen! ... Nun, wenn wirklich die Dessauer Versammlung einiges Vergnügen an der Hunnenschlacht gefunden, bin ich reichlich entschädigt für mein geringes Dulden.

An Fräulein Wigand [1]) bitte ich Sie meinen besten Dank zu übermitteln. Es ist eine wackre That von ihr, dem Psalm geneigte Ohren geschaffen zu haben — und wenn ich nächstes Jahr wieder nach Deutschland komme, wünsche ich ihn zu hören.

Mit Vergnügen übernehme ich Weitzmann's Stelle als Examinator der eingesandten Manuscripte. Senden Sie mir dieselben *packetweise* nach Rom; ich verspreche Ihnen sie schnell durchzusehen und mein Gut- oder Schlechtachten mitzutheilen. Zu derartiger Beschäftigung bin ich immer aufgelegt und vielleicht nicht ungeschickt.

.—. Vom Pester Comité habe ich seit längerer Zeit keine Nachricht bekommen. Ich halte mich aber bereit, Anfangs August von hier abzureisen. Einstweilen sollen keine Sendungen *nach Rom* für mich bestellt werden. Sobald ich Bestimmtes über meinen Aufenthalt in Ungarn weiss, schreibe ich Ihnen.

Mit freundschaftlichem Gruss an Ihre Frau treu ergeben

21. Juli (Villa d'Este-Tivoli) 65. F. Liszt.

Über eine etwaige Aufführung der Elisabeth in Coburg besprechen wir uns später. Ich halte es für angemessen, wenn mein Name in dem Programm der nächsten T. K. Versammlung wenig genannt wird. Betreffs eines längeren Werkes (welches ein ganzes Conzert beansprucht) wird es zweckmässig sein, wenn Gille die Wahl desselben dem Herzog anheim stellt. Der Localgeschmack ist dabei sehr zu berücksichtigen, und für meinen Theil weiss ich nur zu gut, dass man von mir nicht viel wissen und hören mag — sowohl in Coburg als an vielen anderen Orten! —

---

1) Emilie Wigand, von Prof. Götze in Leipzig gebildet.

## 42. An Abt Schwendtner in Budapest*).

Hochwürdiger Herr und Freund,

In meine Behausung zurückgekehrt, kann ich nicht unterlassen, Ihnen nochmals herzlichst zu danken für all' die Güte und Herzlichkeit, die Sie mir in so ungewöhnlich reichlichem Mass während meines Aufenthalts im Pester Stadt-Pfarrhof erwiesen. Die dort in angenehmster Weise — Dank Ihrer wohlwollenden Fürsorge — verlebten fünf Wochen verbleiben mir als unerlöschlicher Lichtpunkt meines Daseins. Sie ermahnen und gleichzeitig kräftigen und ermuntern mich zur weiteren Vollführung der künstlerischen Aufgabe, die mir gestellt ist. Indem ich hoffe, dass mir Ew. Hochwürden Ihre freundschaftliche und edelsinnig bezeugte Theilnahme auch fernerhin gewähren, bitte ich Sie, den Segen Gottes dahin zu erflehen, dass ich mich stets als *gutes Landes- und Kirchenkind* kennzeichne.

Darf ich noch eine Bitte beifügen? Am 22. October (mein Geburtstag) wird seit mehreren Jahren in der Franziskanerkirche in Pest eine Messe gelesen, wo bei dem »Memento Domine« meiner gedacht [wird] . . . Ich lege Ew. Hochwürden meinen Wunsch an's Herz, desgleichen an demselben Tag in der Stadtpfarrei zu veranlassen.

In aufrichtiger Hochschätzung und Dankbarkeit verbleibt Ew. Hochwürden herzlichst getreu und ergeben

Vatican, 20. September 65. F. Liszt.

Meine unterthänigen Empfehlungen an die liebenswürdige Präsidentin des Morgencafé's — Fräulein Resi [1]) — welche die ächt magyarische Gastfreundschaft der Stadtpfarrei unvergleichlich anmuthigst dirigirt und schmückt. Ich werde mir erlauben, nächstens an Fräulein Resi ein paar römische

---

*) Autograph im Besitz von Frl. Therese v. Lavner in Pest. — Adressat war seit 1865 mit Liszt befreundet, und dieser genoss während seiner öfteren Besuche Pest's bis zu seiner Übersiedlung in die Landes-Musikakademie die Gastfreundschaft des Abtes.

1) Die Nichte des Abtes.

Kleinigkeiten zu schicken. Die Zusendung des Medaillons meiner Wenigkeit, von Rietschel meisterhaft modellirt, besorgt Bülow. Bekanntlich ist Rietschel der Bildhauer des Lessing-Standbildes (in Braunschweig), der Goethe- und Schiller-Gruppe (in Weimar) etc. —

## 43. An Dr. Franz Brendel.

Verehrter Freund,

Für die Aufnahme des Bülow'schen Referats über das Pester Musikfest in der »Neuen Zeitschrift« danke ich Ihnen bestens. Diese 3 Artikel sind meisterhaft gefasst, und da Ihr Blatt meinem schwierigen Entwickelungsprocess als Componist seit Jahren in so wohlwollend eingehender Weise folgt, wünschte ich, dass die so ausserordentlich günstigen Aufführungen der »Elisabeth« und der Dante-Sinfonie in Pest insbesondere durch die »Neue Zeitschrift« constatirt seien.

Die »Elisabeth« anbetreffend sind mir von Wien und ein paar anderen Städten Aufforderungen zugekommen: es liegt aber keineswegs in meiner Absicht, dieses Werk in Schnelle herumzukriegen. Desshalb werde ich mich dankend entschuldigen und eine mir passende Gelegenheit zur nächsten Aufführung abwarten. Ob sich dieselbe bei der Tonkünstler-Versammlung in Coburg treffen könnte, weiss ich nicht und mache dies, ganz unumwunden gesagt, von dem *bon plaisir* des Herzogs abhängig. [1]) Meinerseits liegt mir sehr wenig daran, weil ich eben das Werk in Pest genügend gehört habe, und keine Änderungen daran zu machen sind. Auch mit der Herausgabe hat es keine Eile, und ich antwortete kürzlich einem bereitwilligen Verleger (der mir merkwürdigerweise ein anständiges Honorar dafür anbot!), dass ich mich erst im künftigen Sommer entschliessen würde, es zu veröffentlichen oder nicht.

Gille hatte die freundliche Absicht, eine Aufführung der Elisabeth in Jena baldigst zu veranlassen. Ich möchte nicht

1) Zu einer Tonkünstler-Versammlung in Coburg kam es nicht.

gerne mit ihm darüber ausführlicher correspondiren; sagen Sie ihm aber freundschaftlichst mein Bedauern, seinen vortrefflichen Eifer etwas zurückhalten zu müssen. Abgesehen von gewissen Convenienz-Rücksichten (die ich nie im geringsten verletzen werde) liegt schon ein unzubeseitigendes Hinderniss in der Sache der Aufführung selbst. Ohne die Betheiligung des Weimarer Personals kann sie in Jena nicht stattfinden. Wozu aber unsere lieben und ausgezeichneten Weimarer Sänger und Künstler damit quälen, und woher, bei den vielen Theaterbeschäftigungen, die gehörige Zeit zu dem Einstudiren der Partien und den Proben nehmen? — etc. etc. —

Sagen wir also einfach *Nein*, was Jena anbetrifft, und stellen wir ein Fragezeichen ? ja sogar 2 und mehr ??? für die Tonkünstler-Versammlung in Coburg, wobei man sich (wie ich es Ihnen in meinem vorletzten Brief geschrieben) gänzlich der Ansicht des Herzogs zu fügen hat in Bezug der Wahl des grösseren (oder längeren) Werkes, welches den ersten Tag des Programms ausfüllt.

(NB. Elisabeth dauert ungefähr 3 Stunden, die Zwischenpausen mitgerechnet. Bülow's Direction ist *unentbehrlich.*)

Seit 10 Tagen bin ich wieder in den Vatican heimgekehrt und gedenke den Winter über hier zu verbleiben. Vor der Hand beschäftigt mich die Einrichtung des *Papst-Hymnus*, welcher im vorigen Monat bei Bote und Bock für Clavier 2 und 4 händig erschienen, für Chor-Gesang (mit italienischem Text). Ich halte etwas von diesem Stück, wozu Kaulbach eine prächtige Zeichnung componirte. Wenn es hier aufgeführt, schreibe ich Ihnen davon. Sobald als möglich setze ich mein *Christus-Oratorium* fort. Leider musste ich es seit einem Jahr liegen lassen, da mich die *Vocal-Messe* und mehrere kleinere Arbeiten abhielten. 6 bis 8 Monate sind mir noch nothwendig zur Vollführung des Christus, der kaum bis zur Hälfte gerathen.

Mit meiner Gesundheit steht es gut, und ich kann unbeschadet den Leuten das Vergnügen belassen, mich als »physisch gebrochen« und »verwitterte Ruine« (so wie mich die Augsburger Allgemeine Zeitung darstellt) zu wähnen.

Eine Gefälligkeit erweisen Sie mir sogleich, verehrter Freund. Ersuchen Sie Kahnt, die Stahlstiche (oder Holzschnitte) der Schwind'schen *Elisabeth-Galerie* auf der Wartburg, welche in *Leipzig* erschienen (bei Weigel oder Brockhaus?) für mich zu kaufen und dieselben an die Adresse des »Herrn Baron Anton von Augusz — *Szegzard* (Tolnaer Comitat — Ungarn) sicher, schnell und richtig zu expediren. Wenn ich nicht irre, sind die Zeichnungen in *zwei* Abtheilungen veröffentlicht. Die erste enthält die Bilder der Ankunft Elisabeth's auf der Wartburg, das Rosen-Wunder — bis zu ihrem Tod. Die 2te Abtheilung bringt die Medaillons, welche die *Werke der Barmherzigkeit* darstellen. Ich wünsche die *vollständige* Elisabeth-Galerie dem Baron Augusz zuzusenden. Der Preis ist ziemlich billig und soll, alsbald er mir durch die Berechnung bekannt, Kahnt zurückerstattet werden.

Nebenbei würde mir Kahnt ein Vergnügen machen, wenn er durch Roszavögli (Pest) ein Exemplar des Pflughaupt-Arrangements für Pianoforte und Violine von meinem »Cantique d'amour« und »Ave Maria« *Reményi* verehrte — und meiner Wenigkeit auch gelegentlich ein Exemplar zuschickte. Reményi, wird die Stücke gerne mit Plotenyi spielen und verbreiten, und hier will ich Sgambati und Pinelli [1]) dazu aufmuntern.

Mit herzlichen Grüssen an Ihre Frau

unveränderlich treu ergebenst

Vatican, 28ten Sept. 65. F. Liszt.

Benachrichtigen Sie mich von der Sendung der Elisabeth-Galerie und schicken Sie mir auch ein paar Exemplare der 3 Aufsätze von Bülow.

Warum sind mir meine Orgelstücke (bei Körner, Erfurt) noch nicht zugekommen? Erinnern Sie Kahnt oder Gottschalg daran.

---

1) Römischer Violionvirtuos (geb. 1843), wurde 1872 Dirigent der »Società musicale romana« in Rom.

## 44. An Eduard Liszt.

Liebster Eduard,

Herzlichen Dank für Deine Erinnerung des 22. Octobers. Der Tag wurde still und glücklich gefeiert, wie im vorigen Jahre in meiner früheren Wohnung (Madonna del Rosario) — und Du warst mir gegenwärtig im Innersten des Herzens.

Bevor ich Deine Zeilen erhielt, hatte ich schon Dunkl's [1]) und Herbeck's Schreiben in Betreff des Elisabeth-Oratoriums beantwortet. Du weisst, wie sehr es ausserhalb meines Wunsches liegt, dies Werk in *Circulation* zu bringen. So schmeichelhaft es auch für mich (perhorrescirten Componisten!) sein dürfte, von verschiedenen Orten darüber Anfragen zu erhalten, scheint es mir rathsam, Übereilungen zu vermeiden und meine Freunde nicht so bald ähnlichen Unannehmlichkeiten auszusetzen, als ihnen meine früheren Werke auferlegten. Löwy's geräumter Sperrsitz (bei den »*Préludes*«) ist massgebend ... und nach so mancherlei Beschimpfungen, welche meine Werke erlitten, frommt ihnen das Schweigen am besten.

Sei also so gut, liebster Eduard, den mir wohlwollend gesinnten »*Musikfreunden*« *definitiv* zu sagen, dass ich mich zu der beabsichtigten Elisabeth-Aufführung nicht entschliessen kann und sie bitte, mir diese Kleinmüthigkeit zu verzeihen. Übrigens steht mir die Partitur nicht mehr zur Verfügung, weil ich sie Bülow zugesandt, welcher sie für eine von S. M. dem König gewünschte Aufführung gebraucht, wozu ich bereits Herbeck eingeladen. Bülow hat in diesem und nächstem Monate einige Conzerte in Berlin, Dresden, Prag etc. zu geben. Desshalb kann er sich erst späterhin mit dem Einstudiren der Elisabeth beschäftigen. Von der Münchner Aufführung erfährst Du zur Zeit Näheres.

Bezüglich Deiner Mittheilung an die Frau Fürstin versichere ich Dir abermals, dass *so bald* und *so oft* es mir möglich ist, Dir einen Dienst zu erweisen, es gewiss geschieht.

1) Dunkl, Musikverleger in Budapest.

Besten Gruss an Deine Frau von Deinem treu ergebenen
[Rom] 1ten November 65. F. Liszt.

## 45. An Dr. Franz Brendel.

Verehrter Freund,

Ich verzögerte eine Antwort, um Ihnen gleichzeitig mehreres zu berichten.

A. Anfangs März beabsichtige ich nach Paris zu gehen. Die Graner Messe soll am 15ten März in der Kirche St Eustache zur Jahresfeier »*de l'œuvre des écoles*«« aufgeführt werden, wozu mich der *Maire* des 2ten Arrondissements, Mr Dufour, vor einigen Tagen officiell eingeladen.

B. Die in verschiedenen Zeitungen verbreitete Nachricht in Bezug der von mir zu componirenden ungarischen Krönungs-Messe ist vorläufig nur eine officiös richtige. Wahrscheinlich bestätigt sich dieselbe nächstens. 1)

C. Zur Eröffnung einer *Dante-Galerie* kommt Ende dieses Monates hier meine *Dante-Sinfonie zur Aufführung*. Anbei der Aufsatz im »*Osservatore Romano*«, worin dieses aussergewöhnliche Ereigniss ausführlicher besprochen — nebst einer andern Nummer desselben Blattes, eine kleine Notiz enthaltend über das »*Stabat mater speciosa*« (sehr einfacher Chor aus meinem *Christus*-Oratorium), welches vorigen Donnerstag in der Franziskanerkirche *Ara Coeli* (auf dem Capitol) gesungen wurde.

D. Der Tonkünstler-Versammlung in Coburg bin ich gänzlich gesonnen beizuwohnen und erwarte von Ihnen bald nähere Auskunft. Hoffentlich übernimmt Bülow die Direction. Wenn noch auf die Aufführung der Elisabeth reflectirt wird, ist Bülow *unentbehrlich*. —

Betreffs der Elisabeth entschuldigen Sie mich bestens Kahnt gegenüber. Ich unterliess es seine freundliche Anfrage zu beantworten, da ich mir vorgenommen habe, dies Werk einstweilen *nicht* zu veröffentlichen, und an dieser negativen Be-

1) Dies geschah bekanntlich.

stimmung festhalte. Kahnt möge es mir nicht verübeln und in allem Übrigen meiner aufrichtigen Bereitwilligkeit versichert sein.

.—. Es fehlt mir an sehr vielem, doch am allermeisten fehlt es mir an Zeit! —

Mit freundschaftlichstem Gruss aufrichtig ergebenst

Vatican, 14. Januar 66. F. Liszt.

## 46. An Dr. Franz Brendel.

Verehrter Freund,

Also keine Tonkünstler-Versammlung dies Jahr; sondern Kriegsgeschrei, Bayonnetten- und Kanonen-Symphonien! Hier verbleiben wir wahrscheinlich in ruhiger Stille, unter dem Schutz Frankreichs. — Meine geringe Person anbetreffend, will ich versuchen, in der zweiten Hälfte des 66$^{ten}$ Jahres, was ich in der ersten versäumen musste, nachzuholen. Bis zu Weihnachten soll mein Christus-Oratorium fertig geschrieben sein. — Fürst Hohenlohe, bei welchem ich seit April 65 wohnte, ist zum Cardinal erhoben und verlässt desshalb den Vatican. Ich kehrte vorigen Sonntag wieder in meiner früheren Wohnung *Monte Mario, Madonna del Rosario* ein, wo ich mich bestmöglichst befinde. Nächstes Jahr gedenke ich nach Deutschland zu kommen: vorerst nach München. Wie Sie wissen, hat mir der König von Baiern das Grosscomthurkreuz des Michaels-Ordens zuertheilt. Desgleichen der Kaiser Maximilian das des Guadeloup-Ordens. —

Mein Pariser Aufenthalt wird sich nicht unfruchtbar erweisen. Man möge nur immerhin darüber sprechen wie gefällig. — Als hervorragenden Künstler, Virtuosen und Componisten in Paris, welcher in der »*Neuen Zeitschrift*« besonders verdient betont zu werden, nenne ich Ihnen Camille Saint-Saëns. Wie er mir sagte, war er im vorigen Jahr in Leipzig und spielte dort sein Conzert im Gewandhaus. Man wusste aber nicht, was an ihm wäre, und liess ihn mit vornehmer Ignoranz passiren. Langhaus [1]) frequentirt ihn und könnte

1) Der 1892 verstorbene Berliner Musikschriftsteller und Kritiker.

Ihnen gelegentlich Ausführlicheres für die Zeitschrift mittheilen.

Kahnt bitte ich meinen verbindlichsten Dank zu sagen für die richtige Besorgung der Pariser Bestellungen. Mit der Herausgabe der *Elisabeth* will ich noch ein Jahr zögern. Auch wünsche ich dafür mehrere Illustrationen und, da das Werk dem König von Baiern gewidmet ist, eine dem feinsten und edelsten Geschmack entsprechende Ausstattung. Wenn Kahnt noch dazu im nächsten Jahr disponirt ist, wird es mir angenehm sein, mich mit ihm zu verständigen. Früher aber bin ich entschieden, die Elisabeth nicht zu veröffentlichen, und habe bereits mehrere Verleger, welche mir anboten die Herausgabe zu übernehmen, mit der Antwort beschieden: jedweder Druck möge dieser Partitur für längere Zeit ferne bleiben. —

Erlauben Sie mir noch, ein paar Dinge, die mir angelegen sind, Ihrer freundschaftlichen Fürsorge zu empfehlen.

Bitten Sie Kahnt in meinem Namen, mit Exemplaren von den Liszt'schen Compositionen seines Verlags gegen Bülow nicht zu sparen. Insbesondere möchte Bülow gerne meine Männer-Quartetten verbreiten, wozu einige Exemplar-Gefälligkeit seitens Kahnt's nützlich wäre. Indiscrete Forderungen sind von Bülow nicht zu befürchten, und man kann ihm zuversichtlich alles gewähren, was er verlangt.

.—. Härtels haben mir nächstens eine Sendung von Musikalien zu expediren. Legen Sie derselben die letzten Nummern der Neuen Zeitschrift bei, um meiner Unwissenheit der musikalischen Begebnisse abzuhelfen.

In aufrichtiger Ergebenheit verbleibt Ihnen unveränderlich freundschaftlichst

Rom, 19. Juni 66. F. Liszt.

Die Partitur der Graner Messe ist wohl Riedel (vor 6 Wochen) richtig zugekommen? Die Stimmen habe ich einstweilen bei Giacomelli zurückgelassen. Späterhin wird eine Auflage der Chor- und Orchester-Stimmen nothwendig sein.

## 47. An Dr. Franz Brendel.

Verehrter Freund,

Ihr vorletzter recommandirter Brief ist mir richtig zugekommen. Da derselbe mehr Beantwortung enthielt als verlangte, zögerte ich Ihnen zu schreiben. Wie schon früher gesagt, bin ich gesonnen, mit der Herausgabe der Elisabeth noch ein Jahr zu warten. Vorerst ist es nothwendig, dass ich die häufigen Fehler der Abschrift der Partitur corrigire — eine Arbeit, die wohl ein paar Wochen Zeit bedarf —; dann möchte ich das Werk einmal in *deutscher Sprache* ruhig anhören vor seiner Veröffentlichung, wozu sich vielleicht im nächsten Jahr Gelegenheit finden dürfte. Danken Sie einstweilen bestens Kahnt für seine Bereitwilligkeit, die ich aber erst später benutzen kann; vorausgesetzt, dass ihn ein Honorar von ein paar Tausend Franken (welches mir bereits von andrer Seite angeboten) nicht erschreckt. . —. Insofern als man überhaupt jetzt Reiseprojekte vorhaben kann, beabsichtige ich im Sommer 67 wieder auf ein paar Wochen nach Deutschland zu kommen. — Morgen schreibe ich an Dr. Härtel und melde ihm, dass Sie so freundlich sind, die kleine Angelegenheit der Dräseke'schen Brochüre mit ihm zu besprechen. Ein günstiger Abschluss derselben wäre mir sehr angenehm.

Bezüglich der Publikationen des allgemeinen deutschen Musikvereins stimme ich für die Ouverture von Seifriz. Ebenso für die Fortsetzung der Kammermusik-Aufführungen in Leipzig — und selbstverständlich für die Entschädigung aus der Casse des Vereins, die Ihnen zukömmt.

Stade's Aufsatz über die Faust-Episoden habe ich nicht erhalten. Meine letzte Nummer der Zeitschrift ist die des 6ten Juli. Es freut mich, wenn Stade diese *Faust-Dinge* nicht missbilligt. — Schondorf's Polonaise, Improptu etc., die mir Kahnt zugeschickt, habe ich mit Vergnügen und Interesse gelesen. Der nächsten Sendung nach Rom bitte ich das *Petrus*-Oratorium von Meinardus (im Clavierauszug) beizufügen. Falls der Clavierauszug nicht erschienen, die Partitur. Mit dem Petrus-Oratorium bitte ich Sie auch, mir das Fragment des Christus-Oratoriums von Mendelssohn (welches bei *Härtel* erschienen) zu schicken.

Mein Christus-Oratorium ist endlich seit gestern soweit fertig gebracht, dass mir nunmehr blos die Revision, Abschrift und der Clavierauszug übrig bleiben. Im Ganzen enthält es 12 Musik-Nummern (worunter auch die »Seligkeiten« und das »Pater noster«, bei Kahnt im Verlag), die ungefähr drei Stunden dauern. Ich habe das Werk durchweg nach dem lateinischen Text aus der Schrift und der Liturgie componirt. Späterhin werde ich Riedel zur Unterlegung des deutschen Textes um Hülfe und Rath bitten.

Sagen Sie Alex. Ritter meinen herzlichen Dank für den Amsterdamer Bericht.

Einen litterarischen Beitrag zu dem projektirten Jahrbuch des D. M. kann ich Ihnen jetzt nicht versprechen. Sollte Ihnen etwa die Instrumental-Einleitung der *Elisabeth* (für Pianoforte) passen, so stelle ich sie Ihnen gerne zu Diensten, mit Vorbehalt des Eigenthums-Rechtes des zukünftigen Verlegers der Partitur, nämlich dieselbe Einleitung abermals zu ediren.

Voraussichtlich bleibe ich den ganzen Winter hier. Meine Adresse einfach: Au Commandeur Abbé Liszt—Rome. Grössere Aufführungen der Beethoven'schen Sinfonien und meiner Dante-Sinfonie finden nächsten Advent in der Dante-Galerie statt. Sgambati wird sie dirigiren, und ich habe versprochen, den Proben beizuwohnen.

Bei Heugel in Paris (Director des *Ménestrel*) erscheint nächstens eine neue Auflage meiner Franziskus-Legenden.

Mit freundschaftlichem Gruss ergebenst

2ten October 66. F. Liszt.

## 48. An Breitkopf und Härtel.

Hochgeehrter Herr Doctor,

Es ist für mich sehr demüthigend gestehen zu müssen, dass ich ungeschickter Weise in der Bearbeitung der Beethoven'schen Quartetten stecken geblieben. Nach mehrfachen Versuchen erlang ich nur entweder ganz *unspielbares* — oder *fades* Zeug. Nichtsdestoweniger gebe ich mein Vorhaben nicht auf und will späterhin nochmals probiren, dieses Claviersatzproblem zu lösen. Falls es mir glückt, theile ich Ihnen sogleich mein »Heureka« mit. Zunächst beschäftigt mich ausschliesslich mein Christus-Oratorium, welches endlich so weit gerathen, dass nunmehr blos die Bezeichnungen der Partitur und der Clavierauszug übrig bleiben.

Entschuldigen Sie freundlich, wenn mich eine kleine Eitelkeit veranlasst Ihnen einen Wunsch auszusprechen. Bekanntlich haben meine Symphonischen Dichtungen einen kritischen Hellebarden-Regen ausgestanden. Nach allen den Mord- und Todtschlägen, die denselben zugefügt, wäre es mir sehr angenehm, die sachverständige — obschon wohlwollende Analyse der symphonischen Dichtungen, welche vor einigen Jahren Felix Dräseke in den »Anregungen« vereinzelt darlegte, jetzt im Ganzen, als *Brochüre* in Ihrem Verlag veröffentlicht zu sehen. Deshalb bat ich Herrn Dr. Brendel, sich mit Ihnen zu besprechen, und erlaube mir Ihnen meinen Wunsch anheim zu stellen.

Hochachtungsvoll ergebenst

Rom, 4. October 66. F. Liszt.

An Herrn Cantor Gottschalg in Tieffurt bitte ich Sie ein gutes Exemplar meiner Clavier-Partituren der 9 Beethoven'schen Sinfonien zu übersenden.

## 49. An Dr. Franz Brendel.

Verehrter Freund,

Meine herzliche Theilnahme an dem Verlust, der Sie so schwer betrifft[1]). Es ist ein unermessliches Leid, worüber nur zu schweigen! —

---

1) Brendel hatte am 15. Nov. 1866 seine Gattin, Elisabeth geb. Trautmann (geb. 1814 in Petersburg), als Claviervirtuosin Schülerin von Field und Berger, verloren. Er überlebte sie nur zwei Jahre.

Gehen wir zu dem Geschäftlichen Ihres Briefes über. Unser Grossherzog benachrichtigt mich, dass in diesem Sommer ein Wartburg-Fest (als Jubiläum der achthundertjährigen Bestehung der Wartburg) stattfinden soll. Er wünscht dabei die Aufführung der Elisabeth-Legende unter meiner persönlichen Leitung. Ich antworte bejahend, in Betracht der ausnähmlichen Gelegenheit, welche mir auch auf Seinen Befehl eine Ausnahme erlaubt. Nun, da der Grossherzog Protector des Tonkünstler-Vereins ist, scheint es mir angemessen, die diesjährige T.-K.-Versammlung in Einklang mit dem Wartburg-Jubiläum zu bringen. Überlegen Sie die Sache und besprechen Sie sich darüber mit Gille. Der Datum des Wartb.-Festes ist mir nicht angezeigt und wird vielleicht erst später bestimmt werden. Meinerseits könnte ich nicht versprechen, länger als einen Monat in Deutschland zu bleiben. Es wäre mir also auch persönlich angenehm, wenn die T. K. Versammlung sich nicht von dem Wartburg-Jubiläum trennte, und ungefähr zur selben Zeit fixirt wird, um beiden anzuwohnen. Falls Bülow die Direction nicht übernehmen könnte, sind wohl die dafür zu bezeichnendsten Seifriz, Riedel, Damrosch, Lassen. —

Seifriz's Bedenken bezüglich der Herausgabe seiner Ouverture halte ich für *übertrieben* scrupulös und bin der Meinung, dass er nicht länger darauf besteht. Mit dem Circular von Gille (19. December) bin ich natürlich einverstanden — nur ist die Entschädigung von 50 Thalern eine gar zu bescheidene. Ich wünschte eine 0 zu den 50 beizufügen. —

In der Partitur und dem Clavierauszug der *Elisabeth* sind eine Masse Fehler vorhanden. Die Revision verlangt ein paar Wochen. Anfangs Februar übersende ich Ihnen das Manuscript zur Verfügung von Kahnt, wenn es ihm genehm ist die Bedingungen der Herausgabe (welche ich Ihnen genau schreiben werde) zu erfüllen. Sie wissen, dass ich es vorgezogen hätte, die Veröffentlichung der Elisabeth noch länger zu verzögern — doch begreife ich Kahnt's verschiedenartige Ansicht und möchte mich gerne gefällig zeigen, vorausgesetzt dass Sie meine Bereitwilligkeit billigen.

. — . Ich bitte Sie, gelegentlich Härtel an die Zusendung des Dedications-Exemplars meiner Clavier-Partituren der Beethoven'schen Sinfonien an Bülow zu erinnern, Das Exemplar soll anständig eingebunden sein (in drei Bände — 3 Sinfonien in jedem Band) und an Bülow, *Johannis-Vorstadt 31, Basel* adressirt werden.

Mit aufrichtigem Dank und herzlichen Wünschen für das Jahr 67 verbleibt Ihnen beständig freundschaftlichst ergeben

Rom, 6. Januar 67. F. Liszt.

Die *Neue Zeitschrift* ist mir seit länger als 6 Monaten nicht zugekommen.

## 50. À Monsieur le Docteur Cuturi, Pise*).

Monsieur,

On m'informe que vous voulez bien tenir compte de ma recommandation au sujet de Monsieur Alexander Ritter. Je m'empresse donc de vous assurer de la sincère estime que je fais de son remarquable talent de Violiniste et de sa capacité comme directeur d'Orchestre. Son savoir musical fort étendu, ses fréquents et intimes rapports avec les Virtuoses et Compositeurs célèbres, et son expérience pratique des ouvrages et des Orchestres les plus renommés, le qualifient supérieurement pour le poste qu'on lui offrirait à Pise. Les meilleurs juges apprécient en Mr Ritter non seulement un virtuose brillant, à même d'obtenir partout approbation et applaudissements, mais encore, ce qui est plus rare, un musicien consommé, doué du plus noble sentiment de l'art, et possédant la parfaite intelligence de l'œuvre des grands maîtres.

En outre, Monsieur, je suis persuadé que vous trouverez beaucoup d'agrément dans vos relations personnelles avec lui. Tous ceux qui le connaissent rendent témoignage à l'honorabilité de son caractère ainsi qu'à ses bonnes manières d'homme comme il faut; et j'ajouterai seulement que parmi mes amis

*) Nach einer Abschrift Liszt's im Besitz von Hrn. Alexander Ritter in München.

d'Allemagne il en est peu dont je conserve un souvenir aussi affectueux.

Veuillez bien agréer, Monsieur le Docteur, l'expression de mes sentiments d'estime et considération très distingués.

Rome, 22 Janvier 67. F. Liszt.

### 51. An Julius von Beliczay in Wien[1].

Geehrter Herr,

Aufrichtigen Dank für Ihr sehr freundliches Schreiben und die Widmung der Beethoven-Cadenz. Dieselbe klingt gut und spielt sich angenehm. Allerdings könnte man dabei etwas mehr *in's Zeug* gehen und gleich von vornherein andre Tonarten als *C moll* ergreifen. Doch geziemt es mir weit besser, Kritik zu erleiden als selbst auszuüben — und für heute will ich Ihnen blos danken und Sie meiner Theilnahme an Ihren Bestrebungen und Erfolgen versichern.

Freundlichst ergeben

29. April 67. Rom. F. Liszt.

### 52. An Madame Jessie Laussot.

Chère Madame,

Je ne saurais dire combien votre générosité d'intelligence et de cœur me touche. Le bon accueil que vous avez obtenu à Florence pour les *Béatitudes* et le *Pater noster* est un chaînon de plus à toutes mes obligations musicales envers vous, chère et vaillante Maëstra. Veuillez vous charger de mes meilleurs remercîments pour vos coopérateurs. . — .

Comme petit renseignement musical notez que dans le *Pater noster* je n'ai fait que moduler et développer quelque peu, — dans les limites assez restreintes d'un sentiment de soumission confiante et pieuse, — l'intonation grégorienne telle qu'elle se chante dans toutes nos églises

---

1) Ungarischer Componist, lebt seit 1871 in Budapest.

en suivant pour chaque verset l'intonation traditionnelle. Ce cadre s'adaptait naturellement à l'ordonnance de mon Oratorio du *Christ*, — où je me suis appuyé sur deux ou trois autres intonations du plain-chant, sans me croire coupable d'un larcin par un tel usufruit.

Vous savez que les répétitions du *Christ* ont commencé. Notre cher et admirable Sgambati aidant on pourra l'exécuter ici à la fin Juin. Je vous inviterai à venir l'entendre et vous enverrai prochainement le programme de tout l'ouvrage qu'on va publier au préalable.

Mais puisque vous mettez un zèle si rare à vous intéresser à mes pauvres œuvres et à les propager, je suis tenté de vous proposer pour vos programmes de Florence les Psaumes 23 et 137. Ce dernier a été chanté ici avec une sorte de succès cet hiver. Il ne donne pas grand embarras à faire étudier; pourvu que la cantatrice comprenne ce qu'elle a à dire, le reste va de soi. L'accompagnement se borne à quatre instruments: Harpe, Violon, Harmonium et Piano; et comme dans le Magnificat de la Symphonie dantesque, le Chœur est écrit pour Voix de Soprano et Alto (sans Ténors ni Basses). Le texte en est d'une simplicité excessive et se réduit au seul vocable: Jérusalem!

Peut-être aussi rencontrerez-vous une âme de bonne volonté pour traduire en italien le Chœur des moissonneurs (»Schnitterchor«) du Prométhée qui pourrait s'exécuter avec accompagnement de Piano tout simplement.

Je me permettrai de vous envoyer les deux Psaumes la semaine prochaine par Madame Pearsoll (de New York) à laquelle j'ai chanté vos louanges, ce en quoi j'entends bien ne le céder à personne. Heureusement l'occasion de m'y exercer se renouvelle souvent: M$^{me}$ d'Usedom (que j'ai rencontrée l'autre soir chez le B$^{n}$ Arnim) vous en parlera. . — .

Aussitôt que je recevrai des nouvelles positives au sujet du couronnement de Pest, vous le saurez. Certes je ne bougerai pas de Rome cette fois, sans venir vous trouver quelques heures à Florence.

Conservez-moi votre amitié et croyez à la mienne, bien cordiale et reconnaissante.

24 Mai 67. Rome. F. Liszt.

Le succès du Trio de Bronsart me réjouit. Vous lui ferez grand plaisir en lui écrivant deux lignes que vous adresserez simplement »H. v. B. Intendant des Hoftheaters. Hannover.« Parlez-lui de Sgambati et de son Trio à Rome et Florence. De mon côté j'écrirai à Bronsart dès que mes projets d'été ceront fixés.

## 53. An Eduard Liszt.

Très cher Edouard,

Vous savez que la Messe du couronnement a rencontré le plus bienveillant accueil[1]. Aucun de mes ouvrages jusqu'ici n'avait été accepté avec des dispositions aussi favorables. J'ai prié en particulier Franz Doppler de vous en donner des nouvelles, persuadé qu'il vous serait agréable de m'entendre louer, même avec quelqu'exagération, par un ami aussi compétent qu'affectionné. Depuis l'exécution de la Messe de Gran, Doppler m'a toujours témoigné les meilleurs sentiments. Dites-lui que je lui en suis bien sincèrement reconnaissant.

Je tiens à remercier Schelle[2] de son excellent article dans la *Presse* et vous envoie ci-joint quelques lignes que vous aurez la bonté de lui remettre....

Les répétitions de mon Oratorio »Le Christ« sont en train. Il sera probablement exécuté les premiers jours de Juillet, e je vous en ferai parvenir le programme.

Vers la fin Juillet j'irai à Weimar. Le »*Wartburg-Fest*« est fixé au 28 Août. À ce jour on entendra l'*Elisabeth* dans la salle des *Minnesänger*. Une quinzaine auparavant auront lieu les Concerts de la »*Tonkünstler-Versammlung*« à Meiningen.

---

1) Bei ihrer Aufführung in Ofen.

2) Musikkritiker der Wiener »Presse«, inzwischen verstorben.

Peut-être vous sera-t-il possible de venir me retrouver dans le courant de ce mois d'Août.

Bien à vous de cœur et d'âme

20 Juin 67. Rome. F. Liszt.

## 54. An William Mason in New-York.

Cher Monsieur Mason,

Votre bonne lettre me fait un très cordial plaisir, et je vous prie d'être assuré de la continuité de mes sentiments les plus affectueux. Maintes fois j'entends parler de vos succès en Amérique. Vous les méritez et je me réjouis de savoir votre talent justement apprécié et applaudi. Vos compositions ne me sont pas encore parvenues, mais je suis tout disposé à leur faire bon accueil.

Dans une quinzaine de jours je partirai pour Weimar. La »Tonkünstler-Versammlung« doit avoir lieu cette année à Meiningen du 22 au 25 Août. J'y assisterai comme aussi à la fête jubilaire de la *Wartburg* où mon Oratorio «Sainte Elisabeth« sera exécuté le 28 Août. Peut-être rencontrerai-je là M^r^ Théodore Thomas et M^r^ S. B. Mills dont vous me parlez. On m'a fait les meilleurs éloges de la capacité de M^r^ Thomas que j'ai à remercier particulièrement de l'intérêt qu'il prend à mes Poèmes symphoniques. Les artistes qui veulent bien se donner la peine de comprendre et d'interpréter mes œuvres, se tranchent par cela même du commun des gens du métier. Plus que personne je dois leur en savoir gré; aussi ne manquerai-je pas de le témoigner à M^rs^ Thomas et Mills, quand j'aurai le plaisir de faire leur connaissance.

Les nouvelles qui me parviennent de temps à autre des choses musicales d'Amérique, sont d'ordinaire favorables à la cause du progrès de l'art contemporain que je tiens à honneur de servir et de soutenir. Il semble que chez vous les chicanes, bévues et balourdises d'une critique frelatée par l'ignorance, l'envie et la vénalité exercent moins d'influence que sur le vieux continent. Je vous en félicite, et vous souhaite de parcourir heureusement cette noble carrière d'artiste, — avec travail, persévérance, résignation, modestie, et la foi imperturbable de l'*Idéal*, ainsi que vous l'indiquait à Weimar, cher Monsieur Mason, votre très sincèrement affectionné et dévoué

Rome, 8 Juillet 67. F. Liszt.

## 55. An E. Repos, Director der »Revue de Musique sacrée« in Paris*).

Cher Monsieur,

Je vous suis très obligé des bienveillantes dispositions que vous m'exprimez et vous prie d'être assuré de mon sincère désir d'y correspondre. Par votre activité et le caractère de vos publications nos rapports s'engagent naturellement; je mettrai mes soins à vous les rendre aussi agréables que possible.

Après-demain je vous enverrai 4 ou 5 petites pages qui, si je ne me trompe, vous conviendront, — et pourront se propager. C'est une version simple et facile pour Orgue de l'hymne »Tu es Petrus« récemment exécutée ici au dix-huit centième anniversaire de S^t Pierre. J'espère que vous trouverez à Paris un organiste qui voudra bien s'approprier cette composition et la faire valoir par son talent.

Comme je tiens à ce que votre édition soit parfaitement correcte, je vous prie de me faire parvenir les épreuves. Adressez-les-moi, du 10 au 30 Août à *Weimar*, *Grand Duché de Saxe-Weimar*, *Allemagne*. L'exécution de mon Oratorio »Sainte Elisabeth« à la fête jubilaire de la *Wartburg*, le 28 Août, me rappelle dans ces contrées de la Thuringe que Sainte Elisabeth a illustrées.

Je partirai d'ici dans une huitaine de jours. Veuillez donc différer l'envoi que vous avez l'aimable intention de me faire jusqu'à mon retour à Rome (fin Octobre).

---

*) Autograph sämmtlicher Briefe an Repos im Besitz von Hrn. Dr. Oscar von Hase in Leipzig.

Agréez, cher Monsieur, mes meilleurs remercîments, avec l'assurance de mes sentiments très distingués et dévoués.

Rome, 12 Juillet 67. F. Liszt.

Pour ici comme en Allemagne il suffit de mon nom, sans adresse plus détaillée.

## 56. An Fürst Constantin Czartoryski*).

Mon Prince,

Les deux lettres que vous m'avez fait l'honneur de m'adresser à Rome et Munich me parviennent à la fois. Je ne puis que me trouver très flatté de votre bienveillante proposition au sujet de l'exécution de mon Oratorio »Sainte Elisabeth« à un des Concerts de la société musicale que vous présidez. La grande renommée de ces Concerts, la rare capacité de son Directeur, Mr Herbeck, le talent des artistes qui concourent aux exécutions, et les soins qu'on y apporte de maintenir les traditions de la gloire musicale de Vienne, rendent fort désirable pour tout compositeur sérieux de prendre place dans leur programme. Aussi vous suis-je sincèrement reconnaissant, mon Prince, de me procurer cet honneur que pourtant, bien à mon regret, je ne saurais accepter sans quelque délai.

Il serait fastidieux d'entrer dans beaucoup de détails: un seul fait suffira: la partition de l'Elisabeth doit être remise à la gravure, et je me suis engagé avec l'éditeur de ne point la faire voyager ailleurs avant sa publication. En outre les parties de chant et d'orchestre dont on s'est servi à la Wartburg ne sont plus disponibles.

Veuillez donc me pardonner de ne pouvoir en cette occurence satisfaire comme je le voudrais à vos favorables intentions. »Ce qui est différé n'est pas perdu« dit un proverbe auquel je me rattache de préférence aujourd'hui en vous priant d'agréer, mon Prince, l'expression des sentiments de

*) Nach einer dem folgenden Briefe beigelegten eigenhändigen Abschrift Liszt's. Adressat, Vorsitzender d. Gesellsch. der Musikfreunde, starb 1891 in Wien als Vicepräsident des Herrenhauses.

haute estime et considération avec lesquels j'ai l'honneur d'être, de votre Altesse

le très humble et dévoué serviteur

Munich, 14 Octobre 67. F. Liszt.

## 57. An Eduard Liszt.

Liebster Eduard,

Für Deinen lieben Brief danke ich Dir herzlichst. Er hätte mich fast bestimmt, sogleich eine bejahende Antwort dem Fürsten Czartoryski zu geben; doch als ich mir die Sache reiflicher überlegte, schien mir dies nicht meiner ausnahmsweisen Stellung angemessen. Anbei die Abschrift meines Briefes an Czartoryski; hoffentlich wirst Du ihn nicht missbilligen; erlaube mir noch einiges anzudeuten.

1° kann ich wirklich die einzig vorhandene Partitur der Elisabeth jetzt nicht versenden, da dieselbe zum Stich nothwendig ist. Auch möchte ich nicht weiterhin die Orchester- und Chorstimmen von München gebraucht wissen, so wie ich es dem Fürsten Cz. schreibe. Desswegen habe ich die mehrfachen Anfragen in Bezug auf Aufführung der Elisabeth (in Düsseldorf, Leipzig, Dresden etc.) ablehnend erwiedert.

2° theile ich nicht die rosigen Ansichten über den Erfolg dieses Werkes in Städten, wo meine früheren nicht nur wenig Anerkennung gefunden, sondern selbst ungeziemende Zurückweisung erlitten haben. In Wien, Leipzig, Berlin und noch grösseren Hauptstädten dürfte immer ein halb Dutzend dummer Jungen oder böswilliger Gesellen genügen, um durch ihr Zischen das Publikum wirre zu machen und die besten Absichten meiner etwas zaghaften Freunde zu vereiteln. In der Zeitungskritik finden diese Zischkritiker gewiss zahlreiche Unterstützung und gefälligen Nachhall, so lange es den meisten meiner derartigen Beurtheiler um nichts andres zu thun ist, als mich aus dem Weg zu schaffen. Die etwaige Besserung, die, wie man sagt, in meiner Lage seit kurzem eingetreten ist, liesse sich ungefähr so fassen: »Jahrelang, in seinen symphonischen Dichtungen, Messen, Clavierwerken, Liedern hat Liszt nur verworrenes und verwerfliches Zeug geschrieben: mit der Elisabeth scheint er sich etwas vernünftiger zu verhalten; doch etc. etc. —« Da ich aber keineswegs gesonnen bin, ein allgemeines *peccavi* für meine Compositionen abzulegen und die Züchtigungen, welche denselben ertheilt wurden, als billige und gerechte anzunehmen, dünkt es mir nicht rathsam, den angeblich *mildernden Umständen* der Elisabeth übereilt beizupflichten. Wohl kenne ich den Spruch: »Non enim qui se ipsum commendat, ille probatus est« und glaube, mich dagegen nicht zu versündigen. Indessen wäre es möglich, dass meine entschlossenen Freunde zuletzt nicht im Unrecht verblieben mit der Behauptung: meine Sachen seien schlechtweg nicht so schlecht, als man sie gemacht! — Einstweilen habe ich nur ruhig und unbekümmert fortzuarbeiten, ohne die Aufführung meiner Werke im geringsten zu betreiben — ja selbst davon einige freundlich gesinnte Kapellmeister abzuhalten.

3° Nachdem ich vor 2 Jahren mich bei Herbeck entschuldigte ob der Wiener Aufführung der Elisabeth, kann ich jetzt nicht sogleich der freundlichen Aufforderung Czartoryski's Folge leisten. Etwas anderes wäre es, wenn Herbeck der Wartburg-Aufführung beigewohnt hätte, wie ich ihn durch Schelle eingeladen. So sehr ich Herbeck's Dirigententalent anerkenne und verehre, kann ich doch nicht zum voraus wissen, ob ihm mein Werk gefällt oder nicht, noch wie weit er dabei auf meine Intentionen eingeht. Jedenfalls wünschte ich mich mit ihm darüber persönlich zu verständigen vor der Wiener Aufführung, eben weil mir diese von Wichtigkeit ist und kein *dementi* der vorhergegangenen sein sollte. Viel besser frommt es mir, meine Sachen unaufgeführt, als halbwegs, ungenügend aufgeführt zu belassen. — Ganz offen gesagt, wäre es mir gewiss angenehm, in ein etwas besseres Licht in Wien als Componist gestellt zu sein als bisher. Dazu ist aber die Zeit nicht gekommen — und wenn sie je kommen sollte, müssten ein halb Dutzend meiner Dinge, z. B. der 13$^{te}$ Psalm, die Faust- oder Dante-Symphonie, einige der symphonischen

Dichtungen und sogar, horribile dictu! die Prometheus-Chöre in *gehöriger Weise* dem Publikum vorgeführt werden. Drei Conzerte wären dafür nothwendig, welche mehrere Wochen voraus angezeigt, vorbereitet, einstudirt werden müssten, und wo dann auch die Elisabeth Platz fände. Herbeck würde diese Conzerte vortrefflich bewerkstelligen und dirigiren, sobald ihn seine Verbindlichkeiten der Kritik gegenüber nicht zu sehr einschüchtern. Meine persönliche Stellung erlaubt mir nicht, dass ich mich als Dirigent daran betheilige; nichtsdestoweniger möchte ich nicht ganz müssig dabei verbleiben und mich vorerst mit Herbeck ausführlich besprechen über manches, was *so* und *nicht anders* her- und festzustellen bleibt. In diesem Sinn schrieb ich an Czartoryski »Ce qui est différé n'est pas perdu« (»Aufgeschoben ist nicht aufgehoben«), und vielleicht komme ich nach Wien — im Winter 69.

Zunächst bedarf ich mehrerer ruhiger Monate in Rom, um meine lang unterbrochene Arbeit wieder aufzunehmen. Bülow's veranlassen mich, meinen Geburtstag mit ihnen zu bleiben. Die Münchner Musikschule ist im besten Gang und lässt sich ganz dazu an, den übrigen Conservatorien Schule zu machen. Bülow ist wahrlich berechtigt zu sagen: »Thuet desgleichen!« —

Vor Ende d. M. bin ich in Rom zurück. Alles Herzliche an die Deinen.

Treu ergebenst

16. October 67. München. F. Liszt.

P. S. Nächstens besucht Dich August Röckel. Unter diesem Namen stellst Du Dir wahrscheinlich, wie viele andre, einen ultrarevolutionären Wühler vor; anstatt dessen findest Du einen milden, gebildeten, humanen, vortrefflichen Menschen. Ich wünsche, dass Du mit ihm freundschaftlichen Verkehr pflegst und empfehle ihn Dir bestens. Seine Tochter (am Burgtheater) ist Dir wohl bekannt — und Du weisst auch von seiner alten Freundschaft mit Wagner und Bülow. Persönlich habe ich Röckel erst hier näher kennen und schätzen gelernt.

Hast Du den äusserst freundlichen Bericht über meinen Stuttgarter Aufenthalt in der Augsburger Allgem. Zeitung Montag 14ten October gelesen? Besten Dank noch für die Zusendung Deines Wanderer-Aufsatzes.

## 58. An Eduard von Liszt.

Liebster Eduard,

Aus Versehen erhalte ich Dein Schreiben vom 16ten erst heute. Aus meinem letzten Brief wird Dir klar sein, dass ich keine weitere Aufführung der Elisabeth *vor der Herausgabe* der Partitur wünsche. Wie ich Dir gesagt, habe ich die Anträge von Düsseldorf, Dresden und anderen Städten abgelehnt. Selbst in Leipzig, wo ich Riedel gegenüber besondere Verpflichtungen beibehalte (weil Riedel mit seinem Verein die Graner Messe, Prometheus-Chöre, Seligkeiten etc. mehrmals vortrefflich aufgeführt) werde ich mich bemühen, die bereits versprochene Aufführung der Elisabeth hinauszuschieben. In Wien ist mir die Sache von besonderer Wichtigkeit — und eben desswegen liegt mir daran, sie nicht zu übereilen. Ich acceptire also dankbarst Deine Vermittlung bei dem Fürsten Czartoryski. Sei mein wohlwollender Anwalt und mache ihm meine besondere Lage dermassen verständlich, dass jedweder Verdruss vermieden — und die Elisabeth einstweilen *unaufgeführt* verbleibt. Ich glaube Dir meine Gründe zu diesem passiven, wenn Du willst *expectativen* Verhalten deutlich geschrieben zu haben.

Es interessirt mich zu wissen, wie die Krönungsmesse in Wien ausgeführt und aufgenommen. Bitte Herbeck in meinem Namen, die *Tempi* nicht zu schleppen; speciell das *Gloria* muss rasch genommen und noch rascher vorangehn — durchweg *alla Breve* taktirt werden. Gieb mir davon Notiz nach Rom.

Bülow's zu Lieb bleibe ich bis zum 24. October hier — am 30ten spätestens bin ich in Rom zurück ...

Wenn Bülow ein paar Jahre hier wirkt, wird München

die musikalische Hauptstadt Deutschlands. Ausserhalb der musikalischen Dinge bietet mir mein hiesiger Aufenthalt viel Interessantes und Angenehmes durch den Verkehr mit Kaulbach, Liebig, Heyse, Geibel, Redwitz etc. —

Herzlich ergeben Dein

20ten October 67. München. F. L.

Anbei eine hübsche Photographie meiner Wenigkeit.

## 59. An Peter Cornelius in München.

Liebster Cornelius,

Es betrübt mich, Ihnen gestern nicht begegnet und sogleich gedankt zu haben für die unvergleichliche Freude, welche Ihr Gedicht mir gebracht. Der kleine Interpret Lulu [1]) hat es vortrefflich, ohne den geringsten Fehler noch Steckenbleiben 2 mal recitirt. Ich wünsche Ihnen aufrichtigst für alle Ihre Werke Darsteller, die gleich Lulu Ihre Empfindungen dermassen ergreifen, dass den Zuhörern nur das Weinen übrig bleibt — sowie wir es gestern mit Cosima empfunden, als wir beide kindlich weinten!

Von Herzen Ihr

Mittwoch, 23ten October 67. [München.] F. Liszt.

## 60. An Eduard von Liszt.

Liebster Eduard,

Den vorstehenden Brief des Herrn Chordirector Kumenecker [2]) erhielt ich erst bei meiner Rückkehr in Rom (6ten November). Sei so gütig, den Adressanten in meinem Namen zu besuchen und mich bei ihm freundlichst zu entschuldigen.

---

1) Daniela, die älteste Tochter H. v. Bülow's, jetzt an Prof. Dr. Thode verheiratet.

2) Liszt wurde darin von dem genannten Director des Altlerchenfelder Kirchenmusik-Vereins in Wien um Erlaubniss zur Aufführung seiner Krönungsmesse gebeten.

Ausserdem benachrichtige ihn, dass ich weder Chor- noch Orchesterstimmen der Krönungs-Messe besitze. Die einzig vorhandenen sind die der Wiener Hofkapelle; folglich müssten diese entweder benützt oder abgeschrieben werden im Fall einer anderwärtigen Aufführung des Werkes, welche ich weder an- noch abrathen möchte.

Die Messe hat ihren Zweck erfüllt am Krönungstag in Ofen. Sollte sie hinfort aufgeführt werden, empfehle ich den Dirigenten, die *Tempi* immer feierlich, aber *nie schleppend* zu halten, und durchweg *alla Breve* zu taktiren. Insbesondere muss das *Gloria* gegen die Mitte, vor dem Eintritt des *Agnus Dei* bis zum *Prestissimo*, mit Glanz und Würde gesteigert werden.

Ob und wann die Krönungs-Messe im Druck erscheint, weiss ich nicht. Dunkl (Roszavöglyi) in Pest hatte die Absicht sie herauszugeben, doch scheint ihn das Honorar von *100 Ducaten* abzuhalten, und ich acceptire kein geringeres dafür. Zwei Stücke daraus (Offertorium und Benedictus) habe ich für Clavier gesetzt, und können sich einzeln verkaufen, was für den Verleger zuträglich ist. Auch sollen die Clavier-Arrangements für 2 und 4 Hände gleichzeitig mit der Partitur erscheinen. — Es liegt mir nichts daran, das Werk sofort zu veröffentlichen. Wenn Du Carl Haslinger begegnest, frage ihn gelegentlich, ob er hundert Ducaten daran riskiren möchte. Da er bereits viele Messen in seinem Verlag besitzt, könnte ihm vielleicht auch diese passen. Wo nicht, passt es mir ganz wohl. Nur kann ich nicht von dem einmal bestimmten Honorar ablassen.[1]

Dein

6ten November 67. Rom.

F. Liszt.

## 61. An E. Repos.

Cher Monsieur,

Veuillez bien m'excuser de répondre si tard à votre bien-

---

1) Die Krönungsmesse erschien gleich der Graner bei Schuberth, Leipzig.

veillante et cordiale lettre. Diverses affaires m'ont retenu en Allemagne plus que je ne comptais et ce n'est que depuis trois jours que je suis rentré dans ma demeure à »Santa Francesca romana«, où je passerai l'hiver. Vos publications m'y seront une excellente compagnie. J'accepte avec reconnaissance le Graduel et Vespéral (in-12) que vous avez la bonté de m'offrir, et vous prie de me les faire parvenir prochainement. De mon côté, que puis-je vous envoyer qui vous soit agréable? Cela se trouvera, j'espère, car je désire sincèrement vous contenter.

A mon avis il ne serait pas utile que vous vous engagiez maintenant à publier un ou deux gros ouvrages de ma façon. Pour s'accréditer un peu, il faut d'abord qu'ils soient exécutés et entendus, non en passant, mais sérieusement et plusieurs fois. A cet effet je ne dispose d'aucun appui en France, et m'exposerais même à rencontrer de fâcheuses dispositions et interprétations si je cherchais le moins du monde à m'y produire. Il n'y a qu'en Allemagne, en Hongrie et en Hollande, où, malgré de nombreuses et vives oppositions, mon nom comme compositeur ait acquis une certaine consistance. Dans ces pays on continue d'exécuter ma musique par goût, curiosité, intérêt, sans que je le demande à personne. Vous avez probablement appris le bon accueil que rencontra à la fête, de la Wartbourg, fin d'Août, la »Légende de Ste Elisabeth.« Depuis deux ans cette œuvre a été exécutée plusieurs fois à Pest, Prag, Munich, et récemment elle m'a été demandée à Vienne, Dresde, Leipzig, Aix-la-Chapelle etc., mais la partition devant être mise à la gravure je n'ai pu la prêter davantage. Je me donnerai le plaisir de vous en envoyer un exemplaire vers Pâques. — C'est aussi en Allemagne (probablement à Munich) que mon Oratorio »le Christ« sera d'abord donné; or, comme il m'importe que la première exécution *complète* (car celle de Rome lors du centenaire de St Pierre n'était qu'un essai partiel) soit aussi satisfaisante que possible, il faudra que j'y assiste. Par conséquent elle n'aura lieu qu'en hiver 69, — si je suis encore en ce monde alors, — mon intention étant de ne point quitter Rome avant un an.

Pardonnez-moi ces détails, cher Monsieur. La cordialité de votre lettre m'assurant que nous aurons de longues relations ensemble, mieux vaut vous mettre de suite au fait de ma situation musicale. Elle me prescrit des devoirs liés à beaucoup de réserves que mon caractère ecclésiastique augmente encore. »Providemus enim bona non solum coram Deo sed etiam coram hominibus.« —

Revenons à vos publications. Palestrina, Lassus, les maîtres du $16^{me}$ et $17^{me}$ sont vos patrons par excellence. Vous en avez pour de longues années à éditer leurs admirables ouvrages, et vous mettre au pair avec la collection publiée (à bon marché) à Ratisbonne sous le titre de »*Musica divina.*« En outre, rien n'empêche d'ajouter maintes compositions plus ou moins modernes. Disposez des quelques miennes, puisqu'il vous plaît de les admettre. On pourrait commencer par le *Credo* (de la Messe du couronnement) et le *Te Deum*, en plain-chant, dont vous me parlez. Plus tard, une Messe assez simple, avec accompagnement d'orgue seulement, trouvera-t-elle peut-être place. Ensuite, deux morceaux de l'Oratorio du *Christ*, — »*les Béatitudes*« et le »*Pater noster*« qui ont déjà paru à *Leipzig* pourraient réapparaître à Paris, surtout s'il se trouvait quelqu'occasion favorable de les faire entendre. Quant au total de l'Oratorio, il convient d'attendre davantage encore.

»Expectans expectavi« .... et que ma notice biographique que vous avez en vue, attende également. Afin de la rendre exacte et compréhensive il serait nécessaire que je fournisse quelques données à l'écrivain qui prendrait à tâche de me représenter aujourd'hui au public. Transitoirement beaucoup de choses se sont imprimées sur mon compte. Parmi les articles les plus marquants, celui de M^r^ Fétis dans sa Biographie universelle des Musiciens, (seconde édition) que vous me communiquez, figure au premier rang. Toutefois, quelque disposé que je sois à reconnaître les intentions consciencieuses et bienveillantes à mon égard de l'illustre érudit, et même en lui sachant un véritable gré de relever la signification de mes œuvres qu'il rattache à une des »transformations de l'art«, je n'aurai point la fausse humilité d'accepter diverses de ses appréciations comme des jugements définitifs. De tous les théoriciens qui me sont connus Mr Fétis est celui qui a le mieux pressenti et défini le progrès de l'harmonie et du rhythme en musique; sur tels points principaux je me flatte de demeurer en parfait accord avec lui. Du reste, qu'il me pardonne d'échapper par divers bouts à l'école critique dont il préconise les errements. Selon sa théorie l'art doit progresser, se développer, s'enrichir, revêtir des formes nouvelles; mais en pratique il hésite, regimbe, — et à tout le moins exigerait que la »transformation« s'opérât sans guère déranger les habitudes prises et de manière à *charmer* d'emblée toutes gens. Plût au ciel qu'il en advienne ainsi! D'ici là, agréez je vous prie, cher Monsieur, mes meilleurs remercîments avec l'expression de mes sentiments bien distingués et dévoués. F. Liszt.

Rome, 8 Novembre 67 — Santa Francesca romana.

P.S. Mes sincères félicitations pour la croix de St Sylvestre. On se trompe au dehors en croyant que les décorations sont prodiguées ici.

J'ai informé Mme la Princesse W. de vos obligeantes dispositions relativement à l'édition de l'ouvrage que MSr de Montault vous a nommé.

## 62. An Madame Jessie Laussot.

Chère Maëstra,

On ne saurait mieux que vous relever la vertu de l'obligeance par la plus cordiale amabilité. Vous prenez à tâche de persuader à vos amis que vous leur êtes redevable des services que vous leur rendez. En tant qu'ils vous donnent occasion d'exercer vos belles qualités, vous avez parfaitement raison; au-delà non; et pour ma part je vous prie d'être aussi parfaitement assurée de ma sincère *reconnaissance* que de mon entier dévouement.

Je ne m'attacherai point à vous plaindre beaucoup des difficultés et contradictions que rencontre votre zèle artistique.

Le monde est ainsi fait que la pratique du Bien et la recherche du Mieux n'y deviennent commodes à personne: pas plus dans les choses d'art, qui semblent les plus inoffensives, qu'en d'autres. Pour bien mériter, il faut savoir bien endurer. Le meilleur spécifique contre les préventions, malices, tracasseries et injustices d'autrui, c'est de ne pas s'en troubler. Il paraît que telles ou telles gens prennent leur plaisir là où nous ne le chercherions guère: soit; sauf à trouver le nôtre à de plus nobles sources. Comment oserions-nous d'ailleurs nous lamenter des obstacles dressés à l'encontre de notre bon vouloir? Les plus dignes et illustres serviteurs de l'art n'ont-ils pas eu à en souffrir bien davantage que nous? . . . Cette consolation a son côté triste, je le sais; pourtant elle raffermit dans le droit chemin de la conscience active.

Cela dit à propos du *prélude extra muros* de vos derniers concerts. Passons à leur programme, excellent de tous points, chère et victorieuse Maëstra.

Le *Panis Angelicus*, [1]) le Quintetto de Schumann et le sublime Prélude de Lohengrin sont des œuvres qu'un public bien éduqué doit savoir par cœur. Vous ferez donc au mieux de les reproduire souvent. Point de critique admissible à ce sujet; et si vous exigiez absolument que je vous en fisse une quelconque, elle ne trouverait prise que sur l'adjectif »*célèbre*« joint au Quintetto de Schumann qui s'en passerait sans désavantage. Pardonnez-moi cette vétillerie. —

Quant aux »*Béatitudes*« je vous approuve *complètement* de ne pas les avoir exhibées une seconde fois. Vous savez de reste que je déconseille d'ordinaire à mes amis d'encombrer les programmes de concert de mes compositions. Pour peu qu'elles aient quelque chose à perdre, elles ne le perdront pas à attendre. Administrons-les donc à doses homéopathiques — et rarement.

Je suis charmé de ce que vous me dites de Wilhelmj. Veuillez l'assurer de mes meilleurs sentiments et du plaisir que j'aurai de les lui témoigner avec plus de suite. Le Con-

1) Von Palestrina.

certo qu'il me demande, m'a déjà été redemandé plusieurs fois par Sivori et Reményi. Je ne sais quand je trouverai le loisir de l'écrire. Il n'y a point de presse à cela, tant que la critique contraindra les Violons-Virtuoses à se renfermer dans un répertoire de quatre ou cinq morceaux, fort beaux sans doute, et non moins connus. Joachim m'avouait naïvement qu'après avoir joué le Concerto de Beethoven, celui de Mendelssohn et la Ciaccone de Bach, il ne savait plus que faire et devenir dans une ville, n'était-ce de rejouer indéfiniment les mêmes deux Concertos et la même Ciaccone.

Sgambati et Pinelli annoncent six matinées de Musique de chambre pour chaque mercredi à partir d'après-demain. L'auditoire sera plus nombreux cette année qu'auparavant. On commence à parler de ces matinées dans les salons aristocratiques où il est souvent de bon ton de ne pas écouter de la bonne musique. — Vers le printemps Sgambati vous apportera ses nouveaux lauriers, et vous entretiendra aussi de ses projets d'avenir. La fixation de son mariage influera sur tout le reste: on souhaiterait presque à notre ami de ne pas se livrer à des excès d'honorabilité!

Sans choquer personne, on peut appliquer le fameux mot du fusil Chassepot au piano Chikering; *il fait merveille* à Rome. Tout le monde m'en parle, veut le voir et l'entendre. Un de mes amis archéologue l'appelle: le Colisée des piano!

Mes affectueux respects à Madame votre mère; — *sympathiques* souvenirs à Miss Williams; — amicale poignée de main à Callandes; — gazouillements admiratifs à Bocage; — salutations effusionnées aux Pearsoll, et

bien cordialement à vous

13 Janvier 68. Rome. F. Liszt.

## 63. An Dr. Franz Brendel.

Verehrter Freund,

Herzliche Gratulation zu unsrer Falken-Collegenschaft[1] — und immerfort »*Vigilando ascendimus*«.

---

1) Brendel hatte den Weimar'schen Falkenorden der Wachsamkeit erhalten.

Zusendung und Nachrichten von Leipzig erwartend, zögerte ich Ihren freundschaftlichen Brief zu beantworten. Bis jetzt erhielt ich weder den Almanach, noch die Correcturen von der *Elisabeth*. Wie ging es mit der Aufführung in der Paulinerkirche?[1] Ersuchen Sie Kahnt mir darüber ein paar Referate — besonders die missgünstigen — zu schicken. Erinnern Sie ihn auch, an Otto Roquette zu schreiben, wegen der Übersetzung des lateinischen Schlusschors, so wie ich es ihm in meinem letzten Brief angedeutet.

Berlioz's Requiem ist der Eckstein des Programms zur Altenburger Tonkünstler-Versammlung. Mehrmals speculirte ich darauf, dieses colossale Werk vorzubringen. Leider war die Räumlichkeit der Weimarer Kirche dazu ungenügend, und in Braunschweig, wo die Egidienkirche ein so prächtiges Local für Musikfeste überhaupt bietet, standen andere Schwierigkeiten entgegen. Wahrscheinlich wird auch in Altenburg kein ausreichender Platz zur Aufstellung des Orchesters im *Dies irae* herbeizuschaffen sein, und Riedel die 16 Pauken, 12 Hörner, 8 Trompeten, 8 Posaunen auf ein Minimum reduziren müssen. Übrigens, sollte die Aufführung des ganzen Werkes nicht zu ermöglichen sein, so bleiben immerhin einige Nummern daraus — wie das »Requiem aeternam«, »Lacrymosa und Sanctus« — höchst wünschens- und anerkennenswerth.

Als Antidot des Berlioz'schen Requiems figurirt treffend in der Programm-Skizze Händel's »Acis und Galathea«; mittenin mögen füglich einige Nebensachen von Dräseke, Lassen, meiner Wenigkeit etc. sich hören lassen.

Sgambati's Mitwirkung hängt von meiner Reise ab. Vorläufig bin ich nicht in der Lage Ihnen Bestimmtes darüber zu melden. Ob ich kommen kann oder nicht, wird sich erst im Juni entscheiden. Offen gesagt, fällt es mir schwer, dieses Jahr Rom zu verlassen.

Bezüglich Ihrer persönlichen Angelegenheiten wiederhole

---

1) Riedel hatte eine Aufführung der »Elisabeth« in Leipzig veranstaltet.

ich, dass mir dieselben freundschaftlichst angelegen sind. Die Bescheidenheit Ihrer Ansprüche steht sehr im Missverhältniss mit der Bedeutsamkeit Ihrer Verdienste, verehrter Freund. So gerechten und geringen Forderungen wie den Ihrigen begegnet man selten; seien Sie versichert von meiner aufrichtigen Bereitwilligkeit, Ihre Sache höheren Orts zu befördern und Ihnen Befriedigung zu erlangen.

Mit bestem Dank und Gruss ergebenst

26. Januar 68. Rom. F. Liszt.

Sgambati's Matinéen für Kammermusik sind diesen Winter noch besuchter als vorher. Darauf beschränkt sich das musikalisch Interessante, was von Rom zu erwähnen.

## 64. An Walter Bache.

Cher Monsieur Bache,

Je vous remercie cordialement de votre bonne lettre et vous prie de toujours compter sur mes sentiments et sincère affection et estime.

Il me serait certes un grand plaisir de vous revoir cet été à Londres, cependant je ne saurais plus promettre que tenir, et dois m'abstenir de l'un et l'autre.

Veuillez donc m'excuser auprès de M$^{r}$ le Secrétaire de la Société philharmonique en l'assurant de mes remercîments pour ses bienveillantes intentions à mon égard. Si l'occasion de les réaliser plus tard se présentait, — sans mécompte ni désagrément pour personne, — j'en serais très flatté. Quant à présent il devient superflu de donner suite à la proposition que vous me transmettez, vu les obligations qui me retiennent ailleurs. Je doute même qu'il me soit possible d'accepter l'invitation de mes amis d'Allemagne pour la »*Tonkünstler-Versammlung*« en Juillet, à Altenbourg. —

Les bonnes nouvelles que vous me donnez de Klindworth me sont bien agréables. Qu'il se souvienne assez de moi pour savoir combien je l'apprécie et l'affectionne.

Sgambati est fort en vogue cet hiver et la vogue a parfaitement raison en cela. Il vous dit mille choses amicales, et Lippi[1], M$^{lle}$ Giuli[2]) et les autres *patients* de la »Scuola« vous gardent le meilleur souvenir.

Recevez aussi, cher Monsieur Bache, l'assurance de mon bien sincère dévouement.

30. Janvier 68. Rome. F. Liszt.

Comme le concert de la Société philh. l'exécution de mes œuvres symphoniques à Londres doit au moins s'ajourner. Votre zèle à ce sujet me touche beaucoup. Je ne voudrais pas l'étouffer, et vous prie seulement de le modérer, afin qu'il devienne d'autant plus fructueux.

## 65. An Dr. Franz Brendel.

Verehrter Freund,

An dem Altenburger Programm-Entwurf hätte ich nichts andres auszustellen, als dass mein Name zu oft darin vorkommt. Ich befürchte zudringlich zu erscheinen, wenn bei jeder Tonkünstler-Versammlung mehrere meiner Werke auftreten. Allerdings wäre die Wiederholung des 13$^{ten}$ Psalms zulässig und selbst günstig für mich, wie Sie es freundschaftlich bemerken; auch möchte ich gegen den Chor »an die Künstler« keinen Protest einlegen, eben weil derselbe bis jetzt weit mehr *verschrien* als gehört blieb, da man mir es zu den strafbarsten Ketzereien anrechnete, nach Mendelssohn das Schiller'sche Gedicht zu componiren, ohne Mendelssohn abzuschreiben, und ohne dem gang und gäbe gewordenen Liedertafel-Geschmack zu fröhnen. Beiläufig gesagt, verboten mir zumeist Schiller und der »Menschheit Würde«, diese Composition gefälliger anzufertigen. Ich träumte einen Tempel und kein Kiosk! —

Wenn Sie das Wagniss begehen, den Künstler-Chor in Altenburg vorzubringen, so erbitte ich von dem Dirigenten:

---

1) Römischer Schüler Liszt's.
2) Liszt's beste Schülerin in Rom.

möglichste Sorgfalt der Einstudirung — würdevollste *Ruhe* der Aufführung. Gleichsam tönende Marmorsäulen, soll der Gesang erschallen! —

Für die freundliche Aufmerksamkeit, eines meiner Orgelstücke zu spielen, danke ich Stade[1] verbindlichst. Vermuthlich wählt er entweder die Variationen über den *Basso continuo* der Bach'schen Cantate »Weinen, sorgen, seufzen, klagen« — oder die BACH-Fuge.

Besprechen Sie nochmals mit Riedel und Stade, ob 3 Liszt'sche Nummern auf dem Programm nicht zu viel sind. Ich füge mich gerne Ihrem Bescheid und wünschte nur mehr Aussicht zu haben, dieser Tonkünstler-Versammlung beizuwohnen. Darüber werde ich aber erst im Juni Bestimmtes wissen.

Sgambati conzertirt nächste Woche in Florenz. Nach seiner Rückkehr, Ende April wird es sich entscheiden, ob er die Altenburger Reise unternimmt oder den Sommer über hier verbleibt. —.

Sgambati ist durchaus kein *Badeort*-Künstler, obschon seine Virtuosität eine ausserordentliche und von unzweifelhafter Wirkung. Er spielt Bach, Beethoven, Chopin, Schumann und meine schwierigsten Sachen mit vollkommener Meisterschaft und Selbständigkeit. Seine künstlerischen Tendenzen und Sympathien sind ganz »*neudeutsch*«. Wir hörten diesen Winter zwei grössere Werke von ihm: ein *Clavier-Quintett* und ein *Nonett* für Streichinstrumente. Beide verdienten von unserm Musikverein edirt zu werden.

Ad vocem der Widmung der Seifriz'schen Ouverture haben Sie den besten Ausweg gefunden mit der Widmung des 2ten Jahrgangs des Almanachs an den Fürsten Hohenzollern. Gleichfalls billige ich, dass die folgenden Jahrgänge denjenigen Fürsten dedicirt werden, in deren Residenzen die Tonkünstler-Versammlungen stattgefunden.

Der 1te Almanach scheint mir gut gelungen. Fernerhin

---

1) Hofcapellmeister und Hoforganist in Altenburg (geb. 1817), Liszt seit Jahren befreundet.

dürfte der *historische Kalender* durch Weglassungen und Zusätze mehr Interesse gewinnen. Mittelmässige Local-Celebritäten, wie »H. S. in E., T. D. in B., L. A. in L.« etc. etc. brauchen nicht *historisch* zu fungiren. Ebensowenig ein paar 1te Aufführungen in Weimar unter meiner Leitung. Veranlassen Sie, lieber Freund, dass man *bei Zeiten* wichtigere Daten sammelt und die überflüssigen streicht.

Wie ich Ihnen schon in Leipzig sagte, hat mich der Grossherzog dazu bestimmt, ein paar Wintermonate (Anfangs 69) in Weimar zu bleiben. Vielleicht komme ich etwas früher.

Der nächsten Correctur-Sendung bitte ich Kahnt das *Manuscript* des 18ten Psalms (»Die Himmel erzählen die Ehre Gottes«) für Männerchor beizulegen. Dasselbe ist auf sehr grosses Notenpapier geschrieben und cartonirt. Um das Packet bequemer zu machen, soll der Carton weggerissen und das Notenpapier umgebogen werden. Kahnt wird sich erinnern, dass ich ihm dieses Manuscript vor 7 Jahren zurückgelassen.

Mit herzlichen Grüssen ergebenst

31. März 68. F. Liszt.

## 66. An Johann von Herbeck.

Verehrter Freund,

Mein Cousin Eduard überbringt Ihnen die Partitur des 18. Psalms, für den Wiener Männergesangverein bestimmt. Erlauben Sie mir Ihnen bei dieser Gelegenheit meinen aufrichtigsten Dank zu wiederholen für die wohlwollende Gesinnung, die Sie mir stets gewähren. Das fernere Loos des eingesandten Psalms lege ich ganz in Ihre Hände. Entscheiden Sie, ob er sich zur Aufführung bei dem Jubelfest des Männergesangvereins eignet oder nicht. Ersteres würde mich freuen; doch bitte ich Sie, darauf keine besondere Rücksicht zu nehmen, und falls Sie es rathsamer erachten, das Festprogramm nicht damit zu beschweren, so bescheide ich mich dessen gerne, weil ich überzeugt bin, dass Sie, verehrter Freund, am besten dafür sorgen werden, was mir zuträglich.

Übrigens hätte es keine Mühe mit dem Einstudiren. Der Psalm ist sehr einfach und massiv — gleichsam ein *Monolith*. Wie bei anderen meiner Werke, hat der Dirigent die wichtigste Rolle dabei. Ihm liegt es ob, das Ganze harmonisch zu gliedern, lebendig zu gestalten, als hauptsächlicher *Virtuos* und *Artifex* zu fungiren. An der rhythmischen und dynamischen Steigerung von Buchstabe B bis E (wiederholt von H bis L), sowie an einigen ritenuti, speciell an der Stelle:

»Das Gesetz des Herrn ist ohne Wandel
Und erlabet die Seele.
Das Zeugniss des Herrn ist gewiss
Und macht die Albernen weise etc.«

finden Sie Stoff, Ihre vollkommene Dirigenten-Meisterschaft zu bekunden.

Nun, Sie wissen, verehrter Freund, was es heisst, den todten Noten leuchtend flammenden Geist einzuflössen.

Empfangen Sie die Versicherung meiner aufrichtigen Hochschätzung und Ergebenheit.

9. Juni 68. Rom. F. Liszt.

## 67. An Dr. Franz Brendel[1]).

Verehrter Freund,

Wie vorausgesehen, muss ich leider darauf verzichten, Sie und meine Freunde der Tonkünstler-Versammlung diesmal zu besuchen. Wäre es mir möglich von hier abzukommen, so ginge ich heute nach München, zu Ehren der *Meistersinger*, welche nächsten Sonntag aufgeführt werden, — und von dort nach Weimar und Altenburg. Anstatt dessen aber heisst es hier sitzen bleiben bis Ende dieses Monats. Darnach werde ich Seebäder (in der Nähe von Ancona) gebrauchen. Bitte mir

---

1) Dies ist der letzte der an Brendel gerichteten zahlreichen Briefe Liszt's. Wenige Monate darnach starb der Adressat.

die Berichte über das Altenburger Musikfest in der N. Zeitschrift sogleich unter Kreuzband einzusenden.

Sgambati beauftragt mich, ihn bestens zu entschuldigen. Er hat grosse Lust nach Deutschland zu wandern, ist aber auch für diesen Sommer hier angenagelt. Seine Conzerte in Florenz mit Wilhelmj vor einigen Wochen hatten einen sehr günstigen Erfolg. Sgambati ist ein phänomenaler Pianist für Italien und wird sich gewiss anderwärts vortrefflich accreditiren durch die Gediegenheit und seltene Meisterschaft seiner Virtuosität, wozu sich noch eine ganz liebenswürdige, künstlerisch *gesinnungstüchtige* Persönlichkeit gesellt. Es ist die Rede, ihn nach Petersburg zu engagiren. —

Vor 14 Tagen schrieb man mir aus Paris, dass Berlioz schwer leidend dahinsiecht. Als ich ihn zuletzt sah (im Frühjahr 66), war er schon physich und geistig gebrochen. Unsre persönlichen Beziehungen verblieben zwar immer freundschaftlich, doch mischte sich seinerseits ein düsterer, gehemmter Ton bei. ...

Weder Schumann noch Berlioz konnten sich mit dem unaufhaltsamen Eingreifen der Wagner'schen Werke zufrieden stellen. Beide erkrankten an einem zurückgeschlagenen *Zukunftsmusik*-Enthusiasmus. —

Über meinen bevorstehenden Aufenthalt in Weimar werde ich erst Ende dieses Jahres bestimmen. Bis dahin verhalte ich mich still hier oder in der Umgebung, deren äusserste Grenze das Seebad bei Ancona bezeichnet. Mehrere anderweitige Einladungen habe ich höflichst beseitigt. Mit nächstem Jahr aber dürfte ein ziemlicher Wechsel in meiner äusseren Existenz stattfinden, der mich Deutschland wieder näherrückt. Wie sich dies letzte Kapitel meiner Lebensbahn gestalten wird, errathe ich noch nicht.

Der Wiener Männergesang-Verein forderte mich freundlich auf, zu seinem Jubelfest eine Composition zu liefern. Desswegen verlangte ich von Kahnt die Partitur des 18ten Psalms (»Die Himmel erzählen die Ehre Gottes«), welche endlich angelangt ist und vorgestern nach Wien spedirt.[1] Kahnt hat

1) Leipzig, Schuberth, erschienen.

wohl auch den *corrigirten* Clavierauszug der Elisabeth empfangen. Zu guter letzt bleibt nur die Partitur übrig, wovon ich die Correcturen erwarte.

Des Winters machten es mir meine unzähligen gesellschaftlichen Verbindlichkeiten rein unmöglich, eine längere Composition zu fertigen. Diese aufgedrungene Lässigkeit verdriesst mich unbändig — und ich nehme mir vor ganz grob zu werden, um mir viele Leute vom Hals zu schaffen. Insbesondere sind mir die ungebetenen Correspondenten ein gräulicher Zeitverlust. Seit der Krönungs-Messe habe ich eigentlich nur ein einziges Werk componirt: — ein *Requiem* für Männerstimmen mit einfacher Orgel-Begleitung.[1])

Wie sehr möchte ich das Berlioz'sche Riesen-Requiem in *Altenburg* hören! — Gedenken Sie dort freundschaftlich

Ihres treu ergebenen

17. Juni 68. Rom. F. Liszt.

Nochmals bitte ich, mir die Programme und Berichte der Altenburger T. K. V. in der *Neuen Zeitschrift* regelmässig zu senden.

## 68. An E. Repos.

Cher Monsieur,

Puisque vous voulez bien vous souvenir encore de l'»*Ave maris stella*« je serais inexcusable de l'oublier. Mon premier manuscrit s'étant égaré, j'ai passé ma journée d'hier à récrire ce chant fort simple dont vous recevrez par la plus prochaine occasion deux versions à la fois: l'une pour voix de *Mezzo Soprano* avec accompagnement de piano ou harmonium: l'autre pour 4 *voix d'hommes*, avec un petit accompagnement d'orgue. Pour cette dernière, veuillez excuser ma très mauvaise écriture en sus de ce que la composition aura de défectueux. Je ne dispose pas ici, comme en Allemagne de plusieurs copistes intelligents. Le seul dont je puisse me servir est malade — et je n'ai pas le loisir d'attendre son rétablissement, car dès

1) Leipzig, Kahnt.

demain j'entreprends mon pèlerinage à Assise et Lorette — après quoi je ferai une *villeggiatura* de six semaines au moins à Grotta-mare (aux bords de l'Adriatique, près d'Ancône).

Je compte sur votre obligeance pour m'envoyer les dernières épreuves de *l'Ave maris stella* à l'adresse que je vous indiquerai sous peu.

Comment m'y prendrai-je pour vous procurer ma notice biographique publiée en 1843 dans la volumineuse Collection de la *Biographie Pascallet?* Je ne sais vraiment. Cette notice est à la fois la plus exacte, la mieux rédigée, et la plus bienveillante de toutes celles qui ont paru *en français* sur mon compte. M^r^ Fétis la cite dans mon article de la Biographie univ. des Musiciens, et j'ai engagé M^r^ le Chanoine Barbier de Montault à la rechercher chez l'éditeur Angot. — La collection complète de la *Biographie Pascallet* doit se trouver, entre autres dans la bibliothèque de M^r^ Emile de Girardin; mais l'illustre publiciste est tellement affairé de grandes choses, que je craindrais de le molester pour une semblable bagatelle.

En tout cas il sera aisé de dénicher notre malheureux opuscule en question à la *Bibliothèque impériale,* où, s'il en est besoin, l'on pourra le faire copier à l'usage de M^r^ le Ch. de Montault.

Veuillez compter, cher Monsieur, sur mes sentiments très sincèrement affectueux et dévoués.

1. Juillet 68. Rome. F. Liszt.

Mille remercîments pour votre obligeant envoi du Répertoire de S^t^ Sulpice qui m'est exactement parvenu.

## 69. An Professor Carl Riedel in Leipzig[1]).

Verehrter Freund,

Aufrichtige Gratulation zu Ihrer rühmlichen That: der Altenburger Aufführung des Berlioz'schen Requiems, und freund-

---

1) 1827—88, Gründer und Leiter des berühmten Riedel'schen Vereins in Leipzig, nach Brendel's Tode Vorsitzender des »Allgemeinen deutschen Musikvereins«.

schaftlichsten Dank für alle Mühen und Sorgen, die Sie der Elisabeth und dem 13ten Psalm zugewendet. Hoffentlich höre ich nächsten Winter in Leipzig das Requiem von Berlioz und auch einige der contrapunktischen *festen Burgen* Bach's. Meine Ohren dürsten sehr darnach!

Einstweilen bitten Sie Frau Professor Riedel, mich anbei in *effigie* nachsichtig als Hausgenossen aufzunehmen.

In wahrhaftiger Hochschätzung verbleibt Ihnen, verehrter Freund, dankbar ergebenst

12ten August [1868] Grotta mare. F. Liszt.

## 70. An E. Repos.

Cher Monsieur,

Je vous restitue par la même poste les épreuves de l'*Ave maris stella*, qui me sont parvenues hier. Veuillez avoir la complaisance de faire corriger sur les planches les nombreuses fautes de ces premières épreuves. L'exactitude des éditions est un devoir de profession, trop souvent négligé.

Par une prochaine occasion, je vous enverrai un court *Offertoire* (de quelques 40 mesures) pour voix d'hommes. Le texte fait partie de l'*office de St François:* »*Mihi autem adhaerere Deo bonum est*«: et je l'ai composé récemment à Assise. — Dans une huitaine de jours je serai de retour à Rome où sont restés mes manuscrits, entre autres: un *Requiem* pour voix d'hommes avec accompagnement d'orgue. Le style en est fort simple, et pour peu qu'on y mette quelque bonne volonté, l'exécution sera tout aussi simple. S'il vous convient d'éditer ce *Requiem* (d'une trentaine de petites pages d'impression environ) je vous l'expédierai avec l'Offertoire de St François.

Agréez, cher Monsieur, l'expression de mes sentiments distingués et dévoués.

Grotta Mare, 26 Août 68. F. Liszt.

Adressez *Rome*. — Depuis plusieurs mois je n'ai reçu aucune lettre de vous.

## 71. An Prof. Dr. Siegmund Lebert in Stuttgart[1].)

Geehrter Freund,

Verständige und rechtschaffene Leute zu befriedigen, ist mein bester Lebensantheil. Es freut mich sehr, dass Sie den Brief zur französischen Auflage Ihrer Methode billigen und passend finden. Ich habe nur einfach gesagt, was ich denke. Im Reden und Handeln immer *wahr* zu sein, gelobe ich, gleichviel ob dadurch manche Verdriesslichkeiten und Missdeutungen mir zuschiessen. Vertraulich will ich Ihnen die Richtschnur meines ganzen Wesens mittheilen; sie besteht in dem täglichen Gebet: »O veritas Deus, fac me unum tecum in perpetua caritate!« —

Entschuldigen Sie die verzögerte Rücksendung des 3ten Theils der Methode. Ich dachte eine bequeme Gelegenheit nach Stuttgart zu benützen, um Ihnen Porto-Spesen zu ersparen; es fand sich aber keine solche, und so wurde Ihnen durch das Commissionsgeschäft von Herrn Kolb (württembergischer Consul in Rom) dieser Schlussband der Methode expedirt. Die beigefügten Bemerkungen sind geringfügig, eben weil ich keine gewichtigeren Ausstellungen daran zu machen habe. Während des Durchspielens der Etuden gerieth ich in gute Laune, was die paar schlechten Witze entschuldigen möge, welche mein boshafter Bleistift hinkritzelte. Bitte davon nicht weiter zu erzählen; dergleichen Scherze müssen fein *zwischen uns* bleiben.

In Grotta mare schrieb ich ungefähr 20 Seiten der technischen Übungen. Leider verhindert mich ein Wust von Correspondenzen, jetzt die angefangene und im Kopf bereits fertige Arbeit fortzuführen. Die Italiener sagen: der Zeit

---

1) Adressat bedeutender Clavierpädagog (1822—1884), Mitgründer des Stuttgarter Conservatoriums, Mitherausgeber der »Grossen Clavierschule« (v. Lebert und Stark) und der bei Cotta erschienenen instructiven Ausgabe classischer Clavierwerke, an welcher auch Liszt, Bülow, Faisst thätig waren. Auf diese letztere beziehen sich die hier mitgetheilten Briefe.

Zeit geben (»dar tempo al tempo«), worüber ich mich manchmal gründlich ärgere! — Zunächst setze ich mich an die Weber- und Schubert-Edition, die ich Ihnen Anfangs November einsenden möchte.

An Baron Reischach bitte ich Sie meinen besten Dank für sein freundliches Schreiben zu übermitteln. Der geschäftliche Punkt (Weber- und Schubert-Auflage) ist hiermit beantwortet: dass ich Anfangs November mein Versprechen lösen werde: und alsdann auch mit beruhigtem Gewissen dem Baron R. meine Erkenntlichkeit brieflich bezeugen will.

In aufrichtig freundschaftlicher Mitarbeiterschaft verbleibt Ihnen ergebenst

10. Sept. 68. Rom. F. Liszt.

## 72. An E. Repos.

Cher Chevalier et ami,

Votre dernière lettre m'intéresse beaucoup et je vous remercie bien sincèrement de la confiance que vous me témoignez. Certes je ne demanderais pas mieux que d'y répondre selon votre gré; mais là gît la difficulté. Me reprocherez-vous de »claudicare in duas partes«? Non, je ne le crois pas, car je n'entends *clocher* d'aucun pied; seulement la petite influence, qu'en certaines circonstances données je pourrais exercer, se trouve paralysée par d'autres circonstances, majeures maintenant. Il me faudrait expliquer diverses choses pour vous faire comprendre mon inaptitude *extrinsèque*, et partant mon abstention obligatoire sur quelques points qui me touchent de près. Je préfère ne pas entrer dans ce détail par écrit; peut-être en causerons-nous occasionnellement; quant à présent voici ma réponse, réduite aux termes les plus concis:

J'approuve complètement vos deux projets du concours de Musique sacrée, et de l'édition définitive, normale et vraiment catholique du Plain-Chant d'Eglise. Ces deux entreprises sont opportunes, désirables et pourront s'effectuer à votre honneur et avantage. Toutefois je ne suis pas en mesure de vous servir efficacement *utraque*. Donc, je ne dois pas y être mêlé, ... à moins d'une éventualité tout aussi imprévue que décisive qui surviendrait.

Vous aurez lu dans la *Correspondance de Rome* que l'ouvrage de M. S^re^ Alfieri est resté en suspens. Ce n'est pas un obstacle posthume qui s'opposerait à votre édition, mais un autre, qui pourrait aussi s'appeler *Légion*.

Le *Requiem* et l'Offertoire de S^t^ François vous parviendront dans une quinzaine. Avant de vous les envoyer, je tiens à revoir soigneusement la copie, afin d'épargner autant de corrections que possible au graveur.

Jusqu'à Noël je ne quitterai pas Rome; de Janvier à la fin Mars je serai à Weimar. —

Veuillez agréer, cher Chevalier et ami, l'assurance de mon dévouement affectionné.

19 Sept. 68. F. Liszt.

Quand paraîtra le 1^r^ Volume de votre publication de l'histoire des Papes et Cardinaux? Vous m'obligerez de me l'envoyer.

## 73. An den Musikverleger C. F. Kahnt*).

Geehrter Herr und Freund,

Die Verspätung Ihres Briefes vermindert keineswegs seinen sehr willkommenen Inhalt, wofür ich Ihnen freundschaftlich danke. Hierzu noch meine beste Gratulation in Betreff des rothfärbigen Altenburger Bändchens.

Von der gnädigen Aufnahme des Dedications-Exemplars der Elisabeth habe ich bereits vollends günstige Nachricht erhalten. Das zweite Prachtexemplar bitte ich Sie einstweilen aufzubewahren. Ich möchte es gerne unserm Grossherzog *ad honorem* der *Wartburg-Bibliothek* darbieten.

Ihre Absicht, das 3^te^ Exemplar bei der Ausstellung der

*) Facsimilirt, wie Nr. 99, »N. Zeitschr. f. Musik«, 18. Juni 1890.

deutschen Druckerzeugnisse, nächste Ostern zu produziren, billigt als angemessen und wohlgefällig der Componist.

Die Elisabeth-Partitur-Correcturen erwartend, bitte ich Sie denselben das »Kindergarten Lieder-Büchlein« (von Wieseneder) beizufügen. Wahrscheinlich dürfte diese Sendung Ihre letzte nach Rom Anno 68 verbleiben, da ich Anfangs Januar wieder in Weimar eintreffe. Weitere Besprechungen *in extenso* verschieben wir also bis dahin. Vorläufig findet sich kaum etwas Positives, *Sachdienliches* zu schreiben.

Freundschaftlichen Gruss an Brendel; er weiss, wie sehr ich gesonnen bin, dem Anstreben des A. D. Musikvereins festen *Halt* und erspriessliches Gedeihen zu verschaffen. Seien Sie davon gänzlich überzeugt, geehrter Freund, und zählen Sie auf meine aufrichtig stetige Ergebenheit.

20. Sept. [1868.] Rom. F. Liszt.

Nur schnell zu und heraus mit dem 69er Almanach! —

## 74. An E. Repos.

Cher Monsieur Repos,

Voici le Requiem. Si vous jugez à propos de publier séparément les cinq parties (*Requiem*, *Dies iræ*, *Offertoire* etc.) dans les 5 Numéros de la *Revue de Musique sacrée*, je n'y fais point d'objection, et vous demanderai seulement d'annoncer l'édition complète, tirée à part, en même temps que les feuilles détachées paraîtront.

La copie est fort distincte et correcte; veuillez recommander au graveur de ne pas ajouter des fausses notes de sa composition, et envoyez-moi les épreuves à Rome.

Il me serait agréable que *l'Offertoire* de S^t^ François (joint au cahier du Requiem) paraisse *de suite*. Le manuscrit n'a que deux pages, — et je ne crois pas trop enfreindre la règle de pauvreté de S^t^ François, en me réservant pour cet Offertoire, ainsi que pour *toutes mes compositions*, que vous éditez, le droit de propriété en Allemagne et en Italie, afin de tenir promesse à plusieurs éditeurs.

Agréez, cher Monsieur Repos, l'expression de mes sentiments bien distingués et dévoués.

Rome, 22 Sept. 68. F. Liszt.

## 75. An Prof. Dr. S. Lebert.

Verehrter Freund,

Heute verdiene ich etwas gelobt zu werden; die *Weber*-Ausgabe ist fertig, und so mein Versprechen ein paar Wochen früher gelöst.

Wie ich meine Arbeit verstanden habe, ersehen Sie aus dem kurzen Vorwort (auf der ersten Seite der Varianten zu dem *Conzertstück* geschrieben). Darnach soll sich der Stecher *genau richten* und die gehörigen Lettern und Zeichen ausfinden. Leider kann ich ihm diese seltsame Mühe nicht ersparen, denn *zweifache Lettern und Zeichen* sind nothgedrungen *unerlässlich*.

Als Norm der mir zur Verantwortlichkeit übergebenen Cotta'schen Weber- und Schubert-Edition gilt: Integrale, sorgfältige Beibehaltung des Original-Textes nebst unmassgeblichen Andeutungen *meiner* Vortragsweise, behülfs *unterschiedlicher* Lettern, Noten und Zeichen, — über welche ich Sie bitte, den Stecher noch eigens vollständig aufzuklären.

In den *Varianten* finden Sie wahrscheinlich einiges nicht Unzutreffende; — ich schmeichle mir dadurch den Ausführenden mehr Spielraum zu geben und die Wirkung zu steigern, ohne Verunglimpfung oder Überladung des Weber'schen Styls. Ersuchen Sie Pruckner, der mit meiner schlechten Notenschrift vertraut ist, Ihnen die *Varianten* vorzuspielen.

NB. Dieselben sind durchgängig in der ganzen Auflage mit kleineren Noten zu stechen.

Das Packet, enthaltend: Conzertstück, Momento capriccioso, 4 Sonaten von W[eber] (und die 2 Beethoven'schen der Bülow-Edition) wird Ihnen morgen durch Kolb expedirt. Senden Sie mir nächstens die 2 Polonaisen von Weber (Härtel's letzte Auflage), welche in der Cotta'schen Edition nicht fehlen dürfen, und auch *sämmtliche* Tänze (Walzer, Ländler, Eccossaisen) von Schubert (Holle's Auflage, von Markull revidirt). Da ich nun in Revisions-Zug gekommen bin, möchte ich sofort den Band Schubert zubereiten und Ihnen das Resultat meines langjährigen, leidenschaftlichen Verkehrs mit Weber's und Schubert's Claviercompositionen vor Ende November, vermittelst der Fingersätze, Pedal- und Vortrags-Bezeichnungen und Varianten anheimstellen.

Den Schubert-Band beschränke ich auf: 3 bis 4 Sonaten, die grosse Fantasie, etwa 8 Impromptus, Moments musicals und sämmtliche Tänze. Später können noch einige 4händige Stücke folgen, speziell die Märsche und das ungarische Divertissement.

Möge meine Arbeit verständig, *massvoll* und für ordentliche Pianisten befriedigend und zweckdienlich ausfallen.

Etwaige Bemerkungen und Ausstellungen, welche Sie daran zu machen hätten, nehme ich bereitwilligst entgegen.

Mit freundschaftlichem Gruss und Dank ergebenst

19. October 68. Rom. F. Liszt.

P. S. Benachrichtigen Sie mich sogleich nach Empfang des Packets.

## 76. An Richard Pohl in Baden-Baden.

Rome, 7 Novembre 1868.

. —. Mon très gracieux biographe La Mara m'écrit quelques lignes charmantes en m'annonçant le prochain envoi de son volume »Studienköpfe«. »Das junge Volk hat Muth«, comme vous dites, et je l'approuve fort de ne pas s'intimider. Le courage est le nerf vital de nos meilleures qualités; elles s'étiolent quand il fait défaut, et à moins d'être courageux on n'est même pas suffisamment prudent. Examiner, réfléchir, calculer, peser sont des opérations nécessaires, oui certes. Mais ensuite il faut se déterminer et agir sans trop regarder d'où le vent souffle et quels nuages passent. — .

## 77. An Johann von Herbeck.

Hochverehrter Freund,

Soeben beantwortete ich die Einladung der »Musikfreunde«. Hoffentlich sind Sie mit meinem Schreiben einverstanden. Ich weiss, dass ich die Wiener Elisabeth-Aufführung — welche mir als ehrenvolle Auszeichnung gilt — *Ihnen* zu verdanken habe. Wenn ich nicht früher Ihrem Wunsche gefolgt, so geschah dies zumeist, um Ihnen Misslichkeiten zu ersparen, über welche ich, vermöge meiner besonderen Stellung und meiner Entfernung von den thätigen Press-Kreisen, leicht ohne die geringste »Verbitterung« wegsehen kann.

Nun, möge Ihr günstiges Augurium von Statten gehen. Ihren früheren Brief habe ich nicht erhalten. Herzlich aber erfreute mich der letzte. Kurz vorher hörte ich hier vieles Vortreffliche von dem Componisten, Dirigenten und Freunde Herbeck, was mit meiner Erinnerung und Überzeugung vollkommen übereinstimmt. Sie errathen schon, wer mir alles mitgetheilt.

Auf die Elisabeth-Aufführung in Wien zurückkommend, möchte ich gerne derselben beiwohnen. Das Directorium der Musikfreunde bezeichnet zwei Märztage; am bequemsten wäre mir der letzte. Zum voraus sage ich Ihnen vertraulich, dass ich diesmal nur ein paar Tage in Wien verweilen kann und besonders wünsche, mich dort sehr im *Stillen* zu verhalten und mit möglichst wenig Leuten zu verkehren. Es geziemt mir keineswegs mehr, irgendwo persönlich *aufzutreten;*[1]) vielmehr passt es mir, im Nothfall von mancherlei Geschwätz *in effigie niedergetreten* zu werden. Da Sie, hochverehrter Freund, einzig und allein die Elisabeth in Wien dirigiren *sollen*, überlasse ich auch gänzlich Ihrer Fürsorge die Vertheilung der Gesangspartien. Blos erinnere ich Sie, dass meine beiden Landsleute Bignio und Fräulein Rabatinsky

1) Man hatte um Liszt's persönliche Leitung der »Elisabeth« gebeten, die er (wol in Rücksicht auf die übernommene geistliche Würde) ablehnte.

(jetzt in Wien), den Landgrafen Ludwig und die giftige Landgräfin Sophie bei den ersten Pester Aufführungen des Oratoriums prächtig gesungen haben. Folglich, wenn seitens der hochlöblichen Theatermächte keine kategorischen Hindernisse sich dagegen aufbäumen, scheint es rathsam und füglich, für dieselben Partien die bereits erprobten Sänger zu gewinnen.

Als überflüssige Bemerkung sei noch hinzugesetzt: Die kleine magyarische Cantilene des Magnaten (in der ersten Nummer) verlangt eine kräftige Stimme.

In aufrichtiger Hochschätzung verbleibt Ihnen freundschaftlich ergebenst

1. December 68. Villa d'Este. F. Liszt.

P. S. Das versprochene Manuscript der »Tanzmomente«[1]) erwarte ich. Anfangs Jänner gedenke ich in Weimar einzutreffen.

## 78. An Prof. Dr. S. Lebert.

Verehrter Freund,

Die Annotirungen zu Schubert's Sonaten etc. verlangten mehr Zeit als ich dachte. Seit einigen Wochen arbeite ich fleissig daran; — nun ist die Sache *ad unguem* gefertigt.

Unsere Pianisten ahnen kaum, welch herrlicher Schatz in den Claviercompositionen von Schubert zu heben. Die meisten durchspielen sie *en passant*, bemerken hier und da Wiederholungen, Längen, anscheinliche Nachlässigkeiten . . . und legen sie dann bei Seite. Allerdings trägt Schubert selbst etwas Schuld an der sehr ungenügenden Pflege seiner vorzüglichen Clavier-Werke. Er war zu übermässig productiv, schrieb unaufhaltsam, Geringfügiges und Bedeutsames, Hohes und Mittleres vermengend, scherte sich nicht um die Kritik und liess nur immerhin seine Schwingen walten. Wie der Vogel in der Luft, lebte er in der Musik und sang dabei Engelweisen.

---

1) Von Herbeck für Orchester componirt; von Liszt für Clavier transscribirt.

O rastlos quellender, liebevoller Genius! O mein trauter Heros des Jugend-Himmels! Wohlklang, Frische, Kraft, Anmuth, Träumerei, Leidenschaft, Besänftigung, Thränen und Flammen entströmen Dir aus Herzens-Tiefen und Höhen, und fast lässt Du die Grösse Deiner Meisterschaft vergessen ob dem Zauber Deines Gemüths! — —

Beschränken wir unsere Edition der Schubert'schen Claviercompositionen auf: 2 Sonaten, die G dur-Fantasie (eine Virgilische Dichtung!), den prächtigen *Wanderer*-Dithyrambus (C dur-Fantasie), 2 Hefte Impromptus, Moments musicals und sämmtliche Walzer (worunter Juwelen feinster Sorte). Alles dies wird Ihnen sofort expedirt; obendrein die Weber'schen Polonaisen.

In den Sonaten finden Sie einige Varianten, die mir ziemlich *zutreffend* scheinen. Mehrere Stellen und den ganzen Schluss der C dur-Fantasie habe ich im modernen Claviersatz umgeschrieben und schmeichle mir, dass Schubert damit nicht unzufrieden wäre.

Die 4händigen Clavier-Werke Schubert's (*Holle's Auflage*) bitte ich Sie nach Weimar zu adressiren, da mir in Rom keine Zeit mehr übrig bleibt zum *Revisioniren.* Fügen Sie auch ein Exemplar der überall abgehaspelten »Aufforderung zum Tanz« bei. Sie hatten vergessen dies Salon-Feuerwerk mit den übrigen Musikalien zu senden, und ich dachte auch nicht daran, eben weil ich schon vor vielen Jahren durch unzähliges Hin- und Herspielen der »Aufforderung« — ohne die geringste Anforderung meinerseits — mich grässlich abquälen musste; nichtsdestoweniger darf ein solch' Paradestück in der Cotta'schen Weber-Ausgabe nicht fehlen.

Ihr Weimarer Besuch, verehrter Freund, wird mir sehr willkommen und angenehm sein. Wir können dann am bequemsten manches besprechen, ausfinden und ausmachen.

Mit aufrichtigem Dank verbleibt Ihnen freundschaftlich ergebenst

Villa d'Este, 2. Dec. 68. F. Liszt.

P. S. Von der französischen Übersetzung Ihrer Methode habe ich nichts erhalten.

## 79. An Eduard von Liszt.

Liebster Eduard,

Dein Avancement [1]) ist mir eine wahre, grosse Freude. Es thut mir im Herzen wohl, Deine überreichlichen Verdienste anerkannt und auf ein ergiebigeres Feld gehoben zu wissen. Freilich entzieht Dich nicht das neue Amt vielen Anstrengungen und Mühewaltungen; doch bist Du längst daran gewohnt, das Joch der arbeitsamen Tage männlich zu tragen, und wenngleich dies Joch meistentheils nicht beneidenswerth erscheint, so bleibt es immerhin das ehrenvollste und sicherste.

Ich wünsche nur, dass Du Dir stets treu bleibst und bei vollständiger Genugthuung Deines Gewissens das untrügliche Versprechen Gottes innigst empfindest: »Dominus non privabit bonis eos qui ambulant in innocentia.« —

.—. Von den Herren Präses und Vice-Präses der Gesellschaft der Musikfreunde, Dr. Egger und Dumba, erhielt ich ein sehr freundliches Schreiben, worin sie mich einladen, einen der 3 Tage — 21ten Februar, 7ten oder 23ten März — für die *Elisabeth-Aufführung* in Wien zu bestimmen und die Direction des Werkes zu übernehmen. Letzteres ist mir schlechtweg *unmöglich*, — aus Dir bekannten Gründen; folglich enthalte ich mich auch einen Datum zu bezeichnen. Meine Antwort bringt den benannten Herren Dank für das ausgezeichnete Wohlwollen, welches sie mir erweisen; gleichfalls spreche ich den Wunsch aus, der Aufführung beizuwohnen, was für mich am gelegensten Ende März wäre.

Ausserdem schrieb ich ausführlich an Herbeck, dass er einzig und allein diese Aufführung zu dirigiren hat; hoffentlich unter seiner Leitung nimmt die ganze Sache einen günstigen Verlauf.

Herzlichen Gruss an die Deinen, und auf baldiges Wiedersehen. F. L.

6. Dezember 68. [Villa d'Este.]

---

1) Zum Oberstaatsanwalt in Wien.

## 80. An Johann von Herbeck.

Hochverehrter Freund,

Obgleich ich überaus sicher bin, dass Sie die Elisabeth-Aufführung vollkommen und glänzend leiten werden, will ich gerne Ihrem Wunsch folgen und einige Tage früher in Wien eintreffen. Wie schon früher bemerkt, ist es mir am gelegensten, *Ende März* von Weimar abzugehen. Einstweilen übermitteln Sie meinen freundlichsten Dank an das Comité der »Musikfreunde«, nebst der Bitte, mich fernerhin als einen allerorts völlig *unzulässigen* Dirigenten betrachten zu wollen.

Ihre Frage, »ob ich besonderes Gewicht« auf diese oder jene Besetzung der Partien lege, beantworte ich einfachst damit: Verfügen Sie ganz und gar nach Ihrem Gutdünken. Die paar unmassgeblichen Andeutungen meines vorigen Schreibens gelten nur insoweit, als dieselben mit Ihrer competenten Fürsorge übereinstimmen. Andrerweise — keineswegs. Blos einen Punkt möchte ich bei der Wiener Aufführung festgehalten wissen, nämlich: *keine auswärtigen Sänger dafür zu beanspruchen.* Sich zu Hause gehörig einrichten, bleibt immer das Zweckmässigere und Sicherste.

Von Fräulein Ehnn [1]) habe ich vieles Rühmliche gehört; sie würde mich zu besonderem Dank verpflichten, wenn sie die Elisabeth genehmigte: die Partie ist nicht widerhaarig, und falls Fräulein Ehnn einige Änderungen befiehlt, werde ich bereitwilligst gehorchen.

Mit freundschaftlichem Dank aufrichtig ergebenst

29. December 68. Rom. F. Liszt.

Die »Tanzmomente« tanzen noch unterwegs und sind bis heute nicht hier.

## 81. An Edvard Grieg*).

Monsieur,

Il m'est fort agréable de vous dire le sincère plaisir, que

1) Wiener Hofopernsängerin.

*) Veröffentlicht in Grönvold »Norwegische Musiker« (Christi-

m'a causé la lecture de votre Sonate (œuvre 8). Elle témoigne d'un talent de composition vigoureux, réfléchi, inventif, d'excellente étoffe —, lequel n'a qu'à suivre sa voie naturelle pour monter à un haut rang. Je me plais à croire que vous trouvez dans votre pays les succès et encouragements que vous méritez; ils ne vous manqueront pas ailleurs non plus; et si vous venez en Allemagne cet hiver, je vous invite cordialement à vous arrêter un peu à Weimar, pour que nous fassions tout à fait bonne connaissance.

Veuillez bien recevoir, Monsieur, l'assurance de mes sentiments d'estime et de considération très distingués.

29 Decembre 68. Rome. F. Liszt.

---

ania, Warmuth). — Adressat der geniale Führer der jungen nordischen Componistenschule, geb. 1843 zu Bergen in Norwegen, in Leipzig ausgebildet.

# Weimar + Pest + Rom.

## 82. An Commerzienrath Carl Bechstein in Berlin[1].

Hochgeehrter Herr,

Empfangen Sie eine siebenoctavige chromatische Tonleiter von Danksagungen für die freundliche Überreichung Ihres prächtigen Flügels in der grossherzoglich Weimar'schen Hofgärtnerei. Hoffentlich schenken Sie mir gelegentlich das Vergnügen, sich de visu et auditu zu überzeugen, wie herrlich das Instrument hierin prangt und klingt.

Dem Vernehmen nach sehen wir nächstens Tausig wieder in Weimar. Sagen Sie ihm, dass er mir herzlich willkommen sein wird.

Mit aufrichtiger Hochschätzung und verbindlichstem Dank verbleibt Ihnen ergebenst F. Liszt.

19. Januar 69. Weimar.

P. S. Anbei ein paar Zeilen für Tausig, welche Sie ihm gefälligst übergeben wollen.

## 83. An Johann von Herbeck.

Hochverehrter Freund,

Fräulein Ehnn's liebenswürdige Bereitwilligkeit erfreut mich sehr, und ich bitte Sie, *unserer Elisabeth* meinen aufrichtigsten Dank zu melden. Übermässige Anstrengungen wird ihr der Part nicht kosten; alle möglichen Änderungen, Fermaten, Punktirungen, Ornamente bleiben gänzlich ad

1) Chef der berühmten Clavierfabrik; »unser Beflügler« wie ihn Bülow und Tausig nannten.

libitum, dem Wohlgefallen der gnädigen Sängerin überlassen. Schreiben Sie mir weiter nichts darüber und trachten Sie blos, dass Fräulein Ehnn sich in meinen dürftigen Tonweisen bequem und angenehm *zu Hause* befindet.

Freund Reményi, den ich Ihnen nicht erst empfehlen darf, überbringt Ihnen diese Zeilen. Er entzückte und begeisterte hier den Hof und das Publikum, was wahrlich nichts Geringes ist, da man in Weimar an die bedeutendsten Violin-Virtuosen gewohnt. Ich beauftragte ihn, bestens zu sagen, wie sehr ich Ihnen für die Idee eines Conzerts mit Liszt'schen Compositionen dankbar bin.

Um aber jedweden Schein von Unbescheidenheit oder Aufdringlichkeit zu vermeiden, erachte ich als füglich und rathsam, diesmal bei der Elisabeth *ausschliesslich* zu verbleiben.

Halten wir also die beiden Punkte fest: a) Sämmtliche Partien der Elisabeth mit *einheimischen Kräften* zu bestellen. b) Die Kritik *nur* mit diesem Werk zu belästigen[1]. Auch meine kleine Logis-Angelegenheit ersuche ich Reményi mit Ihnen zu besprechen. Mein Wiener Aufenthalt wird sich auf 8 bis 10 Tage beschränken, welche ich möglichst still, friedsam und ausserhalb des störenden Visitenkreises zubringen möchte.

Mit aufrichtiger Verehrung freundschaftlich ergebenst

Weimar, 27. Januar 69. F. Liszt.

## 84. An E. Repos.

Cher Monsieur et ami,

Mille sincères remercîments du bon zèle et des soins que vous mettez à la publication de mes pauvres œuvres. Pour que l'édition du *Requiem* soit entièrement correcte, je vous

---

1) Bei Aufführung der »Elisabeth« im »ausserordentlichen Gesellschafts-Concert« am 4. April 1869 feierte Liszt einen wahren Triumph. »Nach jeder Nummer und nach den Abtheilungsschlüssen nahmen die Hervorrufe Liszt's kein Ende«, schreibt Herbeck. Am 11. April erfolgte eine Wiederholung mit noch gesteigertem Erfolge.

prierai de m'envoyer encore les épreuves de *l'Offertoire, Sanctus* et *Agnus Dei, soit à Weimar avant le 18 Mars, soit à Vienne du 25 Mars au 12 Avril.* Mon adresse à Vienne est: chez *Mr Herbeck*, maître de chapelle de la cour, etc. etc. *Graben, Trattnerhof. Vienne. Autriche.*

Vers la mi-Avril je passerai deux ou trois jours à Ratisbonne pour y entendre le Chœur du Dôme qui jouit d'une grande réputation en Allemagne. Là aussi, je trouverai un manuscrit du plus haut intérêt et demeuré presqu'inconnu jusqu'à présent: C'est *l'opus musicum magnum* d'Orlandus Lassus. Il se compose de plus de *500* morceaux de musique.

Etes-vous en relation avec l'éditeur le plus considérable de Musique religieuse, Mr Pustet, à Ratisbonne? —

Votre visite à Rome me sera extrêmement agréable. Je compte être de retour à la fin d'Avril et passer l'été à Santa Francesca romana.

Votre bien affectueusement dévoué

Weimar, 3 Mars 69. F. Liszt.

Probablement je profiterai de votre obligeante proposition, et vous enverrai bientôt une Messe (à 4 voix, avec un simple accompagnement d'orgue).

## 85. An Laura Kahrer in Wien[1]).

Liebe erstaunliche Künstlerin,

Empfangen Sie dies kleine Erinnerungszeichen an die Stunde, wo mich Ihr ausserordentliches Talent so freudig überraschte, und seien Sie der aufrichtigen Wohlgewogenheit versichert, mit welcher Ihnen verbleibt

15. April 1869. Wien. F. Liszt.

1) Jetzt an Concertmeister Rappoldi in Dresden verheiratet, Professorin am dortigen Conservatorium. Die vorstehenden, von einer silbernen Feder zum Componiren begleiteten Zeilen sandte ihr Liszt, nachdem er ihrem ersten öffentlichen Auftreten in einem Wohlthätigkeits-Concert im Wiener Hofoperntheater beigewohnt hatte. 1870 wurde sie in Weimar seine Schülerin, zählte bald zu den hervorragendsten Pianistinnen und ist seit 1879 sächs. Kammervirtuosin.

## 86. An Franz Servais[1]).

Cher Monsieur Franz,

Le sincère plaisir que m'a causé votre lettre, qui m'est parvenue fin d'Avril à Pest, se complète par celle que vous m'adressez ici. Je suis charmé d'apprendre que mes prévisions se réalisent et que vous vous plaisiez à Munich. Pour maintenant, vous ne trouveriez nulle part ailleurs un ensemble d'idées, d'œuvres, de faits et d'enseignements aussi concordant avec votre nature d'artiste, et par conséquent, aussi favorable au plein développement de vos belles facultés.

Grâce à Mr de Bulow, et à sa prodigieuse activité, de pair avec son intelligence, Munich devient la nouvelle capitale musicale de l'Allemagne. Vous ferez donc bien d'y rester quelque temps, afin de vous préparer vigoureusement à la tâche qui vous est dévolue ailleurs.

Peut-être vous reverrai-je encore cet été, car, si comme on l'annonce, le *Rheingold* est représenté le 25 Août, j'y viendrai.

En attendant je vous remercie d'avoir si bien écouté l'*Elisabeth*; cela me présage que nous nous rencontrerons plus d'une fois dans la même voie, où je vous souhaite le plus complet succès. . — .

Croyez bien, cher Monsieur Franz, à mon affection toute dévouée

21 Mai 69. Rome. F. Liszt.

## 87. An William Mason.

26 Mai 69. Rome.

Cher Monsieur Mason,

Mr Seward m'a remis votre bonne lettre et plusieurs de vos compositions. Celles-ci me font un double plaisir, car

1) Componist, dirigirte 1890—91 die Wagner-Aufführungen im Théâtre de la Monnaie in Brüssel.

elles prouvent que vous n'avez pas perdu votre temps à Weimar, et que vous continuez à en faire bon emploi ailleurs.

L'Etude de Concert (op. 9) et la Valse caprice (op. 17) sont d'un style distingué, et de bon effet. Je louerai franchement aussi les 3 Préludes (op. 8) et les deux Ballades, mais avec quelque restriction. La première Ballade me semble un peu écourtée; il y manque je ne sais quoi au commencement et vers le milieu (Page 7) de ce qu'il faudrait pour faire ressortir le motif; et la pastorale de la 2$^{de}$ Ballade (Page 7) figure là comme un remplissage à trop bon marché ... Et puisque me voilà en train de critiquer, je demanderai pourquoi vous intitulez votre »Ah! vous dirais-je, Maman« — »Caprice *grotesque*?« Outre que le genre grotesque ne devrait pas *s'intruser* en musique, ce titre fait tort aux ingénieuses imitations et harmonies du morceau, fort agréable d'ailleurs, et qu'il conviendrait mieux d'appeler »Divertissement« ou »Variazione scherzose«. —

Quant à la Méthode, vous n'attendez pas de moi que j'en fasse une étude approfondie. Je suis beaucoup trop vieux pour cela, et ce n'est qu'à mon corps défendant que je m'occupe encore parfois du piano, vu les incessants ennuis et indiscrétions d'une foule de personnes qui se figurent que rien ne saurait m'être plus flatteur que de les amuser! —

Néanmoins, en parcourant votre Méthode j'y trouve des exercices fort recommandables, nommément: les *interlocking passages* Page 136 à 142; — et tout *l'accentual treatment of Exercises.*

Que vos élèves et l'éditeur en tirent tout le profit que je leur souhaite!

Mille remercîments, cher Monsieur Mason, et comptez sur mes anciens sentiments très affecteusement

distingués et dévoués.

F. Liszt.

## 88. An den Componisten Heinrich Schulz-Beuthen*).

Hochgeehrter Herr,

Durch die Widmung Ihres 42. und 43. Psalms erweisen Sie mir eine künstlerische Ehre, wofür ich Ihnen aufrichtig dankbar bin. Seit langem gab mir keine neue Composition so wie die Ihrige den Eindruck des Geisteskräftigen, musikalisch Vollendeten. Noch über dem Ausgezeichneten derselben Gattung steht dies Werk. Es erscheint mir selbst noch mehr gerundet, prägnant, mächtig, als Ihr 29. Psalm, den ich beim ersten Durchlesen rechtmässig als ein hervorragendes Werk anerkannte. Die grandiose Wirkung des 29. Psalms bei der Dessauer Tonkünstler-Versammlung bestätigte meine Voraussage, und ich bin überzeugt, dass, wo immer der 42. und 43. Psalm gehört wird, alle seelenbefähigten Menschen seine erhabene Schönheit empfinden und Ihnen Wertheres als gewöhnlichen Beifall zollen werden. Worte-machen erwarten Sie nicht von mir; ich verstand mich nie darauf, und weniger als je möchte ich es in meinen alten Tagen versuchen. Erlauben Sie mir aber, hochverehrter Herr, Ihnen ganz offen und kurz zu sagen:

Sie dürfen nicht in der Ferne abgeschlossen verweilen, Ihre herrlichen Werke müssen aufgeführt, gedruckt, verbreitet werden. Obschon ich vermöge des faulen und frechen Herumschwatzens zahlreicher Presscoryphäen auf ein Minimum an Einfluss in musikalischen Sachen reducirt wurde, hoffe ich doch an ein paar Orten zunächst die Aufführung Ihrer Psalmen zu veranlassen.

Mit aufrichtiger Hochschätzung verbleibt Ihnen ergebenst

18. Juni 69. Weimar. F. Liszt.

## 89. An Franz Servais.

Cher Monsieur Franz,

. —. Quoique plus vieux, mon enthousiasme pour le

*) Abgedr. in Gottschalg's »Chorgesang« 1890. — Adress. geb. 1838.

»Tristan« ne le cède pas au vôtre. — Je suis charmé que la représentation ait si bien réussi, mais ne voudrais pas que ce merveilleux chef-d'œuvre devînt pour vous une sorte d'upas à l'ombre duquel vous vous endormiriez. — Les grandes manifestations du génie doivent faire l'office du soleil: illuminer et féconder.

Croyez bien à mes sentiments d'affection dévouée.

4 Juillet 69. Rome. F. Liszt.

## 90. An Madame Jessie Laussot.

Chère Maëstra,

Je ne sais pourquoi le nom de Boccherini me rappelle toujours la vallée de *Tempé*. Rien de plus flatteur et de plus salutaire pour moi que d'être admis dans un si fortuné séjour, et vous avez vraiment fait un coup de *Maëstra* de m'y introduire (un peu par contrebande!). — J'espère que Mr Delâtre aura l'obligeance de m'envoyer sous bande le premier numéro du journal contenant l'article de La Mara[1]; de suite après je m'abonnerai au Boccherini, afin de recevoir régulièrement le total de la biographie.

Mille fois merci de votre intelligente sollicitude; j'approuve complètement qu'on omette le mot *tedesco* sur le titre; »tradotto dall'Autore« est évidemment la meilleure indication, et je vous garantis que l'auteur en sera fort content et joindra ses remercîments aux miens, sans songer à faire la moindre observation ou difficulté sur quoi que ce soit. Quand vous repasserez par Leipzig, je vous ferai faire connaissance avec mon très aimable panégyriste.

Mon intention est toujours d'assister à la première représentation du »Rheingold« annoncée pour le 25 Août; mais je doute qu'on puisse être de sitôt en mesure de donner cet ouvrage. Mr de Bülow doit absolument prendre quelque repos après les examens du Conservatoire; les Servais le pressent

1) Die Liszt-Skizze aus dem ersten Band der »Musikalischen Studienköpfe«, welche d. Verf. in's Italienische übersetzt hatte.

beaucoup de s'établir chez eux pendant les mois d'Août et Septembre à Hal (en Belgique); je désire qu'il accepte leur invitation et il s'y décidera, j'espère; or, sans lui, le »Rheingold« à Munich me paraît au moins problématique. Je vous communiquerai les informations positives qui me parviendront sous peu. Veuillez me dire où les adresser.

Je me suis remis à travailler, et sauf l'interruption des quinze jours à Munich, en l'honneur du »Rheingold« je resterai ici ou aux environs jusqu'au printemps prochain.

Sgambati vous baise les mains. Pinelli est aux bains de Luques où Buonamici[1]) viendra probablement le rejoindre.

Bien cordialement tout à vous

F. L.

J'écrirai deux mots de remercîments à Delâtre et vous prie de me donner son adresse.

Dans vos promenades de St Gallen, faites mes salutations à la salle de Concert où l'on entendit, il y a de cela 10 ou 12 ans, la Symphonie héroïque dirigée par Wagner, et deux *symphonische Dichtungen,* dirigés par votre très humble serviteur. Szadrowski était alors maître de chapelle à St Gallen; depuis il s'est fixé parmi les Grisons (à Graubünden); si vous passez par là, ne manquez pas de le voir; je vous le recommande comme un de nos amis.

16 Juillet 69. Rome.

## 91. An Camille Saint-Saëns in Paris[2]).

Très honoré ami,

Votre bonne lettre me promettait plusieurs de vos compositions; je les ai attendues, et, en attendant, je viens vous remercier encore de votre deuxième Concerto que j'applaudis vivement. La forme en est neuve et très heureuse; l'intérêt

---

1) Schüler Liszt's.

2) Der berühmte französische Componist, Clavier- und Orgelkünstler (geb. 1835 zu Paris) näherte sich bekanntlich der neudeutschen Schule und pflegt u. A. das von Liszt eröffnete Genre der »Symphonischen Dichtung«.

des trois morceaux va croissant, et vous tenez un juste compte de l'effet du pianiste sans rien sacrifier des idées du compositeur, règle essentielle dans ce genre d'ouvrage.

Tout d'abord le *prélude* sur la pédale de *sol* frappe et impose: après une aussi fortunée trouvaille, vous faites sagement de la reproduire à la fin du premier morceau et de l'accompagner cette fois de quelques accords. Parmi les choses qui me plaisent en particulier, je note: la progression chromatique (*dernière* ligne du *prélude*) et celle qui alterne entre le piano et l'orchestre (à partir de la dernière mesure de la page 5 — répétée ensuite par le piano seul, page 15); le dessin de tierces et sixtes en triples croches, d'une sonorité charmante, pages 8 et 9, il débouche superbement sur l'entrée du motif fortissimo; le piquant rhythme  du second motif de l'allegro scherzando, page 25. Peut-être que celui-ci aurait gagné par plus de combinaison et développement, soit du motif principal, soit de quelque motif accessoire, par exemple un petit contre-point anodin ne me semblerait pas déplacé pages 26—27

etc. etc. en continuant. *Item* pour les pages 50 à 54 où la simple carrure de la période avec la tenue des accords d'accompagnement laisse un peu de vide; j'y voudrais quelque incidence et enchevêtrement *polyphonique*, comme disent les *Poly-*

*phèmes* Germaniques. Pardonnez-moi cette observation de détail, cher Monsieur Saint-Saëns, je ne la risque qu'en vous assurant en toute sincérité que le *total* de votre ouvrage me plaît singulièrement. Je l'ai joué avant-hier encore à Sgambati dont Planté[1] vous parlera comme d'un artiste en dehors de l'ordinaire et même du *distingué* habituel. Il fera entendre au public l'hiver prochain votre Concerto auquel le succès devra s'attacher en tous pays.

A quand la représentation du *Timbre?*[2] Je désire qu'elle vous donne abondamment toutes les satisfactions que vous méritez et regretterai seulement de n'y pas assister. A mon âge, le métier de *jeune compositeur* n'est plus opportun — et il ne m'en resterait guère d'autre à Paris, ne pouvant continuer indéfiniment celui de vieux pianiste invalide. Aussi ai-je bien pris le parti de ne m'occuper de mes compositions qu'en tant que je les écris, sans nullement songer à les propager. Supposé qu'elles aient une valeur quelconque on s'en apercevra toujours assez tôt de mon vivant ou après. La sympathie de mes amis (très bien choisis, je m'en flatte) me suffit amplement; le reste du monde n'a qu'à parler à sa guise. Quant à l'*Elisabeth* je ne crois pas qu'elle s'adapte au goût parisien. Je suis d'ailleurs très fatigué de cette partition par les exécutions à la Wartburg, Pest, Vienne, et la difficile tâche d'une traduction convenable en français, plus les répétitions avec un personnel d'artistes peu disposé à s'ennuyer, m'effraient. Je préfère de beaucoup employer mon temps d'une façon moins ingrate et plus commode; par conséquent je ne dérangerai qui que ce soit à Paris où je n'irai point, et vous invite à venir me voir à Rome. Ici, cher Monsieur St Saëns, nous causerons et *musiquerons* tout à l'aise. Tâchez de me procurer bientôt ce très grand plaisir et croyez bien à mes sentiments de haute estime et d'affection dévouée.

19 Juillet 69 — Rome. F. Liszt.

---

1) Francis Planté (1839 geb.), der auserlesen feine Pianist.
2) Le timbre d'argent, Oper.

## 92. An Camille Saint-Saëns.

Très honoré ami,

Enfin vos compositions me sont arrivées et j'ai passé ma journée d'hier en leur aimable compagnie.

Parlons d'abord de la Messe: voilà une œuvre capitale, grande, belle, admirable — si bien que parmi les œuvres contemporaines de la même sorte, je n'en connais peut-être point d'aussi frappante par l'élévation du sentiment, le caractère religieux, le style soutenu, adéquat, vigoureux, et d'une maîtrise consommée. C'est comme une magnifique cathédrale gothique où Bach aurait sa chapelle!

Après avoir lu trois fois votre partition, je m'en suis tellement pénétré que j'ose risquer quelques remarques.

Dans le *Gloria*, il faut, ce me semble, conserver *en entier* le texte littéral: »Gratias agimus tibi *propter magnam gloriam tuam.*« — Par conséquent ajouter quatre ou cinq mesures.

Au commencement du Sanctus, mieux vaudra continuer les voix et compléter par elles le sens de l'orchestre; de même il y aurait avantage à entrelacer, moyennant une voix d'alto solo, le texte du Benedictus (que vous avez omis) au chant de l'orgue, pages 77 et 78 après l'Hosanna, comme aussi d'ajouter le chœur à la phrase finale du »Dona nobis pacem« pages 88 et 89.

Vous trouverez toutes ces choses accessoires annotées exactement sur votre partition que je me permettrai de vous envoyer en vous priant de me la restituer bientôt, car je tiens à posséder cet ouvrage extraordinaire lequel se place entre Bach et Beethoven.

Souffrez encore une question liturgique, et par-dessus, une proposition fort témérairement pratique sur le *Kyrie*, flèche de votre cathédrale. Certes l'inspiration et la structure en sont admirables.... »omnia excelsa tua et fluctus tui super me transierunt«. Toutefois pendant ces 300 mesures environ d'un mouvement lent, presque continu, ne perdez-vous pas de vue le *célébrant* obligé de se tenir debout, immobile, à l'autel?

Ne l'exposez-vous pas à commettre le péché d'impatience de suite après qu'il aura dit le *confiteor?*... Ne reprochera-t-on pas au compositeur d'avoir plus cédé à son génie qu'aux convenances du culte?

Pour obvier à ces fâcheuses conjonctures, il serait nécessaire de vous résigner à un énorme sacrifice d'artiste que voici: retrancher 18 pages! (*à l'exécution d'église seulement*, car dans l'édition ces 18 pages doivent subsister à votre plus grand honneur de musicien, et il suffira d'indiquer la coupure *ad libitum* ainsi que je l'ai fait à plusieurs endroits de la partition de la Messe de Gran).

Donc immoler 18 pages, ai-je dit, et placer le *Christe eleison* au lieu du *Kyrie eleison*, page 6

en terminant pp. page *10*.

Au point de vue musical exclusif, je rougirais de faire semblable proposition; mais il s'agit de garder la paix, surtout à l'église où il faut savoir se subordonner en esprit et de fait. L'art ne doit y être que corrélatif et tendre à la plus parfaite *concomittance* possible avec le rite.

Soyez assuré, cher Monsieur Saint-Saëns, des sentiments de haute estime et vive sympathie que je vous garde.

Votre tout dévoué

4 Août 69 — Rome. F. Liszt.

## 93. An Madame Jessie Laussot.

Il m'a fallu écrire beaucoup de notes cette dernière semaine. Pardonnez-moi de vous remercier si tard de vos amicales lignes, et veuillez bien dire à Mademoiselle Alexandrine Ritter la sincère part que je prends à son affliction. Sa mère exprimait à un rare degré et dans toute sa personne la haute et douce dignité de l'âme humaine. Le respect s'attachait naturellement à elle, — et elle en inspirait la noble sérénité.

Dans peu de jours vous arrivera une petite surprise sous forme d'un *Ave Maria* écrit pour la société Cherubini, et dédié à sa chère Maëstra. Quelque simples que soient ces quelques mesures (où ne se trouve pas une seule répétition de mot, ni appareil quelconque) j'espère qu'elles ne vous déplairont pas, et vous demande de les jouer en guise de prière pour

votre très affectionné

7 Octobre 69. Rome. F. Liszt.

En m'accusant réception de l'*Ave Maria* dites-moi quand vous attendez Bülow, dont je n'ai pas de nouvelles depuis Munich.

Sgambati est revenu ici la semaine passée.

## 94. An Dr. Ludwig Nohl[1]).

Geehrter Freund,

Mein bester Dank für Ihren Brief sei: denselben beherzigen — und ihm Folge leisten. Einstweilen steht fest, dass wir uns nächsten Mai in Weimar wiedersehen und dass Sie dort bei der »Tonkünstlerversammlung« als würdiger Biograph Beethoven's fungiren.

Ungeachtet einer zu bescheidenen Aeusserung Ihres Briefes, bin ich fest überzeugt von Ihrer besonderen Befähigung, die Sache der »neueren Kunst« vollends zu erfassen und anderen zu verständigen. Als Beweis dafür tritt neuerdings hervor alles vortrefflich Gesagte Ihrer Wagner-Brochüre, wie z. B. über die »feine, feste, stolze Haltung der Tonkunst«, deren »ausgeprägteste Physiognomie«, und »jenen Geist der *Liebe*, den sich die Musik erschuf« — und auch, wenn Sie mir im Contrast zu Ihrer Bescheidenheit eine solche Anmassung ge-

1) Der bekannte Musikschriftsteller (1831—1885).

statten: Pag. 63 mit dem »Logos den Gedanken einzig ordnend und den Hebungen und Senkungen der poetischen Idee das Leben gebend« —

Sic vos non vobis —

Unzählige Störungen verhinderten mich bis heute die Beethoven-Cantate anzufangen. Nun habe ich mir endlich Ruhe verschafft: ich verbleibe den Winter über in der Villa d'Este (3 bis 4 Stunden von Rom entfernt) und will zusehen meine Zeit nicht übermässig zu verlieren.

Aufrichtig dankend und freundschaftlich ergeben

Villa d'Este, 17. November 69. F. Liszt.

## 95. An die Fürstin Caroline Sayn-Wittgenstein*).

27. November 1869.

. —. Der Tod Overbeck's hat mich an den meinigen erinnert. Ich wünsche, bitte und befehle dringend, dass meine Bestattung ohne Prunk geschehe, so einfach und sparsam wie möglich. Ich protestire gegen ein Begräbniss, wie das Rossini's war, und selbst gegen jede Zusammenberufung der Freunde und Bekannten, wie bei Overbeck's Leichenbegängniss. Keinen Staat, keine Musik, kein Ehrengeleite, keine überflüssige Beleuchtung, noch irgend welche Reden. Man möge meinen Leichnam nicht in einer Kirche, sondern auf irgend einem Friedhof begraben und möge sich ja hüten, ihn von dieser Grabstätte nach einer anderen zu überführen. Ich will keinen anderen Platz für meine Leiche als den Friedhof, der im Gebrauch ist, wo ich sterben werde, noch eine andere kirchliche Ceremonie als eine stille Messe (kein gesungenes Requiem) in der Pfarrkirche. Die Inschrift meines Grabsteins könnte sein: »Et habitabunt recti cum vultu suo«. . — .

## 96. An Franz Servais.

Votre bonne lettre m'a fait un bien sincère plaisir, cher

*) Nach der »WeimarerZeitung« fragmentarisch, wie vorstehend, im »Leipziger Tageblatt« vom 6. Dec. 1888 abgedruckt.

Monsieur Franz. J'espère que votre santé est complètement remise, et que vous plongez à cœur joie dans Bach, — admirable piscine ferrugineuse! Je vous tiendrai compagnie, et me suis donné pour cadeau de Noël la petite édition in 8$^{tavo}$ de Peters des deux *Passions*, Messes et Cantates de Bach, qu'on pourrait appeler le S$^{t}$ Thomas d'Aquin de la musique. Kahnt qui m'envoie ces partitions m'écrit de son vif désir de fixer Cornelius à Leipzig, en qualité de rédacteur en chef de la »Neue Zeitschrift« fondée, comme vous savez par Schumann, et vaillamment continuée par Brendel. C'est la seule feuille qui depuis une trentaine d'années soutienne avec fermeté, savoir et conséquence les œuvres et les hommes du progrès musical. Si, selon mes souhaits, Cornelius prend la tâche de Brendel, je crois que vous ferez bien de suivre votre projet de séjourner une année à Leipzig. — En tout cas je compte vous revoir ce printemps à Weimar; j'y arriverai vers la mi-Avril et resterai jusqu'à la fin de Juin. Durant l'hiver je m'abstiendrai de tout voyage, et ne quitterai ma retraite de la Villa d'Este que pour passer quelques jours à Rome. Plusieurs personnes m'ont fort aimablement engagé de venir à Paris; je m'en suis excusé par des raisons de convenance que vous connaissez. Désormais je n'ai point à *me* produire, mais simplement à continuer d'écrire en pleine tranquillité et liberté d'esprit. Ceci m'oblige à me séquestrer; à éviter les salons, les pianos entrebâillés et les mille corvées qu'imposent les grandes villes où très aisément je me trouve déplacé.

Merci cordialement de votre propagande de la *Missa choralis*; vous m'obligerez de m'écrire deux mots après l'exécution. Veuillez aussi dire à M$^{r}$ Brassin que je lui sais grand gré de n'avoir pas craint de compromettre son succès de virtuose en choisissant mon Concerto. Jusqu'à présent, les pianistes français en renom — Saint-Saëns excepté, — ne se sont pas risqués à jouer d'autres choses de moi que des *transcriptions*, mes compositions propres devant nécessairement être jugées absurdes et insupportables. On sait assez à quoi s'en tenir par ce qui s'en dit, sans qu'il soit besoin de les entendre.

Comment l'orchestre marchait-il avec le piano dans le Concerto? Avait-on pris soin de bien répéter? Plusieurs passages sont vétilleux, les modulations abruptes, et la variété des mouvements quasi déconcertante pour le chef d'orchestre. En sus, le traître *triangle* (proh pudor!) pour peu qu'il s'acharne à frapper fort son petit rhythme narquois, indiqué *pianissimo*, provoque la plus scandaleuse catastrophe ...

Nonobstant les pourparlers regrettables, car en telle circonstance tous les gens sensés doivent être du même avis, je présume que le buste de Chopin de Mr Godebski sera bientôt placé au foyer du théâtre de Varsovie. Certes Chopin mérite bien cette marque d'honneur, laquelle d'ailleurs n'empêche guère de s'occuper d'un plus grand monument à Lemberg, et de réunir une somme suffisante à cet effet.

A Weimar nous causerons de Hal et du plaisir que j'aurai à vous y faire ma visite. Veuillez bien présenter mes respectueux remercîments à Madame votre mère et mes affectueux souvenirs à Madame Godebski, — et croyez-moi bien, cher Monsieur Franz,

votre sincère ami,

Villa d'Este, F. Liszt.

20 Décembre 69. (Adressez toujours Rome).

## 97. An Dr. Franz Witt in Regensburg*).

[Rom, gegen Ende 1869.]

Hochverehrter Herr und Freund,

Bevor ich die Ehre hatte Sie persönlich zu kennen, gewährte mir das Manuscript Ihrer Litaniae lauretanae wahres Interesse und religiöse Mitempfindung. Dieser erste Eindruck ist jetzt gehoben durch ein tieferes Eingehen auf Ihre gehalt-

*) Gleich den späteren Briefen an denselben, ohne Datum und Schluss abgedruckt in Walter's Witt-Biographie. Regensburg, Pustet. 1889. — Adressat (1834—80) ausgezeichneter Tongelehrter, auch Componist, Gründer und erster Generalpräses des Cäcilien-Vereins, starb als Pfarrer in Landshut.

reichen Compositionen und eine vollständigere Würdigung Ihrer grossen Verdienste um die Kirchen-Musik. Dass Sie ebenso vortrefflich durch Beispiel als Lehre wirken, beweisen nebst anderen Ihrer Werke die Messe und das Te Deum, welche am Namenstag des Kaisers von Österreich in der Kirche der Anima unter der verständigen Direction unseres verehrten Freundes Haberl hier aufgeführt wurden.[1] Beide Werke sind von seltenem Werth — und was gegenwärtig noch seltener, gleichermassen der Kunst und der Kirche geweiht.

Auch in der Litan. lauretana athmet durchweg ein frommer Edelsinn und verbreitet, ungeachtet der nothwendigen musikalischen Beschränkung, seinen lieblichen Wohlgeruch. Der Gesammtcharakter der Anrufungen ist einheitlich; dabei aber sind die melodischen Linien sehr fein gezeichnet; insbesondere rühren mich

Refugium peccatorum,

Herzlichen Dank für die Widmung, mein hochverehrter Freund: sie bringt mir erlaubten, freudigen Stolz, der Ihre übertriebene Bescheidenheit verscheuchen soll. — Nächsten Sommer komme ich wieder ein paar Tage zu Ihnen auf der Durchreise nach Szegzard (Ungarn), wo zur Kirchenweihe meine Männer-stimmige Messe (*2te sehr corrigirte* Auflage, — bei Repos, Paris jetzt veröffentlicht) aufgeführt wird. Einige Monate später als mein Besuch erhalten Sie hoffentlich vollends günstige Nachricht (durch Haberl) über den Cäcilien-Verein[2]), dem ich aus vollster Überzeugung fest anhänglich bleibe — sowie seinem hochverehrten Präsidenten.

---

1) Am 4. October 1869.

2) Haberl bemühte sich, durch die beim Concil in Rom versammelten Bischöfe für den Cäcilien-Verein die päpstliche Approbation zu erhalten, was auch geschah.

## 98. An Prof. Dr. Siegmund Lebert.

Verehrter Freund,

Die Correcturen von Weber's und Schubert's Sonaten sind vorgestern in zwei Packeten nach Stuttgart *per Eisenbahn* abgegangen. Dies der billigste und schnellste Expeditions-Modus, den ich Sie auch bitte fernerhin zu gebrauchen, weil die Sendungen durch *Spediteur* sehr langsam und kostspielig. NB. Die Packete dürfen nicht zu dick sein und müssen unter *Kreuzband* adressirt werden. Sobald Sie mir die noch fehlende D-moll–Sonate und das Conzertstück von Weber zuschicken, will ich sie gleich revidiren; nächstens erhalten Sie die Impromptus, Walzer etc. von Schubert.

Bei dieser Arbeit liegt es mir ob, Grübeleien und Willkürlichkeiten zu vermeiden, und die Ausgabe für Lehrer und Spieler praktisch einzurichten. Deshalb fügte ich noch letztens eine ziemlich starke Anzahl von Fingersätzen und Pedal-Bezeichnungen hinzu; entschuldigen Sie mich bestens gegenüber dem Stecher; hoffentlich wird sich seine Mühe nicht als überflüssig erweisen. — In Bezug auf das verfängliche *Tempo rubato* habe ich mich vorläufig mit einer kleinen *Nota* (im Finale der As dur-Sonate Weber's) abgefunden; übrige Anwendungen des *rubato* mögen dem Geschmack und der momentanen Empfindung begabter Spieler anheim gestellt bleiben. Allerdings ist der metronomische Vortrag lästig und widersinnig; Zeitmass und Rhythmus müssen sich der Melodie, der Harmonie, dem Accent und der Poesie fügen, identifiziren.... Wie aber solches bezeichnen? Es schauert mir daran zu denken.

Erlassen Sie mir auch in Güte die Redaction eines Vorwortes und *schreiben Sie es selbst*, verehrter Freund. Sie wissen ja genau, was ich zu sagen hätte, und werden es weit besser verdeutlichen als ich es zu thuen vermag, da meine sehr dürftige Pädagogik sich zumeist auf das Wort des Paulus beschränkt: *Littera occidit, spiritus vivificat!*

An Ihrem Erfolg erfreue ich mich ohne Überraschung. Es ist ganz in der Ordnung, dass die Clavier-Methode von

Lebert und Stark allgemeinste Verbreitung findet, und das Stuttgarter Conservatorium gedeihlich heranwächst. Beider Vorzüglichkeit erlaubte ich mir insbesondere Ihrer Majestät der Königin von Württemberg rühmlichst zu erwähnen — bei Gelegenheit Ihres Besuches der Villa d'Este hierselbst.

Besten Dank für die Sendung der Bach-Fuge, der 2 Etuden (Separat-Ausgabe) und des letzten Bandes der »*Methode*«, worin manches für mich Neue und Lobenswerthe, u. a. die Etuden von Hiller und Brahms.

Stets freundschaftlich ergebenst

Villa d'Este, 10. Januar 70. F. Liszt.

Bis Anfangs April verbleibe ich still hier; dann reise ich direct nach Weimar.

## 99. An Musikverleger C. F. Kahnt.

Geehrter Freund,

Lebens-Aufgabe für die *neue Zeitschrift* bleibt: Die *Rheingold-* und *Nibelungen*-Farbe fest zu bekennen, und die Interessen des *deutschen Musikvereins* beständig zu vertreten. Daran haften alle für uns wesentlichen Consequenzen.

Ende nächster Woche schicke ich Ihnen den Clavierauszug der Beethoven-Cantate und schreibe ausführlich an Riedel.

Mitte April gedenke ich in Weimar einzutreffen.

Besten Dank für die Sendung des *Ave maris stella* — und stets freundschaftlich ergeben

11. Februar 70 — Rom. F. Liszt.

## 100. An Justizrath Gille.

Verehrter Freund,

Das Beste, was ich Dir heute zu melden, ist, dass wir uns bald wiedersehen. Anfangs April besuche ich Bülow in Florenz und gehe dann direct nach Weimar.

Vorige Woche correspondirte ich mit Riedel in Sachen der Tonkünstler-Versammlung. Als wesentlich bezeichne ich Dir:

Möglichste Öconomie bei vollkommener Anständigkeit betreffs der Chor- und Orchester-Kräfte. Unsere Weimarer Raum-Verhältnisse (Kirche, Theater und Erholungssaal) gestatten keinen grossen Personal-Aufwand. Hoffentlich kann Müller-Hartung für die Beethoven-Messe ein respectables Contingent stellen, was die Anzahl der auswärtigen Mitwirkenden ermässigt; gleichfalls rechne ich hauptsächlich auf den Weimarer Gesangverein bei den wichtigeren Nummern des Conzert-Programms: Psalm von Schulz-Beuthen, Prometheus von Saint-Saëns, meine Beethoven-Cantate etc. Als Orchester-Norm ist anzunehmen: die Besetzung wie am Carl August-Fest und bei der Tonkünstler-Versammlung 61; — 10 erste Violinen, 6 bis 7 Contrabässe etc. Die Messe von Beethoven dirigirt Riedel; die Conzerte im Theater Lassen; und meine Cantate Müller-Hartung. Conzertmeister David und Director Hellmesberger *präsidiren* am 1ten Geigenpult. Beide Herren bestimmen auch über die Aufführung der Beethoven'schen Quartette. Ein anderer, *spezieller* Violin-*Virtuos* wäre *diesmal* überflüssig.

Riedel hat für die Vertheilung der Solopartien der Beethoven'schen Messe nach seinem Gutdünken zu sorgen. Meine Cantate bedarf nur Milde:

»Dieser Brave sei verpflichtet
Das zu thun, was wir gedichtet.«
(Schober, 49, Goethe-Feier.)

Nebenbei schmeichle ich mir, dass Milde auch sein Vergnügen finden wird an dem *Sternen-Cantabile*

(Vide das beiliegende Notenblatt[1].)

Riedel fragt mich: wer soll Clavier spielen?

Wenn unsere Versammlung in Jena stattfände, würde ich entschieden Bülow dazu einladen; er ist der wahre Beethoven-

---

1) Dasselbe enthielt das betreffende Cantabile für Milde aus Liszt's Beethoven-Cantate.

Spieler und -Denker, Kenner und Könner; unglücklicherweise aber warnen ihn vor Weimar's Pforten Dingelstedt's und Gutzkow's Schatten....

Indessen hat es keine Eile mit der Wahl *des* oder *der* Pianisten. Richtet nur die Hauptsachen: Chor, Orchester, Solosänger und das Beethoven'sche Quartett gehörig ein; alles Übrige ermittelt sich bald nach meiner Ankunft in Weimar, Mitte April.

Herzlich ergebenst

Villa d'Este, 26. Februar 70. F. Liszt.

Der Clavierauszug meiner Cantate muss noch abgeschrieben werden und kann deshalb erst in 8 bis 10 Tagen expedirt werden. Das ganze Opus dauert ungefähr dreiviertel Stunde. Ich bin soweit damit fertig, dass nur ein paar Stellen zu instrumentiren übrig bleiben.

## 101. An die Baronin M. E. Schwartz auf Creta*).

Ma *villeggiatura* d'hiver à la Villa d'Este tire à sa fin; après-demain je rentre à Rome, et quand vous recevrez ces lignes je serai à Weimar. Adressez-moi là, jusqu'à la mi-Juin.

Votre volume crétois, crété d'érudition et de philhéllénisme, s'achève-t-il? Reviendrez-vous cet été pour sa publication? je l'espère et vous avouerai sans nul compliment que vous êtes du très petit nombre de mes amis dont je ressens l'absence comme une privation. Or, s'accoutumer à ce genre de privation ne devient pas plus aisé avec l'âge.

Vous connaissez sans doute le roman de votre grand ami historique, publié maintenant par le »Gaulois« (si je ne me trompe) sous le titre »la domination du moine« (ou »Clélia«). Je doute qu'un autre de vos amis — moins historique quoique fort distingué — M^r^ S^t^ Réné Taillandier nommé récemment secrétaire général du ministère de l'instruction publique,

*) Autograph im Liszt-Museum zu Weimar. — Adressatin weithin bekannt als Schriftstellerin Elpis Melena.

souscrive pour les bibliothèques impériales à beaucoup d'exemplaires du roman de G.; mais il aura une belle occasion de revanche ministérielle quand le biographe du héros de *l'unità italiana* (non la »*cattolica*« réléguée à Turin) fera paraître »*la Crète*«, où les Crétois seront enfin relevés du vieux anathème de leur Epiménide, rapporté dans l'épitre de St Paul à Tite: »Cretenses semper mendaces, malae bestiae, ventres pigri«. — En fait de »*mendaces*« et »*ventres pigri*« il y aurait terriblement concurrence dans le reste de l'Europe.

Mes projets de printemps et d'été sont toujours les mêmes. Weimar — du 10 Avril au 20 Juin — avec la »*Tonkünstler-Versammlung*« (qui a l'honneur de vous compter parmi ses membres illustres), la dernière semaine de Mai ensuite, je serais fort tenté d'assister au fameux »Passionsspiel« de *l'Ober-Ammergau*; à la fin d'Août j'irai chez mon vieil ami Augusz à Szegzard (Hongrie) lequel tient à ce qu'une nouvelle Messe de moi soit exécutée le jour de la dédicace d'une église (29 Septembre); et en Octobre je reviendrai à Rome.

Je suppose que vous recevez l'»Allgemeine Zeitung«. Elle ne donne que trop de nouvelles peu édifiantes à l'encontre des choses graves d'ici par ses »römische Briefe« non moins répandues que mal notées. Pour vous renseigner complètement sur ces questions ardues il faudrait que vous lisiez *l'Univers* et les lettres de Veuillot, ou au moins *l'Unità cattolica*: mais ce serait trop exiger de votre impartialité. D'ailleurs vous avez mieux à faire que de lire; votre principal devoir c'est de vous faire lire, par conséquent d'écrire et d'écrire encore; — accessoirement occupez-vous un peu de vos belles vignes et surtout n'oubliez pas de rapporter bientôt quelques échantillons de leurs excellents produits qui animeront nos »*substantials*« matériels et intellectuels auxquels désire participer encore en l'an de grâce 1870

Votre très affectionné et tout dévoué serviteur

Villa d'Este, 15 Mars 70. F. Liszt.

Comme petites nouvelles à la main, je vous mande: On dit qu'Odo Russel ira prochainement en Angleterre, attendre les couches de sa femme et ne retournera plus à son poste de Rome. On dit aussi que Schlözer viendra en visite ici le printemps; — et que la fille de Mme la Comtesse Garcia épousera un neveu du Cardinal Antonelli, et apporte une dot de dix mille livres Sterling.

Tarnowski rentrera dans ses pénates de Galice à Pâques, et vous écrira. Wider est toujours président du cercle allemand. Porte à porte, on donne beaucoup de concerts à la *Sala Dante*, et notre ami Sgambati acquiert de plus en plus la réputation de grand artiste qu'il mérite. Reményi a passé l'hiver en Hongrie. Je voudrais fort l'engager à venir à la *Tonkünstler-Versammlung* de Weimar; mais notre programme est déjà tout encombré. En tout cas je retrouverai Rem. à Szegzard.

## 102. An Camille Saint-Saëns.

Cher ami,

A Weimar et Jena les répétitions de vos »Noces de Prométhée« sont en bon train; on avisera du mieux aux *4* harpes, aux saxophones, etc. Mais ce qui importe surtout, c'est vous-même. J'ai annoncé votre arrivée à la cour et à la ville. A revoir donc! Tâchez d'être ici *le 24*[1] — et croyez-moi bien tout à vous de sincère amitié.

12 Mai 70. Weimar. F. Liszt.

## 103. An Johann von Herbeck.

Hochverehrter Freund,

Gänzlich überzeugt von Ihrer wahrhaftigen Freundschaft,

1) Zur Tonkünstler-Versammlung des »Allgemeinen deutschen Musikvereins«, mit der man zugleich den 100jährigen Geburtstag Beethoven's feierte, kam Saint-Saëns nach Weimar, und zum ersten Male stand am 27. Mai 1870 sein Name auf dem Programm dieser Concerte. Auch als Clavierspieler that er sich hervor, und Liszt spielte mit ihm bei einer Matinée auf zwei Flügeln.

bin ich sehr bereitwillig, den Weisungen zu folgen, welche Sie mir im Kurzen geben werden angelegentlich der Wiener *Beethoven*-Feier[1]. Ob und in welcher Art meine Betheiligung statthaft sein dürfte, entscheidet sich, nachdem ich mit Ihnen Rücksprache genommen. Einstweilen bescheide ich mich als bescheidenst unbrauchbar.

Anfangs August besuche ich Sie in Wien, wo mich mein Weg nach Szegzard führt. Meine früheren Stationen sind: 3. Juli Leipzig — Aufführung meiner Missa choralis; 13. und 17. Juli Rheingold und Walküre in München; darauf Passionsspiel in Oberammergau.

Die günstige Aufnahme der Krönungs-Messe[2] gilt wesentlich Ihrer Direction. Schönsten Dank dafür. Nächstens soll die Partitur erscheinen, und ich bitte Sie, dem Verleger, Herrn J. Schuberth, das Manuscript (welches ich Ihnen in München vorigen Sommer übergab) einzuhändigen. Schuberth kommt in einigen Wochen nach Wien.

Mit vorzüglicher Hochachtung verbleibt Ihnen stets dankbar ergebenst

20. Juni 70. Weimar. F. Liszt.

## 104. An Sophie Menter[3]).

Liebe Verehrteste,

Ein Telegramm Abrányi's meldet mir, dass Ihnen bereits die Einladung zu dem Pester »*Sängerfest*« unter Adresse des Herrn Kapellmeisters O. B. nach Salzburg zugesandt ist. Nachdem Sie also am 18ten im Mozarteum triumphirend ge-

---

1) Zu Gunsten des Beethoven-Denkmals fand dieselbe am 18. März 1877 in Wien statt. Liszt spielte das Es-dur-Concert und die Clavier-Phantasie (mit Chor) und begleitete die von Caroline Bettelheim gesungenen schottischen Lieder.

2) Von Liszt.

3) Die liebste und grösste Schülerin Liszt's, von der er am 29. Sept. 1881 an Navrátil schrieb, dass er sie »seit vielen Jahren als die glänzendste und vollendetste der jetzigen Pianistinnen schätze«. Seit 1874 ist sie k. k. österreichische Kammerpianistin.

spielt haben, fährt das Triumphiren sogleich weiter fort in Pest am 20ten. Baron Augusz und meine Wenigkeit erwarten Sie dort vom 19ten an. Benachrichtigen Sie mich freundlichst (par telegramme), mit welchem Zuge Sie ankommen, und ein paar Tage darauf soll der beharrlich festgehaltene Entführungsplan nach Szegzard glänzend vollbracht werden.

Hier in diesem Hause finden Sie Ruhe, Pflege, freundschaftliche Sympathie und harmlose Vertraulichkeit, nebenbei auch Musik, und nicht von der schlimmsten Sorte, da wir sie uns selbst bestellen.

Aufrichtig anhänglich und ergebenst

Szegzard, 11ten August 70. F. Liszt.

## 105. An Sophie Menter.

Ihr herziges humoristisches Briefchen schliesst allerliebst mit dem Versprechen, bald nach Szegzard zu kommen. Zwar finden Sie hier keine Spur von den Kunstgenüssen und Herrlichkeiten des *Mozarteums*; das ganze symphonische Contingent Szegzards beschränkt sich auf ein halb Dutzend Zigeuner mit verstimmten, kreuz und quer durch einander *harmonisirenden* Instrumenten; die Chöre sind frei und im Freien ausgeführt, nämlich: Sopran und Alt — Gänseherden; Tenor und Bass — Rindvieh, — so dass einem Kapellmeister wie O. B. nur eine mythologische Figur zu spielen übrig bliebe....

Nichtsdestoweniger verspreche ich Ihnen, meine liebenswürdige Gönnerin, in diesem friedlichen, gemüthlichen und edelsinnigen Hause unseres Freundes Baron Augusz vieles Angenehme und Zutreffende.

Seien Sie uns allen höchlichst willkommen — insonders Ihrem ergebenst anhänglichen

Szegzard, 29. August 70. F. Liszt.

Von Mitte bis Ende September werden Reményi, Mosony und Mihalovich hier verweilen.

### 106. An Kornél von Abrányi in Budapest*).

Cher ami,

La mort de Mosonyi nous met le cœur en deuil[1]. Elle nous attriste aussi pour la Musique en Hongrie, dont Mosonyi était un des plus nobles, vaillants et méritoires représentants. On pouvait être fier de marcher d'un pas égal au sien dans la bonne voie.

A la vérité, son nom n'avait pas au dehors l'éclat et le retentissement *proportionels*; mais il ne s'en inquiétait guère et peut-être même n'en prenait-il pas assez de souci, — tant par sagesse que par dédain des moyens équivoques et vulgaires, qui répugnaient à la haute droiture de son âme. Il sentait quelle estime lui était due, et ne considérait que la vraie gloire: celle qu'atteint la consciencieuse persévérance dans le Bien et le Beau.

Honorons sa mémoire en nous attachant à faire fructifier davantage ses exemples et ses enseignements! —

Plusieurs des compositions publiées de Mosonyi méritent d'être plus et mieux connues; d'autres, manucrits encore, — en particulier son dernier grand ouvrage dramatique »*Almos*« — seront bientôt propagés, je l'espère.

Nous en causerons sous peu à Pest. Pour aujourd'hui je veux seulement partager avec un ami, tel que vous, cher Abrányi, l'affliction de la perte que nous éprouvons.

Bien à vous de cœur

Szegzard, 2 Novembre 70. F. Liszt.

### 107. An Sophie Menter.

Verehrte Gönnerin,

Ihre lieben Briefchen alarmiren freudigst das ganze Haus.

---

*) Autograph im Besitz von Hrn. E. v. Mihalovich in Budapest. — Adressat Musiker, Schriftsteller und Kritiker daselbst.

1) Der Liszt befreundete, plötzlich verstorbene Michael Mosonyi war in Ungarn als Componist, Lehrer und Schriftsteller berühmt.

Alle bitten wir Sie dringend, baldigst zu kommen, und ich um so dringender, als ich Mitte April nach Wien gehen soll.

Auf das *Ambrosia*-Conzert macht mich Ihre bezaubernde Illustration äusserst gespannt: vergessen Sie ja nicht das colossale Manuscript mitzubringen; wir wollen davon eine historisch denkwürdige Aufführung im Salon der Stadtpfarrei veranstalten.

Herzlichen Gruss und freundschaftlichst ergeben

22ten März 1871, Pest. F. Liszt.

Zur musikalischen Orientirung: Heute Abend und Freitag Conzerte von Reményi; nächsten Sonntag und am Charmittwoch philharmonische Conzerte; — inzwischen grosses Ofner Musik-Akademie-Conzert und am Charfreitag Stabat mater-Aufführung etc. etc.

*Unser* Programm bestimmen wir schlechtweg mündlich hierselbst zu einer gutgelaunten Viertelstunde meiner liebenswürdigen Gönnerin Sophie.

## 108. An Edmund von Mihalovich in Budapest[1]).

.—. Dans sa dernière lettre Augusz me parle de nouveaux pourparlers engagés au sujet de ma fixation en Hongrie. Je lui réponds, comme auparavant, que je suis tout disposé à me montrer accommodant, dévoué, serviable, obéissant et reconnaissant. La seule condition que je mets à mon retour à Pest, l'hiver prochain, c'est: *un logis;* — car d'une part la modicité de mon revenu m'interdit d'augmenter mes dépenses, et de l'autre la bienséance exige, ce me semble, que si l'on veut sérieusement de moi, on veuille bien aussi me le signifier, en m'épargnant l'onéreux souci de la recherche d'une demeure. À mes quatre séjours de Pest depuis 1865 Schwendtner m'a fait la plus large et cordiale hospitalité. Je lui garde une *véritable* reconnaissance, mais craindrais de la

1) Componist mehrerer Opern und grösserer Orchesterwerke (geb. 1842), jetzt Director der Landes-Musikakademie in Budapest.

mal témoigner en profitant outre mesure de ses bontés à mon égard.

.—. M$^{me}$ de Moukhanoff[1]) m'écrit: »Mihalovich a-t-il reçu ma lettre d'invectives tendres et d'instances pour le faire venir à Weimar?«

Elle se persuadera difficilement que les promenades sur la plage d'Ostende doivent l'emporter sur le charme des causeries au »Goethe Platz« et même à »l'Erb-Prinz«, qu'elle favorisera de nouveau de sa présence vers la mi-Juin, j'espère. Tausig me promet aussi de passer une quinzaine de jours ici.

M$^{lle}$ Brandt a chanté admirablement hier matin, à la »Hofgärtnerei« plusieurs Lieder. Je lui accompagnerai les vôtres demain. Tout à vous, de cordiale amitié

29. Mai 71. Weimar. F. Liszt.

Jusqu'à la fin Juin adressez — Weimar.

## 109. An Marie Lipsius.

Verehrter liebenswürdigster Biograph,

Abermals eine vortreffliche Eingebung; folgen Sie ihr ohne Zögern und beschenken Sie uns alsbald mit einem anmuthigen kräftigen Charakterbild von Tausig.[2]) In welchem der 50$^{er}$ Jahre sein Vater ihn nach Weimar führte, ist mir nicht erinnerlich; wohl aber wie sehr mich beim ersten Anhören sein ausserordentliches Talent erstaunte. Die geistigen Klauen und Schwingen regten sich schon gewaltig in dem kaum 14jährigen, schwächlich aussehenden Jüngling. Ich hatte Bedenken, seinen weiteren Unterricht zu übernehmen und beschied den Vater ablehnend, mit dem Bemerken, dass bei einer solch riesigen Organisation die freie, selbständige Entwicklung ohne Lehrer die fruchtbarste sei. Indessen bestand

---

1) Die feinmusikalische Freundin Liszt's und Wagner's, der letzterer sein »Judenthum in der Musik« widmete, während Liszt ihrem Gedächtniss eine Elegie weihte.

2) Liszt's grosser Schüler war (1841 geb.) am 17. Juli 1871 in Leipzig verstorben.

Tausig darauf, bei mir zu verbleiben. Er studirte übermässig, verhielt sich meist zurückgezogen in Weimar und hatte manchmal kleine Händel, zufolge seines scharf ironischen Humors. Man beschuldigte mich, ihn durch übertriebene Nachsicht zu *gatiren*: ich konnte wohl nicht anders und liebte ihn von Herzen. Bei mehreren kleinen Reisen, zu denen mich damals die Aufführungen meiner Werke veranlassten, begleitete er mich; unter anderem nach Dresden, Prag und Wien. Später wohnte er ziemlich lange in Wien, veranstaltete da ein paar Conzerte zu dem Zwecke, einige symphonische Dichtungen aufzuführen, die er selbst dirigirte — vermochte aber nicht, sich gänzlich Bahn zu brechen. Er musste weiter ringen und in misslichen Verhältnissen ausharren, bevor es ihm gelang, die gebührenden Erfolge zu erreichen. Die Feststellung seines glänzenden Rufes datirt erst seit einigen Jahren in Berlin, Leipzig etc.

Im Frühjahr 61 traf ich Tausig in Paris (nach dem Tannhäuser-Scandal) und kehrte mit ihm nach Weimar zurück zur Tonkünstler-Versammlung. Bülow dirigirte *auswendig* die Faust-Symphonie (mit genauester Angabe der *Lettern* bei den Proben!) und Tausig spielte wundervoll das A dur-Conzert. Seither sah ich ihn nur zweimal: vorigen Mai bei der Weimarer Tonkünstler-Versammlung (wo er Beethoven's Es-dur-Conzert gespielt) und jetzt . . .

Frau Gräfin Krokow giebt Ihnen getreueste Auskunft; auch unser Freund R. Pohl kann Ihrer Arbeit förderlich sein. Meines Wissens hat Niemand den Genius Tausig's, sein dämonisch ideelles Wesen so scharfsinnig, fein und ich möchte sagen, mit so schöner weiblicher Divination erfasst, als Frau von Moukhanoff (geborne Gräfin Nesselrode). Leider sind die zwei Briefe, worin sie mir von Tausig ausführlich schrieb, in Rom geblieben. Tausig widmete ihr seine letztens erschienenen zwei Etuden op. 1, und sie war ihm stets eine höchst verständnissvolle, milde Gönnerin. Gedenken Sie ihrer besonders in dem Charakterbild.

Von den Herausgaben Tausig's wären hauptsächlich mit vollstem Lob zu betonen seine meisterhaften Bearbeitungen der Beethoven'schen Quartetten, der Toccata und Fuge von Bach (D moll), des Marschs von Schubert; die drei Stücke aus »Tristan und Isolde«, der Clavierauszug der »Meistersinger«, des Kaisermarschs, die »Nouvelles Soirées de Vienne« und die letzten zwei Original-Etüden. Empfehlen Sie auch, zu Gunsten der Pianisten und als dankbaren Verlagsartikel, das baldige Erscheinen seiner sehr zu rühmenden und massvoll gehaltenen Bearbeitung des ersten Conzertes von Chopin (E-moll). Diese Einrichtung der Partitur und des Claviersatzes ist vollständigst gelungen, gleichzeitig styl- und effectvoll.

Genehmigen Sie den Ausdruck meiner aufrichtigen Verehrung und dankbaren Ergebenheit.

Sonntag, 23. Juli, 71. F. Liszt.

Schloss Wilhelmsthal.

Mitte dieser Woche komme ich nach Weimar zurück und verbleibe noch bis 5ten—10ten August.

## 110. An Franz Servais.

Cher Franz,

Malgré le proverbe »tout chemin mène à Rome« je n'y pourrai pas revenir par celui de Hal, cette fois. Veuillez présenter à Madame votre mère mes très affectueux respects et lui dire aussi combien je regrette de n'assister qu'en pensée à votre belle fête de famille lors de l'inauguration du monument de votre père, le 10 Septembre. — N'inviterez-vous pas le Prince de Chimay (actuellement gouverneur de Mons, je crois)? Il y aurait droit par son intérêt sincère pour l'art et son talent musical très distingué.

Je suis persuadé que Lassen exprimera en noble musique l'inspiration de cette fête destinée à perpétuer la mémoire d'un artiste illustre et sympathique. Mais quelque réussie que soit la composition, elle ne vous dispense pas de la vôtre, que la piété filiale vous commande et vous dictera. Ecrivez-la sans retard, et après profitez de vos loisirs de Hal pour remplir le louable programme indiqué dans votre lettre:

a) travailler beaucoup le piano.

b) entr'aider votre indépendance en vous rendant capable de faire bonne figure comme maître de chapelle.

c) risquer l'exécution de vos sorcières de *Macbeth* et d'autres de vos compositions sauf à ne pas vous entendre aussitôt proclamé *roi* par les sorciers de la critique.

Vous présenterez-vous au concours de composition l'année prochaine? Je vous y engage.

Vous savez que H. Richter a été nommé maître de chapelle au théâtre national de Pest et y dirigera *Lohengrin* fin Septembre. Il trouvera, je l'espère, honneur et satisfaction à mieux implanter dans son pays les sublimes œuvres de Wagner et à faire bénéficier l'orchestre, la scène et le public des exemplaires règlements et pratiques de M^r de Bülow à Munich. Inutile de dire que je tâcherai de faciliter le plus possible sa tâche à Richter.

Le Comte Tyszkiewicz, en passant dernièrement à Weimar, a eu la bonté de m'expliquer son nouveau système de mathématiques musicales et de me montrer ses tableaux de chiffres honorés de lettres approbatives de M^r Gevaert et de plusieurs notabilités. Si moyennant ses chiffres et mètres, Tysz. parvient, comme vous le prétendez, à démontrer que X . . . est une »pyramide«, ce sera une gloire plus pyramidale encore que le système.

Jeudi prochain j'irai à Eichstätt (Bavière) où se réunit la société (allemande) de S^te Cécile. Son fondateur et président, F. Witt — ecclésiastique fort respecté, maître de chapelle du Dôme, compositeur et rédacteur de deux journaux de musique religieuse publiés par Pustet à Ratisbonne — fait preuve d'une grande capacité et d'un zèle persévérant à l'effet d'améliorer sérieusement les us et coutumes de la musique d'église et de propager par des publications continues tant les anciennes œuvres renommées que les nouvelles méritant recommandation en ce genre. — Une brochure de Witt, qui a paru ce printemps »über das Dirigiren der Kirchenmusik«, redresse quelques fâcheux errements et fournit maintes profitables instructions.

Vous m'obligerez beaucoup en m'envoyant une relation imprimée de votre fête du 10 Septembre; ce jour-là je serai à Rome et n'en reviendrai que vers la fin d'Octobre, pour m'établir l'hiver à Pest.

Rappelez-moi cordialement au souvenir de votre frère Joseph,[1] de Godebski, de sa femme, et croyez bien, cher Franz, à mes sentiments *fixes* d'affection dévouée.

Wilhelmsthal, 25 Août 71. F. Liszt.

Adressez Rome, Santa Francesca Romana, Campo Vaccino.
Quels sont les projets de Joseph et les vôtres pour l'hiver?

## 111. An Walter Bache.

Cher Monsieur Bache,

Votre bon souvenir du 22 Octobre m'a fait un bien sincère plaisir dont je vous remercie cordialement. Veuillez m'excuser de ne pas vous dire plus souvent par lettre mes constants sentiments d'affection pour vous; l'encombre des occupations et soucis me force hélas! à une extrême parcimonie épistolaire avec mes meilleurs amis, mais je crois que c'est mon seul manquement envers eux. Revoir M<sup>r</sup> de Bülow m'était une vraie joie. Sa santé va s'améliorant et sa prodigieuse *maëstria* est au comble. Il fera une tournée de concerts cet hiver à Vienne, Pest, Prague, Berlin etc. et viendra à Londres en Mai. J'espère qu'on y saura apprécier ses supériorités et leur ensemble. Plus qu'aucun artiste contemporain Bülow domine sa célébrité. Ce n'est pas seulement un très grand virtuose et musicien, mais encore un véritable souverain de la musique. M<sup>me</sup> Laussot qui a le génie des noblesses du cœur, est venue aussi me fêter Dimanche. Je la reverrai à Florence dans une quinzaine de jours en me rendant à Pest, où, comme vous le savez, je suis désormais fixé, par faveur royale et nationale. Soit là, soit à Weimar, j'espère

---

1) Der ausgezeichnete Violoncellist Joseph Servais, der 1885 im Alter von 35 Jahren starb.

que nous nous retrouverons l'été prochain, cher Bache, en parfaite harmonie. Votre très cordialement affectionné et dévoué

25 Octobre 71. Rome. F. Liszt.

Bravo et merci de vos programmes de concert que je vous prie de continuer à m'envoyer.

## 112. An Marie Lipsius.

Verehrte Gönnerin,

Ihrer .—. Skizze Tausig's wäre nur ein einziger Vorwurf zu machen: nämlich dass Sie mir ein zu günstiges Lob zuerkennen. Verzeihen Sie, wenn ich darüber nicht rechten kann, und genehmigen Sie meinen herzlichen Dank für diese neue Gabe Ihrer edelmüthigen Güte.

Vorigen Sonntag (22. October) gewährte mir Bülow die grosse Freude seines Besuchs. Er verbleibt noch bis Neujahr in Florenz, unternimmt dann eine kategorische Conzertreise nach Wien, Pest, Prag, Berlin, Leipzig und begiebt sich Ende April nach London. Seine vollendete Meisterschaft als Virtuos — im schönsten Sinne des Wortes — steht im Zenith. Auf ihn passt Dante's Ausdruck: »ein Meister derer, die wissen«.

Nochmals herzlich dankend und die Vermehrung der .—. Schriften La Mara's wünschend, verbleibt Ihnen verehrungsvoll und treu ergeben F. Liszt.

25. October 71, Rom.

In 14 Tagen reise ich nach Pest.

## 113. An Breitkopf und Härtel.

Hochgeehrte Herren,

Um die Plagiats-Frage zwischen den Herren Altschul[1]) und Joseffy[2]) gerechterweise zu entscheiden, müsste man vor-

1) und 2) Beide Liszt's Schüler, ersterer jetzt in Budapest, letzterer in New-York lebend.

erst die Manuscripte der beiden Streitenden vergleichen. Altschul hatte die Freundlichkeit, mir im vorigen Winter seine Terzen- und Sexten-*Version* des Walzers (Des-dur) von Chopin vorzuspielen; die andere, *fragliche* von Joseffy ist mir unbekannt. Erscheint es Ihnen angemessen, mir beide Versionen zu senden, so stelle ich Ihnen bereitwilligst meine Ansicht zur Verfügung. Einstweilen sei blos bemerkt, dass die mannigfaltigen Terzen- und Sexten-Gänge — nach oben, unten, rechts, links, oder gekreuzt, zertheilt, etc. etc. — verschiedene Terz-Sexten-Transscriptionen des Chopin-Walzers zulassen, und folglich Herr Joseffy, in ganz harmloser Virtuosen-Jagdlust, *seinen* Vogel abschiessen konnte, selbst im Revier des Herrn Altschul.

Ob aber *zwei Vögel* vorhanden sind, soll das »Corpus delicti« beweisen.

Mit vorzüglicher Hochachtung verbleibt Ihnen, hochgeehrte Herren, ergebenst F. Liszt.

22ten November 71. Pest. (Palatingasse 20.)

P. S. Anbei mein Jahres-Beitrag zur »Bach-Gesellschaft«. — Ihre freundliche Anfrage in Bezug eines Clavierstücks erlauben Sie mir später zu beantworten.

## 114. An Madame A. Rubinstein in St. Petersburg.

Madame,

Votre talent d'observation est aussi incontestable que votre toute charmante amabilité. Vous avez remarqué d'un œil sagace ma prédilection pour le »compatriote« silencieux, d'apparence un peu sombre, mais d'excellente composition au fond.[1] Sans doute les avantages qui lui appartiennent en propre étaient singulièrement rehaussés par le charme de votre salon, où j'espère bien le rencontrer encore et souvent. En attendant, puisque vous voulez bien me favoriser de sa compagnie *suivie*, je vous prie d'être persuadée que je l'appré-

1) Eine Büchse Caviar, die Frau Rubinstein Liszt geschickt hatte.

cierai, même au delà de ses mérites spécifiques, très réels d'ailleurs. Veuillez avoir la bonté de renouveler à Rubinstein l'expression de ma vieille et admirative amitié, et agréez, Madame, les plus affectueux remercîments et respects de votre bien dévoué serviteur F. Liszt.

Mardi, 9 Janvier 1872. Pest.

## 115. An Edmund von Mihalovich.

Très cher ami,

Votre nouveau Lied »Du bist wie eine Blume« est le bien venu et vous a parfaitement réussi. Reste seulement à ajouter à ce N° 8 un *neuvième*, afin que le cahier porte le nombre des Muses. J'espère que vous m'apporterez vous-même prochainement ce N° 9, car nous avons besoin de vous à la »*Tonkünstler-Versammlung*« (neuvième aussi), qui aura lieu à Cassel du 26 au 30 Juin. Votre »*Geisterschiff*« figure sur le programme du premier concert, et Riedel (notre Président) vous écrira officiellement pour vous inviter à remplir le rôle de pilote et capitaine de votre »*vaisseau fantôme*« c'est-à-dire, à diriger l'orchestre. Au même concert l'Ouverture de Volkmann »*Richard III*«, la »*Waldsymphonie*« de Raff, l'Ouverture de »*Faust*« de Rubinstein et un nouveau Concerto pour Violon de Raff seront exécutés. Wilhelmj jouera la partie de violon, et j'espère que d'autres solistes de renom nous prêteront aussi leurs concours. En outre le programme de la *Tonkünstler-Versammlung* de cette année contient une nouvelle vieillerie: *l'Elisabeth*: et une vieillerie nouvelle: *les sept paroles de N[otre]. S[auveur]*., composées par Schütz, à la fin du 16$^{me}$ siècle, et dont le manuscrit s'est retrouvé dernièrement à Cassel même.

*L'Elisabeth* s'entendra à Erfurt le 2 Mai, et le 8 Riedel donne le Requiem de Berlioz à Leipzig, au bénéfice de notre «Beethoven-Stiftung«. Il va sans dire que j'assisterai à ces deux exécutions.

. —. Schuberth a été fort malade à New-York et n'est pas

encore suffisament rétabli pour se mettre en route. Je l'attends ici vers la mi-Juin; il viendra à Cassel, où nous règlerons en cinq minutes la petite affaire de vos manuscrits.

Bien à vous d'amitié

18 Avril 72. Weimar. F. Liszt.

Mes plus affectueux remercîments au Cte Albert Apponyi pour son bon souvenir, avec l'assurance de ma cordiale réciprocité.

P. S. Augusz me ferait grand plaisir de m'envoyer une petite provision de tabac (à fumer) *hongrois*, pour mon vieux ami Weimarois Grosse, le célèbre Tromboniste.

N'irez-vous pas à Bayreuth pour le 22 Mai? Je vous y engagerais.

## 116. An Johanna Wenzel[1]).

Sehr geehrtes Fräulein,

In Erwiderung Ihrer freundlichen Zeilen bitte ich Sie inständigst, auf die barbarische Finger-Operation nicht mehr zu denken, und lieber lebenslang alle Octaven und Akkorde falsch zu spielen, als ein so tolles Attentat gegen Ihre Hände zu begehen.

Mit bestem Dank zeichnet achtungsvoll ergeben

10ten Juni 72, Weimar. F. Liszt.

## 117. An Wilhelm von Lenz.

Très honoré ami,

Je vous dois des remercîments dans les 24 tons majeurs et mineurs pour le souvenir que vous me gardez, et le style enflammé avec lequel vous le publiez au monde. Votre brochure[2]) encourt un reproche capital: c'est de me faire la

1) Adressatin, die zu jener Zeit bei Liszt studirte, wurde die Gattin von Jules Zarembski und bekleidet gegenwärtig eine Professur des Clavierspiels am Brüsseler Conservatorium.

2) »Die grossen Pianoforte-Virtuosen unsrer Zeit.«

part trop grande et trop belle. Je suis loin de la mériter et l'avoue sans fausse modestie; mais puisqu'il vous a plu de me combler ainsi, je n'ai qu'à m'incliner en silence, — et à vous serrer la main.

Personne moins que moi ne possède le talent de causer par écrit; et la nécessité de recevoir plus de cent lettres par mois (sans compter les billets, et les nombreux envois d'œuvres manuscrites ou imprimées qu'il faut lire) me rend encore la correspondance plus que difficile. A peine puis-je suffire à me tirer de la besogne épistolaire qui m'est imposée. . . . D'ailleurs la plupart des choses qui se disent couramment me sont au moins indifférentes, et celles que je voudrais dire résistent au langage usuel. A ce sujet, quelqu'un me disait bien: »La parole me semble intercepter le sentiment plus que l'exprimer; et les actes, hélas! me semblent parfois comme un voile épais qui se jette sur notre âme; les regards même me semblent entravés par des barrières fantômes, et les âmes qui se cherchent à travers les souffrances de la vie ne se retrouvent — telle ma foi — que dans la prière et la musique.« —

Que d'esprit, de saillies et de vives étincelles dans votre *Quatuor* de Pianistes-Virtuoses! — N'oublions pas l'étymologie du mot »Virtuose« comme il advient des »Cicerone« à Rome — et remontons à Chopin, l'aristocrate enchanteur le plus raffiné en ses magies. L'épigraphe de Pascal: »il ne faut pas s'en nourrir; mais s'en servir comme d'une essence«, ne convient qu'à peu près. Respirons l'essence et laissons aux droguistes le soin de s'en servir. Vous exagérez aussi, je crois, l'influence des salons parisiens sur Chopin. Son âme n'en a point été affectée et son œuvre d'artiste demeure transparente, merveilleuse, étherée, et d'un incomparable génie — en dehors des errements d'école et des fadaises de salon. Il tient de l'ange et de la fée; plus, la corde héroique qui nulle part n'a vibré avec tant d'éclat, de passion et d'énergie nouvelles que dans ses *Polonaises* que vous appelez brillamment »Pindarische Sieges-Hymnen«.

Pas n'est besoin de vous assurer que j'abonde dans votre

admiration et sympathie pour Tausig et Henselt. Connaissez-vous l'épigraphe de Wagner »Für Carl Tausig's Grab«?

»Reif sein zum Sterben,
Des Lebens zögernd spriessende Frucht
Früh reif sie erwerben,
In Lenzes jäherblühender Flucht —
War es dein Loos, war es dein Wagen:
Wir müssen dein Loos wie dein Wagen beklagen.«

Laissez-moi vous être particulièrement reconnaissant d'un mot, très compréhensif, de votre brochure (Page 4) — »es war *thematisch*« — et agréez, cher Lenz, l'expression de mon vieux et très cordial dévouement.

20 Septembre 72 — Weimar. F. Liszt.

Dans trois semaines je retourne en Hongrie et y resterai l'hiver. Mon résidu d'existence se partage désormais entre Pest et Weimar. Quand vous reviendrez à Berlin (en été) je vous invite à passer par ici.

Etes-vous en relation avec la *jeune Russie* musicale et ses très notables coryphées: MM[rs] Balakireff, Cui, Rimski-Korsakoff? J'ai lu récemment plusieurs de leurs ouvrages; ils méritent attention, louanges, et propagation.

## 118. An Otto Lessmann in Charlottenburg[1]).

Sehr geehrter Herr und Freund,

Besten Dank für die Mittheilung Ihrer vortrefflichen Ausgabe der Bach'schen Präludien. Derartige Arbeiten gehören zu den erfreulichen Zeichen der musikalischen Gegenwart; indem sie den alten Schlendrian der *Clavierspielerei* vertreiben. Bülow's Beethoven-Ausgabe überwiegt an Belehrung ein Dutzend Conservatorien. Auch die Ausgaben von Kroll und Lebert verdienen Lob und Verbreitung; und Ihren Bach-Präludien

1) Adressat Schüler Bülow's und F. Kiel's, unterrichtete früher in Tausig's Schule für höheres Clavierspiel und vertritt als Redacteur der »Allgemeinen (deutschen) Musikzeitung« bekanntlich den musikalischen Fortschritt mit Energie und Erfolg.

wünsche ich eine zahlreiche Nachfolge mit den *Suiten, Inventionen* und *Variationen* (namentlich die 30 in G dur) des alten grossen Herrn Johann Sebastian — aus Eisenach.

Erlauben Sie mir noch beizufügen, dass mich das Lesen Ihrer Lieder mehr und mehr zu dem vollständigen Genuss derselben im Hören verleitet, — wofür ich einverständige Sänger treffen werde — und empfangen Sie geehrter Freund, den Ausdruck meiner aufrichtigen Hochachtung und Ergebenheit.

Eisenach, 26. Sept. 72. F. Liszt.

## 119. An Eduard von Liszt.

Horpács, 6ten November 72.

Liebster Eduard,

Mein hiesiger Aufenthalt hat sich etwas verlängert, und ich werde erst nächsten Sonntag in Pest eintreffen.

Szechenyi's [1]) Wohnsitz hier ist anständigst angenehm und befriedigend, ohne Geräusch. In der Hauskapelle liest täglich der Hauskaplan (ein gebildeter und achtbarer Priester) die heilige Messe. Zur Tischunterhaltung trägt ein alter Hausarzt, Dr. M., vieles bei. Unter anderen ergötzlichen Dingen sagte er: »Über die Cholera ist noch Niemand klar geworden, ausgenommen ich, indem ich deren *Wesenheit* endlich ergründete. Diese Wesenheit besteht einzig und allein .... in der *Cholera* selbst!«

Vorgestern fuhren wir mit Szechenyi und Mihalovich in weniger als zwei Stunden nach Raiding [2]). Ein Herr Wittgenstein (wahrscheinlich Israelit), wohnhaft in Wien, ist jetzt der Pächter dieses Esterhazy'schen Besitzes und verpachtet ihn weiter. An meinem Geburtshaus sind seit meinem letzten Besuch vor 24 Jahren keine merklichen Änderungen vorgekommen. Die Bauern erkannten mich alsbald, machten mir ihre Aufwartung im Gasthaus und läuteten die Kirchenglocke bei unserer Abfahrt. —

1) Graf Sz. bis 1892 österreich. Gesandter in Berlin.
2) Liszt's Geburtsort.

.—. An Kahnt schrieb ich von hier aus, dass er Dir die 9 *Kirchen-Chorgesänge* und meine männerstimmige Messe (»Editio nova«) schnell zusendet.

Die drei *Patronatsscheine* zur Nibelungen-Aufführung in Bayreuth (*Bayern* — NB. der König hat befohlen, fernerhin *Baiern* mit y zu schreiben) und Deinen Brief an Herrn Feustel, Banquier in Bayreuth, bitte ich Dich, nächstens zu besorgen.

Alles Herzliche an die Deinen — und Euch treu ergebenst

F. Liszt.

Augusz treffe ich in Pest-Ofen.

Sage Bösendorfer's meinen freundschaftlichen Gruss und gleichzeitig mein Lob des vortrefflichen Claviers, welches ich hier etwas einspiele.

Wenn Zumbusch nach Wien kommt, bestelle sogleich, wie wir es verabredeten, meine Büste in Marmor und das Piedestal für Bösendorfer.

## 120. An die Fürstin Caroline Sayn Wittgenstein*).

Pest, den 10. Januar 1873.

Napoleon III. ist todt! Eine grosse Seele, eine alles umfassende Intelligenz, bewährte Lebensweisheit, ein sanfter und edler Charakter — und eine unselige Bestimmung! Es ist ein gebundener und geknebelter Cäsar, aber doch noch ein naher Verwandter des göttlichen Cäsar, welcher die ideale Verkörperung der irdischen Macht gewesen ist. Im Jahre 1861 sagte Napoleon in einem ziemlich langen Gespräch zu mir: »Manchmal kommt es mir vor, als ob ich über hundert Jahre alt wäre«. Ich antwortete ihm: »Sie sind eben das Jahrhundert, Sire!« — In der That glaubte ich damals aufrichtig und glaube auch noch, dass die Regierung Napoleon's die den Bedürfnissen und Fortschritten unserer Zeit entsprechendste

---

*) Nach dem »Ordre« abgedruckt in »Signale« 1873 (nach dem Tode Napoleon's III.), in welcher Gestalt, in Ermangelung des Originals, der Brief hier gegeben wird. Er zeigt Liszt zwar nicht als weitsichtigen Politiker, aber als edeldenkenden Menschen.

gewesen ist. Er hat hohe Beispiele gegeben und grosse Thaten vollführt oder unternommen: die Amnestien, welche vollständiger waren, als unter einer anderen Regierung, der Schutz der Kirche in Rom und in anderen Ländern, die Verjüngung von Paris und anderen grossen Städten Frankreichs, der Krimkrieg und der italienische Krieg, die grosse Pariser Ausstellung und der Aufschwung der partiellen Ausstellungen; die eifrige Obsorge für das Loos und die Interessen der Landbevölkerung und der arbeitenden Classe, die Freigebigkeit und Aufmunterung für die Gelehrten und Künstler — alles das sind historische Acte, zu denen der Kaiser die Initiative nahm und die er, trotz aller Schwierigkeiten, welche sich ihm in den Weg legten, auch durchführte.

Sie werden durch die Unglücksschläge, wie schrecklich diese auch gewesen sein mögen, nicht verlöscht und einst, am Tage der Gerechtigkeit, wird Frankreich den Sarg Napoleon's III. abholen und ruhmvoll neben jenen Napoleon's I. stellen. Man kann ohne Liebedienerei sagen, dass der Kaiser sein Leben hindurch beständig jene hohen und eigentlich gleichbedeutenden Tugenden geübt hat, die da heissen: Wohlthätigkeit, Güte, Freigebigkeit, Edelmuth, Prachtliebe und Munificenz. Unter den schönen Zügen seines Charakters hat man oft seine beharrliche, zartfühlende und sinnige Dankbarkeit für die Personen hervorgehoben, welche ihm irgend einen Dienst geleistet hatten. In aller Demuth und Niedrigkeit will ich ihn in diesem Punkte nachahmen und fange bei ihm selber an, indem ich sein Andenken segne und für ihn zu dem Gott der Barmherzigkeit flehe, welcher dafür gesorgt hat, dass die Völker von ihren Wunden genesen können. . — .

## 121. An Eduard von Liszt.

Liebster Eduard,

Längst sollt' ich Dir schreiben. . . Indessen bin ich nicht ganz müssig geblieben und befleissigte mich in den letzten Wochen einige Bogen Notenpapier *anzuschwärzen*, die ich Dir gedruckt vorlegen und vorspielen werde. Bösendorfer hat gestern Abend etwas davon gehört und überbringt Dir Nachricht von Pest. Sei so gut, *Zumbusch* zu besuchen und ihn zu bitten, meine Büste in *schönem Marmor* am 2ten April (*Franciscus di Paula*) bereit und fertig zu halten. Ich will mit *Euch* diesen meinen Namenstag still celebriren[1]) und »in persona« die Büste zu Bösendorfer bringen.

Wie man mir meldet, wird die Graner Messe am Ostersonntag in Pressburg aufgeführt. Wenn so, hören wir sie zusammen dort, mit Deiner Frau, Marie[2]) und Franz.

Über die Bayreuther Sache habe ich Dir schon gesagt, was mein Wunsch und Wille. Dabei bleibt es . — .

Wahrscheinlich kommt Cosima im Februar nach Wien.

Gottes Segen mit Dir und den Deinen. Herzlichst Dein

13ten Januar 73, Pest. F. Liszt.

## 122. An Dr. Emil Thewrewk von Ponor, Professor an der Universität Budapest[3]).

Hochgeehrter Herr Professor,

Ich bedaure Ihre Anfrage über das *Elisabeth-Motiv* nur in ungenügender Weise beantworten zu können. Dasselbe wurde mir, nebst einigen anderen — auf die heilige Elisabeth bezüglich — vor ungefähr 13 Jahren von Mosonyi und Baron Augusz zugesandt, und der ungarische Text der Lieder ist in der Schluss-Notiz der Partitur meines Oratoriums erschienen. Ein Exemplar der »Lyra cœlestis« gebrauchte ich nicht;

---

1) Eine durch lange Jahre festgehaltene Gewohnheit Liszt's, die er, auch nach seines Vetters Tode, mit dessen Familie bis zum eignen Hinscheiden beibehielt.

2) Eduard v. Liszt's Tochter, jetzt Baronin Saar in Wien.

3) Adressat, classischer Philolog, veröffentlichte ein ungarisches Schriftchen »Die ungarische Rhythmik«, dessen deutsche Ausgabe Liszt gewidmet werden sollte. Bezüglich des Ursprungs der ungarischen Musik differirten beide; doch stimmte Liszt, der Mittheilung des Adressaten zufolge, schliesslich dessen Beweisgründen bei mit dem Vorbehalte: »Die Harmonie haben doch die Zigeuner in die ungarische Musik hineingebracht«, was — meint Ponor — »füglich eingeräumt werden kann«.

wahrscheinlich lässt sich dieses (mir unbekannte) gedruckte Werk hier leicht auffinden, und *gewiss* ist es in der Bibliothek des Klosters *Martinsberg* vorhanden.

Wenn es Ihnen nicht ungelegen ist, mich mit Ihrem Besuche zu beehren, wird es mich sehr interessiren von Ihren ungarischen-rhythmischen Forschungen zu erfahren und zu lernen.

Einstweilen dankt Ihnen bestens für Ihre freundlichen Zeilen und die Mittheilung des Volksliedes im $^5/_4$ Takt:

hochachtungsvoll ergebenst

$14^{ten}$ Januar 73. Pest. F. Liszt.

## 123. An Dr. Franz Witt.

20. Januar 1873.

Hochverehrter Freund,

Zu Neujahr schickte ich Ihnen eine Abschrift des Stabat Mater von Palestrina »für den Vortrag bearbeitet von R. Wagner«. Die Ungenauigkeiten und Fehler dieser Abschrift habe ich sorgfältig ausgebessert, denn bei einer solch meister- und musterhaften Bearbeitung ist jedes Jota wichtig. Wagner gab mir sein Manuscript vor 18 Jahren in Zürich, und vergass seither, wo es sich befindet. Angelegentlich der sehr wünschenswerthen Veröffentlichung gebührt es mir keineswegs zu verfügen, und ich bitte Sie, sich darüber erst mit Wagner zu verständigen. Sollte er noch wünschen, sein altes Manuscript (dessen Papier etwas gelblich geworden) zu berichtigen, so stelle ich es ihm gerne zu Diensten.

## 124. An Eduard von Liszt.

Liebster Eduard,

Nach Überlegung der Sache des von Rothschild verlangten *Todtenscheines* werde ich hierzu Belloni nicht verwenden. Wäre Emilie Ollivier noch in Paris, stünde es *ihm* zu, mir diesen

Schein zu ermitteln. Meine herzensgute Mutter ist in seinem Hause (rue St Guillaume, Faubourg St Germain) Anfangs Januar 1866 gestorben. Er hat sie liebevoll während längerer Jahre bei sich gehegt und gepflegt; endlich ihre Leiche zu dem Traueramt in der Kirche von St Thomas d'Aquin und bis zur letzten Stätte, im Friedhof von *Montparnasse* geführt. Sein edles Verhalten und seine Leichenrede verbleiben im Innersten meines Herzens aufbewahrt . . .

Seit dem Winter 1866 bin ich nicht mehr nach Paris zurückgekehrt, und meine dortigen Beziehungen mit *zuverlässigen* Personen sind wie abgebrochen. Deshalb habe ich mir gestern guten Rath bei Freund Augusz eingeholt und seinen Vorschlag angenommen, nämlich: an Graf Alexander Apponyi, Sohn und Secretär des österreichischen Botschafters in Paris, die Bitte zu richten, den Todtenschein meiner Mutter gütig ermitteln zu wollen und Dir zu übersenden. Benachrichtige Rothschild von dem Gange dieser Sache, deren Erledigung hoffentlich bald erfolgen wird.

Hab Dank für Deine Bemühungen wegen der Büste von Zumbusch, die ich sehr wünsche, Bösendorfer als *Osterei* in Wien persönlich darzubringen. Ich verlasse mich gänzlich auf Deine stets bewährte, unvergleichliche Dienstfertigkeit.

Noch erlaube mir eine Bitte, welche Dir eine halbe Stunde Zeit und einen Besuch kostet. Der Besuch gilt einem höchst interessanten, gelehrten und berühmten Mann — Dr. Ambros — ehemals k. k. Staatsanwalt in Prag, gegenwärtig Professor und Referent der officiellen Zeitung in Wien, und immerdar ein hervorragender Schriftsteller, Ästhetiker, Geschichtsforscher, Historiker der Musik, Polygraphe, Componist — ja selbst ein mir gewogener Freund. Sei so gut, ihm zu sagen, dass ich auf seine *bejahende* Antwort harre, angelegentlich seines mündlichen Vortrags über Robert Franz, in der zu Ehren und Gunsten Robert Franz' veranstalteten *Extra-Soirée*, wofür ihn Herr Dunkl (»Firma Roszavölgyi« in meinem Auftrage ergebenst eingeladen hat.[1]) Ich betheilige mich als

---

1) Liszt's Bemühungen gelang es bekanntlich, einen Ehrenfond

Pianist, Sammler und Arrangeur an dieser Soirée und hoffe, dass Dr. Ambros — welcher durch seine begeisterte und werthvolle Schrift über Robert Franz insbesondere befugt ist, uns glänzende Hilfe zu leisten — hierorts *sprechen* wird ohne sich *auszureden*. Der wärmste Empfang und Erfolg ist ihm allerseits gesichert. Erlange mir nur *baldigst* seine freundschaftliche Zustimmung nebst einem *schriftlichen Ja* an Dunkl (Musikverlag Roszavölgyi, Christoph-Platz, Pest).

Herzlichsten Gruss an Deine Frau und Kinder, und auf Wiedersehen 2ten April.

Dein

28ten Januar 73. Pest. F. Liszt.

## 125. An Eduard von Liszt.

Mein liebster Freund,

Der Brief von Zumbusch scheint mir ziemlich beruhigend, und wenn Du die Güte hast, ihm nochmals zu schreiben, hoffe ich, dass die Büste am 1ten April in Wien eintrifft. Hast Du um den Preis gefragt? Wenn nicht, so thue es in Deinem nächsten Schreiben. Natürlich werde ich mit Zumbusch nicht *handeln* (weil dies ein Geschäft ist, welches ich nur im äussersten Nothfall — und dann auch schlecht betreibe). Wir bezahlen einfach, was er verlangt, und verlassen uns auf seine freundschaftliche *Billigkeit*, die nicht fehlen wird ...

Trotz Deiner Bemühung und Beredtsamkeit kommt Dr. Ambros nicht zum Robert Franz-Abend nach Pest. Er schrieb an Dunkl, dass er jetzt übermässig beschäftigt wäre in Wien mit dringenden Zeitungssachen — folglich keine Zeit fände zur Vorbereitung für seine hiesige Vorlesung — und ausserdem befürchtet er eine Verkältung auf der Reise ... Dagegen ist nichts einzuwenden, und ich füge mich in den von Ambros geflochtenen *Korb*, so sehr ich auch eine andere Beantwortung

---

für R. Franz zu sammeln, der dessen Lebensabend vor Sorgen sicherte.

wünschte. Gelegentlich erzähle ich Dir die Antecedenzien dieser Angelegenheit.

Vorige Woche erhielt ich von dem Präsidenten der Wiener *Singakademie*, Freiherrn Suttner, k. k. Kämmerer, die Einladung, ein paar Clavierstücke in dem für Robert Franz veranstalteten Conzert zu spielen. Ich antwortete, dass mich eine 25jährige Pause vom öffentlichen Auftreten als Pianist trennt und ich es für rathsam halte, bei derselben Pause zu verbleiben. So wie ich es Dir im vorigen October andeutete, ist es meine Absicht, in *keinerlei Weise* diesen Winter in Wien zu fungiren.

Anbei sende ich Dir einen Auszug der vorgestrigen Kammersitzung, deren Resultat ein fast ebenso unerwartetes als wichtiges ist. Die Deputirten der conservativen Partei und der Opposition votirten fast einstimmig die Fonds zur Gründung einer neuen *Musik-Akademie*. Dabei wurde mir eine ausserordentliche Ehre erwiesen, — denn obschon ich in dieser Sache nie vorgerückt bin, so ist dennoch mein Name der Träger davon geworden, was mir allerdings eine schwere Bürde auferlegt. Ich werde versuchen, der Ehre und der Bürde gewissenhaft zu genügen. —

Seit ein paar Tagen verhält mich ein dummer Schnupfen mit Fieberbegleitung im Bett. Morgen aber will ich mich wieder mobil machen.

Dein getreuer

$10^{ten}$ Februar [1873], Pest. F. Liszt.

## 126. An Eduard von Liszt.

Mein lieber Freund,

Bösendorfer bringt Dir Nachricht von der gestrigen *Robert Franz*-Soirée. [1]) In 14 Tagen habe ich als Clavierspieler Ähnliches zu leisten bei einem Wohlthätigkeits-Conzert, wel-

---

1) Liszt spielte dabei: Beethoven's As-dur-Sonate op. 26, Nr. 4 seiner »Soirées de Vienne« (nach F. Schubert), Schumann's »Wie aus der Ferne« und R. Franz' »Lied«.

ches die Gräfin Anna Zichy patronisirt. Dann folgt noch eine Matinée des *Liszt-Vereins* in der Stadtpfarrei und die Aufführung der Messe von *Witt*, deren Direction ich am 25ten März (in der Kirche) übernehme. Anfangs April bin ich bei Dir.

Herzlichst grüsst die Deinen Dein getreuer

3ten März 73 [Pest]. F. Liszt.

## 127. An Madame Jessie Laussot.

Chère excellente amie,

Vos *idées* sont toujours très sages, pratiques et nobles; je les partage d'avance et m'estime heureux de leur communication directe. Relativement au petit capital de Robert Franz, je présume que ses amis zélés ont déjà pris des mesures décisives: dès mon retour à Weimar (avant la fin d'Avril) je m'informerai s'il y a moyen d'effectuer votre idée.... Vous savez que mille Thalers ont été envoyés d'ici à la suite d'une soirée arrangée en l'honneur de Franz. Peut-être trouverai-je l'occasion de lui envoyer davantage bientôt. —

Walter Bache m'écrit de son »*Ninth* Annual Concert« à Londres avec mon Psaume 13. Bache se conduit »eroicamente« à mon égard, et tient rang dans le très petit groupe de mes amis les plus résolus à signifier au public, — malgré l'opinion contraire, fort accréditée par les journaux influents, — que ma musique n'est pas absolument dépourvue de sens. Je voudrais un peu faciliter la tâche de ces amis, et travaille afin de ne pas trop augmenter le mérite de leur dévouement par mes défauts.

Ci-joint le programme du concert d'hier soir de notre ami Mihalovich. »Roméo et Juliette« ont été *bissés* et le »Geisterschiff« n'a pas sombré. L'auditoire, très aristocratique, était plus choisi que nombreux, ce qui est de bon signe pour notre ami. Item *l'éreintement* de quelques *doctes* articles de journaux.

Veuillez avoir la bonté d'exprimer à Mr Hillebrand mes

reconnaissants remercîments pour son amical souvenir et l'envoi de son nouveau volume sur les Français. J'avais lu des fragments dans la Gazette d'Augsbourg et prendrai doublement plaisir à lire tout l'ouvrage. Comme Alexandre de Humboldt, Hillebrand affectionne passionnément la France; — je suis honoré de me trouver en concordance avec lui *aussi* sur ce point.

Après-demain je serai à Vienne et resterai une quinzaine chez mon très intime cousin et ami Edouard Liszt. En suite je retourne à Weimar et espère vous revoir là, en été. Je vous écrirai *à temps* relativement à l'exécution de l'Oratorio: »Le Christ«.. —

Respectueux hommages et cordiale amitié.

30 Mars 73. Pest. F. Liszt.

## 128. An Cäsar Cui [1].

Monsieur,

Veuillez m'excuser d'avoir tardé à vous remercier de votre si bienveillante lettre que Mr Bessel m'a remise avec la partition de piano de votre opéra: »*William Ratcliff.*« C'est l'œuvre d'un maître qui mérite considération, renom et succès, tant pour la richesse et l'originalité des idées que l'habile maniement des formes. Persuadé que tous les musiciens intelligents et de bonne foi seront de cet avis, je voudrais y ajouter quelqu'assurance sur la prochaine représentation de votre »*Ratcliff*« en Allemagne. Elle se ferait de suite à Weimar, si comme aux précédentes années (de 1848 à 59) je me trouvais en fonction active au théâtre; mais depuis ma retraite je ne suis plus en mesure de procéder décisivement, et dois me borner à des recommandations — plus souvent contrariées que suivies.

Agréez, Monsieur, mes sincères remercîments, et l'expression de mes sentiments de haute estime bien dévoués.

Mai 73, Weimar. F. Liszt.

---

1) Russischer Componist und Musikkritiker.

## 129. An Franz Servais.

Cher Monsieur Franz,

Mes meilleurs vœux vous accompagnent »en cage.« Vous faites bien d'y entrer, et si le vol de votre génie se trouve momentanément un peu entravé par les barreaux du contrepoint et de la fugue, il planera avec plus de superbe après. J'espère que vous sortirez de votre cage glorieux et couronné; en cas de mésaventure ne vous chagrinez pas aigrement; de plus habiles et plus valables que vous et moi, cher Franz, ont dû patienter et patienter encore. M^r de Buffon en disant »le génie c'est la patience« n'avait que le tort de faire une définition incomplète; il prenait la partie pour le tout; mais cette partie est absolument nécessaire dans la pratique de l'art, comme dans celle de la vie terrestre.

Veuillez me rappeler très affectueusement au souvenir de Madame votre mère; donnez ma poignée de main à votre frère, — et disposez à toujours de mes sentiments dévoués et affectionnés.

5 Juin 1873. Weimar. F. Liszt.

## 130. An die Stiftsdame Adelheid von Schorn.

Chère excellente,

Mes petits arrangements de route ont été déroutés par une lettre de Cosima. Je ne me suis arrêté ni à Salzungen (où j'avais pris rendez-vous avec Schuberth) ni à Meiningen, et suis arrivé droit ici Samedi, suivant l'invitation de Cosima à une petite fête des ouvriers du théâtre des »Nibelungen.«

Ailleurs, beaucoup d'oisifs et de bavards s'embarrassent de ce théâtre et demandent quand et comment on achèvera de le construire. Au lieu de discourir sottement ou malignement (les deux vont parfois ensemble), mieux vaudrait acquérir des »Patronats-Scheine« et s'associer ainsi à la plus grande et plus sublime œuvre d'art du siècle. La gloire de l'avoir créée, écrite et publiée, reste intacte à Wagner; ses détracteurs n'ont qu'à se partager la honte d'en contrarier et retarder la mise en pleine lumière, par la représentation. — La semaine prochaine j'irai à Schillingsfürst, et vers la mi-Août je serai de retour à Weimar.

Mille choses très cordialement affectionnées et dévouées.

Bayreuth, 30. Juillet 73. F. Liszt.

## 131. An Eduard von Liszt.

Liebster Eduard,

Nach einer 3 wöchentlichen Abwesenheit bin ich vorgestern hierher zurückgekehrt. Ich verblieb zuerst 10 Tage in Bayreuth, vom 26ten August bis 5ten September, [1] und dann eben so lange in Schillingsfürst (bei dem Cardinal Hohenlohe) und Langenburg (bei Fürst Hermann Hohenlohe), wohin ich die Ehre hatte den Cardinal zu begleiten.

Cosima, Wagner und die fünf Kinder befinden sich im besten Wohlsein. Der *Nibelungen-Theater*-Bau schreitet rüstig vorwärts; wenn die gehörige Summe von 300 000 Thaler, wovon bis jetzt nur ungefähr 130 000 Thaler vorhanden sind, *rechtzeitig* geschafft wird, soll die Aufführung des »Bühnenfestspiels«: »Der Ring des Nibelungen« im Sommer 75 statt finden. .—. Gleichzeitig mit seinem Theater baut sich Wagner ein schönes, vorzüglich gelegenes Haus, dicht an dem Hofgarten. Der König von Bayern hat ihm dazu 20 000 Thaler gegeben. Nächstes Frühjahr wird es W. beziehen.

Mein Verkehr mit dem Cardinal Hohenlohe ist immer angenehm geblieben. Er lebt sehr zurückgezogen in Schillingsfürst, empfängt und macht wenig Besuche und beschäftigt sich jetzt hauptsächlich damit, ein grösseres Schulhaus und Mädchen-Institut, unter Leitung von Benedictiner-Schwestern, zu bauen und einzurichten.

Hier werden grosse Festlichkeiten zur Vermählung des Erbgrossherzogs vorbereitet. Am 6ten September Einzug des

1) Soll — da der Brief vom 19. Aug. datirt ist — jedenfalls heissen vom 26. Juli bis 5. August.

Brautpaars, 7ten Hofconzert, 8ten Festspiel von Devrient im Theater und Aufführung der 9ten Symphonie von Beethoven etc. etc. Ich habe die Direction der Symphonie und auch den Vortrag von ein paar Clavierstücken im Hofconzert übernommen. Ein 2tes Festspiel, betitelt: »Der Braut Willkomm auf Wartburg«, von Scheffel gedichtet und von mir componirt, soll am 21ten September in dem Minnesänger-Saal auf der Wartburg, wo Du das *Elisabeth*-Oratorium hörtest, aufgeführt werden.

Einige Tage später reise ich nach Rom und verbleibe dort 3 bis 4 Wochen. Vor Ende October kehre ich wieder auf ein paar Tage bei Dir ein, vor meiner Rückkehr nach Pest 1ten November.

Die Widmungs-Exemplare des »Szószat« und »Hymnus« für den Grafen Andrassy sind noch nicht bereit, wie es scheint. Roszavöglyi (Dunkl) hat mir nur einige gewöhnliche Exemplare der Clavier-Version zugeschickt und gar keins von der Partitur. Ich muss also mit der Einsendung oder Übergabe an Graf Andrassy bis November warten . . .

Von Seiten der Frau Grossherzogin sind mir 1000 Thaler zugestellt worden — aber bereits nebst Deinen 500 Thalern ausgegeben. Sei so gütig und schicke mir wieder 300 Thaler *nächste Woche!* Zu meiner römischen Reise werde ich Dir wahrscheinlich noch einen Wechsel von 500 Franken Mitte September abverlangen. Obschon ich keinen Luxus treibe, verschwindet das Geld sehr schnell und leicht bei mir.

Herzlichsten Gruss an Deine Frau und Kinder, und auf Wiedersehen in Wien Ende October.

Dein getreuer

19ten August 73, Weimar. F. Liszt.

## 132. An Franz Servais.

Cher victorieux,

Votre lettre a voyagé plusieurs jours en Bavière avant de me parvenir ici hier matin. Je vous remercie de me faire une part d'affection dans le succès que vous avez obtenu, et tiens à la garder à travers vos futurs succès — et même les insuccès. Ceux-ci ne vous porteront nul dommage considérable, pourvu que vous sachiez maintenir l'attache au travail et la persévérance dans les idées élevées qui sont le principal apanage de l'artiste.

Lassen me dit que nous entendrons prochainement votre »Tasse« ici; ma sympathie attentive est fort en éveil; remplissez donc votre promesse, cher Franz, en arrivant *avant* la fin de ce mois; et nous causerons commodément à la »Hofgärtnerei« de vos visées et projets.

Veuillez dire mes respects à Madame votre mère et mon cordial souvenir à Joseph et Godebski.

Votre affectionné et dévoué

19 Août, 73. Weimar. F. Liszt.

## 133. An Walter Bache.

Cher ami,

Souvent je suis en retard et en reste de remercîments avec vous, mais ce n'est certes pas faute de sincère affection et estime.

Votre »9th Annual Concert« a de nouveau démontré la valeur de vos talents et la ferme constance de votre caractère. Or dans notre monde artistique le caractère est encore plus rare que le talent.

Vous réunissez noblement les deux, je me plais à le reconnaître et à vous compter parmi les plus dévoués champions du progrès et du bon sens musical.

À leur tête marche imperturbablement et glorieusement par droit d'ancienneté et de capacité Hans de Bülow.

Veuillez lui remettre la lettre ci-jointe et croyez-moi bien à toujours, cher Bache,

votre très cordialement affectionné

20 Août 73. Weimar. F. Liszt.

## 134. An Max Erdmannsdörfer, Hofcapellmeister in Sondershausen[1]).

Sehr geehrter Herr Kapellmeister,

Der freundlichen Einladung zur Aufführung Ihres »Schneewittchen« kann ich leider nicht Folge leisten. Wegen der Wartburg-Festlichkeit ist es mir unmöglich in der nächsten Woche abzukommen. Wollen Sie gütig mein Bedauern nebst meinem unterthänigsten Dank der Prinzessin Elisabeth melden.

Am Sonntag 28ten September werde ich das Vergnügen haben, Ihnen persönlich in Sondershausen zu danken für die Fassung und Ausführung des ausserordentlichen Conzert-Programms. Besonders ist es mir erwünscht, dass die zwei *Faust-Episoden* ungetrennt produzirt werden — selbst auf die Gefahr hin, das Publikum durch den »Nächtlichen Zug« einige Minuten zu langweilen.[2]) Aber dieses Stück scheint mir nicht gar zu schlecht . . .

Den Sondershäuser Künstlern, welche vorigen Montag hier bei der 9ten Symphonie so *vortrefflich* mitwirkten, bitte ich Sie mein aufrichtiges Lob zu wiederholen, — und verbleibe Ihnen, sehr geehrter Herr, mit ausgezeichneter Gesinnung

freundschaftlich ergeben

16ten Sept. 73. Weimar. F. Liszt.

Kahnt, Gille, J. Schuberth, Lassen und mehrere meiner Befreundeten werden den Sondershäuser Conzerten am 28ten, 29ten Sept. beiwohnen. —

Das weimarische Angebinde überbringe ich Ihnen.

## 135. An Otto Lessmann.

Geehrter Freund,

Besten Dank für die Mittheilung des »Christus« von Kiel

1) Adressat, gegenwärtig Capellmeister in Bremen, hat sich um Verbreitung der neudeutschen Musikrichtung in Deutschland und Russland Verdienste erworben.

2) Zwei Episoden aus Lenau's Faust. Leipzig, Schuberth.

— ein geistig gehaltvolles Werk von edler schöner Empfindung und meisterhafter Führung. Eine Aufführung desselben beabsichtigt Riedel nächsten Winter in Leipzig.

Vermöge der von Joachim gestellten Klausel bei den »*Novitäten - Conzerten*« — »dass nur solche Componisten in den Programmen Berücksichtigung erfahren sollen, deren Ruf als künstlerische Vertreter der deutschen Nation feststeht« — wären Händel, Bach, Mozart, ja selbst Beethoven zu ihrer Lebenszeit schlecht weggekommen!

Ob es der Berliner Hochschule geziemt, sich vorzugsweise hoffärtig zu gebahren, bleibe dahin gestellt. Indessen darf man wohl erwarten, dass ein solches Gebahren auch einige einschränkende »Klauseln« erfährt.

Über die 8händigen Arrangements des «Pastorale« und »Marsch« [1], die ich von Ihnen *wünsche*, haben Sie bereits Nachricht von Schuberth erhalten. Desgleichen von Kahnt betreffs der paar Stücke aus »Elisabeth«.

Auf Wiedersehen am Sonntag, 28$^{\text{ten}}$ September in Sondershausen, wo ein sonderliches Programm vorkommt. Empfangen Sie hierzu und hiermit, geehrter Freund, meine besondere Einladung, nebst der Versicherung meiner freundschaftlichen Ergebenheit. F. Liszt.

24$^{\text{ten}}$ Sept. 73. Weimar.

Ihr Exemplar des »Christus« von Kiel werde ich Ihnen in Sondershausen zurückerstatten.

## 136. An Kornel von Abrányi.

Cher vaillant ami,

Votre lettre et le document imprimé, de notoriété extrême, qui l'accompagne, me rappellent l'adage: »la joie fait peur.« [2] Cependant je ne saurais m'accommoder au rôle de poltron;

---

1) Aus Liszt's Oratorium »Christus«.

2) Abranyi hatte den Meister im Namen des Festcomité's, das sich zur Feier von Liszt's 50jähr. Künstlerjubiläum im Nov. 1873 in Budapest gebildet hatte und dessen Schriftführer A. war, zur Theilnahme eingeladen.

donc je tâcherai de surmonter la peur et de me rendre digne de partager avec mes courageux compatriotes la joie qu'ils me préparent.

En votre qualité de secrétaire du comité de la fête, je vous prie de transmettre, en bonne langue hongroise, mes plus reconnaissants remercîments à l'illustrissime et révérendissime Président, Monseigneur Haynald[1]) et aux membres du comité.

Le Baron Augusz m'avait écrit qu'il viendrait ici, à la mi-Septembre, pour assister au »Festspiel« à la Wartburg. Il recevra prochainement de mes nouvelles de Rome, où j'arriverai ce Dimanche.

Schuberth vous expédie la partition et le Clavier-Auszug du »Christ« avec les notices biographiques que vous me demandez. Mon cousin Edouard vous enverra de suite le »Post-scriptum.«

Cordiale amitié et collaboration fructueuse.

1r Octobre 73, Weimar. F. Liszt.

Ci-joint les programmes des 2 concerts à Sondershausen, auxquels j'ai assisté. Cet après-midi je pars pour Rome, — et serai le 1r Novembre à Pest.

## 137. An Martha Remmert[2]).

27ten December 73, Pest.

Geehrtes Fräulein,

Der beste »Ausweis« zur Beantwortung des ministeriellen Rescripts liegt in Ihren *Händen*. Spielen Sie blos die erste

---

1) Erzbischof von Kalocsa, nachmals Cardinal, Liszt's langjähriger Freund. (Für gegenwärtige Sammlung interessirt, versprach er, dieselbe durch die an ihn gerichteten Briefe »des grossen Künstlers und edlen Mannes« bereichern zu wollen. Sein Tod vereitelte leider die Erfüllung seines Versprechens, und das erzbischöfliche Capitel zu Kalocsa liess die Bitte d. Herausg. um Mittheilung dieser Briefe bis zur Stunde unberücksichtigt.)

2) Schülerin Liszt's; später Weimar'sche Kammervirtuosin, lebt jetzt in Berlin.

Seite des Henselt'schen Conzerts, und Niemand wird bezweifeln, dass ich Ihnen sehr wohlgewogen bin. Gerne will ich auch weiterhin Ihrem Studien-Eifer und Virtuosen-Ehrgeiz frommen. Ob in Pest oder Weimar, gleichviel.

Freundlichst ergeben

F. Liszt.

## 138. An ?*)

[1873.]

Sehr verehrtes Fräulein,

Bitte sogleich *per Telegramm* zu antworten:

»*Bitte* nicht zu kommen. — Liszt braucht und wünscht »nicht gehört zu werden, weil er für Niemand aufzuspielen »hat.«

Morgen Abend Weiteres gesprächlich, und ergebenst

Montag. F. Liszt.

## 139. An Gräfin Marie Dönhoff in Wien**).

[Anfangs Januar 1874.]

Chère Comtesse,

Vous me parlez si éloquemment des mérites, talents et supériorités de Madame L. B. que je suis tout honteux de ne pas remplir *subito* son souhait. Mais vraiment cela me serait plus difficile qu'elle ne l'imagine; un »petit morceau de piano« ne ferait guère l'affaire; le public est un maître fort exigeant, même en ses jours de faveur; plus il donne et plus il prétend ...

Une demi douzaine de demandes analogues à celle de M^me^ L. B., m'ont été adressées de Vienne cette semaine. Comment suffire à un tel métier, qui, soit dit en passant,

*) Autograph ohne Adresse und Datum im Besitz von Graf Albert Amadei in Wien. Diesem zufolge stammt der Brief aus dem Jahre 1873.

**) Briefconcept im Besitz von Hrn. Buchhändler O. A. Schulz in Leipzig. — Empfängerin lebt jetzt als Gattin des deutschen Gesandten von Bülow in Bukarest.

est à la fois en dehors et bien au delà de mes devoirs? — À mon âge il faut tâcher de se conduire raisonnablement, et d'éviter les excès; donc je me bornerai à Vienne au *seul Concert* de la »Kaiser Franz Josef Stiftung« que des raisons de convenance majeure, faciles à comprendre, m'ont fait accepter avec empressement. On m'écrit qu'il aura lieu le Dimanche 11 Janvier; soit: je me conformerai volontiers aux arrangements du comité et n'ai d'autre idée en cette circonstance que ... de n'incommoder personne. [1])

Permettez-moi d'espérer, chère Comtesse, que, sous prétexte de »*discrétion*« vous ne m'infligerez pas la punition immense de vous voir moins souvent cette fois qu'auparavant, et que vous ne me retrancherez rien de votre bienveillance à laquelle je tiens extrêmement.

Mille et mille sincères et très respectueusement dévoués hommages. F. Liszt.

## 140. An den Musikverleger B. Bessel in St. Petersburg.

Horpacs (Chez le Comte Szechényi),
2 Février 74.

Cher Monsieur,

Veuillez m'excuser de venir si tard vous remercier, — vous et les signataires du télegramme envoyé à Pest lors de ma fête jubilaire. Vivement touché des nobles sentiments qu'il exprime avec une éloquence chevaleresque, je vous prie de transmettre le tribut de ma plus sincère reconnaissance à MMrs Balakireff, Borodine, Cui, Moussorsky, Rimski-Korsakoff, Scherbatcheff, Stassoff.

Vous avez eu, Monsieur, l'obligeance de me communiquer à Weimar plusieurs de leurs œuvres; je les apprécie et les estime hautement; en tant qu'il dépendra de moi je servirai à leur propagation, et m'honore de correspondre ainsi à la

1) Das Concert für die »Kaiser Franz Josef-Stiftung« fand erst im April statt, und Liszt spielte in der Osterwoche doch für den Schützling der Gräfin, wenn auch nicht im Concertsaal, sondern im Palais Auersperg.

bienveillance sympathique que d'aussi vaillants collègues accordent à

leur tout dévoué F. Liszt.

## 141. An Professor Skiwa in Wien*).

Sehr geehrter Herr,

Entschuldigen Sie freundlichst die Verspätung meines aufrichtigen Dankes, den ich mir erlauben werde, Ihnen nächstens in Wien persönlich auszudrücken. Dann bitte ich Sie auch, mir das Vergnügen einer vertraulichen Bekanntschaft mit Ihren vorzüglichen Transcriptionen zu gewähren. Beim Lesen derselben bemerkt man sogleich die Meisterschaft des Autors und seine sorgfältige künstlerische Verwendung der Eigenschaften des Harmoniums, besonders in der Führung der Bässe und der Mittelstimme. Nun aber genügt mir das Lesen Ihrer Transcriptionen nicht, und ich wünsche sie zu hören und vollständig zu geniessen.

Herr Bösendorfer überbringt Ihnen das Manuscript der Consolation, deren Widmung mir sehr angenehm ist. Die Transcription dieses kleinen Stückes in Adur scheint mir ganz passend und das Arrangement vortrefflich.

Mit ausgezeichneter Hochachtung freundlichst dankend

Pest, 21. März 1874. F. Liszt.

## 142. An Musikverleger C. F. Kahnt**).

Geehrter Freund,

Übermorgen gehe ich abermals nach Wien, und verbleibe dort ungefähr 8 Tage. Falls die Prometheus-Correcturen bereit sind, senden Sie sie mir an meine gewöhnliche Adresse

*) »Signale« 1874, Nr. 20 abgedruckt. — Adressat hatte Liszt seine »Beiträge zur Literatur des Harmoniums« (Berlin, Simrock) gewidmet.

**) Veröffentlicht in der »Neuen Zeitschrift für Musik«, 14. Sept. 1892.

(»Schottenhof bei Hofrath E. v. Liszt«), bis Mitte der *Osterwoche;* später wird meine Adresse ziemlich unbestimmt, weil ich ein paar Tage in Pressburg und Kalocsa (bei Erzbischof Haynald) zubringe, und erst nach dem 20. April hier wieder eintreffe. Wenn also die Prometheus-Correcturen in den nächsten Tagen nicht bereit sind, warten Sie mit der Absendung bis nach meiner Rückkehr in Pest (21. April).

Die Correcturen der Lieder von Mihalovich bitte ich Sie baldigst an den Componisten:

»Servitenplatz, im Teleky'schen Haus« zu adressiren.

Das Wiener Conzert im »Palais Auersberg« ist für Ostermontag (6. April) angesagt. Sonntag darauf, oder spätestens den Sonntag 19. April, findet das »Kirchenmusikvereins-Conzert« in Pressburg statt, wobei ich mich auch Clavierspielend betheilige, — hoffentlich zum letzten male dieses Jahr! —

Vom 21. April bis Anfangs Mai gedenke ich hier zu bleiben, und dann geraden Weges nach Rom und der *Villa d'Este* zu wandern.

Gute Ostern und befriedigende Ostermesse-Geschäfte wünscht Ihnen freundschaftlichst

Ihr aufrichtig ergebener

29. März 74. Pest. F. Liszt.

Haben Sie an die Gräfin Oriolla das vergessene Exemplar der »Wartburg-Lieder« gesandt?

## 143. An Dr. Franz Witt.

[1874 ?]

Der Verwirklichung Ihres Vorhabens, eine katholische Kirchenmusikschule zu gründen, sehe ich mit eifrigem Interesse entgegen. Ihre zahlreichen und bedeutenden Verdienste als Componist, Dirigent, Lehrer, Beförderer und Präses des Cäcilien-Vereins berufen und bezeichnen Sie vorzüglichst zur Organisirung und Leitung einer solchen hochwichtigen Schule. Ich wünschte, dass Ungarn, mein Vaterland, mit dem guten Beispiele vorangeht, und Ihnen, hochgeehrter Freund, eine würdige und wirksame Stelle anbietet bei der im vorigen Jahre von den Kammern votirten *Musik-Akademie*. Dieser Wunsch ward mit Gewogenheit aufgenommen von Seiner Eminenz dem Cardinal Primas, Seiner Excellenz dem Erzbischof von Kalocsa, Haynald, und S. E. dem Minister des öffentlichen Unterrichtes Trefort. Verschiedene politische Umstände verzögern die Errichtung der Pester Musik-Akademie; doch ist die Sache keineswegs aufgehoben, und ich verzichte nicht auf die Hoffnung, Ihre kräftige Unterstützung in Bezug auf Lehre und Praxis der Kirchenmusik in Ungarn späterhin beanspruchen zu dürfen.

## 144. An Professor Carl Riedel.

Verehrter Freund,

So wie bei den vorigen Tonkünstler-Versammlungen, haben Sie wieder für die diesjährige in Braunschweig das möglichst Beste gethan. [1] *Fünf* Conzerte scheinen fast ungeheuerlich; doch sind die Programme so vor- und umsichtig abgefasst und eingetheilt, dass man daran sogleich Ihre Meisterhand erkennt und das gewisse »mit *avec*« (wie die liebe Frau Dr. Pohl es nannte). Allerdings war es rathsam die »demokratischen Regungen« des Orchesters zu beschwichtigen, ohne auf dem wohlgemeinten »Befehl« zu fussen. Dass sich die Sondershäuser immerfort so wacker und freundlich bewähren, erfreuet mich. Dem »Schneewittchen« von Erdmannsdörfer wünsche ich den günstigsten Erfolg. Raff's Trio (oder Conzert) und andere Clavierstücke schön vorzutragen ist die jugendliche, fesselnde Frau Kapellmeisterin Erdmannsdörfer [2]) äusserst geeignet.

Ob Bülow kommen kann? Seit längerer Zeit schrieben wir uns nicht. Wissen Sie, wohin ihm jetzt adressiren? —

Falls meine Faust-Symphonie im 5ten Conzert (wie Ihr Programm anzeigt) dran kömmt, bitte ich Bülow die Direc-

1) Sie fand schliesslich, statt in Braunschweig, in Halle statt.

2) Pauline geb. Fichtner, Schülerin Liszt's, weimarische und hessische Kammerpianistin.

tion zu übernehmen. Dies Werk ist sein Eigenthum geworden, nachdem er es so prächtig dirigirte bei der Weimarer Tonkünstler-Versammlung (61) und das ganze Orchester erstaunte und verblüffte durch sein fabelhaftes Gedächtniss. Sie erinnern sich gewiss, dass er nicht nur keine Partitur gebrauchte, sondern selbst die zahlreichen *Buchstaben* und *Doppel-Buchstaben* mit unfehlbarer Genauigkeit in den Proben ansagte.

Betreffs meiner zwei anderen Sachen wünsche ich: A, dass für die »*Hunnenschlacht*« uns Steinway die Gefälligkeit erweist, eines seiner vorzüglichen Harmoniums zu leihen, und dies Instrument so gestellt wird, um dem Publikum *unsichtbar* zu bleiben, aber deutlich in's Gehör zu gelangen. B, dass die Aufführung des Sanctus der männerstimmigen Messe gemäss der »*Editio nova*« (vor ein paar Jahren bei Härtel erschienen) statt findet, *nicht nach der früheren Auflage*. Dabei wird auch Steinway's Harmonium, *sichtbar* und dem Chore nahe gerückt, vortrefflich wirken. Vielleicht hat unser Freund Stade die Güte, den Harmoniumpart der Hunnenschlacht und des Sanctus auszuführen. —

Das hohe, grosse, erschütternde Requiem von Berlioz nicht wieder zu hören, und dem Braunschweiger Musikfest nicht beizuwohnen, bedauere ich wahrhaftig. Ich bin physisch und geistig sehr ermüdet; mehrere Monate Ruhe sind mir Bedürfniss; ausserdem untersagt mir *heuer* mein Ausbleiben von Weimar, andere deutsche Städte zu besuchen. — Vor Mitte Mai gehe ich *direct* nach Rom und verbleibe bis Ende des Jahres in meiner früheren Wohnung Villa d'Este ($3^1/_2$ Stunde von Rom).

Freundschaftliche Grüsse an Ihre Frau und Ihnen stets verehrungsvoll und aufrichtig ergeben

17ten April 74, Pest. F. Liszt.

Für das Einhalten meines Versprechens an Metzdorff (bezüglich der Aufführung seiner Symphonie) danke ich Ihnen bestens.

Mit Ihren *Desideria* für den Musikverein bin ich natürlich

sehr einverstanden und hoffe im nächsten Jahre einiges zur Verwirklichung derselben beizutragen.

»In patientia vestra possidebitis animas vestras.«

An Kahnt schrieb ich gleich nach meiner Rückkehr von Pressburg, Montag.

## 145. An Domcapellmeister Dr. Franz Haberl in Regensburg*).

[1874?]

Verzeihen Sie, wenn ich Ihre Gefälligkeit noch mehr in Anspruch nehme. Es ist Ihnen vielleicht bekannt, dass ich an einem Oratorium St Stanislaus arbeite. Vielleicht könnten Sie mir dabei behülflich sein durch Angabe und Mittheilung der auf das Fest des heiligen Stanislaus bezüglichen liturgischen Gesänge. Das Enchyrydion und Directorium Chori bezeichnen am 7. Mai die Messe: Protexisti etc. Vollständigere Belehrung von Ihnen zu erhalten, wäre mir sehr erwünscht.[1]

Genehmigen Sie, hochwürdiger Herr und Freund, den Ausdruck der ausgezeichnetsten Hochschätzung, mit welcher Ihnen verbleibt dankend ergebenst F. Liszt.

## 146. An Professor Carl Riedel.

Verehrter Freund,

Das *deutsche Liederspiel* von Herzogenberg[2] gefällt mir ganz wohl. Gleich der erste Chor mit den gemischten Takt-

---

*) Gleich dem später folgenden Brief an Haberl, nach Abschrift eines Liszt'schen Briefconceptes von Dr. Mirus in Weimar. — Adressat hervorragender Musikgelehrter (geb. 1840).

1) Haberl referirte Liszt auch mündlich über die Stanislaus-Legende. »Bei dieser Gelegenheit«, erzählt er, »war Liszt besonders über den von Stanislaus aus dem Grabe als Zeuge über den bezahlten Acker citirten Mann hocherfreut und skizzirte mir die intendirten Motive und Tonmalereien«.

2) Ehemals Dirigent des Leipziger Bachvereins, dann Kiel's Nachfolger an der Berliner Hochschule, welche Stellung er neuerdings aufgab.

arten $^6/_4$—$^3/_2$ und $^6/_4$—$^3/_2$ ist frisch und markig, und das ganze Werk scheint mir ausgezeichnet, angenehm und wirksam. Folglich möchte ich es sehr zur Aufführung empfehlen.

Wo lebt Herzogenberg? hat er eine Stellung? Benachrichtigen Sie mich gelegentlich von seiner früheren und jetzigen Wirksamkeit.

(NB. Es wäre der Mühe werth, das deutsche Liederspiel später sorgfältig zu orchestriren.)

Mit besonderem Vergnügen bemerke ich, dass Grützmacher eine Suite von St Saëns wählte. Dieser wird zwar nicht kommen *können,* — um so weniger, als ihm vor ein paar Jahren sein Auftreten in einem ganz harmlosen Conzert in Baden-Baden grässliche Verweise und Vorwürfe von Seiten der Pariser Presse zugezogen hat. Seither hat sich die Stimmung in Frankreich nicht gemildert; den deutschen Künstlern aber geziemt es, sich billig und gerecht gegen den Auswärtigen zu zeigen, und solange Auber's und Gounod's Opern auf allen deutschen Bühnen fungiren, sehe ich keinen triftigen Grund gegen die Berücksichtigung und Aufführung anderer Werke von französischen Componisten. Unter den Neueren schätze ich Saint-Saëns und Massenet als die tüchtigsten und begabtesten.

Sehr zufrieden mit der Wahl, die Sie von meinen Dingen getroffen, sagt Ihnen, verehrter Freund, besten Dank — nebst dem aufrichtigen Bedauern, dieser Tonkünstler-Versammlung nicht beizuwohnen, Ihr verehrungsvoll ergebenster

5ten Mai 74, Pest. F. Liszt.

## 147. An die Fürstin Julie Waldburg in Schloss Wurzach.

Madame la Princesse,

Je me sens tout à fait inexcusable. Vous avez la bonté de m'envoyer des Lieder charmants et de les accompagner des plus gracieuses lignes du monde. Comment ne pas vous en remercier aussitôt? Quelle rusticité! — Daignez ne plus y penser, Princesse, et permettez-moi, non pas de »juger« vos Lieder, — la compétence magistrale me manquant totalement —, mais de vous dire que je les ai lus avec beaucoup d'agrément. Celui dont l'allure et l'accent passionné me plaisent en particulier, est dédié à M$^{me}$ Ehnn: »Liebeshoffnung«; mais je n'aurai garde de déprécier les autres . . .

L'intervalle *oriental* de la quarte augmentée, que je goûte dans le »*Mondlied*« s'écrirait, ce me semble, plus simplement ainsi:

et plus loin

(*C* anstatt *His*). Et pour vous prouver, Princesse, mon attention à lire vos œuvres, je me risquerai à vous observer que dans la romance française: »Comme à vingt ans« la prosodie est négligée au troisième couplet. Au lieu de la version imprimée (avec omission de deux syllabes) il faudrait à peu près ceci:

Si j'avais encore, comme à Vienne, l'honneur de me trouver sur votre passage, j'espère que vous m'accorderiez un mot d'indulgence, et en attendant, Madame la Princesse, j'ose vous prier d'agréer les plus respectueux hommages de

votre très humble et inexcusable serviteur

10 Mai 74, Pest. F. Liszt.

## 148. An Peter Cornelius.

Herzliebster Freund,

Abermals eine Bitte. Sie allein können mir helfen und die »Hymne de l'enfant à son réveil« von Lamartine getreu, poetisch-musikalisch, *deutsch* dichten.

Vor Jahren sang ich im Innersten diese Hymne an meine drei Kinder; Sie erinnern sich ihrer . . .

Nun soll die *Composition* (welch plumpes Wort hierfür!) im Druck erscheinen, und der Pester Verleger *Taborszky* übersendet Ihnen mein Manuscript nebst einer Copie des Gedichts. Falls einige prosodische Änderungen passend wären, wollen Sie so gütig sein, dieselben in *Noten* (auf einem Separat-Blatt) deutlich anzumerken.

Morgen reise ich direct nach Rom und werde den Sommer und Herbst in der Villa d'Este (Tivoli) zubringen. Dort soll endlich unser »*Stanislaus*« vorrücken.[1])

Freundschaftlichsten Gruss an die Ihrigen, liebster Cornelius, und stets herzlich ergebenst

16ten Mai 74. Pest. F. Liszt.

## 149. An A. F. Eggers in Liverpool*).

[Villa d'Este, 21. Juni 1874.]

Geehrter Herr,

Ihr freundliches Schreiben beruht auf einem harmlosen Versehen. Sie scheinen nicht zu wissen, dass ich seit 26 Jahren gänzlich Verzicht leiste, als Pianist zu gelten; folglich längst keine Conzerte gebe und nur einigemal aus besonderen Rücksichten in Rom, Ungarn (meinem Vaterlande) und Wien — nirgend anderswo — zu wohlthätigen oder künstlerischen Zwecken öffentlich am Clavier mich zeigte. Bei diesen seltenen, sehr ausnahmsweisen Gelegenheiten mochte wohl Niemand daran denken, mir eine Geldbelohnung anzubieten. Entschuldigen Sie also, Geehrter, wenn ich Ihrer Einladung zu dem Liverpool-musical-festival nicht folge, weil ich keineswegs darauf reflectiren kann, das Publikum mit meinem *weiland* Clavierspiel zu belästigen.

Hochachtungsvoll F. Liszt.

---

1) Cornelius übersetzte den Text zu dem Oratorium »Stanislaus«.

*) Nach Abschrift eines Briefconceptes v. Dr. Mirus, Weimar.

## 150. An Walter Bache.

Geehrter lieber Freund,

In bester Erinnerung und herzlicher Theilnahme an Ihrem vorzüglichen *Bewähren* bin ich oft mit Ihnen; leider aber gelange ich selten dazu meinen werthesten Freunden zu schreiben, weil meine Zeit verzettelt wird durch eine Menge von lästigen, unnützen Briefen. Einen solchen expedirte ich soeben nach L. an Herrn E. Der gute Mann ladet mich zu dem dortigen Festival ein, empfiehlt mir darauf zu »reflectiren«, und bietet mir sogar ein *Spiel*-Honorar — ohne zu vermuthen, dass ich immerhin anderes und Besseres zu thun habe, als derartigen Einladungen zu folgen. Conzertreisen sind für mich ganz sinnwidrig; meine Verpflichtungen in Pest und Weimar zu erfüllen, verschafft mir schon genügend Mühe und Störungen. Das Übrige möge dahin gestellt verbleiben.

Diesen Sommer und Herbst (bis zu meiner Rückkehr nach Pest, Januar 75) will ich hier ruhig und arbeitsam zubringen. Bülow gewährte mir die besondere Freude seines Besuchs, vorigen Montag und Dienstag. Dabei ward Ihrer freundschaftlich gedacht. — Zur Erholung von seinen furchtbaren Conzert-Strapazen begiebt sich nun Bülow für ein paar Monate nach Salzungen (bei Meiningen) und wird nächsten October wieder in London eintreffen.

Empfehlen Sie mich bestens in getreuer Gesinnung Herrn Dannreuther, und erweisen Sie mir die Freundlichkeit, einliegende Dankes-Zeilen an Herrn Hueffer und Gounod zu übergeben.

Unsere hochverständige und liebe Gönnerin, Madame Laussot, sagte mir, dass Sie, lieber Bache, wahrscheinlich bald nach Italien wandern werden.

Herzliches Willkommen also an alter Stätte, wo sich jetzt abermals ausrastet Ihr alter, ergebener Freund

21ten Juni 74. F. Liszt.

(Villa d'Este, — Tivoli, per Roma — Italia.)

## 151. An Dr. Franz Witt.

[Villa d'Este, Früh-Sommer 1874].

Hochwürdiger Herr und Freund,

Die lebendige Erinnerung, welche mir von den wahrhaft erbaulichen Kirchen-Musik-Aufführungen in Eichstätt unter Ihrer Leitung[1]) verbleibt, mehrt noch mein Bedauern Ihrer freundschaftlichen Einladung zur 5. General-Versammlung des Cäcilien-Vereins in Regensburg (1.—7. Aug.)[2]) nicht folgen zu können. Eine langwierige Arbeit verhält mich hier bis zu meiner Rückkehr nach Pest, Jan. 75. Nächsten Sommer aber hoffe ich Sie wieder zu besuchen und bei Ihnen vorzügliche Lehren und Beispiele einzuholen. Einstweilen lese ich mit besonderer Befriedigung Ihre Aufsätze und hauptsächlich Ihre Compositionen in der »Musica sacra« und den »Fliegenden Blättern«. Fliegend muss dabei dem höheren, engelhaften Sinne gemäss verstanden werden; in dem letzten O salutaris hostia erklingt vollends heilsam Musica angelorum, die Ihre kirchlichen Tonwerke vertraulich beseelt.

## 152. An Dr. Franz Haberl*).

[Villa d'Este, Frühsommer 1874.]

Hochwürdiger Herr und Freund,

Zu meinem aufrichtigen Bedauern muss ich diesmal verzichten, dem Cäcilienfest in Regensburg beizuwohnen.

Den Bestrebungen und Leistungen des Vereins folge ich mit hochachtungsvollem Interesse und erwarte von seinen

---

1) Bei Gelegenheit der 3. General-Versammlung des Cäcilien-Vereins in Eichstädt, Aug. 1871.

2) Dieselbe fand an den genannten Tagen 1874 statt.

*) Ein Theil vorliegenden Briefes ist abgedruckt in Dr. Mirus Brochüre »Das Liszt-Museum in Weimar« (1892), die manche interessante Lisztiana enthält.

tüchtigen, einsichtigen, gelehrten Promotoren das wahrhaft Frommende, was in der Kirchenmusik zu bewirken ist.

Darin gebührt seit Jahren Regensburg der Vorrang und Ihnen, hochgeehrter Freund, vollste Anerkennung Ihrer reichlichen Verdienste. Für die freundliche Sendung der Missa pro defunctis von Vittoria[1]), die mir der Herr Kaplan der Animakirche überbracht, danke ich Ihnen verbindlichst. Wollen Sie so gefällig sein, Herrn Pustet zu veranlassen, mir gleichfalls durch Leukoch[2]) zu senden: Mannuale breve canticum etc.[3])

Trotz der betrübenden Nachricht Ihres andauernden Leidens möchte ich die Hoffnung nicht aufgeben, Sie bald hier wiederzusehen und freundschaftlichst zu pflegen; dabei sollen Sie nicht im geringsten geplagt oder gelangweilt werden, sondern einfach und bequem in stiller Vertraulichkeit sich von Ihren übermässigen Anstrengungen erholen.

Ich erlaube mir also abermals Ew. Hochwürden einzuladen, die nächsten Monate mit mir zu verweilen in der Villa d'Este, wo Sie Ruhe, friedsames Behagen, milde Luft, herrliche Landschaft, angenehme Spaziergänge, wohlbekommende Kost, guten Wein, Bücher, Musikalien, Claviere, deren Gebrauch ad libitum, und geistig zuträgliche Temperatur finden werden.

Cardinal Hohenlohe beauftragt mich, Sie bestens zu bewillkommnen, was mit wahrhaftiger Freude bestellen wird

Ihr hochachtungsvoll und dankbar ergebenster

F. Liszt.

## 153. An Edmund von Mihalovich.

Bien cher ami,

Votre prologue des Nibelungen en cours de représentation

---

1) 6stimmiges Requiem, von Dr. Haberl bei der 5. General-Versammlung des Cäcilien-Vereins in Regensburg 1874 aufgeführt und in der »Musica divina«, Annus II, Tom. I bei Pustet herausgegeben.

2) Vielleicht Leuckart zu lesen?

3) Choralbüchlein von Joh. Georg Mettenleiter.

à la Walhalla-Roszàvölgyi m'a royalement diverti[1]. Je souhaite à Wagner de trouver dans MM^rs Betz, Scaria, Niemann etc. des interprètes aussi appropriés à leurs rôles que Richter-Wotan, Dunkl-Loge, Abrányi-Thor et Gobbi-Mime.

A Bayreuth »fervet opus«. Les répétitions préparatoires au piano sont en train; les artistes célèbres se tassent, comme les prétendants à la cour de la reine Pénélope. Joseph Rubinstein suspend ses occupations commerciales et revient de Karkow pour mener à grandes guides l'accompagnement du »Rheingold«. Les architectes, peintres, décorateurs, machinistes, costumiers et leurs ouvriers continuent d'opérer: donc, malgré les difficultés et les obstacles, la grande œuvre d'art de ce siècle — la Tétralogie des Nibelungen de Wagner, aboutira, et j'espère assister à la première représentation avec mes très chers amis Mi et Do[2]. — En attendant patientons en notre modeste travail et tâchons de le rendre aussi sortable que possible. L'hiver prochain nous ferons échange de nos nouvelles feuilles de musique. J'en apporterai une assez lourde provision à Sire Hagbar![3]

Schuberth me promet le »Geisterschiff« en automne; nous le lancerons de suite à Rome avec Sgambati, qui vient de composer plusieurs Lieder, exquis de sentiment. À l'improviste, ohne Absicht, j'ai écrit récemment une Elégie en mémoire de M^me de Mouckhanoff: »Schlummerlied im Grabe«.

Vos bons vœux pour mon repos se réalisent ici. Je passe très paisiblement mes journées et soirées seul, à lire, écrire ou pianoter. Depuis Bülow, qui m'a tenu éminentissime compagnie pendant deux jours (mi-Juin) je n'ai vu quasi personne. Il fait maintenant sa villeggiatura à Salzungen près de Meiningen, retourne en Angleterre au mois de Novembre et ne se rendra en Amérique que l'automne 75.

---

1) Ein Scherz Mihalovich's, indem er die Namen und Charaktere der »Nibelungen« auf mehrere gemeinsam bekannte Persönlichkeiten parodistisch bezog.

2) Mihalovich wurde von Liszt Mi, Graf Apponyi Do genannt.

3) Oper von Mihalovich (Hagbar und Sigurd).

Visitez-moi parfois en pensée, cher Mi, et croyez-moi bien à toujours votre très cordialement dévoué ami

30 Juillet 74. Villa d'Este (Tivoli). F. Liszt.

Donnez-moi des nouvelles de Do et de Horpacs[1]. Je leur écrirai plus tard.

## 154. An Peter Cornelius[2].

Theurer, verehrter Freund,

Sie haben mir wieder wundersam beschert. Ihre deutsche Übertragung von Lamartine's »Hymne de l'enfant à son réveil« ist zum Entzücken gelungen und behält ganz den Duft und den Flaum des Original-Gedichts bei.

»Kein Würmlein vergissest Du . . .
Das Zicklein an Staude und Beere . . .
Am Milchkrug Mücklein saugt den Saft . . .
Und die Lerche das Körnlein picket« . . .

Alles und jedes trifft Sylbe zu Sylbe mit der Musik so zusammen, als wären Dichtung und Gesang auf einmal entsprungen. Wahrlich, theurer Freund, Sie sind ein äusserst liebenswürdiger und vollkommener Hexenmeister. Nun aber verargen Sie mir es nicht, wenn meine dankbare Anerkennung Ihrer Kunst etwas begehrlich wird, und ich Sie heute abermals mit einer Bitte belästige. Ein kurzes französisches Gedicht von 48 kleinen Versen: »Sainte Cécile, Légende«, gedichtet von Madame Emile Girardin (Delphine Gay), harrt Ihrer poetischen Gnade. Gestatten Sie mir Ihnen meine fertige Composition dieser Cäcilia zu senden, deren musikalische Grundlage die gregorianische Antiphona: »Cantantibus organis, Caecilia Domino decantabat« bietet. Hoffentlich habe ich sie nicht verunstaltet, und vertraue Ihrer freundschaftlichen Güte,

---

1) Besitzung des Grafen Emmerich Szechényi, des früheren österreichisch-ungarischen Botschafters in Berlin, dessen Gast Liszt häufig war.

2) Der Brief ist nach Neuenahr gerichtet, wo Cornelius die Cur gebrauchte, kurze Zeit vor seinem Tode. Zur Übersetzung der Cäcilien-Legende kam es nicht mehr.

mir die deutsche Übertragung bis zum nächsten Cäcilien-Fest (22. November) hierher zu senden, worauf dann bald der Druck und eine gelegentliche Aufführung in Pest folgen sollen.

Die Verzögerung der Edition Ihrer zwei Opern bedaure ich aufrichtig. Dieselben verdienen viel mehr als hundert andre gedruckte weitere Anerkennung und Verbreitung, welche ihnen gewiss die Herausgabe der Clavier-Auszüge verschaffen wird. Einstweilen freut es mich, dass Sie meinen Vorschlag, die Ouverture des Barbier auf das glückliche charakteristische Motiv:

zu stellen, verwerthet haben.

Nächsten Sommer sehen wir uns in München. — Herzlich dankend und getreu ergebenst

Villa d'Este (Tivoli) 23ten August 74. F. Liszt.

Wenn Sie Frau Schott in Mainz sehen, sagen Sie ihr meine freundlichsten Empfehlungen. Seit längerer Zeit liegen ein paar Manuscripte fertig, die ich gerne Schott's Verlag zustellte: indessen befürchte ich, dass sie dort ungelegen erscheinen. Schon der Titel: »Drei symphonische Trauer-Oden« (3 Odes funèbres symphoniques) dürfte abschrecken; obendrein müssten die Partituren — jede von 20 Seiten ungefähr — nebst den Clavier-Transcriptionen (2 oder 4 händig) *gleichzeitig* herauskommen.

Nun, »wir können warten«. . . . .

An dem *Sanct Stanislaus* arbeite ich hier ziemlich fleissig. Darüber erhalten Sie morgen ausführliche Notiz, — und dringende Bitte um schleunige, *energisch* accentuirte Fürsorge der wesentlichen, aber nicht ausgedehnten Text-Abänderungen.

## 155. An Ludwig Bösendorfer in Wien[1].

Verehrter Freund,

Meinem aufrichtigen Dank für Ihre interessanten Notizen aus der Wiener musikalischen Welt möchte ich gerne einiges dergleichen beifügen. Hierorts aber fehlt es ganz und gar an Novitäten und Conzertgewürz; nehmen Sie also vorlieb, wenn meine heutigen Zeilen nur eine einzige mir allerdings sehr frommende künstlerische Thatsache erwähnen, nämlich: den häufigen Gebrauch Ihres Flügels, welcher unter anderen Vorzügen auch eine wundersame *Unverstimmtheit* besitzt. Seit seiner Expedition von Wien hat ihn kein Stimmer berührt; gleichwohl bewährt er sich in schön klingender Harmonie und leistet sicheren Widerstand allen Strapazen und Temperatureinflüssen.

Bis Ende Januar werde ich hier still arbeitsam verweilen; dann gehe ich direct nach Pest zurück, — und Mitte April nach Weimar. Mein Denken und Trachten verlangt fernerhin blos Ruhe und Absonderung. Diese bekommen mir am besten in meinen alten Jahren und halten mich aufrecht im geistigen Verkehr mit meinen lieben wahren Freunden. Als solche grüsst Sie und Ihre Frau herzlich und ergebenst

28. August 74. Villa d'Este. F. Liszt.

## 156. An Adelheid von Schorn in Weimar.

Chère excellentissime,

Pour le coup vous voici en plein dans votre rôle de *providence*, que vous remplissez avec tant de cordiale bonne grâce, et une virtuosité admirable! Je ne saurais vous dire l'intime consolation que me cause votre lettre, et l'assurance de votre prochaine arrivée à Rome. Tâchez de ne pas tarder au delà du 25—30 Novembre, et si possible venez plus tôt. La Princesse Wittgenstein est encore fort souffrante, et

1) Chef der berühmten Flügelfabrik, jetzt Commerzienrath.

toujours alitée depuis six semaines; votre compagnie et vos inspirations de sollicitude lui profiteront bien mieux que tous les Allo- et Homéopathes ensemble.

Je vous engage à lui écrire bientôt pour la prévenir de votre arrivée, car elle ignore et *doit* ignorer complètement le complot, que nous avons ourdi avec la Princesse Marie[1], et dont vous couronnerez l'heureuse réussite. Les questions de détail se résoudront aisément à votre satisfaction, de manière à ce que le séjour de Rome vous soit tout à fait agréable.

Il s'entend de soi que vous ne parlerez pas de la question de votre appartement à la Princesse W., qui n'a déjà que trop d'ennuis de son propre logis. A mon avis, le mieux sera que vous descendiez à l'hôtel d'Amérique, Via Babuino (à côté de la maison de la Princesse et de celle que j'habite) et que vous passiez là quelques jours, jusqu'à ce que vous trouviez à vous établir comfortablement, soit à la pension (très proche aussi du Babuino) qu'habitait votre cousine Octavie, soit ailleurs.

Quand vous serez à Bologne veuillez m'avertir par télégramme du jour de votre arrivée; je vous attendrai à la gare et ce me sera une vraie joie de vous conduire à votre premier logis romain.

De tout cœur merci, et bien à vous

12 Octobre 74 — Rome.

(Vicolo de' Greci, 43.) F. Liszt.

La Princesse demeure Via Babuino 89.

Votre lettre ne m'a été renvoyée de Tivoli qu'hier soir.

Jusqu'à la fin Janvier je resterai ici ou à la Villa d'Este. —

## 157. An Breitkopf und Härtel.

Sehr geehrte Herren,

Ihre freundliche Aufnahme der letzten Sendung meiner etwas beschwerlichen Manuscripte und Revisionen erfreuet mich

---

1) Die Tochter der Fürstin Wittgenstein.

sehr. Gerne will ich mich stets befleissigen die *Verlagskrebse* nicht zu mehren und fernerhin nur sorgfältig ausgearbeitete, ziemlich annehmbare Dinge zu veröffentlichen.

Über das Format der Lieder und Wagner-Transcriptionen mögen Sie ganz nach Ihrem Bedünken verfügen. Allerdings meinte ich dass die bequeme und zierliche Ausgabe *Klein-Octav* (wie die letzte von Chopin und meinen *Etudes transcendantes*) vorzuziehen wäre: Also in 5 bis 6 Bändchen:

1. Beethoven (Adelaide mit andern Liedern zusammen);
2. Mendelssohn (6 Lieder);
3. Robert und Clara Schumann;
4. Robert Franz.

5 bis 6. (?) Wagner-Transcriptionen.

Dies würde keineswegs behindern die mehrseitigen Lieder und Stücke (wie Adelaide, Mendelssohn's Lieder, Tannhäuser-Marsch, Rienzi-Fantasie etc.) *einzeln* zu debitiren, — in dem nämlichen Klein-8tav Format, welches mir, aufrichtig gestanden, immer am besten behagt. Schon im Jahre 39 veranlasste ich Haslinger zu einer derartigen Edition der Schubert'schen Lieder — was damals eine fast bedenkliche Neuerung schien. Gleichfalls die Text-Beifügung *unter den Noten*. Ich wünsche sie, zu Gunsten des poetischen Vortrags, bei sämmtlichen Liedern, *Adelaide ausgenommen*, weil das Gedicht gar zu rococo herumschweift. Lassen wir ruhig »*das Blümlein am Grabe*« fortblühen, ohne es wieder *aufzustechen*.

Mit der Zusendung *aller* Correcturen muss ich Sie leider noch behelligen. Es liegt mir sehr daran, die Sachen möglichst correct und claviermässig gültig herzustellen. Dafür bedarf ich der letzten Correcturen, um sie schliesslich im Lesen und Spielen zu revidiren. (Zur Beruhigung des Stechers sei bemerkt, dass keine neuen Änderungen nunmehr auftauchen sollen, und mein Correctionseifer sich mit Bezeichnung einiger Pedale und Fingersätze begnügen wird.) Erstens möchte ich Sgambati's 4händiges Arrangement der »Ideale« mit *ihm* probiren; und Sie haben wohl die Gefälligkeit mir die *gehefteten* Correctur-Bogen vor meiner Abreise (Ende Januar) zu schicken. —

Indem ich die kleine Honorar-Angelegenheit zuversichtlich dem Ermessen Ihrer bekannten Gesinnung überlasse, verbleibt Ihnen, sehr geehrte Herren,

hochachtungsvoll und bereitwilligst ergeben

24. November 74 (Villa d'Este). F. Liszt.

## 18. An Graf Albert Apponyi in Budapest*).

[6. Dec. 1874. Villa d'Este.]

Cher et très honoré ami,

Votre excellente lettre du 27 Novembre m'est parvenue ici, hier soir. Je m'empresse de vous dire mes bien sincères remercîments et d'y joindre réponse franche sur la question de l'académie de musique.

De prime abord je donne raison au »moyen violent« de Huszar qui nous débarrasse des bavardages stériles; jetons dans le Danube la *Seeschlange* et s'il lui faut une épitaphe, la voici: Mieux vaut ne rien faire, que de faire des sottises.

Or, sommes-nous des sots? — Le gouvernement s'est fort engagé dans cette affaire; une décision du Souverain a été obtenue; je ne sais quelle publication officielle a suivi. Vous même, cher Comte, vous avez brillamment persuadé à la chambre des députés que la dite académie serait utile à rehausser l'art en Hongrie; mon humble réserve obligatoire a été acceptée par le public comme un consentement. — Peut-on maintenant ne pas tenir compte de pareils précédents et reculer quand il s'agit d'avancer? Je ne le pense pas et me range à votre avis, aussi sage qu'opportun.

Malgré les difficultés d'une situation embrouillée d'obsessions diverses et malgré l'exiguïté des moyens financiers, nous devons rester à notre place affirmative et ne point désemparer.

---

*) Nach einem nicht datirten Briefconcept im Besitz von Hrn. Buchhändler O. A. Schulz in Leipzig. (Das Datum ergiebt sich aus einem Brief an Mihalovich.) — Adressat der bekannte ungarische Staatsmann.

Quant à mes »convenances personnelles« dont vous voulez bien vous préoccuper amicalement, permettez-moi de vous assurer de nouveau que je n'aspire qu'à un seul bien: la paix du travail dans ma chambre. Orare et laborare. Le *point d'honneur* que personne mieux que vous ne comprend, m'attache à la Hongrie, notre patrie. Puissé-je y remplir tout mon devoir de reconnaissance! —

Je serai de retour à Pest (Fischplatz) le 10 Février — et me réjouis d'entendre la Ballade de notre vaillant ami Mihalovich, auquel j'écrirai demain.

Votre tout dévoué de cœur F. Liszt.

## 159. An Edmund von Mihalovich.

Cher excellent ami,

Avant-hier j'écrivais à Do et allais *vous* continuer ma lettre quand un télégramme me rappela subitissimo à Rome. Le fil de mes idées ne s'est pas rompu en route, et je reprends notre conversation *à trois*, sur la longue gestation — présage d'un avortement — de l'académie de musique hongroise.

Que mes très chers et très honorés amis veuillent être bien convaincus de mon parfait désintéressement dans la question: l'idée académique ne m'appartient nullement: si j'en deviens le parrain c'est à mon corps défendant et sans connivence de paternité aucune: même je refuse d'aider à la procréation effective du marmot, et loin de m'en faire, avant terme, de manière quelconque, le champion ou le propagandiste, je m'arrête aux difficultés qui s'opposent à sa naissance. Maintes fois je les ai expliquées à mes amis de Budapest; elles ont plutôt augmenté que diminué pendant ces trois dernières années . . .

1$^{mo}$ La situation financière du pays paraît telle qu'on doit se faire scrupule de grever le budget d'une dépense en dehors des besoins urgents. Mon patriotisme est assez sincère et vivace pour me conseiller l'abstention, y compris tout renoncement compatible avec mon strict devoir.

2do Adjoindre une troisième école de musique aux deux écoles déjà existantes (maigrement) à Pest, serait un pauvre luxe. À moins de pouvoir concourir honorablement avec les établissements analogues de Vienne, Leipzig etc. — à quoi bon s'embarrasser davantage? Or, pour donner une vigoureuse impulsion à l'art chez nous, il faudrait d'abord réunir et fusionner dans un même esprit un personnel de professeurs de capacité notoire, — tâche très ardue et ingrate dont l'accomplissement exige beaucoup d'intelligence et une somme d'habileté et d'argent suffisante.

D'autres considérations mineures, locales compliquent encore la question; je les passe sous silence aujourd'hui, et ne veux plus me répéter que sur un seul point: mon religieux dévouement à notre pays et à notre art. Les servir quelque peu, selon la modique mesure de mon talent, soit en travaillant *isolé* à mes manuscrits (ce qui m'est de beaucoup le plus commode), soit en coopérant avec mes amis aux choses du domaine public, voilà mon simple et exclusif désir, tout à fait dénué des prétentions personnelles et des vaniteux soucis qu'on m'impute à tort.

»Tiszta lélek, tiszta szándék, akár siker, akár nem«. (»Reine Seele, reine Absicht, ob erfolgreich oder nicht«. Stephan Szechényi's Wahlspruch.)

Mes amis sont ceux qui hantent l'*Idéal;* là, cher ami, nous nous »*reconnaissons*« et nous reconnaîtrons toujours, — mais non »dans la boue«, illustrée par un poète prestigieux, trop célébré et empesté de la trivialité des vulgaires applaudissements — Heine. Entre autre il avait prédit de sa charmante ironie que le Dôme de Cologne ne s'achèverait point. »Umsonst wird Franz Liszt musiciren« etc. —

Vous savez que Wagner vient à Pest ce carême. Il est au moins convenable que plusieurs de vos compositions — en particulier la dernière, »Sello« — apparaissent en public à ce moment. Entendez-vous avec Richter là dessus. De mon côté je sonnerai les »*Cloches*«. Veuillez prier de ma part Abrányi de se presser avec la traduction hongroise de la poésie de Longfellow (prologue de la »Légende dorée«) et de suivre non la traduction allemande du »Clavierauszug«, que j'ai envoyée à Engesser, mais le texte original anglais.[1])

Bien à vous de cordiale amitié

8 Décembre, 74. Villa d'Este. F. Liszt.

J'écrirai demain à la très gracieuse châtelaine de Horpacs.

## 160. An Carl Hoffbauer in München*).

[Ende 1874.]

Herzlichen Dank für Ihren liebevollen Eifer, mit welchem Sie das Christus-Oratorium erfassen. Eine Aufführung desselben in München scheint mir aber so bedenklich und so vielen Mühen, Kosten und Schwierigkeiten unterworfen, dass ich Ihnen vorläufig davon abrathen muss. Auch wäre es mir nicht möglich Ihrer Einladung Ende Februar zu folgen, weil mich bis zu Ostern mehrere Versprechen in Pest zurückhalten. Sollten Sie je die Aufführung des Christus in München bewirken, so möchte ich gerne zugegen sein. Bis jetzt wurde das ganze Werk nur zweimal gehört, in Weimar und Pest (Mai und vorigen November 73).

Ihre Anfrage beantwortend, nenne ich Herrn und Frau von Milde und Frau Dr. Merian als mit den Solopartien besonders vertraut und ausgezeichnet.

Empfangen Sie die Versicherung meines vollsten Dankes für Ihren Eifer, betreffend die Christus-Aufführung in München.

Hochachtungsvoll und ergebenst

F. Liszt.

## 161. An Edmund von Mihalovich.

Très cher ami,

Nonobstant la légion de Dessoff, les calmes plats ou les

---

1) Liszt hatte den Prolog zur »goldenen Legende« unter dem Titel »Die Glocken des Strassburger Münsters« in Musik gesetzt.

*) Nach einer Abschrift von Dir. Aug. Göllerich. — Adressat geb. 1850, wurde 1872 Dirigent eines Gesangvereins in München, ging 1880 nach Frankfurt a. M., endete durch Selbstmord. Er schrieb u. a. die Opern »Comata« und »Demetrius«.

orages, continuez de voguer bravement dans les eaux du »Vaisseau fantôme«. Dussions-nous même ne pas arriver à bon port, et ne rencontrer d'autre *Senta* que sa Hautesse Madame la Critique, n'importe; ceux qui nous suivront dans les *mêmes eaux* de l'Idéal seront plus fortunés....

»Et quasi cursores vitai lampada tradunt«! —

Nous causerons de tout cela au long et au large en Février, *Fischplatz.*

Veuillez avoir l'obligeance de faire parvenir la lettre ci-jointe à mon gracieux et admiré traducteur du »*Chopin*« — M^me^ la Comtesse Ottilia Wast. 1)

En plus, je vous prie de recommander à Taborszky de publier avant Pâques mon S^t^ François de Paule, que notre très cher ami Albert Apponyi a bien voulu décorer de sa poésie, — et aussi »l'hymne de l'enfant à son réveil«, dont Taborszky doit avoir reçu en Novembre le manuscrit (avec le texte allemand de Cornelius et l'addition d'une partie de harpe).

Schuberth a fait une grave maladie. Je le talonnerai pour qu'il édite sans plus de retard votre »Geisterschiff.«

A revoir dans six semaines, et toujours très cordialement

tout à vous

29 Décembre 74. Villa d'Este. F. Liszt.

Anlässlich des Wagner-Conzertes in Pest möchte ich meine »Glocken« läuten lassen und bitte Abranyi, den ungarischen Klingklang derselben schnell und schön einzustimmen. 2)

---

1) Eine Übersetzung in's Ungarische nach der alten Ausgabe des Buchs.

2) Liszt's »Glockengeläute« bestand darin, dass er im Wagner-Concert in Pest Beethoven's Es-dur-Concert spielte. Er liess sich hierzu bewegen, da man befürchtete, dass das Concert, der hohen Eintrittspreise wegen, nicht genügend besucht werde. — Die »Glocken des Strassburger Münsters« wurden nicht aufgeführt.

## 162. An Carl Hoffbauer in München*).

[Wahrscheinlich Pest, Anfang 1875.]

Sehr geehrter Herr,

Ihr letzter Brief hat einen so überzeugenden Charakter von Wahrheit und Edelmuth, dass ich mich aufrichtig freue mit Ihnen persönlich und geistig näher bekannt zu werden. Vorerst seien Sie meines besonderen Interesses für Ihre Oper »Comata« versichert. Was ich zu deren Theatervorstellung beitragen kann, wird nicht fehlen. In München wollen wir zusammen die Partitur lesen und das Weitere besprechen.

Von Ihrem Beharren auf der Christus-Aufführung schrieb mir gestern J. Schuberth. Ich überlasse vertrauensvoll die ganze Sache Ihrem besonnenen Eifer. Sie werden am besten wissen, ob und wie eine gedeihliche Aufführung zu ermöglichen, und verfügen Sie also darüber völlig nach Ihrem Gutdünken. Ich bitte Sie blos, mir den Datum 10 bis 12 Tage vorher nach Pest (bis Ostern) oder früher nach Weimar zu melden, und komme schon zur Generalprobe.[1])

Verehrungsvollen Gruss an die Dichterin der Comata, und mit ausgezeichneter Hochachtung dankbar ergebenst

F. Liszt.

## 163. An Professor Julius Stern in Berlin.

Verehrter Freund,

Seit Jahren und neuerdings bin ich Ihnen sehr zu Dank verpflichtet. Unser hochgelehrter und lieber Freund Weitzmann[2]) benachrichtigte mich über die eifrigen Proben und Ihre vortreffliche Direction der Faust-Symphonie.

In Betracht der *kritischen* Umstände und Verneinungen

---

*) Nach Abschrift eines Briefconcepts von Dr. Mirus.

1) Die Aufführung fand am 12. April 1875 statt. Durch sie veranlasst, befahl König Ludwig II. eine Separat-Aufführung im Hoftheater, der eine öffentliche daselbst folgte.

2) Theoretiker und Contrapunktiker in Berlin (1808—1880).

muss ich als Regel beibehalten, von den Aufführungen meiner Partituren allenthalben abzurathen. Desto angenehmer berührt mich das Wohlwollen einiger Freunde, welche sorglich und muthig voranschreiten.

Also aufrichtigst dankend, bittet Sie um Entschuldigung, der verlockenden Berliner Einladung jetzt nicht folgen zu können, Ihr hochachtungsvoll ergebenster

4ten Februar 75. Rom. F. Liszt.

(Nächste Woche kehre ich nach Pest zurück und Anfangs April nach Weimar, wo es mich freuen würde, Sie wieder zu bewillkommnen.)

## 164. An Graf Albert Apponyi*).

18 Février [1875?]

Ce matin le »politische Volksblatt« m'apporte votre portrait, très honoré cher ami. La notice qui l'accompagne ne me plaît qu'en tant qu'elle pronostique votre grand avenir, basé sur vos mérites et grands talents, fort présents. On s'accorde sur votre grande taille (»Hauptеslänge«) — tant mieux, car elle correspond à la hauteur de votre caractère, et je parie cent contre un, que vous ne combattrez jamais »l'esprit du temps« (»Herr von Zeitgeist und Frau von öffentliche Meinung«, comme disait cérémonieusement le très honorable Comte Gozzi) qu'à l'encontre des sottises et aventures auxquelles cet esprit du temps s'enfourche.

Invitation amicale pour demain soir chez votre bien dévoué et reconnaissant F. Liszt.

## 165. An Johann von Herbeck.

Hochgeehrter Freund,

Aufrichtig dankend für Ihren Brief, möchte ich gerne Ihrem so wohlwollenden und »*selbstlosen*« Antrag einfach folgen. —

---

*) Nach einem Briefconcept im Besitz von Herrn Buchhändler O. A. Schulz in Leipzig.

Meinen Freunden »Nein« zu sagen fällt mir schwer. Wie aber anders verfahren, den kritischen Negationen gegenüber? Und warum sollte ich es nicht vorziehen, *friedsam* allein auszuharren?

Nunmehr macht der Künstler seine Rechnung ohne den Wirth, wenn er dem Publikum ehrlich vertraut. Man hört und urtheilt nur durch Zeitungslesen.

Davon will ich profitiren, insofern mich Wien's, Pest's, Leipzig's, Berlin's, Paris', London's etc. angesehenste und befolgte Blätter, die meine geringen Compositionen perhorresciren und als nichtig und zuwider erklären, jedweder äusserlichen Sorge entheben. Zu was *Aufführungen* für Leute, die nur Zeitungen lesen wollen?

Also, lieber verehrter Freund, »Graner Messe«[1] und »Glocken«[2] mögen unaufgeführt bleiben in Wien, wo Sie (in der Osterwoche) besucht Ihr freundschaftlichst dankbar ergebenster

3. März, Budapest, 75. F. Liszt.

## 166. An Eduard von Liszt.

Liebster Eduard,

Sage Lenbach meinen freundschaftlichsten Dank nebst Bitte, sein hochpoetisches Portrait von Frau von Moukhanoff hierher *baldig* einzusenden, zur Verherrlichung der edlen Frau und der musikalischen *Gedächtnissfeier*, welche wir für Mitte Mai angemeldet haben.[3]

Morgen früh gehe ich nach Hannover; meine dortige Adresse bis 29ten Mai[4]: »bei Freiherrn von Bronsart, Intendant des Hoftheaters«. Samstag *Elisabeth*-Aufführung und am 29ten das Conzert zum Besten des *Bach*-Monumentes.

Mein gnädiger Grossherzog betreibt sehr meine schnelle

---

1) Herbeck brachte sie dennoch zur Aufführung.

2) »Die Glocken des Strassburger Münsters«.

3) Liszt widmete dem Gedächtniss der geistreichen Frau, wie erwähnt, eine Elegie.

4) Soll wol heissen 29. April.

Rückkehr; deshalb werde ich wahrscheinlich nur 8 bis 10 Tage in Schloss Loo (vom 2ten bis 12ten Mai) verweilen und dann gleich wieder hier eintreffen.

Die *Tonkünstler*-Versammlung soll in Dresden Ende Juni statt finden. Ich sehne mich nach etwas Ruhe und stiller Arbeit. Von ganzem Herzen Dein

22ten April 75. Weimar. F. L.

## 167. An Adelheid von Schorn in Rom.

Chère excellente,

Je viens vous tenir un peu compagnie en votre convalescence, — fort avancée, j'espère, de manière à ressembler à une complète guérison. Comme tisane, je vous offre des nouvelles de votre cara patria. Peu de variations à Weimar; le Gd Duc et Madame la Gde Duchesse y restent jusqu'à la fin Juin; l'Empereur de Russie est annoncé pour le 25 Juin; les Altesses *héréditaires* se rendent aux eaux (Marienbad et Pyrmont) dans quelques jours, et reviendront avant la fête du Gd Duc (24 Juin); Gustchen Watzdorf va pour son compte indépendamment à Carlsbad; Mme de Loën à Reme (en Westphalie).

Au théâtre activité tempérée, mais vivace; en ces dernières semaines on a donné un nouveau drame d'Otto Roquette: »der Feind im Hause«: la querelle des Colonna à Rome en fournit le sujet; le succès de la pièce n'occasionnera pas de nouvelles querelles; non plus celui de deux opéras nouveaux que j'ai vus »der Widerspänstigen Bezähmung« de Götz et «Golo« de Scholz, qui fait inopportunément concurrence à la *Geneviève* de Schumann — ouvrage qu'on a repris, avec un notable succès cette année (après l'avoir prudemment ignoré pendant une vingtaine d'années — Leipzig et Weimar exceptés —) à Leipzig et à Wiesbaden. D'autres théâtres s'en mêleront, malgré la non réussite de *Geneviève* à Vienne, où on l'avait monté l'hiver de 74 avec un luxe de décors et de costumes très louable.

Lors de la représentation que je dirigeais, il y a de cela

une vingtaine d'années, je disais: Geneviève est musicalement la sœur de Fidelio; mais le pistolet de *Leonore* lui manque.

Tristan et Isolde, annoncés ici pour le 15 et 19 Mai ... sont restés à Munich avec M$^{r}$ et M$^{me}$ Vogel, qui ont perdu un enfant. Loën 1) et tout le public sont fort contrariés de ce deuil intempestif: peut-être les Vogel pourront-ils venir vers la fin Juin; je n'y compte guère, mais leur ai écrit à ce sujet, sur la demande de Loën. S'ils acceptent, la matinée commémorative de M$^{me}$ Moukhanoff aura lieu entre les 2 représentations de *Tristan*, et c'est le »Tempelherrenhaus« de notre parc, que nous avons choisi pour local à cette commémoration musicale. Je vous enverrai le programme.

En attendant voici celui de Samedi dernier de la «Orchester-Schule« — établissement très utile, bien adapté à notre situation modestement fière de Weimar, et que dirige selon mes souhaits Müller-Hartung 2). L'Odyssée de Bruch — illustration musicale des admirables peintures de Preller au musée de Weimar — a été exécutée Jeudi dernier, dirigée aussi par Müller-Hartung.

Lassen est en train de composer de beaux chœurs pour les deux *Faust*, que Devrient intentionne de faire représenter ici en deux soirs, conformément à son nouvel arrangement scénique.

Très cordialement à vous

17 Mai 75. Weimar. F. Liszt.

## 168. An Eduard von Liszt.

Liebster Eduard,

.—. Übermorgen begebe ich mich zu den Weimarer Herrschaften nach Schloss Wilhelmsthal und verweile dort einige Tage. Dann wünschte ich dem Cardinal Hohenlohe in Schillingsfürst aufzuwarten; aber Seine Eminenz befindet sich jetzt im Bad Ragaz (Schweiz) zur Nachkur eines Fussübels, welches

1) Weimarer Intendant.

2) Das Concert brachte »zur Feier von Liszt's erstem Besuch der Schule« nur Compositionen von ihm.

ihm ein Unfall vorigen Winter brachte. Nach seiner Antwort werde ich mich so einrichten, meinen Besuch in Schillingsfürst, genehmigter Weise, *in tempore opportuno* abzustatten.

Vom 3ten bis 15. August bin ich in Bayreuth; hernach schliesse ich für dieses Jahr mit Weimar ab (ohne »Tannhäuser-Gastrolle«!) bei der Carl August-Feier am 3ten September, wozu ich einen kurzen, einfach populär gehaltenen Chorgesang geschrieben, dessen Text der König David verschaffte: »Der Herr bewahret die Seelen seiner Heiligen, dem Gerechten muss das Licht immer wieder aufgehen«.

Dieses Licht demüthigst erschauend, bleibt Dir in treuer Liebe

17ten Juli 75. Weimar. F. Liszt.

Einliegend zwei Worte an unsere Marie. Hätte ich mir eine Cousine zu wählen, so wäre es sie. Also bekenne ich mit Papa und Tochter meine innigste *Wahl*verwandtschaft.

Lenbach's wundersam begeistigtes Portrait von Madame Moukhanoff kehrt morgen nach Wien an Gräfin Coudenhoven zurück.

## 169. An Louis Köhler.

Hochgeehrter Freund,

Verdienste und Erfolge stehen bei Ihnen fortwährend in vollkommen erspriesslichem Einklang. Besten Dank für Ihr wohlwollendes Schreiben und die Mittheilung Ihres opus 147: »Technische Künstler-Studien«. Obschon ich mich der Methodik und Pädagogik mehr ab- als zuwende, habe ich dieses Werk mit Interesse gelesen. Das Eintreten des Pedals nach dem Anschlagen der Accorde, wie Sie es Anfangs Seite 3 bezeichnen und weiterhin consequent, fast bis auf's äusserste durchführen, scheint mir ein sinnreicher Griff, dessen Benützung den Clavierspielern, Lehrern und Componisten sehr zu empfehlen ist — bei langsamen *Tempi* insbesondere.

Ich bedauere, dass wir *geographisch* so weit auseinander sind; sympathisch verbleibt Ihnen in aufrichtiger Hochschätzung freundschaftlich ergebenst F. Liszt.

Schloss Wilhelmsthal, 27ten Juli 75.

An Ihren sehr talentirten Schüler Alfred Reisenauer freundlichsten Gruss. Vielleicht kommen Sie gelegentlich wieder nach Weimar, was mich freuen wird.

Eine Zeile Ihres liebenswürdigen Briefes beantworte ich somit: Stolz auf meinen Königsberger Doctor-Titel, und beflissen, denselben zu ehren, entbehre ich gerne allenthalben die Aufführungen meiner geringen Compositionen.

## 170. An Carl Hillebrand in Florenz[1].

Cher et très honoré ami,

Votre amicale lettre me laisse bon espoir .... pour l'année prochaine. Je viens de transmettre vos remercîments et les données relatives à notre *idée concertante* au Grand-Duc, arrivé Jeudi dernier à Ostende avec ses filles, son fils et sa belle-fille. Leurs Altesses Royales retournent à Weimar le 1er Septembre pour la fête de Charles Auguste, que solenniseront de leur présence l'Empereur et l'Impératrice d'Allemagne. Monseigneur m'engage à vous y inviter. Je lui observe que vous serez probablement retenu ailleurs; cependant si vous veniez en Allemagne à ce moment, soyez certain d'être le très bien venu et accueilli en cour de Weimar.

Le monument de Charles Auguste sera inauguré le 3 Septembre. La cérémonie de la Toison d'or, où l'Empereur sera le parrain de son beau-frère, notre Grand-Duc, aura lieu le 4. Ensuite L. A. R. s'éloignent de Weimar, et mon pauvre moi rentre à la Villa d'Este (vers la mi-Septembre) pour aussi longtemps que le permettront mes très chers compatriotes. Ils me pressent fort de revenir à Pest le 1er Novembre; avant de leur obéir, j'irai vous trouver à Florence.

Veuillez bien toujours compter sur les sentiments de sincère et haute estime de votre très cordialement dévoué

2 Août 75. Bayreuth. F. Liszt.

Les journaux vous tiennent au courant des merveilles du

---

1) Der berühmte Autor von »Zeiten, Völker und Menschen« u. a. lebte (1829 geb.) von 1870 bis an sein Ende in Florenz.

théâtre de Wagner ici. Les représentations (annoncées pour le mois d'Août 76) de la Tétralogie »der Ring des Nibelungen« seront l'événement capital de l'art dramatique, souverainement manifesté ainsi pour la première fois en ce siècle dans son ensemble et son unification de Poésie, Musique, Mimique et leurs atours de Peinture décorative et de mise en scène.

Il y a non seulement chance, mais garantie de grande et frappante réussite, vu la sublimité de l'œuvre même, et aussi l'enthousiasme qu'elle excite déjà parmi le nombreux personnel d'artistes, chargés de son interprétation. Malgré les difficultés de ce nouveau style transcendental de Wagner, les études et répétitions préparatoires sont des ravissements pour les chanteurs et les musiciens de l'orchestre.

Le 18 Août je serai de retour à Weimar, et y resterai jusqu'au 6 Septembre.

A Madame Laussot mes tendres et reconnaissantes amitiés.

## 171. An Adelheid von Schorn.

Chère excellente,

Ce n'est pas sans regret que j'ai renoncé au très sincère plaisir de vous retrouver maintenant à Nürnberg. Si vous y restiez jusque vers la mi-Septembre je viendrais vous demander vos commissions pour Rome, où je compte arriver avant le 20 Septembre.

Ici nous voguons en pleine mer de merveilles d'art. Chaque jour, matin et soir, on répète un acte du »Ring des Nibelungen« au nouveau théâtre de Wagner. L'enthousiasme du personnel, chanteurs et exécutants d'orchestre, au nombre de 150 environ, est aussi sincère qu'abondant, et tout présage pour l'année prochaine des représentations prodigieuses de l'immense et sublime œuvre qui domine souverainement tout l'art contemporain, les précédents ouvrages de Wagner y compris.

Cosima vous dit mille choses affectueuses, et s'attend à vous revoir, lors de l'avénement définitif du »Nibelungen-Ring« au mois d'Août 1876. Vous avez assisté à la pose de la première pierre du monument et ne sauriez manquer à son couronnement. .—.

M$^{me}$ de Schleinitz passe encore une quinzaine de jours ici, et habite le château. Elle se maintient constamment au plus haut diapason de la grâce et du charme, sans jamais manquer l'occasion d'obliger efficacement ses amis.

A revoir bientôt, chère et très excellente; et à toujours votre bien dévoué de coeur F. Liszt.

7 Août 75. Bayreuth.

Le 18 Août je serai de retour à Weimar.

## 172. An Dr. Franz Witt.

[Wahrscheinlich August oder September 1875.]

Hochverehrter Freund,

Ihr Unwohlsein sehr bedauernd und für Ihre letzten Zeilen aufrichtig dankend, frage ich nun: Wie beantworten Sie Minister Trefort's Schreiben? — Wollen Sie der Kirchen-Musik in Ungarn wesentlich helfen? Können Sie meinen sehnlichen Wunsch erfüllen? — Überflüssige Worte ziemen mir nicht; schreiten wir zur That; und möge Ihr edles, befruchtendes Wirken Ungarn vergönnt sein. Gewiss finden Sie da Verehrung, Liebe und frommenden Beistand zu Ihren grossen Verdiensten.

Mit einem Worte: Kommen Sie zu uns, und arbeiten wir vereint in Budapest!

## 173. An Lina Ramann[1]).

Verehrte Freundin,

Dank Ihrer Fürsorge begleitete mich vortreffliche, hoch begeistigte Gesellschaft während der zwei Reisetage von Nürnberg nach Rom. Ihre Parallele: »Bach und Händel« weidete mich mehr als die rühmlichen Landschaften des Brenners. Lassen Sie mich insbesondere loben die schöne

1) Verfasserin von »F. Liszt als Künstler und Mensch«. 2 Bde. Leipzig, Breitkopf & Härtel. 1880 und 1887.

Empfindung und richtige Fassung der verschiedenen musikalischen Cultusformen von der Motette bis zur Messe und dem Oratorium.

Auch in der »Allgemeinen musikalischen Erzieh- und Unterrichtslehre« leuchtete mir manches ein, — (trotz meiner Ungeschicklichkeit in Sachen der Pädagogik), zumal der Hauptgedanke des Werkes: — der Musikunterricht soll nicht vereinzelt stehen, sondern der Gesammt-Erziehung angehören: ein erheblicher Gedanke, dessen praktische Anwendung sowohl der Kunst als der Erziehung wesentlich frommen und nützen wird.

Nochmals herzlichen Dank für die Nürnberger Stunden, und besten Gruss an die liebenswürdigen Kunstgenossinnen Fräulein Ida und Auguste.

Ihr verehrungsvoll ergebenster

28ten September 75 — Rom. F. Liszt.

## 174. An Eduard von Liszt.

Rom, 29ten Sept. 75.

Liebster Eduard,

Wo immer, verbleiben wir beide eines Herzens immerdar. Wahrscheinlich bin ich schon Mitte November in Budapest, wegen der *Musik-Akademie*, welche zu gestalten, nach Massgabe der schwierigen Localverhältnisse, mir obliegt. Bereits sind ernannt vom Minister Trefort: Franz Erkel als Director, Volkmann als Professor der Compositionslehre und Abrányi als Sekretär. Witt und Bülow hat Trefort vorerst berufen: leider ist Witt noch sehr krank, und Bülow könnte nur späterhin, nach seiner Zurückkunft von Amerika, sich einstellen. Selbstverständlich wäre für Bülow der möglichst ausgedehnte Wirkungskreis bestimmt, — ungefähr derselbe als in München, wo er ein paar Jahre das Conservatorium in gedeihlichster Weise dirigirte . . .

Alles Herzliche an die Deinen, und Dir stets dankbar und treu ergebenst F. Liszt.

Adresse: 43, Vicolo dei Greci. Roma (Italia). Bis Anfangs November verhalte ich mich hier oder *Villa d'Este* und reise dann direct nach Pest.

Bitte um Nachricht von unserer lieben vortrefflichen Marie.

## 175. An Kornel von Abrányi.

Verehrter Freund,

Tausend Dank für Ihr inhaltschweres Schreiben.[1] Alles wohl erwogen, scheint es mir nicht gerathen meine Rückkehr zu beschleunigen. Wie dieses Jahr, werde ich auch im nächsten *Mitte Februar* — zur Fastenzeit und Conzertsaison — in Pest eintreffen. Bis dahin dürfte sich der Gang der Musikakademie befestigen.

Gerne übernehme ich die Leitung einer Clavierclasse für Virtuosen und Lehrer, — vorläufig vom 1. März bis Ostern 1876. Stellen sich günstige Anzeichen, bin ich hinfort bereit, diesem Unterricht mehrere Monate jährlich an der Budapester Musikakademie zu widmen.

Mit Erkel[2] verspreche ich mir das beste, cordialste Einvernehmen. Desgleichen mit Volkmann und den anderen Herren Professoren.

Was den sehr verehrlichen Herrn Secretär betrifft, freue ich mich ihn als nächsten Hausnachbar (am *Fischplatz*, wo wir doch nicht ganz als »Fische ausser Wasser« vertrocknen werden,) zu *hantiren*; und verbleibt immerdar

Sein erkenntlich und treu ergebenster Freund

14. October 75. Villa d'Este. F. Liszt.

Freundschaftliche Grüsse bitte ich zu sagen an Engessers,[3] Zimay,[4] Siposz[5] und unsern lieben Componisten der »Liszt-Cantate«, Gobbi.

---

1) Abrányi hatte Liszt benachrichtigt, dass die durch den Cultusminister Trefort in's Leben gerufene ungarische Landes-Musikacademie bereits organisirt sei und demnächst eröffnet werden solle, und L. zur Eröffnungsfeierlichkeit eingeladen.

2) Franz E. (geb. 1810), berühmter ungarischer Operncomponist, damals Director der Musikacademie und Capellmeister am Nationaltheater in Pest.

3), 4), 5) Sämmtlich ungarische Musiker.

### 176. An Walter Bache.

Sehr geehrter, lieber Freund,

Herzlichen Dank für Ihre herzliche Erinnerung des 22ten Octobers.

Betreff der Elisabeth-Aufführung (in Ihrem »Twelfth annual Concert« am 24ten Februar) bin ich etwas bange, wegen der vielen Anstrengungen und Kosten, welche Ihnen diese Aufführung bereitet. Doch wage ich keine Einwendung mehr gegen Ihre charakterfeste *Unverbesserlichkeit* im ausharrenden Wollen und Leisten des *Bestmöglichen*, zu Gunsten Ihres nun 64 Jahre alten Freundes.

An Frau Blume (die ich öfters in Rom besuchte) sagen Sie meine freundlichsten Empfehlungen. Wenn ihr der Elisabeth-Part nicht missfällt, wird sie ihn gewiss vortrefflich interpretiren.

Sehr gerne gebe ich die von Freund Banz gewünschte Erlaubniss, und bin ihm dankbar für seine wohlwollende Gesinnung.

Bis Mitte Februar verbleibt hier — und geht dann direct nach Budapest — Ihr getreu ergebenster

26ten October 75. F. Liszt.

Villa d'Este.

Falls Sie von Bülow directe Nachrichten erhalten, bitte ich mir sie mitzutheilen.

### 177. An Eduard von Liszt.

Innigst verehrter Freund,

Deine Briefe sind ebenso herz- als geistvoll. Sie trösten und erheben mich. In mein Gebet bist Du stets eingeschlossen. Möge der »fürnehme Geist« uns befestigen!

Zur Eröffnung der Musik-Akademie am 7ten November in Pest zu erscheinen, erachte ich weder als nothwendig noch erspriesslich. Besser, wenn die Sache (deren Functionirung ich nicht herbeigewünscht habe!) etwas in Gang kommt, bevor ich mich daran bethätige. Folglich verbleibe ich bis Mitte Februar in der Villa d'Este (sachte ein paar Compositionen anfertigend,) und kehre dann direct nach Pest zurück.

Herbeck soll versprochen haben, dort ein Conzert zu dirigiren. Hoffentlich treffen wir uns am »Fischplatz« wieder freundschaftlich in der Fastenzeit. Wie konnte er es fertig bringen, die Graner Messe in der Burgkapelle aufzuführen? Die Dimensionen des Werkes erfordern gar viel Platz für Chor und Orchester ... Nächsten Sommer beabsichtigt man eine grosse Conzert-Aufführung der Graner Messe in Düsseldorf (wo ein prächtiger und zu Musikfesten gut eingerichteter Saal vorhanden ist). Von der *Wiener* Aufführung erwarte ich Deine Benachrichtigung.

Was den »Prometheus« anbetrifft, bitte ich Dich, Herbeck zu *bestimmen*, die neue verbesserte Auflage, welche bei Kahnt (Leipzig) erschien, in Wien zu gebrauchen und dieselbe von Kahnt zu verlangen: Clavierauszug, Partitur und Stimmen. Sollte Herbeck über den Kostenpunkt der neuen Auflage Bedenken tragen, so bin ich gerne bereit, den kleinen »*Ausgleich*« zu bewerkstelligen, mittelst ein paar hundert Gulden, die Du mir dazu vorschiessen wirst. [1])

Es liegt mir sehr daran, dass dieser »Prometheus«, der auch nächsten Sommer in Düsseldorf und bei dem Musikfest in Altenburg sich zu »entfesseln« bereitet, in Wien, nach seinem früheren Missgeschick, jetzt nicht missrathet. —

Kulke sage besten Dank für seinen wohlwollenden und trefflichen Aufsatz (17ten September »*Vaterland*«). Insbesondere erfreute mich der Schluss: »Wie Sebastian Bach einen musikalischen Gedanken gar nicht anders als contrapunktisch denken konnte ... so auch kann sich Liszt ein Thema gar nicht anders als thematisch vorstellen« etc.

Herzlichste Grüsse an die Deinen: Marie wird sich immer edel und fest verhalten.

Treu ergebenst

31. October 75 (Villa d'Este). F. L.

---

1) Eduard v. Liszt verwaltete Liszt's Vermögen.

## 178. An Madame Jessie Laussot.

Très chère et bienveillante amie,

Quoique je ne sache guère assez vous exprimer ma reconnaissance des amicales bontés que vous me témoignez constamment depuis plus de vingt ans, je demeure bien convaincu que jamais aucun malentendu ne serait possible entre nous. Vous comprenez d'emblée mes bonnes intentions, et au besoin vous les devinez avec la plus pénétrante et délicate intelligence du cœur.

À mes remercîments pour votre dernière lettre, j'ajoute une prière que vous voudrez bien remplir en assurant notre très honoré ami, Hillebrand, de mon sincère dévouement. De plus, assurez-le aussi que mon zèle à servir mon gracieux seigneur, le Grand Duc de Saxe, ne s'exercera jamais au détriment de personne, et que je tiens particulièrement compte des convenances appropriées aux mérites et à la situation des *individualités* que j'estime et affectionne.

Donc, nous causerons »academicamente« chez vous à Florence (lors de mon retour en Hongrie, vers la mi-Février) du séjour de quelques mois chaque année à Weimar de Hillebrand.

Cette combinaison pourrait s'effectuer dans des conditions réciproquement agréables; j'avoue que je m'y intéresse un peu égoïstement ... mais sans manquer à mes devoirs d'amitié.

Dans une huitaine de jours, M^lle Adelheid de Schorn réaccompagne sa tante — »die Frau Pröpstin von Stein« — en Allemagne. Elle vous remettra deux ou trois cahiers de musique de ma part.

Sgambati a terminé un second, fort remarquable *Quintetto* (pour Piano et Instruments à cordes) qu'on entendra prochainement à Rome.

Zarembski (que je vous ai présenté) travaille intrépidement et mérite de ranger comme un des rares pianistes de premier ordre.

A revoir en Février, et bien tout à vous
17 Novembre 75. Villa d'Este. F. Liszt.
Si vous revoyez les Jaëll avant leurs concerts de Rome, dites-leur mes plus affectueux souvenirs.

## 179. An Eduard von Liszt.

Mein verehrter Freund,

Was Du bei der *Graner* Messe empfunden, hat mich innigst erfreut. »Wer liebt, versteht.«

Herbeck sage meinen freundschaftlichsten Dank für die Sorgfalt der Proben und der Aufführung dieses Werkes, wovon ich mir erlaubte, einer allerhöchsten Person (in Paris, Anno 1866) zu bemerken, dass »man es mehr critisirt als gehört (entendu) habe.«

Keineswegs möchte ich Herbeck zur Aufführung der »Prometheus-Chöre« drängen; meines Bedünkens wäre es besser, abzuwarten, wie sich nun diese Chöre im nächsten Frühjahr in Düsseldorf und bei der Tonkünstler-Versammlung in Altenburg machen, bevor man sie in Wien wiederbringt. Auch wünschte ich der Wiener Aufführung beizuwohnen, was mir *diesen* Winter nicht möglich sein wird. Wahrscheinlich kann ich diesmal nur einen Tag bei Dir verweilen (Anfangs April).

Ob die »Hunnenschlacht« inmitten der *Philharmoniker* ohne Niederlage für mich passiren dürfte, bezweifle ich fast. Indess: »vincit qui patitur«.

Herzlichsten Gruss an unsern *Franz*, der sich Deiner würdig bewähren wird.

Treulichst Dein
26ten Nov. 75. (Villa d'Este, Tivoli.) F. Liszt.

.—. Wie ich Dir schon sagte, werde ich bis Mitte Februar hier verbleiben und dann direct nach Budapest zurückkehren. Vom nächsten April an bedroht mich vieles Herumfahren! Mein *dreifaches* Domizil: Pest, Weimar, Villa d'Este, und was damit zusammenhängt, erschwert sehr meine Lebensfrist.

Selbst der bekannte Trost: »Tu l'as voulu, Georges Dandin« fehlt mir ... Doch bleibt die Hoffnung auf die Verkündigung »Et in terra pax hominibus bonae voluntatis«.

Nochmals Dank für Deine gütige Verwendung in Sachen meines Freundes Vincenz Kirchmayer[1]) Wenn die Entscheidung getroffen, benachrichtige mich davon.

### 180. An Hans Schmitt, Professor am Conservatorium der Musik zu Wien[2]).

[Ende 1875.]

Sehr geehrter Herr,

Bekanntlich wird mit Händen und Füssen viel Unfug am Clavier getrieben. Möge Ihre lehrreiche Brochüre über den richtigen Gebrauch des Pedals den Pianisten gehörig frommen[3]).

Für die Übersendung der Brochüre bestens dankend, empfiehlt sich Ihnen Hochachtungsvoll

F. Liszt.

### 181. An Kornel von Abrányi.

Verehrter lieber Freund,

In Sachen der Musikakademie hatte ich bis jetzt blos zu pausiren.[4]) Nun kommt die Zeit, wo mir ein anderes, thätiges Verhalten geboten wird. Den Erwartungen meiner Freunde Genüge zu leisten, will ich mich stets bestreben. Zunächst beginnen wir Mitte Februar unsere friedlichen *akademischen* Conferenzen, und wie ich Ihnen bereits schrieb, übernehme ich gerne vom *1. März* an die Leitung einer Clavier-Classe (für Virtuosen und Lehrer) — vorausgesetzt,

---

1) Einstiger Reisegefährte Liszt's in Spanien und Portugal während der 40er Jahre und von L. seinem Vetter Eduard »inständigst empfohlen«.

2) Bekannter, auch als Musikschriftsteller verdienter Clavierpädagog.

3) »Das Pedal des Claviers«. Wien, Döblinger. (3. Aufl. 1892.)

4) Die Eröffnung der Musikacademie war inzwischen Mitte November 1875 erfolgt.

dass Erkel und Sie, lieber Freund, mit diesem harmlosen Vorschlag einverstanden sind. Meine weitere Bethätigung an der k. ungarischen Landes-Musikakademie mögen die *Umstände* begünstigen, bemessen und bestimmen. Ich kann nichts anderes beanspruchen, als der gut gewillte, eifrige Diener der Kunst und des Ungarlandes zu verbleiben.

Bitte, Erkel meinen herzlichsten Dank zu sagen für den *Liszt-Paragraph* der »Eröffnungsrede«. Das wohlwollende Vertrauen, welches mir Erkel seit mehr als 30 Jahren gewährt, soll keine Täuschung erfahren.

Sehr angenehm berührt mich die Nachricht: »Graf Geza Zichy Präsident, und Bartay Director des Pester Conservatoriums.« Insonders erfreut mich Engesser's Stetigkeit in Führung des *Liszt-Vereins*.[1]) Ist Gobbi's Cantate erschienen? Den Componisten und neuestens als »bekannten Walzer-Compositeur« *Feuilletonisirten* grüsst freundschaftlich Ihr alter, treu ergebenster F. Liszt.

20. Januar 76, Villa d'Este.

(Vor meiner Ankunft — 16. Februar — telegraphire ich Ihnen von Venedig, wo ich Graf Imre Széchenyi besuche.) Falls mir zu schreiben wäre, adressiren Sie bis 5. Februar *Rom*, Vicolo dei Greci 43.

## 182. An Eduard von Liszt.

23. Januar 76. (Villa d'Este.)

Mein innigst verehrter Freund,

Dein Brief hat mich tief ergriffen. Ich bewahre ihn in der geheimen Zelle des Herzens, wo die letzten Worte meiner lieben Mutter verbleiben — und mir Trost gewähren. Dir wörtlich zu danken vermag ich nicht. Mein Dank erhebt sich im Gebet zu Gott. Sein Segen begleite immerdar Deinen Edelmuth und Deine Standhaftigkeit in allem Guten.

Bei den »Entscheidungen« des Cassationshofes (2ten October

---

1) Engesser gründete den Pester Liszt-Verein (für gemischten Chorgesang).

und 16ten November) hast Du triftig und einleuchtend schön über Gotteslästerung und von »dem Symbol der Erlösung« — dem Crucifix — gesprochen und also die Lehre unseres Heilands: »Thesaurizate antem vobis thesauros in Coelo« treu erfüllt. Beharren wir, liebster Eduard, bis zu Ende in der Liebe Christi!

Wegen der Hymne »*Crux fidelis*« schrieb ich schlechthin die »Hunnenschlacht«, deren Aufführung in Wien Kulke in sehr wohlwollender Weise erörtert. Seit längeren Jahren ist mir Kulke stets gewogen. Anbei ein paar Dankeszeilen, die ich ihm einzuhändigen bitte. Seinen »Moses vor Pharao« habe ich leider nicht die *Kraft* zu componiren. Philosophie und Politik in Musik zu fassen, scheint mir eine allzu schwierige Aufgabe. Ob sie zu lösen wäre, bezweifle ich fast....

Herzlichste Grüsse an die Deinen, und Dir getreuest

F. Liszt.

Mitte Februar werde ich in Pest wieder eintreffen.

## 183. An Dr. Eduard Kulke in Wien.

Sehr geehrter Herr,

Seit langen Jahren bezeigen Sie mir beständig so vieles Wohlwollen, dass ich Ihnen dafür nicht genügend danken kann. Auch beschämt es mich, nicht bessere Werke zu componiren, um Ihnen deren gütige Interpretirung zu erleichtern und verangenehmern. Indess bleibt um so werthvoller Ihre Ein- und Nachsicht.

Der »gefiederte Dieb« [1]) versöhnt mich mit den »Zeitungs-Enten.« Er wird, ohne Diebstahl, seine Bühnen-Erfolge gewinnen. Dialog und Action sind voll Humor und Witz .... und die Schluss-Katastrophe der Prügelei muss im Publikum durchschlagen. —

Entschuldigen Sie, sehr geehrter Herr, wenn ich mich der Aufgabe eines *alttestamentarischen* Oratoriums nicht gewachsen

---

1) Ein Lustspiel des als Schriftsteller bekannten und verdienten Adressaten, das dieser kurz zuvor an Liszt gesandt hatte.

fühle. [1] Mächtig und *gehörnt* stellte Michel Angelo seinen *Moses* (vielleicht als göttlich idealen Vorboten des Papstes Julius II. ?) dar, Rossini sang lieblich schön die »*preghiera di Mosè*,« worüber Europa sich noch entzückt; und Marx's Oratorium »Moses«, minder bekannt, enthält vortreffliche Stellen.

»Non omnia possumus omnes.« Insbesondere meine Wenigkeit vermag nur sehr Weniges und verbleibt demüthigst der »*Caritas Christi*« zugewiesen.

Mit ausgezeichneter Hochachtung dankend ergebenst

23. Januar 76, Villa d'Este. F. Liszt.

## 184. An Marie Lipsius.

Verehrte Gönnerin,

Ihre gütige Zusage, den »Chopin« in schönes Deutsch zu fassen, erfreut mich überaus. Herzlichen Dank dafür; nächstens sende ich das revidirte (französische) Exemplar, und hoffe, dass Ihnen die Arbeit leicht und angenehm fällt. In der 3ten Auflage der »Musikalischen Studienköpfe« las ich vorerst »Berlioz« — eine vortreffliche Charakteristik und Anerkennung des sonderlich hohen Meisters, der vielleicht mehr in der ungebahnten Region des *Genie's* schwebt, als anderwärts . . .

Die Beifügung der »*Werk-Verzeichnisse*« ist eine werthvolle Ergänzung dieser dritten Auflage. Der Erfolg prognostizirt die *folgenden*.

Verehrungsvoll und dankbar ergebenst

3ten Februar 76 (Villa d'Este). F. Liszt.

## 185. An den ungarischen Unterrichtsminister August von Trefort in Budapest*).

Herr Minister,

Obschon ich Bedenken trage, die ausserordentliche Zu-

1) K. hatte Liszt eine Dichtung »Moses vor Pharao« mit der Anfrage nach Rom geschickt, ob er geneigt sei, dieselbe als Oratorium zu componiren.

*) Im »Pester Lloyd« seiner Zeit abgedruckt. — Adressat † 1888.

neigung, welche das Budapester Publikum mir erwiesen, zu ermüden, bin ich gleichwohl so frei, für das zum Besten der Ueberschwemmten demnächst zu veranstaltende Conzert die Mitwirkung meiner zwei Hände anzubieten, wenn Ew. Excellenz der Meinung sind, dass dieselben noch in irgend etwas nützlich sein können. Im Jahre 1838, als ich zum erstenmale nach Wien zurückkehrte, habe ich dortselbst mein *erstes* Conzert zum Besten der Pester Ueberschwemmten gegeben; es wird mir zum Troste gereichen, wenn ich meine überlange Virtuosen-Laufbahn nunmehr mit der Erfüllung einer ähnlichen Pflicht *beschliessen* kann.[1] Ich verharre Ungarns bis an das Grab getreuer und dankbarer Sohn.

Ew. Excellenz ganz ergebener

Budapest, 1. März 1876. F. Liszt.

### 186. An Walter Bache.

Sehr geehrter lieber Freund,

In Ihren Londoner »Annual Concerts« wirken Sie seit 12 Jahren weit mehr Wunder, als ich zu componiren vermochte bei dem »Rosenwunder« der Elisabeth. Herzlichen Dank für Ihre Benachrichtigung des 12ten Conzerts und alle damit verbundenen Anstrengungen!

Mrs. Osgood (»Elisabeth«) bitte ich Sie meine ergebensten Empfehlungen zu sagen, und vorerst dem gütigen Übersetzer der Legende, Constance Bache.

Die *Sordini* bei der Stelle

und während des Engelchors vollkommen billigend, verbleibt dem standhaften Dirigenten und Freund, Walter Bache, in aufrichtiger Hochschätzung getreu und dankbar

8ten März, 76. Budapest. F. Liszt.

---

1) Das Concert zum Besten der Überschwemmten in Budapest fand unter Liszt's Mitwirkung am 13. März 1876 statt.

## 187. An Madame Jessie Laussot.

Chère excellente amie,

M^r le Commandeur Casamorata m'a récrit au sujet de la fête de Bartolomeo Cristofori. Je lui réponds que ma réponse *vous* était déjà parvenue au mois de Janvier 75, — et qu'il ne me restait qu'à répéter les mêmes excuses. Pour vous renseigner authentiquement je copie les dernières lignes de ma lettre à Casamorata:

»Sans compter que depuis près de trente ans je ne range »plus dans les cadres actifs des pianistes, et n'aspire qu'à »l'honorable repos des invalides, je me permettrai d'observer: »que la tâche de célébrer l'inventeur du Clavecin en Italie, »y revient de préférence aux remarquables pianistes italiens, »tels que M^r Buonamici (à Florence) et M^r Sgambati (à »Rome) etc.« —

Du reste, je ne pourrai guère quitter l'Allemagne tout cet été (sauf la visite au château de Loo) et serai probablement obligé de revenir en Hongrie après Bayreuth, où j'espère encore vous retrouver. Votre bien dévoué de cœur

9 Mars 76. Budapest. F. Liszt.

## 188. An Dr. Leopold Damrosch in New-York*).

15. April 1876.

Verehrter lieber Freund,

Sie haben mir unsern jungen Freund Max Pinner empfohlen; er bewährt sich als vorzüglicher Künstler und ist mir persönlich lieb geworden.[1]) Empfangen Sie durch ihn den erneuten Ausdruck meiner alten getreuen Freundschaft.

Ihr schön empfundenes, edel ausgeführtes Werk, »Ruth« habe ich mit sympathischem Interesse und Wohlgefallen gelesen. Dessen Aufführung in Deutschland zu veranlassen werde ich nicht versäumen.

---

*) Nach Abschrift eines Briefconceptes von Dr. Mirus in Weimar. — Adressat (1832—1885) kam als Violinspieler unter Liszt 1855 nach Weimar, ging 1858 nach Breslau und 1871 nach New-York, wo er als Dirigent erfolg- und einflussreich wirkte.

1) Ist früh verstorben.

Wie soll ich Ihnen danken für die erbauliche Gewogenheit, die Sie meinen Compositionen bezeigen? Ihre verständnissvolle begeisterte Direction meiner Partituren lässt die Mängel des Geschriebenen Keinen bemerken.

Herzlichen Gruss an Ihre Frau, und Ihnen in stets aufrichtiger Hochschätzung ergeben zeichne F. Liszt.

## 189. An Friedrich von Bodenstedt*).

8. Juni 1876.

Hochverehrter Freund,

Ihre sehr liebe und geniale Freundin, Frau Major von L. sendet das September-Feuilleton über das Conzert in Hannover. Tausend Dank dafür. . — .

Anlässlich meines frohen 50jährigen Jubiläums erfreuten Sie mich mit einem Gedicht, worauf ich stolz bleibe. Einem alten Klimperkasten, wie meiner Wenigkeit, poetischen Wohllaut zu entlocken ist Ihnen trefflichst gelungen.

Auf Wiedersehen in Hannover und freundschaftlichen Gruss an die Ihrigen. Dankend ergebenst Ihr

F. Liszt.

## 190. An den Musikverleger Bessel.

Monsieur,

Quoique la musique que vous avez l'obligeance de m'envoyer par l'intermédiaire de Mr Kahnt, ne me soit pas encore parvenue, je m'empresse de vous assurer de nouveau du vif intérêt que je prends aux œuvres des nouveaux compositeurs russes — Rimski-Korsakoff, Cui, Tschaikowski, Balakireff, Borodine — que vous éditez. Vous savez que dernièrement à la »Tonkünstler-Versammlung«, à Altenburg, la Ballade »Sadko« a été bien exécutée et accueillie. L'année prochaine je proposerai qu'on produise d'autres ouvrages des compositeurs russes susnommés. Ils valent la peine qu'on s'en occupe sérieusement, dans l'Europe musicale.

*) Nach einer Abschrift von Dir. Aug. Göllerich in Nürnberg. — Adressat der April 1892 verstorbene Dichter des Mirza Schaffy.

Quand vous reviendrez à Weimar, en Juillet, je vous exprimerai mieux mes remercîments et sentiments distingués.

20 Juni 76. Weimar. F. Liszt.

Veuillez bien remettre le mot ci-joint à Mr Cui.

## 191. An Fürst Carl Lichnowsky*).

Durchlauchtigster Freund,

In alter Anhänglichkeit sage ich Ihnen herzlichen Dank für Ihre gütigen Zeilen.

Stets knüpfen mich dankbarste Erinnerungen an das Haus *Lichnowsky*. Ihr hochbegeistigter Vater und Ihr bewunderungswürdiger Bruder *Felix* bezeugten mir nicht minderes Wohlwollen, als vormals Fürst Carl Lichnowsky dem jungen Beethoven, der sein Opus I (3 Trio's) dem Fürsten *Lichnowsky* widmete und sich heimisch fühlte in dem sogenannten »Palast« *Krzizanowitz* und Schloss *Grätz*1). Dort, lieber Fürst, Sie wiederzufinden möge vergönnt sein (vielleicht im nächsten Jahre)

Ihrem treu ergebensten

21. Juni 1876. F. Liszt.

## 192. An Hofcapellmeister Max Erdmannsdörfer.

Sehr geehrter Freund,

Bestens dankend für Ihre freundliche Einladung, komme ich gerne nächsten Sonntag und freue mich, wieder ein besonderes *Sondershäuser* Concert zu hören. Berlioz' Harold-Symphonie ist mir eine alte, immer grünende Erinnerung: vor

---

*) Mitgetheilt »Musikalische Chronik«, 1888, 20. Febr. von A. Göllerich. — Adressat ist der Bruder von Liszt's intimem Freund Fürst Felix Lichnowsky, der, Mitglied des Frankfurter Parlaments, 1848 als Opfer der Revolution auf der Bornheimer Heide fiel.

1) Krzizanowitz ist Lichnowsky's Majoratsgut in Preussisch-Schlesien, Schloss Grätz deren Herrschaft in Österreichisch-Schlesien. Hier wie dort verweilte, gleich Beethoven, auch Franz Liszt als Gast.

25 Jahren spielte sie vortrefflich die Sondershäuser Kapelle bei dem ersten *Zukunfts-Musikfest* (welches ich dirigirte) in Ballenstedt.

Senden Sie mir *bald* das ganze gedruckte Programm. Können Sie schon den neuen Festmarsch von Wagner aufführen?

Wenn möglich, bitte ich um »Nirwana« von Bülow, und falls sich noch Platz findet für ein kurzes meiner Dinge, proponire ich bescheidenst die symphonische Dichtung »*Hamlet*«, die ich niemals hörte.

Freundschaftlichsten Gruss an Ihre Frau, und beständig ergebenst

27ten Juni 76. Weimar. F. Liszt.

Das Conzert findet wohl wie gewöhnlich am Sonntag *Nachmittag* statt, sodass die Weimarer Besucher wieder hierher zurückgelangen?

Welcher Zug bei dem kürzlich veränderten Fahrplan — wie man mir gestern sagte — bringt mich *in tempo* (non rubato) nach Sondershausen und *retour*? —

## 193. An Kornel von Abrányi.

Verehrter lieber Freund,

Besten Dank für Ihren Brief. Bitte dem Herrn Bürgermeister Wagner Károly und dem Festcomité in Szégédin meine Entschuldigungen darzubringen. [1]) Anlässlich der ersten Einladung nach Szégédin (im vorigen März) bemerkte ich sogleich: »Während des ganzen Monats *August* gehöre ich zu Bayreuth.« Consequent bleiben ist kein Fehler, — wenn das Princip richtig,

Nun, lieber beharrlicher Freund, lade ich Sie abermals ein, hierher zu kommen. Das »*Bühnenfestspiel*« ist von aller-

---

1) Die Stadt Szegedin und der ungar. Landes-Sängerbund hatten Liszt's Theilnahme an dem an ersterem Ort zu feiernden Musik- und Sängerfest erbeten. Karl Wagner war Präsident des Festcomité's.

höchst ernster, geschichtlicher Bedeutung. ... Kommen Sie also spätestens vom 27. bis 30. August zur dritten Serie der erstaunlichen Aufführungen des »Ring des Nibelungen.«

Gerne besorgt für Sie die *Montecuculi'schen* Dinge hierselbst[1])

Ihr alter, treu ergebenster

Bayreuth, 6. August 76. F. Liszt.

## 194. An Richard Wagner*).

Unglaublicher,

Hast Du einen Moment Zeit für die Leipziger *affaire*, so bitte ich Dich herunter zu kommen (wo sich Herr Neumann *jetzt* befindet) zu Deinem Deinsten

[Bayreuth, August 1876.] F. L.[2])

## 195. An die Kammersängerin Marie Breidenstein in Erfurt[3]).

Liebe, Verehrte,

Vielleicht passen die Schubert'schen Lieder mit meiner allerbescheidensten Instrumentirung irgendwie zu Ihren Programmen. Anbei die gedruckten Partituren nebst Orchesterstimmen.

»Gretchen« und »Erlkönig« sind vielfach verbraucht und abgedroschen. Nicht so ganz gang und gäbe bleibt die »junge

---

1) D. h. die Kosten.

*) Autograph dieses Curiosums im Besitz von Hrn. Commerzienrath Bösendorfer in Wien.

2) Es handelte sich um die von Angelo Neumann angestrebte und von Liszt befürwortete Aufführung der »Nibelungen« in Leipzig, zu welchem Zweck Ersterer nach Bayreuth kam. — Wagner schrieb auf das von Liszt benutzte Briefblatt mit Bleistift wie folgt:

»Noch viel Unglaublicherer!

Ich bin im Hemd, und unter *keinen* Umständen gewillt, mein Werk nach Leipzig oder irgend wohin zu geben!

Sei mir gut! Dein R. W.«

3) † 1892. Sie widmete sich mit Vorliebe der Wiedergabe Lisztscher Compositionen, war auch Liszt's Schülerin am Clavier.

Nonne«, und Mignon's wunderbares Lied: »So lasst mich scheinen bis ich werde« ist kaum gehört — noch empfunden!

Wollen Sie mir abermals eine Stunde in Weimar schenken, so begleite ich Ihnen die beiliegenden 4 *instrumentirten* Schubert-Lieder.

Nächsten Samstag reist von hier ab

Ihr aufrichtig ergebenster

Montag, 18ten Sept. 76. Weimar. F. Liszt.

NB. Die Instrumentirung nöthigte mich zu ein paar kleinen Varianten in den vier Liedern Schubert's: deswegen hat sich die Sängerin nach meiner Partitur-Ausgabe zu richten betreffs der Pausen und der sehr geringen Änderungen.

## 196. An Camille Saint-Saëns.

Très cher ami,

En vous envoyant aujourd'hui la transcription de votre »Danse macabre« je vous prie d'excuser mon inhabileté à réduire au piano le merveilleux coloris de la partition. À l'impossible nul n'est tenu. Jouer de l'orchestre sur le piano n'est encore donné à personne. Néanmoins il faut toujours tendre vers l'*Idéal* à travers toutes les formes plus ou moins revêches et insuffisantes. La vie et l'art ne sont bons qu'à cela, ce me semble.

Votre bien dévoué de sincère admiration et amitié

2 Octobre 76. Hannovre. F. Liszt.

## 197. An Prof. L. A. Zellner, Generalsecretär des Musikconservatoriums in Wien*).

31. Oct. 1876.

Verehrter Freund,

Übermitteln Sie freundlichst meinen aufrichtigen Dank an die Herren Director Mosenthal und Herbeck für gewogene Zuschrift betreffs des Beethoven-Monument-Conzerts in Wien

*) Nach Abschrift eines Conceptes von Dr. Mirus in Weimar.

nächsten März. Ein paar Wochen früher bitte ich um Mittheilung des Programms, dem gerne mit seinen alten Händen beifügen wird Beethoven's Esdur-Concert und noch zum Schluss, falls »Hammerclavier« zulässig scheint, die Fantasie mit Chor.

Treu ergebenst F. Liszt.

## 198. An Hans Richter, Hofoperncapellmeister in Wien*).

10. November 1876.

Für Ihre freundliche Absicht, in der Vorstellung des Hofopernthеaters zu Gunsten des Beethoven-Denkmals meine Beethoven-Cantate aufzuführen, danke ich Ihnen aufrichtigst. Mit der heutigen Post erhalten Sie die ganze gedruckte Partitur nebst einer Separatausgabe des orchestrirten Andante (aus dem Bdur-Trio), welches über meinem geringen Werke als Leitstern leuchtet.

Im Jahre 1870 erschien die Cantate bei Kahnt, Leipzig, und wurde auch zuerst in Weimar, dann in Pest, gelegentlich der Jubiläumsfeier Beethoven's aufgeführt. Wenn Ihnen, verehrter Herr, die Orchestrirung einigermassen zusagt, möchte ich rathen, dieselbe *allein* in Ihr Programm am 15. December aufzunehmen. Die übrigen Sätze könnten auf mancherlei Schwierigkeiten in Wien stossen .... und offen gestanden bin ich überhaupt etwas scheu geworden betreffs der Aufführung meiner Compositionen. Obschon ich deren vorausgemachten Misserfolg bei der vorwaltenden Kritik ruhig ertrage, ist es mir Pflicht, meine Freunde damit nicht zu benachtheiligen.

Nochmals herzlichen Dank für die Wohlgewogenheit und verdienstvolle Leitung Wagner's. F. Liszt.

---

*) Nach einer Abschrift von Dr. Mirus in Weimar. — Adressat (1843 in Ungarn geb.) der berühmte Dirigent der Bayreuther Festspiele seit 1876, neben seiner Wiener Opernthätigkeit Leiter der dortigen philharm. Concerte und der Richter-Concerte in London.

## 199. An Breitkopf und Härtel.

Hochgeehrte Herren,

Wegen mehrfachen Ortswechsels in den letzten Wochen ist mir Ihr Schreiben vom 25ten October sehr verspätet zugekommen. Dass ich niemals gedachte, irgend Jemandem Unannehmlickeiten — zumal gerichtliche! — zu bereiten, bedarf wohl keiner Versicherung [1]. Insbesondere sind meine Beziehungen zu Ihrem hochverehrlichen Hause seit mehr als 30 Jahren immer sehr einfache und redliche. Dies bezeigen auch meine citirten zwei Briefe vom 17ten Februar und 3ten April 1853, betreffs der Herausgabe in Ihrem Verlag der »Tannhäuser- und Lohengrin-Stücke« — deren damalige Veröffentlichung ich gänzlich »*im Einverständnisse*« mit Richard Wagner veranlasste.

Allerdings konnte ich nicht, ohne den Tannhäuser-Marsch zu verballhornen, das Original umgehen und *übertrillern*, oder hin und her mit *Arpeggien* bekleiden: indess wenn »Sachverständige« meine Transcription *en détail* besichtigen wollen, werden sie leicht herausfinden, dass sowohl die Variation des Hauptmotivs, als die Modulirung des zweiten — und etwa die ganze Fassung des Claviersatzes, nicht als »*Nachdruck*« zu schelten wären.

Mit ausgezeichneter Hochachtung freundlichst ergeben

12ten November 76. F. Liszt.

*Budapest* (wo ich den ganzen Winter verbleibe).

## 200. An Musikverleger Constantin Sander in Leipzig*).

Sehr geehrter Herr,

Besten Dank für die freundliche Sendung der »gesammelten Schriften Hector Berlioz's« und einiger Nova Ihres Verlags.

---

1) Der Verleger des »Tannhäuser« hatte in Liszt's Bearbeitung des Marsches einen »Nachdruck« erblicken wollen.

*) Autograph im Besitz von Hrn. Alfred Bovet in Valentigney.

Die Compositionen von Tschaikowsky interessiren mich; ein paar meiner hiesigen Schüler spielen ganz wacker sein Conzert und mehrere Piècen von ihm; auch habe ich Riedel empfohlen, Tschaikowsky's Symphonie in das Programm der nächsten *Tonkünstler-Versammlung* aufzunehmen.

Otto Reubke's Bearbeitung des Schubert'schen Quartetts[1] für Pianoforte zu zwei Händen scheint mir gut gelungen, indess dürfte der 3te Takt des ersten Allegros so lauten:

weil in der letzten Weise das wichtige E der Melodie nicht gehalten werden kann; etc. —

Von Schubert's D moll-Quartett ist mir das Manuscript einer *vorzüglichen* Bearbeitung für 2 Hände bekannt, deren sehr hochgestellten Autor ich Ihnen heute nicht nenne. Falls Sie aber gesonnen wären dieses Quartett (für Clavier zweihändig gesetzt) zu verlegen, ertheile ich Ihnen gerne nähere Auskunft darüber. —

Mit der heutigen Post empfangen Sie meine letzte Revision von Berlioz's *Symphonie fantastique.* Dem Titel habe ich zwei Bemerkungen beigefügt, die ich Sie bitte bemerken und befolgen zu wollen. Also »*Partition de Piano*« — nicht *Arrangement* . . . Dann ist es unumgänglich nothwendig, *Ihrer* 2ten Ausgabe das ganze Programm von Berlioz, französisch und deutsch (auf der 1ten Seite nach dem Titelblatt) einzufügen. Wenn nöthig, wird Ihnen mein Freund Richard Pohl den französischen Original-Text und die Übersetzung zustellen.

Mit ausgezeichneter Achtung, freundlichst gesinnt

15ten November 76 — Budapest. F. Liszt.

---

1) A-moll, bei Sander (F. E. C. Leuckart) erschienen.

P. S. Das Exemplar der *Witzendorf*-Ausgabe behalte ich einstweilen und sende Ihnen heute nur die Pariser Edition nebst dem letzten Correctur-Exemplar der Symphonie fantastique.

## 201. An Breitkopf und Härtel.

23. November 1876.

Hochgeehrter Herr und Freund,

Bevor mir Herr W. Juranyi Ihren Brief einhändigte, hatte ich in Betreff derselben Angelegenheit das frühere Schreiben Ihres verehrlichen Hauses beantwortet.

Genehmigen Sie abermals die Versicherung, dass ich einen besondern Werth lege auf die Continuität unserer nun schon 36 Jahre währenden freundlichen Beziehungen. Was von mir hierzu abhängt, soll nie fehlen.

Ihr Brief enthält zwei Vorschläge:

1) Wagner zur Unterschrift ein gerichtliches Document zu empfehlen.

Dies widerspricht durchaus meinen friedsamen Angewohnheiten.

2) Eine *vermehrte* Version der Transcription des »Tannhäuser-Marschs« anzufertigen.

Darauf eingehend schicke ich Ihnen übermorgen ein paar Notenseiten behufs einer *vermehrten* Ausgabe. Ob dieselben *gerichtliche* Geltung erlangen, kann ich nicht bestimmen; jedenfalls aber bezeigen sie Ihnen, hochgeehrter Herr, meine aufrichtige Bereitwilligkeit.

Nebenbei bemerkt waren meine *Wagner-Transcriptionen* keineswegs Sache der Speculation für mich. Erschienen Anfangs der 50er Jahre, wo allein das Weimarer Theater die Ehre hatte, »Tannhäuser«, »Lohengrin« und den »fliegenden Holländer« aufzuführen, dienten solche Transcriptionen nur als bescheidene Propaganda am dürftigen Clavier für den hehren Genius Wagner's, dessen strahlender Ruhm jetzt und hinfort dem Stolze Deutschlands angehört.

Hochachtungsvoll ergebenst

23. Nov. 76, Budapest. F. Liszt.

## 202. An den Musikverleger Constantin Sander.

Sehr geehrter Herr,

Sie haben treffend errathen, dass die »*vorzügliche*« Transscription des Schubert'schen D moll-Quartetts von Herrn von Keudell gefertigt ist. Es bleibt Ihnen nun übrig, an Seine Excellenz zu schreiben, um diese Transcription Ihrem Verlag anzueignen.

Das H moll-Rondo Schubert's ist Reubke sehr gut gelungen. Er möge nur die (meines Bedünkens jetzt unerlässlichen Pedal-Bezeichnungen hinzufügen. Mit derselben Post schicke ich Ihnen sein Manuscript nebst ein paar Bemerkungen und bitte, Reubke für die freundliche Widmung zu danken — und auch insbesondere zu complimentiren für die feingefühlte und schön am Clavier wirkende Übertragung des Satzes:

Freundlichst

29ten Nov. 76, Budapest. F. Liszt.

## 203. An Vera Timanoff[1].

Chère virtuose,

Je vous ai de suite télégraphié à Laibach pour vous dire d'arriver sans façon: votre talent est de force à convertir même les Turcs: et je vous assure que le public des concerts à Pest sera charmé de vous applaudir. Quant au titre que vous me proposez de prendre, je le trouve trop modeste pour vous; mais il y aurait excès de modestie de ma part à y contredire . . . donc soyons-en réciproquement fiers, et ne l'affichons pas!

---

1) Erst Schülerin Tausig's (auch kurze Zeit Rubinstein's), studirte sie seit 1875 allsommerlich bei Liszt, so lange dessen Aufenthalt in Weimar währte. 1880 wurde sie Weimar'sche Kammerpianistin.

À revoir bientôt, — et toujours
bien affectueusement dévoué
29 Novembre 1876 — Budapest. F. Liszt.

Veuillez dire à Monsieur et Madame Bösendorfer mes plus cordiales amitiés.

## 204. An Otto Reubke in Halle a./S.[1])

Lieber Herr Reubke,

Ihre Bearbeitung[2]) gefällt mir ungemein. Ich bitte Sie die auf beiliegendem Notenblatt angegebenen Änderungen zu berücksichtigen. Diese Version ist nicht so ganz dem Original gemäss als die Ihrige; da es sich aber darum handelt ein *fortissimo* hervorzubringen, darf man wohl auch dergleichen Ungenauigkeiten gestatten, zu Gunsten des Clavierspielers und der Wirkung. —

Viele *Pedale* und einige Fingersätze bittet Sie Ihrer *vortrefflichen* Bearbeitung des Schubert'schen Rondo's beizufügen,
freundlichst ergeben
November 76. Budapest. F. Liszt.

## 205. An die Kammersängerin Marianne Brandt in Berlin.

3. December 1876.

Verehrte liebe Freundin,

Was mir immer recht angenehm und lieb, ist Ihre Wohlgewogenheit; meinem herzlichen Dank dafür füge ich heute hinzu die kleine Notiz: bei Schott (Mainz) ist die Jeanne d'Arc au bûcher seit ein paar Monaten herausgegeben. Diese kurze dramatische Scene kann entweder mit Clavier oder Orchesterbegleitung gesungen werden. Der Chor glänzt durch seine Abwesenheit. Johanna allein hat zu wirken. NB. Nur die zweite Ausgabe (1876 erschienen), nicht die erste, auch

---

1) Jetzt Universitäts-Musikdirector daselbst.
2) Von Schubert's H-moll-Duo für Clavier allein.

bei Schott vor 30 Jahren verlegte, ist zu gebrauchen. Schott schickte mir kein Exemplar davon, es war zu umständlich via Budapest nach Mainz für Berlin zu correspondiren. Herr Capellmeister Mannstädt[1]) möge also so freundlich sein, die Johanna (Partitur und Clavierauszug bei Schott) zu bestellen, falls Sie die Güte hätten, sie zu singen.[2]) Vielleicht könnte jetzt dagegen in Berlin ein besonderes Bedenken obwalten, trotz der Tragödie Schiller's »die Jungfrau von Orleans«. Überlegen Sie also die Sache.

Meistens muss ich seit Jahren von den Aufführungen meiner grossen Compositionen abrathen. Das grosse Publikum hört eigentlich blos auf die Kritik, deren vorlauteste Organe in den Zeitungen mir hostil sind. Zu was sollte ich unnütze Kämpfe eingehen und dabei meine Freunde compromittiren? Ruhe und Ordnung sind die ersten Bürgerpflichten, die ich doppelt als Ehrenbürger und Künstler zu erfüllen habe.

Übrigens, liebe Freundin, wenn es Ihnen passt, irgend welches meiner Notendinge zu singen, so seien Sie des aufrichtigsten Dankes versichert Ihres verehrungsvoll ergebenen

F. Liszt.

## 206. An das Comité des Beethoven-Denkmals in Wien*).

10. December 1876.

Hochverehrte Herren,

Erfreut Ihnen dienstfertig zu sein, werde ich aus vollem Herzen und mit beiden Händen in dem Conzert für das Beethoven-Denkmal mitwirken.

Ihre freundliche Bemerkung über die Aufführung der Chor-Fantasie Beethoven's erlauben Sie mir dahin zu beantworten, dass in diesem Conzert ich kein andres Werk als ein rein absolutes, von Beethoven geschriebenes vorzutragen gedenke,

---

1) Jetzt Capellmeister am Hoftheater zu Wiesbaden.

2) Es geschah zu Ehren von Liszt's Anwesenheit in Berlin, die man durch Aufführung einiger seiner Werke feierte.

*) Nach einer Abschrift von Dr. Mirus in Weimar.

folglich meine Programm-Betheiligung auf das Es dur-Conzert bewenden kann [1]).

Dem hochgeehrten Herrn Schriftführer des Comité's, Hrn. Zellner, bitte ich meine Andeutung betreffs der Beethoven-Stiftung in Leipzig übermitteln zu wollen.

Empfangen Sie, hochverehrte Herren, den Ausdruck meiner hochachtungsvollen Ergebenheit. F. Liszt.

## 207. An Eduard von Liszt.

2. Januar 77, Budapest.

Liebster, hochverehrter Cousin,

In herzlichster Übereinstimmung mit Deinem Denken und Empfinden verbleibe ich Dir stets getreu. Jedes Jahr rückt uns näher der Erfüllung unserer Hoffnung in Jesus Christus, dem Heiland!

»Wer bis an das Ende beharrt, wird selig!« —

Von meinem kleinen Unfall bin ich nun wieder hergestellt. Wenn es nichts Ärgeres auf der Welt gäbe als Beine verrenken und physisches Leiden, könnte man noch ganz zufrieden sein. Übrigens gehöre ich zu den sehr *Verschonten* und *Glücklichen*, selbst in Bezug auf physisches Leiden.

Hier kommt nichts Besonderes vor, was ich Dir zu erwähnen hätte. 4 mal die Woche halte ich Schule für Pianisten und Pianistinnen, inländische und ausländische. Ein halb Dutzend davon zeichnen sich aus und können sich als tüchtige Künstler öffentlich produziren. Unglücklicher Weise giebt es viel zu viele Conzerte und Conzertisten. Wie Dingelstedt ganz richtig sagte, sind: »die Theater ein nothwendiges Übel, die Conzerte ein überflüssiges.« Diese Sentenz meinen Discipeln der ungarischen Musik-Akademie einzuschärfen, bin ich bemüht.

Bekanntlich besitzt Budapest drei musikalische Anstalten: das Conservatorium (welches seit 36 Jahren besteht und mehrere

---

1) Es hatte doch nicht sein Bewenden dabei: Liszt spielte noch den Clavierpart der Chorphantasie, op. 80.

hundert Schüler zählt), die ungarische Theaterschule und die neue, noch kleine Musik-Akademie. Ein vortrefflicher jüngerer meiner Freunde, Graf Geza Zichy, ist Präses des Conservatoriums; ein älterer, Graf Leo Festetics, Präses der Theaterschule, und meine Wenigkeit fungirt in derselben Eigenschaft bei der Musik-Akademie, deren Director Franz Erkel und General-Sekretär Abrányi eifrigst verständig vorschreiten. Mit beiden habe ich nur angenehme Beziehungen, und der Minister Trefort ist mir schon deshalb wohlgewogen, weil er weiss, dass ich ihm unnütze Belästigungen und Ausgaben erspare. Wahrscheinlich gedeiht die Musik-Akademie in zwei Jahren so weit, dass man davon mehr zu sprechen hat: einstweilen studiren wir — und schweigen. . —.

Herzlichste Grüsse an die Deinen — und auf Wiedersehen im Schottenhof[1] Mitte März, anlässlich des »Beethoven-Monument-Conzerts.«

Dein

F. Liszt.

Die Weihnachtswoche hat mich ausgesäckelt. Sei so gut und schicke mir *baldigst* 500 Gulden, denn es bleiben mir kaum 60 vorräthig.

## 208. An Walter Bache.

Wahrlich, lieber Bache, Sie sind ein *wunderthätiger* Freund, Ihre funfzehnjährigen beharrlichen Mühen, Anstrengungen, Zeit- und Geldopfer zu Gunsten der Aufführungen meiner verkritisirten Compositionen in London gehören zu den seltensten Ereignissen der Kunstannalen. Abermals herzlichsten Dank; bitte auch Mr August Manns bestens zu danken für seine vortreffliche Direction des »Mazeppa«. Dergleichen Dinge sind unbequem für Dirigenten und Ausführende. Wie aber weitergehen und musiciren mit der faulen Bequemlichkeit, selbst wenn sie sich unter der classischen Maske zur Wichtigkeit erhebt?

Hüffer's Übersetzung des Briefes von Wagner erfreut mich.

---

1) Eduard Liszt's Wohnung in Wien.

An Hüffer[1]) und Dannreuther[2]) freundschaftlichen Gruss von
Ihrem dankbar ergebensten

9ten März 77. Budapest. F. Liszt.

Anfangs April bin ich in Weimar zurück. Dass Sie die alte »Loreley« mit frischer Orchester-Begleitung in Ihr Conzertprogramm aufgenommen haben, ist mir angenehm. Sagen Sie der freundlichen Sängerin Mss Osgood meine unterthänigsten Complimente.

## 209. An Eduard von Liszt.

3ten Juli, Weimar 77.

Liebster Eduard,

Seit ein paar Wochen bin ich viel unterwegs und mannigfach gestört. Mehrere Musikaufführungen veranlassten mich, mich in der Nachbarschaft herumzutreiben. Am 17ten Juni wurden einige Stücke aus dem *Christus*-Oratorium in der Thomaskirche (Leipzig) vom Riedel'schen Verein vortrefflich gesungen; vorigen Freitag kam wieder die *Elisabeth* in Eisenach glänzend zum Vorschein, und gestern in Jena veranstaltete mein langjähriger unermüdlicher Freund Gille ein tüchtiges Kirchen-Conzert (mit mehreren Nummern von mir), dem ich beiwohnte.

Wahrhaft bedaure ich, der lieben Einladung meines herzlich geliebten Neffen Franz am Hochzeitstag nicht *persönlich* folgen zu können. Es wäre für mich viel besser, mehr mit Euch zu sein! . . . Anbei ein paar Worte an Franz. Sorge für meinen Vertreter als *Zeuge* bei der Vermählung. Wer dazu von Dir gewählt, ist mir werth und recht: meinerseits nenne ich meinen Freund Bösendorfer.

Übermorgen gehe ich auf zwei Tage nach Berlin: dann bin ich weiter und näher befohlen bis Ende Juli. Der Frau Fürstin werde ich unterthänigst meine Ankunft in Rom — Anfangs August — melden. Bitte Dich, mir das Reisegeld

1) Musikschriftsteller in London, unlängst verstorben.
2) Musiker ebenda.

und etwas darüber — ungefähr 1200 *Mark* — hierher am *20ten Juli* zu senden. Ich darf keine anderen Schulden als *moralische* tragen. Unser Name Liszt in ungarischer Sprache bedeutet *Mehl*: wir wollen gutes Weizenmehl liefern »ex adipe frumenti« mit Dir, Franz und Deinen Kindern.

Treu ergebenst

F. L.

. —. Mitte November besuche ich Dich auf der Rückkehr von Rom nach Pest, — wo ich, wie vormals, den Winter zu verbringen gedenke.

Herzlichste Grüsse an Deine Frau und Marie.

## 210. An Ludwig Bösendorfer.

Verehrter Freund,

Sie sind ebenso ein Claviermacher wie ich ein Clavierspieler gewesen und, leider fast *posthume*, noch bleibe.

Mein Freund Berlioz fragte: »Croyez-vous que j'entende la musique pour mon plaisir?« Nichtsdestoweniger wollen wir Musik und Clavier forttreiben »pour notre bon plaisir«.

Dank für Brief und Telegramm.

Herzlich ergebenst F. Liszt.

12. Juli 77. Weimar.

## 211. An Edmund von Mihalovich.

. —. Pour obtenir cette représentation[1]) je crois nécessaire et indispensable (ainsi que je vous l'ai déjà dit) que vous fassiez un siège régulier *en personne* autour de Mr l'Intendant, de Mr le maître de chapelle, de MMrs les chanteurs et Mesdames les cantatrices du théâtre que vous choisirez.

Les nouveaux opéras *sérieux* sont maintenannt suspects et disgraciés partout. On en a fait quelques essais par ci par là ces dernières années. Aux plus heureux, le public applaudissait chaleureusement pendant les premières représen-

---

1) Von Mihalovich's Oper »Hagbar«.

tations et s'abstenait de venir aux suivantes. Par conséquent la caisse restait vide: Or, c'est la recette qui détermine le succès solide. Si les merveilleux chefs d'œuvre de Wagner se maintiennent aux répertoires, c'est par ce qu'ils font de l'argent, et continuent d'attirer même un gros contingent de dénigreurs. . — .

20 Juillet 77. Weimar.

Vers la mi-Août je serai à Rome, et resterai à la Villa d'Este jusqu'à mon retour à Pest en Novembre.

## 212. An Kornel von Abrányi.

28. Juli, 77. Weimar.

Verehrter Freund,

Lieber Herr Generalsecretär der »Zene Akadémia« [1]),

Aufrichtigen Dank für Ihr inhaltreiches Schreiben, und sogleich Beantwortung von Punkt zu Punkt [2]).

1. Sehr befriedigend ist der Abschluss des Jahrgangs 77 mit den Prüfungs-Conzerten (25. bis 28. Juni — und dem »Magyar Hangverseny« [3]) am 30. Juni). Erfreuen wir uns an den lobenswerthen Leistungen der Herren Juhász, Aggházi, Swoboda und der Damen: Frau Knapp, Fräulein Lépessy [4]) etc. in Contrapunkt, Harmonie, Composition, Ästhetik, ungarischer Musik und dem unentbehrlichen Clavierspiel.

Am besten lobt das Werk den Meister: ebenso die Schüler, wenn sie sich zur Meisterschaft anschicken, ihre Lehrer. Die »Zene Akadémia« hat nicht dem allerwärts gewöhnlichen Musiktreiben zu fröhnen; wohl aber eine schwierigere, höhere Aufgabe zu erfüllen. . . .

2. Die Publikation Ihrer »akademischen Vorträge« hatte

---

1) D. i. Landes-Musikacademie.

2) Abrányi hatte Liszt, dem Präsidenten der Academie, über deren Lehrcours (1877) und Concerte berichtet, sowie betreffs mehrerer Kunstfragen seine »massgebende Meinung« erbeten.

3) Ungarisches Concert.

4) Die Genannten waren Lieblingsschüler des Meisters in der Academie.

ich Seiner Excellenz, dem Minister Trefort, besonders empfohlen. »Gehörige Lehr- und Fachbücher«, in ungarischer Sprache *gedruckt*, sind unumgänglich. Sie, verehrter Herr Generalsecretär, haben dafür zu sorgen, — und der Herr Minister wird gewiss Ihre wissenschaftlich-patriotischen Arbeiten unterstützen, zu Nutzen und Frommen der Lernenden und Lehrer an der »Zene Akadémia« — und weiter, in ganz Ungarn.

3. Über den »Classenplan der Abtheilung für Kirchenmusik, Gesang und Orgel« kann ich jetzt nur den Wunsch wiederholt aussprechen: dass sich zur Leitung dieser Classen die geeignete, tüchtige, arbeitskräftige Persönlichkeit finde. Weder Invaliden noch Pfuscher dürfen fungiren am Fischplatz Nr 4 [1])! — Sollte leider der hochwürdige Herr F. Witt durchaus verhindert bleiben, die ihm vorbehaltene Stelle in Budapest zu versehen, so werde ich vorschlagen, dem zu wählenden Dirigenten ein *Probejahr* anzubieten. Dabei ist gefälliges Protectionswesen zu vermeiden, weil es sich um nichts Geringeres handelt, als das würdige Gedeihen und Emporkommen der Kirchenmusik in Ungarn.

4. Als nothwendig erachte ich die Anstellung eines kundigen, vorwärts strebenden Clavier-Professors, der unserm hochverehrten Herrn Director F. Erkel einen Theil seiner sehr verdienstlichen, aber übermässigen Anstrengungen abnimmt. Indess protestire ich *laut* gegen das Ansinnen einer Professur ohne Besoldung. Honorar mit *honneur*; vernünftige Beschränkung ohne Bettelwirthschaft: sonst verkommen wir in argen Dingen.

5. Meine »Jubiläums-Stipendien«, welche mir das Municipium Budapest's in höchst ehrenvoller Weise anvertraute, bitte ich nächstes Jahr (78) an *dieselben* Künstler zu vertheilen, wie in diesem Jahre. Darauf bezügliche Schriftstücke werde ich gerne unterzeichnen.

Das baldige Erscheinen Ihrer *Harmonielehre* und der gesammelten Schriften unseres unvergesslichen Freundes Mosonyi,

---

1) Liszt's Wohnung und interimistisches Local der Academie.

nebst seiner Biographie und den neuen Compositionen Abrányi's, mit sympathischer Anerkennung Ihres rühmlichen beharrlichen Kunststrebens begrüssend, verbleibt Ihnen

verehrungsvoll treu ergeben F. Liszt.

Nächste Woche reise ich weiter, — bin Mitte August in Rom — und im November in Pest, wo ich wieder den Winter zu verbringen beabsichtige. Schreiben Sie mir im September: Adresse Villa d'Este, Tivoli (presso) *Roma. Italia.*

Frau Knapp bitte ich Sie beiliegende Zeilen einzuhändigen.

## 213. An den Musikverleger Constantin Sander.

Sehr geehrter Herr,

Mit Vergnügen werde ich das wieder aufgefundene Manuscript der Harold-Symphonie Partition de Piano et Alto »*druckfertig*« machen und Ihnen überlassen. Senden Sie mir bald das Manuscript nebst der *Original-Partitur* von Berlioz, die mir zur genauen Revision des Arrangements nothwendig ist. Mein Honorar soll billig ausfallen, da mir die Herausgabe dieser vor 40 Jahren in der Schweiz gefertigten Bearbeitung in Ihrem Verlag angenehm ist. Längst hätte ich sie veröffentlicht, wenn das Manuscript nicht verloren gegangen wäre.

Freundlichst ergeben F. Liszt.

5ten September 77.

Villa d'Este, Tivoli (per *Rom*).

Bitte ein Exemplar des vortrefflichen Trio's von Eduard Nápravnik beizufügen. Mein Freund Sgambati wird es in Rom öffentlich produziren und geltend machen.

## 214. An Adelheid von Schorn in Weimar.

Liebe Verehrte,

Wenn man nicht weiss, was zu sagen oder schreiben, nun da versucht man mit der Musik auszuhelfen.

Anbei sende ich Ihnen das Lied Ihrer hochherzigen Frau Mutter: »Ach, was ist Leben doch so schwer!« Meine *Notation* ist dermassen gehalten, dass Sie leicht darüber wegkommen werden, sowohl im Gesang als in der Begleitung. 1)

Treu ergebenst F. Liszt.

15ten September 77. Rom.

## 215. An Breitkopf und Härtel.

Hochgeehrte Herren,

.—. Meine geringe Betheiligung an Ihrer Ausgabe von Chopin's Werken, die fast sämmtlich Ihrem Verlag angehören, möge Ihnen als gefällig dienen. Vorher bemerkte ich, wie wenig eigentlich an Chopin's Compositionen zu besorgen übrig bleibt, da er selbst mit rühmlicher, ausnahmsweiser Genauigkeit die möglichen Vortrags-Bezeichnungen — und sogar die des Pedals, welche in keinem andern Autor so häufig vorkommen — anmerkte. Correctheit und Authenticität des Original-Textes treffen Ihre Mitarbeiter gewiss in der Moskauer Ausgabe Chopin's von Karl Klindworth.

Ich hatte die *Etuden* gewählt, weil mir das erste Heft gewidmet und das zweite wohl auch (in damaliger Zeit). Gerne verzichte ich auf Revision beider und bitte Sie besonders, sehr geehrte Herren, mich nicht einer unpassenden Concurrenz auszusetzen. Gegenüber meinen verehrten Collegen will ich stets die friedlichste Gesinnung bewahren, und wo es ihnen irgend beliebig ist, sie überall wirken und gewähren lassen.

Nach Ihrem Brief entschlagen Sie sich einer »instructiven Ausgabe und sonstiger Zuthaten« der Werke Chopin's. Fallen

---

1) Publicirt im 8. Liederheft unter der Aufschrift »Sei still«.

dann auch die Fingersatz-Bezeichnungen weg? ... Desto bequemer wird sich die Musse der Mitarbeiter gebahren. —

Vorige Woche sandte ich Ihnen die Correcturen des »Triomphe funèbre du Tasse«; nebenbei das »Impromptu«. Morgen folgt »Héroïde funèbre« (vierhändig) und nächstens erwarte ich die »Hunnenschlacht«, womit nun alle vierhändigen Arrangements der 12 *symphonischen Dichtungen* beendigt sind. Deren gesammte Ausgabe in 3 oder 4 Bänden (nach Ihrem Dafürhalten) wird mich vergnügen.

Trotz der vielen Kritiken, Ignorirungen und Perhorreszirungen, welche diese Dinge 20 Jahre durch erleiden mussten, sind sie vielleicht noch nicht ganz todt gemacht.

Der 4 händigen Ausgabe bitte ich, wie in den Partituren, die *Vorworte* und *Dichtungen* beizufügen (französisch und deutsch) und auch den ferneren Ausgaben für 2 Pianoforte. Desgleichen der Clavier-Transcription des »Triomphe funèbre« (italienisch und deutsch), weil eben ein gutgewillter *Programm-Componist* derartige Andeutungen mehr gebraucht, als man sie gemeiniglich genehmigt.

Selbstverständlich darf die Widmung des »Impromptu« — »à Madame la Baronne Olga de Meyendorff, née Princesse Gortschakoff« — nicht fehlen.

Mit ausgezeichneter Hochachtung ergebenst

Villa d'Este, 26ten September 77. F. Liszt.

Bis Ende October bleibt meine Adresse: 43, Via dei Greci, Roma (Italia). Von Mitte November an: Budapest (Ungarn).

## 216. An Frau Ingeborg von Bronsart in Hannover.

Chère bienveillante amie,

Bien touché de votre charmante lettre, je me chagrine de ne pouvoir suivre votre amicale invitation. Cela me serait certainement beaucoup plus agréable que de vaquer à toute sorte de devoirs; mais comme aux trois quarts je me les suis imposés à moi-même, je tiens d'autant plus à les remplir; et pour ne pas *me* manquer de parole, je retournerai à Budapest avant la mi-Novembre et y resterai jusqu'en Avril. Peut-être là suis-je moins inutile qu'ailleurs, c'est mon idée ou mon illusion.

Que d'excellentes et belles choses les *deux Hans* vont opérer à Hannovre![1] Je m'en réjouis vivement et l'été prochain j'espère bénéficier de mes oreilles du nouveau régime musical tout en l'honneur de l'art, et dont l'exemple profitera et fructifiera de près et au loin.

La semaine passée j'ai expédié de la part de l'auteur à votre adresse un exemplaire du Quintuor de Sgambati, dédié à Bülow: et aussi une Fugue (précédée d'un grand Prélude et terminée par un Choral — le même qui a servi à Guido d'Arezzo pour dénommer les 6 notes de la gamme: »*Ut* queant laxis *re*sonare fibris etc! .... L'un des deux Hans vous dira le reste de l'Hymne qui se psalmodie toujours le 24 Juin, fête de St. Jean Baptiste).

Autrefois vous cultiviez avec *maëstria* les fugues: celle de Sgambati vous paraîtra-t-elle assez classique? j'en doute presque, car vous êtes d'une extrême rigidité en ces choses.

A cause du deuil de S. M. la reine des Pays-Bas les »auditions« au château du Loo n'ont pas lieu cette année. Par conséquent j'irai droit d'ici à Pest.

Veuillez dire mes tendresses à vos enfants, et croyez-moi bien de leur papa et leur maman à toujours le très cordialement dévoué ami F. Liszt.

21 Octobre 77. (Villa d'Este.)

## 217. An Eduard von Liszt.

Liebster Eduard,

.—. Wie man mir sagt, melden einige Zeitungen, dass ich nach Paris reise. Ich denke nicht daran und bin überhaupt sehr reisemüde. Am liebsten wäre es mir, in einem

---

1) Hans von Bülow war Hofcapellmeister in Hannover geworden, wo Hans von Bronsart Intendant des Theaters war.

Orte, gleichviel welchem, Dorf oder Stadt, bis zu meinem Ende fest sitzen zu bleiben und möglichst ruhig fortzuarbeiten. Da mir dies nicht beschieden ist, trachte ich wenigstens unnöthige Locomotionen zu vermeiden, gehe nicht (trotz mancherlei Einladungen) nach Paris oder London und verhalte mich in dem schon viel zu ausgedehnten und beschwerlichen Triangel Pest, Weimar, Rom! — Also werde ich die nächsten 4 Monate wieder hier zubringen und dann, Anfangs April, eine Woche bei Dir einsprechen.

Schreibe mir, wo sich meine liebe Cousine Marie befindet.[1]) Ist ihr Herr Gemahl in Wiener-Neustadt fixirt und in welcher Stellung?

Wie geht es *unserm* Franz in Graz und seiner Frau?

Herzlichsten Gruss an die Frau *Generalissimus-Procuratorin*[2]) von Deinem innigst getreu ergebenen F. Liszt.

23ten Nov. 77, Budapest. (Fischplatz 4.)
Alles Freundschaftliche an Bösendorfer.

## 218. An Jules de Zarembski[3]).

Cher ami,

Supposant que vous passeriez quelques semaines à Berlin, j'ai envoyé avant-hier à notre ami Bösendorfer une lettre pour vous, en le priant de vous la faire parvenir exactement. Cette lettre en contenait une autre, que vous remettrez à Paris à Madame la Comtesse Taida Rczewazska. Elle m'a promis dernièrement à Rome de prendre intérêt à vos succès parisiens, et je l'ai assurée que votre talent et les agréments de votre esprit ne lui rendront pas son patronage malaisé.

---

1) Sie hatte sich kurz zuvor mit Baron von Saar, einem Militär, verheiratet.

2) Eduard v. L. war im Dec. 1875 Generalprocurator geworden. Dessen Gattin nannte Liszt scherzweise »Generalissima« oder »Generalin«.

3) Hochbegabter Schüler Liszt's, geb. 1854 in Russisch-Polen, starb 1885 als Professor am Conservatorium zu Brüssel.

Ainsi, veuillez bien ne pas me démentir et vous montrer d'aimable humeur chez la Ctesse Rczewazska.

J'ai oublié de lui demander où elle demeure à Paris; mais vous le saurez sans peine par quelque compatriote, ou d'autres personnes du monde, qui est le beau monde.

Ci-joint quelques lignes de recommandation pour l'illustre, l'infatigable et non vieillissant publiciste, Emile de Girardin. On a dit plaisamment de lui qu'il avait une idée par jour. S'il atteignait l'âge de Mathusalem, les idées ne lui feraient certainement pas défaut.

Autrefois on faisait de la musique dans son salon; il s'y entend tout autant que feu Mr Thiers, ou le Maréchal Mac Mahon. Cependant si Mr de Girardin vous invite, *pianisez* là, comme je l'ai fait lors de mon dernier séjour à Paris (en l'an 66). —

Une excellente recette contre les critiques injustes, (du genre de celle de Mr X. que vous me citez) c'est de se bien critiquer soi-même, avant et après — et enfin de rester parfaitement tranquille, tout en suivant son chemin!

Cordialement

13 Décembre 77. Budapest. F. Liszt.

Votre succès de Vienne m'a été raconté avec enthousiasme par Mme Tony Raab, qui a joué admirablement hier soir les »Zigeunerweisen« de Tausig, à un concert de Mr de Swert.[1])

## 219. An Madame Jessie Laussot.

Chère excellentissime amie,

*Vos »intrigues«* sont nobles, salutaires, bienfaisantes, et gagneraient tout avantage au grand jour.[2]) Y contribuer,

1) Kürzlich verstorbener belgischer Violoncellist.

2) Frau Laussot erstrebte die Ernennung Antonio Bazzini's, des vortrefflichen Violinvirtuosen und Componisten (geb. 1818), zum Director des Mailänder Conservatoriums und bat Liszt, dass er diese Wahl durch den deutschen Botschafter Baron Keudell in Rom unterstütze, was er auch that. Doch erhielt Bazzini das gegenwärtig von ihm geführte Amt damals noch nicht.

quand vous me le direz, reste un de mes plus agréables devoirs.

Hier j'ai envoyé directement à Rome au Baron de Keudell ma lettre. . —. Bazzini mérite la place de Directeur du Conservatoire de Milan, laquelle devrait lui être offerte d'emblée.

De cœur votre bien reconnaissant

29 Janvier 78. Budapest. F. Liszt.

Notre ami Mihalovich vous donne des nouvelles de Budapest. Comme ailleurs je me renferme ici dans le plus difficile labeur: se supporter soi-même. Heureusement on m'aide beaucoup; de nobles amitiés et de chers et beaux souvenirs éclairent le chemin qu'il me faut encore suivre pour arriver à la tombe.

## 220. An Madame Jessie Laussot.

Chère excellente amie,

Dans les circonstances données, (indiquées dans vos lignes de ce soir) je doute que vos justes et nobles efforts aboutissent. [1])

Sans prétendre au Catonisme, il est bon de s'attacher aux bonnes causes, protégées ou non, par les dieux.

»Victrix causa diis placuit« ... Donc, si vous êtes vaincue sur le champ de bataille entre le Dôme et le Conservatoire de Milan, je resterai de *votre* côté, malgré mon penchant raisonnable pour *César*, et les légitimes héritiers de son *idée*, ... non pour les autres, s'il vous plaît, car cela mènerait trop bas et embourberait.

De cœur votre vieux serviteur et ami

3 Fevrier 78. Budapest. F. Liszt.

## 221. An den Musikverleger B. Bessel.

Cher Monsieur,

Par exception, vous avez été parcimonieux en ne m'envoy-

1) Bezieht sich auf die zuvörderst noch nicht geglückte Candidatur Bazzini's um das Directorat des Mailänder Conservatoriums. Siehe den vorhergehenden Brief.

ant qu'un seul exemplaire de la Ballade du Comte Tolstoy.[1]) Souffrez donc que je me serve de ce même exemplaire pour indiquer la *version* qui me semble devoir être mise dans l'arrangement de Piano (seul sans déclamation). J'ajoute les annotations et changements nécessaires, libre à vous de publier ou non, la *version* ci-jointe. Je n'ai nulle prétention au débit de mes marchandises et ne les confectionne que . . . pour l'honneur de la Castille! — Le Cte Tolstoy comprenait ce sentiment; il n'a que faire du négoce: voilà pourquoi j'ai chanté avec Tolstoy sa Ballade du »Barde aveugle« en souhaitant finalement aussi »la paix à tous les nobles boyares«! Vous m'avez envoyé d'autres publications de votre maison: »six morceaux pour piano« de Liadoff; ils sont agréablement distingués et les »chants nationaux russes recueillis par N. Rimsky-Korsakoff«, auquel je porte haute estime et sympathie. Disons-le franchement: la musique nationale russe ne peut être plus ressentie, et mieux comprise que par Rimsky-Korsakoff. Sa *notation* des »*chants populaires*« est de la meilleure intelligence et concordance musicale; et l'accompagnement et les harmonies me paraissent admirablement *adéquates*. Si vous publiez la version pour Piano de la Ballade de Tolstoy, je vous prie de m'envoyer auparavant les épreuves.

Mille affectueux compliments.

11 Mars, Budapest, 78. F. Liszt.

Veuillez pourtant m'adresser une demi douzaine d'exemplaires de la »Ballade«, déjà imprimée, à Weimar, où je resterai de la mi-Avril jusqu'à la fin Juillet.

## 222. An Walter Bache.

Sehr geehrter lieber Freund,

Stets habe ich Ihnen zu danken, es kommt mir von Herzen und wird so bleiben.

Das Programm Ihres vierzehnten »Annual Concerts« ist

---

1) »Der blinde Sänger«. Liszt schrieb dazu (1874) die melodramatische Clavierbegleitung.

wieder eine wackere That; besonders in London, wo meine Compositionen allerlei Hindernissen begegnen — fast mehr noch als anderwärts, von dem Leipziger *Gewandhaus* angefangen bis auf viele grössere und kleinere *Gewandhäusler*.

Es steht deutlich hundertmal geschrieben, dass ich nicht componiren kann; ohne dagegen ungeziemend zu protestiren, schreibe ich ruhig weiter fort und schätze um desto mehr die Beharrlichkeit einiger meiner Freunde, insbesondere Walter Bache, für seine langjährige vierzehnmal vierzehn bewährte Herzhaftigkeit.

In der Einleitung Ihres vierzehnten Programmes hat F. Niecks à propos of F. Liszt Treffendes gesagt:

1⁰ »Form is an abstract idea.«

2⁰ »A harmonic combination or progression may be against the rules of a system etc.«

3⁰ »Programm-music is a *legitimate genre of the art.*«[1])

Sagen Sie Niecks meinen aufrichtigen Dank; ebenso dem Conductor Mr. Manns und courtoisement Miss Williams. Der »Scheiterhaufen der Jeanne d'Arc« wird sie hoffentlich der Verkühlung entzogen haben.

Bezüglich der *Tempi* bin ich bei meinen geringen Sachen sehr nachgiebig und lasse gerne die gutgesinnten Künstler walten.

Sophie Menter-Popper war vor kurzem hier und spielt wahrscheinlich (Mitte Mai) in dem Muster-Monstreconzert von Sir Benedict, welcher seit vierzig Jahren den Scepter des Londoner Erfolges handhabt. Besuchen Sie meine verehrte Freundin Sophie Menter — eine seltene naturwüchsige und vorzüglich geschulte musikalische Individualität. Sie werden sich bei ihr ganz heimisch fühlen, und ich sagte ihr dies zum voraus.

Herzlich ergebenst

19. März 78. Budapest. F. Liszt.

---

1) Friedrich Niecks, Professor der Musik an der Universität Edinburg, Verfasser des vorzüglichen Werkes: F. Chopin als Mensch und als Musiker. Aus dem Engl. übersetzt v. Langhans. 2 Bde. Leipzig, Leuckart (Sander) 1890.

Von Mitte April bis Ende Juli verbleibe ich in Weimar; später, Ende August gehe ich wieder nach »Villa d'Este.«

## 223. An Professor Dr. Ludwig Nohl.

Verehrter lieber Freund,

Von den vielen Bildern der merkwürdigen Cypressen-Gruppe in der Villa d'Este ist mir die schöne poetische Zeichnung Ihres Bruders[1] am liebsten. Für deren Gabe und *Inschrift* danke ich Ihnen herzlichst. Meinen oftmaligen Dialog mit denselben Cypressen versuchte ich (im vorigen October) auf Notenpapier zu bringen.[2] Ach! wie trocken und ungenügend erklingt am Clavier und selbst im Orchester — Beethoven und Wagner ausgenommen — das Weh und Wehen der allmächtigen Natur! —

Dennoch zeige ich Ihnen bescheidenst dieses Cypressen-*Memento* am Clavier bei unserem nächsten Wiedersehen — hoffentlich in Wien, wo ich gewohnterweise die *erste Woche* April bei meinem lieben Cousin verweile. Nachher gehe ich nach Bayreuth und Weimar.

Treu ergebenst

20ten März 78 — Budapest. F. Liszt.

## 224. An Prof. Dr. Siegmund Lebert.

Verehrter Freund,

Ganz vortrefflich so. Theilen wir uns in die Revision der *Cotta-Ausgabe* des 4händigen Schubert, und besorgen Sie sämmtliche Sonaten, »Lebensstürme«, Scherzi etc. — Wenn Sie es wünschen, sollen gerne einige Pedal-Bezeichnungen und Fingersätze den Variationen op. 10 und 82 beigefügt werden. Schicken Sie mir beide Werke nach Weimar, nebst den noch übrigen 4händigen Walzern von Schubert, welche mehr Erfindung zeigen als viele grosse Compositionen, — ältere oder neuere.

1) Max Nohl, Maler.

2) »Au Cyprès de la Villa d'Este.« 2 Nrn. Mainz, Schott.

Mit den paar Schubert'schen Sachen schicken Sie mir auch die Partituren der Beethoven-Conzerte und die Begleitung derselben, für ein 2tes Clavier arrangirt von Moscheles. Meine Bearbeitung sende ich Ihnen Anfangs August. Einstweilen bitte ich Sie, dem Freiherrn von Cotta meinen verbindlichsten Dank zu sagen. Hochachtungsvoll ergebenst

27. März 78 — Budapest. F. Liszt.

Von Mitte April bis Ende Juli verbleibe ich in Weimar.

## 225. An Edmund von Mihalovich.

Très cher ami,

Je prends sincèrement part à votre douleur. »Non ignara mali« . . . car j'ai pleuré sur la tombe de ma mère. —

Un livre morose mais de beau style: »*Stello*« (»Consultations du docteur noir«) dépeint les souffrances et la mort de trois jeunes poètes. — Millevoye, André Chénier, Chatterton, — moissonnés avant d'acquérir la gloire d'ici-bas.

Dans ces émouvantes pages d'Alfred de Vigny il demande Que dire d'un monde, où l'on vient avec l'espoir de voir mourir son père et sa mère?« . . .

La Prière seule peut répondre à cette question. Prions donc notre Père céleste que sa Volonté soit faite sur la terre comme au ciel, et que le travail de notre vie soit toujours conforme à la divine Volonté. Bien à vous

13 Avril 78 — Bayreuth. F. Liszt.

## 226. An Kornel von Abrányi.

.—. Was könnte ich Ihnen von Wagner's Parsifal« schreiben? Der erste Act ist fertig componirt: darin enthüllen sich die wunderbarsten Tiefen und himmlischsten Höhen der Kunst. Für immer Ihr treu ergebenster

14. April 78. Bayreuth. F. Liszt.

## 227. An Frau Ingeborg von Bronsart.

Chère bienveillante amie,

Si ce n'est déjà fait vous finirez par prendre mauvaise opinion de votre vieux et très affectionné serviteur. Ma part de libre locomotion est fort restreinte. Arrivé à Weimar Mercredi passé je ne saurais déguerpir prochainement sans inconvenance. Il me faut donc attendre la semaine favorable à mon souhait de Hannovre. En Mai on donnera ici *Rheingold*, et de nouveau *Dalila* de S^t^ Saëns que je désire voir et entendre. Monseigneur le Grand-Duc m'assurait hier que cet ouvrage a bien réussi aux premières représentations, et plusieurs personnes qui sont souvent d'avis contraire, s'accordent dans l'éloge de *Dalila*.

Du 13 au 16 Juin (semaine de la Pentecôte) on annonce une »Tonkünstler-Versammlung« à Erfurt. Elle semblera pâle, comparée à celle de Hannovre de l'année dernière; mais je tiens à y assister, vu mon invariable intérêt à l'œuvre entreprise par feu Brendel et vaillamment continuée par Riedel et Gille. Après avoir dit A et même B et C, je dois suivre tout l'Alphabet.

Autrefois à la première période de vos succès, j'ai eu le plaisir de vous applaudir et admirer à l'ancien théâtre d'Erfurt. Maintenant il y en a un nouveau fort joli, dit-on, avec plus de 1100 places assises; outre cela une nouvelle salle de concert que je ne connais pas plus que le théâtre. Je n'ose pas vous inviter à les favoriser de votre présence; mais si vous veniez avec Hans ce serait charmant.

A mon prochain revoir avec X, je le sommerai de se montrer plus éditeur qu'épicier (»Krämer«) dans la petite négociation dont vous me parlez.

Mille sincères vœux pour l'heureux achèvement de *Hiarne*;[1]) et mes constants et bien dévoués hommages au compositeur persévérant.

Samedi, 20 Avril 78. Weimar. F. Liszt.

---

1) Die von Frau v. Bronsart componirte Oper, die 1892 in Berlin erstmalig und beifällig zur Aufführung kam.

## 228. An Eduard von Liszt.

Liebster verehrtester Cousin,

Beiliegende Abschrift des Budapester Telegramm's meldet Dir, dass ich wahrscheinlich Ende Mai nach Paris gehen muss. Allerdings hatte ich mehrere Privat-Einladungen, die Pariser Weltausstellung zu besuchen, abgelehnt: seit Jahren sind mir lange und kurze Reisen — wenn nicht besondere Motive dafür obwalten — ungelegen, beschwerlich, zuwider. Deshalb sagte ich Dir und anderen meine Verzichtleistung auf die Gesammt-Wunder von Paris.

Nun ändert das Telegramm von Trefort und Szapary (Präsident der ungarischen Ausstellung in Paris) meinen negativen Entschluss.[1]) Ohne jemals *Geschwätz-Patriotismus* zu treiben, stelle ich gerne bescheidenst meinen Mann, wo es gilt für Ungarn etwas zu thuen.

Sobald meine Pflicht in Paris als ungarisches Mitglied bei der *jury international* erfüllt, kehre ich hierher zurück. In der letzten Woche des Juni habe ich versprochen, der *Tonkünstler-Versammlung* in Erfurt beizuwohnen, und am 8ten Juli feiert Weimar das Jubiläum der 25jährigen Regierung des Grossherzogs.

.—. Herrn Adalbert Goldschmidt's Bekanntschaft wird mir sehr angenehm sein. Mehrmals verlangte ich nach der Partitur oder dem Clavierauszug seines grossartigen Werkes: »Die Todsünden«, welches, wie man mir sagte, bis jetzt nicht im Druck erschienen ist. Verweilt der Componist länger in Hannover? Wahrscheinlich besuche ich dort Bülow und Bron-

---

1) Vom 21. April datirt, lautete dasselbe: »Abbé Franz Liszt, Weimar. Allgemeiner Wunsch, dass Sie Vertretung Ungarns in internationaler Jury der Pariser Weltausstellung gütigst übernehmen. Jury beginnt am ersten Juni, dauert ungefähr 2 bis 3 Wochen. Bitte Vertrauens-Mission annehmen und Drahtantwort sogleich Präsidialbureau Handelsministerium Budapest adressiren. Minister Trefort. Graf Julius Szapary.« Darauf erfolgte an die Unterzeichneten die Antwort: »Dienstbereitwilligst bittet um nähere Auskunft seiner Obliegenheiten Liszt.«

sart gleich nach der Erfurter Tonkünstler-Versammlung, Ende Juni.

Du erinnerst Dich, dass ich Fräulein Remmert categorisch abgerathen habe, ein *Orchester*-Conzert in Wien zu geben. Trotzdem liess sie es annonciren und Zettel anschlagen . . . und schliesslich kam nur ein verdriessliches *mancando*, *perdendosi* heraus!

Ach! die Künstlerwelt ist voll Kümmernisse!

Dein treuer, herzhaft ergebenster

26ten April 78. Weimar. F. Liszt.

## 229. An Hofconcertmeister Edmund Singer.

Hochgeehrter Freund,

Ihre reizende, geniale Illustration meiner kleinen *Quelle*[1]) erfreut mich auf's neue. Die 3 Violinen fliessen, plätschern, sprudeln, singen — und klingen wie regenbogenfarbig.

Freundschaftlich dankend für diese Künstlergabe, verbleibt Ihnen stets verehrungsvoll ergebenst

10ten Mai 78 — Weimar. F. Liszt.

## 230. An Adolf von Henselt in St. Petersburg[2]).

Hochverehrter Freund,

Die Originalwerke Adolph Henselt's sind edelste Kunstjuwelen. Man verlangt nach Vermehrung derselben . . .

Nebenbei wenn sich Henselt anlässt, andere Compositionen zu bearbeiten, »interpretiren«, »effectuiren«, gelingt es Ihm so vorzüglich, dass Publikum, Pianisten und die betreffenden Compositionen damit bereichert und begünstigt werden. Selbst

---

1) Liszt's »Au bord d'une source« (Années de pèlerinage) für drei concertante Geigen (Mainz, Schott).

2) Der »deutsche Chopin« — wie man Henselt genannt hat — der (1814—1889) von 1838 an in Petersburg lebte, war seit Liszt's erstem Besuch daselbst (1842) herzlich mit ihm befreundet. Seine »Interpretirung« von Liszt's Lucia-Phantasie sandte er ihm »zur Correctur«. Darauf giebt der vorstehende Brief Antwort.

meine geringe *Lucia-Transcription* hat sehr gewonnen durch Deine »Interpretirung«, verehrter Freund. Herzlichen Dank für diese *Reminiscenz* unserer Petersburger Vertraulichkeit.

Das Correctur-Exemplar schickte ich Dir einfach zurück, unverändert und ungestrichen, weil alle *Varianten* vortrefflich passen, und überlasse ferner Deinem Belieben, über die Herausgabe zu bestimmen. (In Russland gilt wohl das deutsche Eigenthumsrecht Hofmeister's nicht? ...)

Morgen gehe ich nach Paris und werde dort Deiner Empfehlung der russischen Instrumente Folge leisten.

Viele Deiner Verehrer erzählen mir oftmalen von Dir: zunächst Zschocher und Töpfer. Ab und zu kommst Du nach Dresden und Leipzig; warum nicht bis Weimar? ... Beantworte *persönlich* hier diese bescheidene Anfrage bei Deinem alten, verehrungsvoll ergebensten

5ten Juni 78. Weimar. F. Liszt.

## 231. An Eduard von Liszt.

[Weimar, 6. Juni 1878.]

Liebster Eduard,

Adalbert Goldschmidt hat Dir Weimarer Nachrichten gebracht. Seine »*Todsünden*« halte ich für ein bedeutsames Kunstwerk. Wenn der Componist in seiner nächsten Oper sich auf dieser Höhe hält, wird sein Name hervorragen, ungeachtet aller Kritiken ...

Heutzutage, mehr als je, dürstet das Publikum nur nach Opern. Alles andere in der Musik gilt ihm als Lappalie.

Ein französisches *dicton:* »Il y a quelqu'un qui a plus d'esprit que Mr de Voltaire; c'est tout le monde« — et quand tout le monde s'entête il faut bien trouver que c'est raisonnable, ou bête, — mais nécessaire. —

Wegen Verspätung der Jury (Classe 13, »Instruments de Musique«) gehe ich erst am nächsten Sonntag, 8ten Juni, nach Paris, bleibe dort bis 19ten und kehre hierher wegen des *Erfurter* Musikfestes, am 20ten Juni zurück. ...

Dein herzlichst ergebenster F. Liszt.

Zur Vereinfachung unserer Correspondenz betitele mich auch: »Liebster Franz«.

Mein Grossherzog wünscht sehr, die Photographie des Cousins Deines Schwiegersohnes, des Dichters Saar, zu erhalten. Schicke mir dieselbe baldig.

## 232. An Professor Carl Riedel.

Verehrter Freund,

Die weitere Führung und Bestimmung des Erfurter Programms anvertraue ich Ihrer sehr erprobten hohen Meisterschaft.

Borodin's Sinfonie empfehle ich nochmals; die fehlenden Quartettstimmen können ja schnell in nächster Woche ausgeschrieben werden (auf meine Rechnung).

In Sondershausen wird das Einstudiren der zahlreichen Werke keine Schwierigkeiten machen: man ist dort gewohnt tüchtig voranzuschreiten.

Freund Riedel dirigirt meinen 13ten Psalm; Bülow übernimmt die 2 Faust-Episoden (falls diese nicht gestrichen werden, wie ich es Ihnen vorgeschlagen hatte) und ich behalte die »*Hungaria*« und das Conzert von Bronsart; aber wegen verschiedener Vor- und Rücksichten bitte ich meinen Namen *nicht* als Dirigent auf das Programm zu setzen.

Conzertmeister Kömpel[1]) und L. Grützmacher[2]) (dem Weimaraner) sagte ich gestern, dass Bülow das Bronsart'sche Trio mit ihnen vorzutragen wünscht. Beide Herren sind damit ganz einverstanden.

Wenn Frau Erdmannsdörfer ein anderes brillantes Clavierstück (*nicht meiner* Composition) als die oft gehörte ungarische Fantasie spielen möchte, wäre es mir lieber, eben weil das Programm schon zu viel Liszt'sche Sachen enthält, und ich nicht selbst den falschen Anschein ertragen darf, die »Ton-

---

1) In Weimar unlängst verstorben, Schüler Spohr's.

2) Solo-Violoncellist.

künstler-Versammlungen« zur Vorführung meiner Compositionen zu benützen ...

Meine lautere Gesinnung darüber ist Ihnen seit Jahren bekannt. —

Samstag früh halb 10 Uhr geht direct von hier nach Paris — und am 21ten Juni ist in Erfurt

Ihr hochachtungsvoll ergebener

Donnerstag, 7ten Juni 78. Weimar. F. Liszt.

Meine Pariser Adresse (vom 10ten bis 18ten Juni) Maison Erard, rue du Mail, 13.

Veröffentlichen Sie das Programm in der nächsten Nummer der »Zeitschrift«; ein paar kleine spätere Veränderungen schaden nichts.

## 233. An Vera Timanoff.

Chère illustre,

Je ne sais comment vous ferez pour adapter la »Sonnambula« à vos petites mains; elles devront se promener sur les toits à la manière des somnambules.

À revoir, tout éveillée, après-demain, — et mille choses affectueusement dévouées.

Jeudi [Sommer 1878.] F. Liszt.

## 234. An Eduard von Liszt.

Liebster Eduard,

Über meinen Pariser Aufenthalt vom 9ten bis 18ten Juni habe ich wenig Musikalisches zu sagen. Kaum fand ich Zeit, die 2 letzten Akte von Gounod's Faust in der grossen Oper zu hören. Conzerte zu besuchen war ich durch anderwärtige Einladungen und Visiten abgehalten. Nur dem *plain-chant* während des Hochamts in Notre Dame am Dreifaltigkeits-Sonntag folgte ich aufmerksam mit einem sehr intelligenten Freunde und sachkundigen Kenner und Förderer der Kirchenmusik, dem R. P. Joseph Mohr (Societate Jesu).

In der »neuen freien Presse« wird wohl Hanslick — der

sich mir in Paris freundlich bezeigte — angelegentlich der 13ten Classe (Musikinstrumente etc.), deren Vicepräsident er ist, berichten.

Madame Erard stellte mir eine fürstliche Wohnung (mit welcher Spiridion[1]) ganz zufrieden war) in ihrem Hause, rue du Mail 13, zur Verfügung: obendrein auch einen Wagen. Dank dieser Gastfreundschaft waren meine Ausgaben sehr vermindert, und ich gebrauchte nur 1500 Franken.—.

Mein alter Freund Belloni hat sich auch diesmal in Paris sehr treu bewährt und mir mehrere Ersparnisse eingebracht. Es ist bewundernswerth, wie redlich und uneigennützig er verbleibt, bei seinem häufigen Contact mit der Künstlerwelt! —

Gleich nach meiner Rückkehr ging ich nach Erfurt zur »*Tonkünstler-Versammlung*« (22ten bis 25ten Juli). Die ganze Sache nahm einen guten Verlauf. Nachträglich schicke ich Dir das Gesammt-Programm. Bülow spielte erstaunlich *meisterhaft.*

In Weimar ist nun alles in Aufregung wegen der Regierungs-Jubiläum-Festlichkeiten, die übermorgen beginnen. Der König der Niederlande, der König von Sachsen, Prinz Friedrich Carl von Preusen, mehrere regierende deutsche Herzöge und auswärtige Prinzen werden erwartet. Unser Kaiser und König entsendet den Fürsten Windischgrätz zur Beglückwünschung an den Grossherzog. Victor Scheffel (Verfasser des »Ekkehard«, des »Trompeter von Säckingen«, der Bergpsalmen« etc.) hat das Festspiel gedichtet, welches am 9ten Juli im hiesigen Theater aufgeführt wird. Dazu hat Lassen einige Musikstücke componirt. Als Vorspiel dient mein *Carl-Alexander*-Marsch, der vor 20 Jahren in Berlin (bei Bote und Bock) erschien.

Seit 30 Jahren bin ich dem Weimarischen Fürstenhause *incrustirt* und werde ihm treu verbleiben. —

Meine liebste Cousine Marie schrieb mir ein herziges, witziges Brieflein betreffs der Photographie ihres Cousins, Ferd. von Saar, die ich für meinen Grossherzog verlangte. Nächstens werde ich Marie schriftlichen Dank sagen.

---

1) Liszt's Kammerdiener.

An Franz sende nach Graz beiliegende Zeilen, womit ich ihm gratulire, dass Du nun Grosspapa bist. —

Herzlichen Gruss an Generalissima.

Dein

6ten Juli 78 — Weimar. F. L.

## 235. An Robert Franz*).

Hochverehrter Freund,

Wie schön, tief, innig und herzlich vollendet sind wieder Ihre *Sechs Gesänge* (Opus 48))!

Für deren freundschaftliche Zusendung herzlichen Dank. Sie wissen ja, dass seit 30 Jahren Ihren Genius — ein Fixstern der deutschen Lyrik, — aufrichtig bewundert und Ihnen treu ergebenst verbleibt

12ten Juli 78. Weimar. F. Liszt.

## 236. An Kornel von Abrányi.

Hochverehrter, lieber Freund,

Gestern Abend hier angelangt, fand ich Ihren Brief nebst der Einlage an Minister Trefort, die ich Ihnen sogleich unterzeichnet zurücksende. Agghàzy verdient, dass man ihm unter die Arme greift, weil seine Hände und sein Kopf vortrefflich musikalisch beschaffen sind.[1]) Juhász und er werden gewiss

---

*) Facsimilirt im »Musikalischen Wochenblatt«. — Für Verständniss und Anerkennung des grossen deutschen Liedermeisters (1815—1892) hat Liszt bekanntlich unermüdlich, wie kein anderer seiner Kunstgenossen, durch Wort und That gewirkt (Siehe »Robert Franz«. Ges. Schriften, IV.), und als zunehmende Taubheit dem Künstler die praktische Beschäftigung mit der Musik versagte, den pag. 182 erwähnten Ehrenfond für ihn gegründet.

1) A. (gegenwärtig Lehrer des Clavierspiels am Stern'schen Conservatorium in Berlin) erhielt auf Liszt's Fürsprache ein Stipendium von der ungar. Regierung, um sich in Paris eine Existenz zu begründen.

überall der Budapester Musikakademie Ehre machen. Für Paris sind Aggházy einige Empfehlungsbriefe nöthig. Rathen Sie ihm, Herrn Minister Trefort, Ministerialrath Hegedus, Friedrich Harkany, Graf Geza Zichy darum zu ersuchen. Vor seiner Abreise schicke ich ihm ein paar Zeilen an Madame Erard und an meinen getreuen, dienstbeflissenen alten Freund Belloni.

Wie Sie, theurer Abrányi, Ihren Sommer zugebracht haben, frage ich kaum. Die Hauptsache ist, standhaft auszuhalten, und dies bezeigen Sie in edelster Weise durch Ihr unermüdliches, verdienstvolles Fortstreben nach dem hohen Ziel der Kunst. »Persévérons!«

Bis Anfangs Januar gedenke ich hier zu verweilen und dann direct nach Budapest zurückzukehren. Vorerst bringe ich ein paar Nebenarbeiten fertig: sobald mir die *neue* Fassung des Textes zu dem dramatischen Oratorium »Der heilige Stanislaus«, die mir Baron Dingelstedt freundschaftlich versprochen hat, zukommt, soll die Composition fortschreiten. Manchmal wird mir ganz bange über das weitere Notenschreiben; doch verzichte ich nicht darauf, obschon ich mir keineswegs einbilde, dasjenige ausdrücken zu können, was mir im Innersten vorschwebt. Aber meine Unzufriedenheit mit mir selbst findet reichlichen Trost in der immer sprossenden Freude an den Meisterwerken der Vor- und Jetztzeit: — am allermeisten in Wagner's hehren *Wort-Tonschöpfungen.* Sehr richtig adressirt der König Ludwig II. von Bayern »an den Wort-Tondichter, Meister Richard Wagner«. —

Herzliche Grüsse an die Ihrigen und Ihnen stets verehrungsvoll dankbar ergebenst

13. Sept. 78. (Villa d'Este, Tivoli.) F. Liszt.

Der Verlust Augusz's betrifft mich schmerzlichst. Seit der ersten Aufführung der Graner Messe, vor mehr als 20 Jahren waren wir von Herzen *ineinander*. Auch bestimmte er mich insonders, meinem Wunsch zu folgen, der mich in Budapest befestigt.

Nach der Eröffnung des neuen akademischen Cursus schreiben Sie mir davon.

## 237. An Eduard von Liszt.

Liebster Eduard,

Der hochverehrten gütigen Frau Generalin sage ich herzlichsten Dank für das Schreiben Deines Dictats. . — .

An Deiner Genesung nehmen wir hier herzlichsten Antheil. Hoffentlich bist Du schon im besten Zuge der Rüstigkeit.

Meine liebste Cousine Marie hat mich nun glücklicherweise zum Grossonkel gemacht. Anbei zwei Dankesworte an Marie.

Die neue Fassung des Gedichts des »*Stanislaus*« erwarte ich noch von Dingelstedt, um die unterbrochene Composition wieder aufzunehmen. Zur Vollendung derselben bedarf ich wenigstens ein Jahr und etwas mehr.

Einstweilen habe ich meine Zeit nicht ganz verloren. Eine *Via crucis* (die 14 Stationen) und ziemlich ausgeführte Responsorien zu den 7 Sakramenten (für Chor und Orgel) sind in den letzten 2 Monaten fertig geschrieben worden. Ich freue mich, sie Dir am 2ten April 79 im Schottenhof vorzuspielen.

Dein treuer F. Liszt.

4ten Nov. 78. Rom.

## 238. An Hans Freiherr von Wolzogen in Bayreuth[1].

Hochgeehrter Freiherr,

Das Octoberheft Ihrer »Bayreuther Blätter« brachte mir die höchste geistige Gabe[2]. Kein weltlicher Herrscher kann eine ähnliche verleihen. Deren Würdigung verpflichtet mich noch mehr zu der wahren Demuth, mit welcher ich längst und innigst unserem unvergleichlichen Meister, Richard Wagner, huldige.

Genehmigen Sie meinen aufrichtigen Dank für die liebens-

---

1) Der bekannte Wagner-Schriftsteller und Herausgeber der »Bayreuther Blätter«.

2) Wagner's Aufsatz »Das Publikum in Zeit und Raum«.

würdigen Gedenkworte der Dante-Sinfonie-Produktion in Ihrem Hause, und empfehlen Sie freundlichst dem Wohlwollen der Frau Baronin von Wolzogen

Ihren hochachtungsvoll ergebensten

15. November 78. F. Liszt.

(Villa d'Este. Tivoli.)

## 239. An Eduard von Liszt.

. —. An der Besserung Deiner Gesundheit nehme ich herzlich Theil. Von uns beiden bist Du der jüngere, vernünftigere und nützlichere; deshalb sollst Du mich viele Jahre wohlbehalten überleben.

Im Notenschreiben bin ich grässlich fleissig seit Mitte September. Ich sitze und wandle darin wie ein Besessener!

Die *Via crucis* (nun beendigt) hat mich wieder auf eine längst gehegte Idee gebracht: nämlich die Composition von Chorgesängen zum Gebrauch bei den Kirchenfeierlichkeiten während der Vertheilung der 7 heiligen Sakramente; also 7 Musikstücke von ungefähr hundert Takten jedes. Dieselben sind seit 8 Tagen beim Copisten und meines Bedünkens nicht ganz misslungen. Wenn sie Dir auch so scheinen, wird es innig erfreuen

Deinen getreuest ergebenen

21ten November 78. [Tivoli.] F. Liszt.

Heute Abend bin ich in Rom und werde dort diesen Brief und die unterzeichnete Einlage auf die Post besorgen lassen.

Herzlichen Gruss und Dank an die liebe Frau *Generalissima.*

## 240. An Eduard von Liszt.

22ten Januar 79, Budapest.

Liebster Eduard,

.—. Sonntag, 12ten Januar, hatte Seine Heiligkeit die Gnade, mich (zum zweitenmal) in einer Privat-Audienz zu empfangen, Mündlich sage ich Dir nächstens die gütige Gesinnung des Papstes für mich.

Vorigen Mittwoch verblieb ich den Abend in Görz bei Frau Baronin Augusz, und Freitag früh bin ich wieder am Fischplatz No. 4 eingetroffen. Das neue Musik-Akademie-Gebäude, Radialstrasse, ist schon unter Dach und soll sich sehr gut ausnehmen. Im November dieses Jahres werde ich es bewohnen.

Meine Budapester Freunde Abrányi, Mihalovich, Graf Albert Apponyi, Graf Geza Zichy und mehrere andere sind mir fest und herzlich gewogen. Erzbischof Haynald kommt erst Anfangs Januar nach Pest. In dem übrigen gemeinen Spinnengewebe ward ich nicht gefangen. »Ehrlich währt am längsten!«

Gestern besuchte mich Bösendorfer und sprach mir von der Absicht der Wiener *Musikfreunde*, die Graner Messe Ende März aufzuführen. Wenn Bösendorfer's Andeutungen richtig sind, bin ich nicht abgeneigt, diese Aufführung zu dirigiren, obschon ich seit vielen Jahren alle Directions-Einladungen — und noch vor kurzem in London, Aachen, Berlin etc. — ablehnend beantwortete. Es würde mich freuen, wenn endlich *in Wien* die Graner Messe eine nicht zerkrittelte Aufnahme fände.

Herzlichen Gruss an Frau Generalissima von Deinem treu ergebensten F. Liszt.

Auf baldiges Wiedersehen Ende März. [1]

## 241. An Ludwig Bösendorfer.

Verehrter lieber Freund,

Ihren freundlichen Wink befolge ich mit einliegenden Zeilen an Hellmesberger: bitte, sie einzuhändigen. Während

1) Dazu kam es nicht. Hofrath E. von Liszt starb am 8. Februar 1879. »Dass Eduard nicht mehr mit uns weilt, ist für mich eine beständige Herzenstrauer«, schrieb Liszt noch ein Jahr nach Eduard's Tode an die Wittwe.

vieler Jahre, in Wien, Weimar, Budapest hat sich Hellmesberger mir stets wohlwollend gezeigt. Für Undank giebt es leider nur zu viel Concurrenz: die Sache wird trivial, und triviale Leute mögen daran Vergnügen finden. Meine Natur verbietet mir absolut solch schlechtes Gebahren. —

Graf Geza Zichy sagt mir, dass er Sie, lieber Freund, nächstens erwartet. Vielleicht kommen Sie mit Hellmesberger am 7. März zu dem hiesigen »Künstlerabend«, wobei uns beehrt der grossartige Componist und prächtige Virtuos, mein vortrefflicher Freund, Saint-Saëns.

Das Weitere über die Klausenburger Reise schreibt Ihnen Graf Zichy.

Herzlichen Gruss an Ihre Frau. Getreu ergebenst

19. Februar 79. Budapest. F. Liszt.

Soeben erhalte ich den Brief Zellner's. Sagen Sie ihm herzlichen Dank dafür.

Sophie Menter ist vorgestern nach Warschau gereist und conzertirt dort mit ihrem Gemahl Popper morgen, — nachher in Petersburg.

## 242. An Adolf von Henselt.

Hochgeehrter Freund,

Hast Du noch Vergnügen an schönem, vornehmen, virtuosen Clavierspiel? Nun so höre die eminente Pianistin, Frau Menter. Sie bringt Dir herzlichen Gruss Deines alten Freundes F. Liszt.

Budapest. Februar 79.

## 243. An Marie Lipsius.

Verehrte Freundin,

Herzlichen Dank für Ihre lieben Beileidszeilen. Der Verlust meines Cousins und intimsten Freundes Eduard von Liszt ist mir ein tiefer Schmerz.

Sie verlangen Budapester und Wiener Conzert-Daten; dafür musste ich meinen vortrefflichen Freund Kornel Abrányi um Aushülfe ersuchen. Er weiss solche Dinge und andere viel besser als ich; während zehn Jahren redigirte er die ungarische Musik-Zeitung und fungirt jetzt als General-Secretär und Professor an der königlichen Musik-Akademie in Budapest, deren Director Franz Erkel und Präsident meine Wenigkeit ist.

Anbei das Resultat der Nachsuchungen Abrányi's, woraus ersichtlich wird, dass ich in den letzten vierzehn Jahren meine Hände weder in den Schoos gelegt, noch für meine Tasche benützt habe.

Nebenbei sei dem lobens- und liebenswürdigen Autor der »Musikalischen Studienköpfe«, La Mara bemerkt: Seit Ende 47 habe ich keinen Heller mit Clavierspielen, Unterrichten und Dirigiren verdient. Alles dieses kostete mir vielmehr Zeit und Geld.

*Öffentlich* spielte ich seit Anno 47 nur: zweimal in Rom — 63 und 64 — auf gnädigsten Befehl des Papstes Pius IX.; später oftmals in Budapest, zweimal in Wien, einmal in Pressburg und Ödenburg (meiner Vaterstadt) als Landeskind. Nirgend anderswo. Möge nun endlich meine leidige Pianisterei zu Ende sein! Längst ward sie mir zur Thierquälerei. Also — Amen! —

Anlässlich der Landesfeier der silbernen Hochzeit Ihrer Majestäten werde ich die Ehre haben, die »Graner Messe« am 8ten April (Chardienstag) in Wien, zufolge der Einladung der »Gesellschaft der Musikfreunde« zu dirigiren. Aufführungen derselben Messe (nach der ersten in Gran 56) fanden statt in Pest, Prag, Wien, später Leipzig, Amsterdam, 66 in Paris und wiederholt in Amsterdam, sowie 77 in Weimar und Düsseldorf, letztere unter Leitung von Ratzenberger. Auch in Amerika wurde diese Messe gehört.

Schliesslich noch folgende Notizen für La Mara: Ohne schriftliche Verpflichtung, wohl aber sehr moralische, verbleibe ich mehrere Monate jeden Winter seit 71 in Budapest; vom April bis Juli in Weimar; dann die Herbstmonate und länger zumeist in der Villa d'Este bei Rom, wo mir Seine Eminenz, der Cardinal Hohenlohe gütigste Aufnahme gewährt. Dort schrieb ich den »Weihnachtsbaum«, die »Via Crucis«, die »Responsorien zu den sieben Sakramenten« etc. Diese drei Werke sind ganz fertig und sogar schön copirt, sowie der »Cantico del Sole« des wunderbaren heiligen Franciscus von Assisi. Sie zu veröffentlichen bekümmert mich wenig; denn sie passen nicht zu dem gewöhnlichen Musikgebrauch und -Betrieb . . . Warum damit markten?

Das Oratorium »Stanislaus« habe ich nur fragmentarisch skizzirt, wünsche es aber zu vollenden, was wenigstens ein Jahr Zeit verlangt.

Meine »technischen Clavier-Übungen« — unrichtig als »Clavierschule« in den Blättern angezeigt — bedürfen noch ein paar Monate der Revision und Einrichtung mit Fingersätzen etc., könnten aber nächstes Jahr erscheinen, wenn mir nicht Verhinderungen zustossen.

Genehmigen Sie, verehrte Freundin, meine aufrichtig dankbare Ergebenheit.

Budapest, 2ten März 79. F. Liszt.

Mitte April bin ich wieder in Weimar.

## 244. An Otto Lessmann.

Sehr geehrter Freund,

Einliegendes Programm besagt Ihnen, dass trotz aller Müdigkeit, mein *invalides* Clavierspiel zur Abhülfe der Szégediner Nothleidenden noch in geringer Weise beiträgt. [1])

In anderen Conzerten als dem hiesigen mitzuwirken geziemt mir nicht, und ich habe bereits mehrere derartige Aufforderungen mit dankenden Entschuldigungen abgelehnt.

Zur Vorfeier der silbernen Hochzeit Ihrer Majestäten werde ich die Ehre haben, die *Graner Messe* in Wien (»Gesellschaft der Musikfreunde«) am 8ten April zu dirigiren.

---

1) Dem Programm zufolge, spielte Liszt: Trauermarsch von Schubert, »Dem Andenken Petöfi's« und »Cantique d'amour« eigner Composition, sowie mit Mihalovich Schubert's Fantasie (C-dur) für 2 Pfte.

Auf baldiges Wiedersehen in Weimar, und stets Ihnen freundschaftlich ergebenst

23ten März 79, Budapest. F. Liszt.

## 245. An den ungarischen Unterrichtsminister von Trefort*).

Monsieur le Ministre,

J'apprends par Mr Abrányi que votre Excellence continue de témoigner sa sollicitude à l'académie royale de musique à Budapest. La tâche de cet établissement est de servir l'art en Hongrie, et d'y aider, sous ce rapport, à la fructification de vos patriotiques, grandes intentions.

Mes collègues à l'académie musicale sont de sentiment unanime et d'activité dévouée.

Je me permets de recommander encore particulièrement à votre bienveillance Mr Abrányi. Il persévère en ses longs mérites d'écrivain, théoricien, compositeur, traducteur, professeur et caractère magyare de la plus noble trempe. L'évidence de ses mérites sera certainement reconnue en plusieurs langues par nombre de phrases laudatives . . . après la mort. Un brillant nécrologue est assuré à Abrányi, mais j'espère que votre Excellence lui accordera la modeste satisfaction qu'il requiert de son vivant.

J'ai l'honneur d'être, Monsieur le Ministre,

Votre très humble et tout dévoué serviteur

12 Mai 79. Weimar. F. Liszt.

## 246. An Walter Bache.

Sehr geehrter lieber Freund,

Herzlichen Dank für Ihre Zeilen und die Mittheilung von Manns' Commentar über die »Hunnenschlacht«. Bitte beiliegende kurze Andeutung der Idee meiner »Symphonischen Dichtung« Manns einzuhändigen. Trotzdem dass ich fast täg-

---

*) Nach einer Abschrift im Besitz von K. v. Abrányi.

lich mehrere Stunden mit Briefschreibereien verbringe, wird es mir unmöglich, als pünktlicher Correspondent zu gelten. Verständig wohlwollende Personen werden mich entschuldigen, und mit den vielen anderen kann ich kaum länger wirthschaften, weil ich eben keine Wirthschaft verlange!

Nächste Pfingstwoche in Wiesbaden »Tonkünstler-Versammlung«. Am 5ten Juni dirigirt dort Bülow das erste Conzert, wo Bronsart's schöne und gehaltreiche »Frühlings-Fantasie«, Bülow's Compositionen zu Shakespeare's »Julius Cäsar« und meine »Faust-Symphonie« aufgeführt werden. Gütig spielt Bülow auch Clavier an demselben Abend und wählt Tschaikowsky's Conzert. Sein Lieblingsjünger Schwarz producirt nebenbei mehrere »Etudes transcendantes«.[1]) Bis Mitte Juli verbleibe ich hier. Dann Bayreuth und Ende August Villa d'Este. Frau Jessie Hillebrand und ihrem Gemahl[2]) sagt von Herzen seine getreue Anhänglichkeit mit verehrungsvollem Dank, in alter Freundschaft ergebenst

25. Mai 79. Weimar. F. Liszt.

[Die dem Brief beiliegende Andeutung über die Idee der »Hunnenschlacht« lautete wie folgt:]

Kaulbach's weltberühmtes Bild führt zwei Schlachten vor: die eine auf dem Erdboden, die andere in der Luft, gemäss der Legende, dass die Krieger noch nach ihrem Tode als Gespenster unaufhaltsam fortkämpften. Inmitten des Bildes erscheint das *Kreuz* und sein geheimnissvolles Licht; daran haftet meine »symphonische Dichtung«. Der sich allmälig entwickelnde Choral »Crux fidelis« verdeutlicht die Idee des endlich siegenden Christenthums in wirksamer Liebe zu Gott und den Menschen.

## 247. An Ludmilla Schestakoff.

Madame,

Votre illustre frère Glinka compte dans les admirations bien choisies de ma jeunesse. Dès l'année 1842 son génie

1) Von Liszt.
2) Zu jener Zeit in London anwesend.

m'était connu; et à mon dernier concert à Pétersbourg (43) je jouais la »Marche tcherkesse« de »*Russlan et Ludmilla*« et une brillante transcription de Vollweiler de plusieurs motifs du même opéra.

Glinka reste le patriarche-prophète de la musique en Russie.

Avec mes sincères remercîments pour votre envoi de la belle partition de »*Russlan*«, soigneusement éditée et bien ajustée par M.M. Rimsky-Korsakoff, Balakireff et Liadoff[1], je vous prie d'agréer, Madame, l'expression des très respectueux hommages de votre très humble serviteur

14 Juin, 79, Weimar. F. Liszt.

## 248. An Alexander Borodin, Cäsar Cui, Anatole Liadoff und Nicolas Rimsky-Korsakoff in St. Petersburg.

Très honorés Messieurs,

Sous forme plaisante vous avez fait une œuvre de valeur sérieuse. Vos »*Paraphrases*« me charment, rien de plus ingénieux que ces 24 Variations et les 16 petites pièces sur le thème favori et obligé

Voilà enfin un admirable compendium de la science de l'harmonie, du contrepoint, des rhythmes, du style figuré, et de ce qu'en allemand on nomme, »Formenlehre«! Volontiers je proposerai aux professeurs de composition de tous les conservatoires d'Europe et d'Amérique de prendre vos *Paraphrases* pour guide pratique de leur enseignement. Dès la première page, les Variations II et III sont de véritables bijoux; non moins les autres numéros continûment, jusqu'à la Fugue grotesque et le *cortège* qui couronne glorieusement l'ouvrage. Merci de ce régal, Messieurs, et quand l'un de vous publiera

1) Die Partitur erschien 1879.

quelque nouvelle composition, je le prie de m'en faire part. Ma très vive, haute et sympathique estime vous est assurée depuis des années: veuillez agréer aussi l'expression de mon sincère dévouement. F. Liszt.

15 Juin 79. Weimar.

## 249. An Capellmeister Prof. Jos. Böhm in Wien.

Hochgeehrter Herr Vereinsleiter,

Mit aufrichtigem Interesse folge ich Ihren erbaulichen Cäcilien-Vereins-Bestrebungen. Dass dieselben auf Hindernisse stossen, scheint sonderlich. Wovon handelt es sich? Neuerungen etwa?... Keineswegs. Edelster Conservatismus bleibt Wesen und Zweck des Cäcilien-Vereins: er verlangt nur ernstliches Studium und gehörige Aufführungen der würdigsten Classiker der Kirchen-Musik, Palestrina, Lassus obenan. Dagegen lässt sich vernünftigerweise gar nichts einwenden, und zuversichtlich behaupten Sie, verehrter Herr: »Die Erkenntniss muss Platz greifen und der guten Sache der Sieg zu Theil werden.«

Als Abonnent Ihrer »Wiener Blätter für katholische Kirchenmusik« [1]) bitte ich Sie meinen Namen einzuschreiben und mir nächstens die erschienenen Nummern nach Weimar zu adressiren.

Einliegende hundert Gulden wollen Sie gütig dem Grabsteine meines hochverehrten Freundes A. W. Ambros zuwenden.

Hochachtungsvoll ergebenst

22ten Juni 79, Weimar. F. Liszt.

## 250. An Vera Timanoff.

Soyez la très bien venue, Illustrissime, et veuillez bien dire à Mr Sauret que je serai charmé de faire davantage connaissance avec lui. A Vienne j'ai vivement admiré son su-

1) Prof. Böhm war damals Redacteur derselben und hatte einen Aufruf zu Beiträgen für ein Grabdenkmal des Musikhistorikers Ambros erlassen.

perbe talent. — Vous connaissez ma règle de n'importuner personne et surtout pas les artistes; mais si M^r Sauret se sentait disposé à jouer quelque chose ce matin à la »Hofgärtnerei« il me ferait un très grand plaisir.

En tout cas, je l'invite à venir (à 11 heures) avec vous, et vous prierai de remplir votre promesse de nous ravir par l'exécution (non dansante mais supérieurement doigtée) du Ballet de »Feramors« de Rubinstein.

Votre affectionné serviteur F. Liszt.

Dimanche matin. [Sommer 1879.]

## 251. An Adolf von Henselt.

Hochverehrter Freund,

Unser Wiedersehen ist mir eine Herzensfreude. Laut Deinem vorletzten Briefe wolltest Du am 19^ten d. M. kommen. Warum zögern? Jedoch richte Dich ganz nach Deiner Bequemlichkeit ein. Nur erlaube mir die Bemerkung: am Mittwoch 23^ten Juli *Abends* halb neun Uhr bin ich bei Jemand eingeladen, wo absagen schlecht und dumm wäre. Wohl aber lässt sich an demselben Abend bei diesem *Jemand* unser Extra-Whist zu Dreien arrangiren, wenn Du gut aufgelegt bist. [1])

Deine Version mit dem Vorschlag B

gefällt mir am besten. [2])

1) Am 19. und 20. Juli war Henselt in Weimar. »Nous avons joué ensemble, non pas du piano, mais bien une demi douzaine de parties de Whist, dont j'ai heureusement perdu au moins cinq«, schrieb Liszt darüber an Frl. von Schorn.

2) Die zwei Notentacte beziehen sich auf den »Episodischen Gedanken« von C. M. v. Weber, den Henselt »für Pianoforte gesetzt

Dich erwartend, in verehrungsvoll getreuer Freundschaft
12ten Juli 79, Weimar. F. Liszt.

## 252. An Dr. Siegmund Lebert.

Verehrter Freund,

Ein altes Versprechen halte ich heute durch die Sendung der 3 letzten Conzerte Beethoven's, für 2 Pianoforte eingerichtet. Diese Einrichtung unterscheidet sich merklich von allen vorhandenen 2 clavierigen Arrangements derselben Conzerte. Bis jetzt begnügte man sich, die Tutti (besser gesagt Orchestersätze) dem 2ten Clavier allein zu übertragen und das 1te pausiren, oder auf's Gerathewohl mitgehen zu lassen. Dadurch entsteht ein arges Missverhältniss in der Wirkung der Orchestersätze, abgesehen davon, dass manche Arrangements sehr dürftig gesetzt sind.

Meines Bedünkens ist ein solches Verfahren abgethan und *verfahren*. Zu was sitzt denn der 1te Spieler da, wenn er sich nicht an dem grossen Ganzen zu betheiligen versteht? Ergo musste ich ihn fast fortwährend beschäftigen.

Selbstverständlich habe ich keine Note des Original-Textes Beethoven's im Principal-Part (bei den sogenannten *Soli*) verändert, und nur eine ziemliche Anzahl von Pedal-Bezeichnungen und Fingersätzen, zur Bequemlichkeit der Spieler und Lehrer, beigefügt.

2 gleichmässige Exemplare (auf 4 Zeilen gestochen, — ausgenommen die Cadenzen) sind zur Aufführung dieser Bearbeitung nothwendig.

Sie kann sich von Nutzen und Wirkung erweisen, sowohl bei dem Studium am »häuslichen Herd« und in Musikschulen, als bei dem Vortrag in kleineren Conzerten (wo kein Orchester vorhanden), Conservatorien, Prüfungen und Salon-Produktionen.

---

und ergänzt,« im März 1879 herausgab und »seinem Freunde Franz Liszt« widmete. Henselt wollte ihn erst »Liebes-Hymnus« nennen. Aber Liszt fand »diese Vokabel etwas hochtrabend für diese Lieblings-Melodie. ‚Episodischer Gedanke' passt besser«, schrieb er. Und so blieb es bei diesem Titel.

Der Haupt-Titel steht auf der ersten Seite; auf den 2 nächstfolgenden die Bemerkung für den Stecher, welche Ihre meisterhaft sichere *pädagogische* Hand, verehrter Freund, noch verdeutlichen und ergänzen möge.

Mit ausgezeichneter Hochachtung verbleibt Ihnen stets freundlich ergebenst

25. Sept. 79. Rom. F. Liszt.

An der 2ten Auflage von Weitzmann's »Geschichte des Clavierspiels« erfreue ich mich.

## 253. An Professor Bassani in Venedig[1].

Très honoré confrère,

Vous êtes quelqu'un si fort exceptionnel et le prouvez par des œuvres de musicien et de poète vraiment distinguées. Elles intéressent, charment et portent le cachet d'un rare talent et d'un goût supérieur.

Mademoiselle Giuli vous a déjà écrit le vif plaisir que j'ai pris à lui entendre jouer excellemment une de vos compositions: plusieurs autres, pour piano ou chant, méritent aussi bon succès et l'obtiendront dès qu'on les connaîtra.

Agréez, je vous prie, cher Monsieur Bassani, la très sincère estime et sympathie que vous exprime, avec les meilleurs vœux pour l'extension et le retentissement de vos »Armonie dell' Anima«

28 Octobre 79. (Villa d'Este.) F. Liszt.

## 254. An den Componisten Anatole Liadoff in St. Petersburg.

Cher monsieur,

Toutes vos compositions portent le cachet de la distinction et du bon goût. On est charmé de le retrouver dans les »*Arabesques*« que vous avez l'aimable attention de m'en-

1 Angesehener Claviermeister, Freund Liszt's.

voyer. Veuillez agréer mes remercîments avec l'assurance de mes sentiments d'estime très sincères et dévoués.

25 Décembre 79. (Villa d'Este.) F. Liszt.

## 255. An Frau Reisenauer-Pauly in Rom[1]).

Sehr geehrte Frau,

Besten Dank für Ihre freundliche Notiz über das römische Conzert am 23. Januar. Meines Bedünkens wäre auf dem Programm besser gestanden ›*populations nécessiteuses*« Nothleidenden ) als »*populations affamées*« ( Ausgehungerten« *de la Silésie.*

Mendelssohn's vortreffliche Conzerte bewähren sich immer ungefährlich, insbesondere seit dem geistreichen Aufsatz Berlioz's vor nahe 30 Jahren veröffentlicht), wonach diese Conzerte von den Clavieren allein, ohne weitere Bemühung der Pianisten fortgespielt werden.

An den Erfolgen Ihres Sohnes Alfred, dessen ausgezeichnetes Talent mir werth bleibt, wohlgewogen Theil nehmend, verbleibt Ihnen, geehrte Frau, freundlichst

30. Januar 80 — Budapest. F. Liszt.

An Frau Helbig meinen herzlichen Gruss.

## 256. An Professor Klindworth in Moskau.

Sehr geehrter lieber Freund,

Aufrichtigen Dank für die Widmung Ihrer meisterhaften Bearbeitung des Chopin-Conzerts.[2]) Den ersten Satz zeigten Sie mir vor einigen Jahren in München. Die Modificationen der Orchestrirung und des Clavierparts halte ich für gelungen. Bei den Gesangsstellen ist möglichste *Durchsichtigkeit* zu wahren.

In der Ausgabe für 2 Claviere empfehlen Sie wohl Herrn

---

1 Die Mutter von Liszt's Schüler Alfred Reisenauer.

2 F-moll, Partitur, Orchester-Stimmen und Arrangement für 2 Claviere bei Jürgenson, Moskau, und Bock, Berlin, erschienen.

Jürgenson, dem alten missbräuchlichen Verleger-Schlendrian nicht mehr zu fröhnen. Also *4 Zeilen* und *2 gleichmässige Exemplare* zur Ausführung nothwendig.

Als Vorgänger und Obmann der jetzt zahlreichen Chopin-Herausgeber berechtigt Sie Ihre vortreffliche *Jürgenson-Edition* ein stolz bescheidenes »Sic vos non vobis« anheim zu stellen.

Auf Wiedersehen diesen Sommer in Hall, lieber Klindworth. Sagen Sie meinen freundlichen Gruss Ihrer Frau.

Getreu ergebenst

16ten Februar 80 — Budapest. F. Liszt.

Die letzten Correcturen der Ihnen gewidmeten Polonaise Tschaikowsky's werden mit der heutigen Post an Jürgenson expedirt.

### 257. An den Kammervirtuosen Prof. Herrmann Scholtz in Dresden [1]).

Sehr geehrter Herr und Freund,

Mit aufrichtigem Vergnügen lobe und empfehle ich Ihre *Chopin*-Ausgabe. Klindworth behält das Verdienst seiner zuerst erschienenen, verständig praktischen Arbeit. Ihrem Verleger Peters dürfte man rathen, bei den nächsten tausend Exemplaren der von Herrmann Scholtz signirten Chopin-Ausgabe:

A. *Nicht den ersten Band* mit Walzern auszufüllen. Warum diese kleinliche Aufmerksamkeit gegenüber den Salonspielereien? Allerdings sind Chopin's Walzer reizend, elegant und erfindungsreich ... doch haben seine Polonaisen und Mazurkas eine viel höhere Bedeutung.

Chopin ist der bezaubernd musikalische Genius des ritterlich heroischen Polen. Dieser Haupt-Charakter müsste bei der Eintheilung seiner Werke deutlich hervortreten. Also *erster Band:* Polonaisen, Mazurkas und Fantasie über polnische Motive.

---

1) Pianist und Componist (geb. 1845, Schüler Bülow's und Rheinberger's), geniesst namentlich den Ruf eines ausgezeichneten Chopinspielers.

B. Die klare Notirung der Melodien (nach oben gestrichen!) der Klindworth-Ausgabe beizubehalten.

C. Bei Werken mit Orchester-Begleitung ein Arrangement der Begleitung für ein 2tes Clavier *unter* den Principal-Part des 1ten Claviers zu setzen.

(Die meisten Pianisten verdummen beim Studiren der bisherigen Ausgaben, wo sehr oft das wesentlich Melodische und Rhythmische, ja selbst der richtige Bass fehlt.)

D. Immer gesagt für Herrn Peters: Er möge Ihre *vortreffliche* 2händige Version des Recitativs im Adagio des Fmoll-Conzerts dem Publikum nicht vorenthalten und selbige paar Seiten Ihrer Chopin-Ausgabe hinzufügen.

Getreu ergebenst

29ten April 80. Weimar. F. Liszt.

## 258. An Sophie Menter.

Verehrte, liebe Freundin,

Die Unterschrift des *römischen* Telegramms meldete mir Ihre Wiederkehr in »Hungaria«. Vorgestern traf ich Freund Bösendorfer in Frankfurt: natürlich sprachen wir sogleich von Sophie Menter und von ihren neuen dickbelaubten Petersburger Lorbeeren. Dergleichen werden Ihnen nach Massgabe des Bodens überall erblühen und Ihre künstlerischen Spaziergänge durch Europa und Amerika stets umschatten.

Sagen Sie an Neuschul freundlichsten Gruss von

Ihrem herzlich ergebensten

26. Mai 80. Weimar. F. Liszt.

## 259. An Jules de Zarembski.

Cher ami,

Vous avez fait un excellent choix: de même Mr Gevaërt. Le conservatoire de Bruxelles se maintient au premier rang: son très intelligent et actif Directeur n'aura garde de le laisser choir ou chômer; tout au contraire il donne et donnera, bel et bien, l'impulsion du progrès. A vous de veiller à ce que votre classe de piano fasse honneur au conservatoire, à son chef, et à votre nom. Pour cela il faut plusieurs années: donc, persévérez.

Vos trois Etudes sont des plus distinguées, remarquables et réussies. La seconde (*fa* mineur) pourrait être signée *Chopin.* Cet éloge très haut ne veut pas dire que vous soyez fautif d'un plagiat quelconque, car dans vos œuvres la sève originale est manifeste.

Peut-être dans la troisième Etude y a-t-il vers le milieu un peu d'alanguissement; toutefois il ne contrarie pas la bonne impression totale.

Quand nous recauserons musique *viva voce* je vous redirai explicitement mes vieilles idées du pourquoi et parce que des choses de notre profession.

J'envoie la bonne copie de vos trois Etudes directement à Simon, Berlin. Lui me communique celle assez mauvaise de vos Mazurkas à 4 mains. Je les ai jouées hier soir avec Madame la Baronne de Meyendorff: elle me charge de vous dire notre opinion très louangeuse sur ces charmantes productions de votre Muse polonaise.

J'écris à Simon que les éditeurs ne sauraient mieux faire que de publier des œuvres valables, telles que les écrit Zarembski.

Veuillez, cher ami, exprimer à Madame Zarembska la sincère affection de votre cordialement dévoué

1 Juin 80. Weimar. F. Liszt.

J'expédie les copies des Etudes et Mazurkas à Simon.

## 260. An Professor Bassani.

Cher ami,

Votre »Studio sinfonico« est de la belle poésie en musique. Cela me rappelle ma première impression de Venise alors que j'avais vingt ans. Le grave et triste motif ($^5/_4$) correspond aux lagunes, et au morne battement de leurs lames autour du pont des soupirs: l'autre motif s'élève vers le ciel avec l'accompagnement des campaniles sonnant doucement, presqu'au loin, l'allégresse du divin espoir.

Cordiale sympathie et amitié.

4 Juin 80 — Weimar. F. Liszt.

## 261. An Marie Lipsius.

Verehrte Freundin,

Herzlichen Dank für Ihre beharrliche Gewogenheit. »Carmen ist soeben gekommen, und ich bitte nun, eine andere Novelle von Merimée, betitelt »Les âmes du Purgatoire« ausfindig zu machen und zu schicken. Dieselbe erzählt die Begebnisse des Don Juan de Maiana, verunsterblicht durch Mozart und Lord Byron. Krabbe hat auch diesem Taugenichts dichterische Aufmerksamkeit geschenkt und ihn Faust zugesellt, was vielleicht Excellenz von Goethe verblüffen dürfte.

Auf baldiges Wiedersehen in Leipzig oder Weimar.

Stets dankend ergebenst

10. Juni 80. Weimar. F. Liszt.

Morgen schreibe ich Härtel's, dass die Ausgabe meiner gesammelten Schriften nicht besser beginnen könnte, als mit Ihrer günstigen deutschen Version des Chopin.

## 262. An Kornel von Abrányi.

Hochgeehrter lieber Freund,

Herzlichen Dank für das Dedicationsexemplar Ihrer reizenden *Nocturnes*. »Auprès de la chapelle und »Nuit étoilée gehören zu meinem *Programme intime très choisi*.

Aladàr Juhász bedarf nur der Gesundheit, um sich als vortrefflicher Künstler, Virtuos und Componist zu stellen und zu behaupten. Seine Stipendium-Angelegenheit ist nun geregelt — so wie wir es wünschten. Gewiss wird sich auch Juhász bei dem Klausenburger Musikfest sehr auszeichnen. Meine Empfehlungszeilen an Minister Trefort dürfen seiner Excellenz *nicht* mehr als *moutarde après dîner* eingereicht werden. Möglichst wenig Schreibereien noch Geschwätz. »Vitam impendere vero.« —

Beiliegende 2 ungarische Briefe bitte ich den Herrn General-Sekretär der königl. ungar. Landes-Musikakademie, Abrányi Kornel, für mich beantworten zu wollen. Vor meiner Abreise aus Budapest lasen wir zusammen den vielstimmigen *Zapfenstreich* von J. K., und ich ersuchte Sie, dem Componisten verständlich zu machen, dass Meyerbeer's weltberühmtes Rataplan, Rataplan, plan, plan (in den Hugenotten) dem Publikum fürder genügt.

Versäumen Sie nicht länger, J. seine Partitur zurückzusenden.

Herr P. A. möge mir verzeihen, nicht Millionär zu sein.

Bis Ende Juli verbleibt in Weimar Ihr herzlich getreuer und dankbar ergebenster

20ten Juni 80. Weimar. F. Liszt.

## 263. An Freiherr Hans von Wolzogen.

Hochgeehrter Freiherr und Freund,

.—. »Was Styl ist«, hat uns Wagner siegreich bewiesen und gelehrt. Sie, hochgeehrter Freund, erörtern vortrefflich in Ihrer letzten Schrift die grosse Sache. Dass eine »Stylbildungsschule in Bayreuth« festgestellt werde, wünscht Niemand ernstlicher als Ihr aufrichtig ergebenster

28. Juli 80. Weimar. F. Liszt.

## 264. An Friedrich Hofmeister, Musikalienverlag in Leipzig.

17. August 80 — Weimar.

Sehr geehrter Herr,

Seit mehr als zwanzig Jahren kennt Theodor Kirchner meine aufrichtige Hochschätzung seiner Compositionen. Es freut mich, dass er deren Anzahl rüstig und frisch vermehrt: und für die Zusendung der in Ihrem Verlage erschienenen »Spielsachen«, »Capricen«, »Blätter« etc. Kirchner's dankt Ihnen freundlichst F. Liszt.

## 265. An Baronesse Helene Augusz, Barmherzige Schwester in Graz[1]).

Très honorée sœur de $S^t$ Vincent de Paule,

Veuillez toujours disposer de mes faibles services. Selon votre indication, j'écris à la Baronne de Roner, et vous prie de lui faire parvenir les lignes ci-jointes.

Le talent de $M^r$ Tirindelli[2]) mérite attention, égards et encouragement. Vous l'avez bien compris, et vous seconder me sera agréable.

Comment lui être utile?

Faut-il le recommander à quelque éditeur d'Allemagne?

A-t-il l'intention de voyager, de donner des concerts? $M^r$ Tirindelli, votre recommandé, peut compter sur ma sincère obligeance: je ne lui demande que de m'écrire *clairement* en quoi je pourrai le servir. Hier je me suis permis de noter plusieurs *variantes* dans sa mélodie »All'Ideale«, sa $2^e$ Mazurka, et l'Adagio du Trio qui vous plaît par son beau sentiment.

Soit dit accessoirement, la copie de cet Adagio est si mal faite, qu'il faut en refaire une autre, moins fautive avant de procéder à l'impression. Par la même poste, vous recevrez les trois œuvres avec mes variantes.

Arrivé ici Samedi, je resterai, comme de coutume, jusqu'au jour de l'an Villa d'Este. Mi-Janvier sera de retour à Budapest

Votre très respectueux et dévoué serviteur

1 Septembre 80, Rome. F. Liszt.

Ma plus commode adresse pendant les mois prochains: »Albergo e Via d'Alibert, Roma.

## 266. An Madame A. Rubinstein.

Vous me permettez, chère Madame Rubinstein, de vous

---

1) Tochter von Liszt's verstorbenem Freunde Baron Anton Augusz in Szegzard in Ungarn.

2) Professor am Liceo Marcello in Venedig, Violinist und Componist.

dédier ma Transcription du ravissant et très célèbre *Lied* de votre mari. Au refrain très-conservatif »Ach! wenn es doch immer so bliebe!« j'ajoute que certainement restera toujours votre très respectueusement affectionné serviteur

24 Octobre 80 (Villa d'Este). F. Liszt.

## 267. An Frau Amalie von Fabry in Budapest.

Hochgeehrte Frau,

Ich weiss nicht ob ich zu viel spreche; gewiss aber schreibe ich zu wenig an diejenigen, welchen meine aufrichtige Dankbarkeit beständig zugehört. Gewähren Sie mir also Ihre wohlwollende Nachsicht betreffs meiner unwillkürlichen Versäumnisse.

Durch Ihren Neffen Imre [1]) vernehme ich, dass seine Mutter, Frau Baronin von Augusz, die Güte hatte, meine neue Wohnung in der Musikakademie zu besichtigen und deren mir noch unbekannte Einrichtung zu billigen. Die von Ihnen, hochgeehrte Frau, getroffene Fürsorge in dieser Angelegenheit — so wie in ähnlichen der 8 vergangenen Jahre Palatingasse und Fischmarkt — erkenne ich mit herzlichstem Dank. Unbescheidene Ansprüche auf Wohnungs-Requisiten zu machen, kommt mir nicht bei. Anständigkeit ohne Prunk bleibt für mich das Richtige. Nur den einen Wunsch hege ich stets: meinen Freunden nirgends lästig zu fallen.

Wenn Fanny diesen Winter wieder meinen kleinen Hausdienst versehen will, wird es mir angenehm sein. Sie findet sich darin gut ein mit ihrem freundlichen *minois*.

Genehmigen Sie, liebe Frau von Fabry, den erneuerten Ausdruck meiner alten ergebensten Anhänglichkeit.

1. November 80. Villa d'Este, Tivoli. F. Liszt.

Am 15. Januar werde ich wieder in Budapest eintreffen.

---

1) Baron Augusz, der frühverstorbene Sohn von Anton Augusz.

### 268. An Frau Anna Benfey-Schuppe*).

Sehr geehrte Frau,

Tausend Entschuldigungen. Längst sollte ich Ihnen und meinem verehrten Freund Dr. Benfey brieflich gedankt haben, und den Fragebogen beantwortet erstatten.[1]) Verzeihen Sie gütig die Verzögerung. —

Offen gestanden, erschrak ich zuerst bei dem Titel der Brochüre »Beethoven und Liszt«.[2]) Eine Jugenderinnerung befiel mich. Vor nahe 50 Jahren sah ich öfter im *jardin des plantes* zu Paris einen harmlosen Pudel als Gesellschafter in demselben Käfig mit einem majestätischen Löwen. Dieser schien dem kleinen Kammerjunker wohlgewogen. Beethoven gegenüber fühle ich mich ganz wie der Pudel bei dem König der Wälder.

Aufrichtig dankend und hochachtungsvoll ergebenst

11. November 80. (Villa d'Este, Tivoli.) F. Liszt.

Ende September, auf mein Verlangen, sandten Breitkopf und Härtel an Gottschalg (Weimar) meine 12 symphonischen Dichtungen im 4händigen (von mir gefertigten) Clavierarrangement. *Dieses Exemplar ist für Dr. Benfey bestimmt.* Die Partitur auch der *Dante-* und *Faust-*Symphonie wird Ihnen freundlichst Gottschalg zur Verfügung stellen, sowie die Arrangements für 2 Pianoforte derselben Werke.

In den Hofconzerten fungirten die bedeutendsten Künstlernamen: Joachim, Ernst, Vieuxtemps, Bülow, Rubinstein, Bronsart, Tausig, Madame Viardot-Garcia etc. etc. Berlioz dirigirte ein paar Hofconzerte, deren Programme stets vorzügliche nova et vetera (wie im Evangelium vorgeschrieben) darboten.

Während meiner Leitung der Weimarer Oper von 49 bis

---

*) Autograph im Besitz von Hrn. Fritz Donebauer in Prag. — Adressatin Schriftstellerin in Weimar.

1) Die betreffenden Antworten folgen dem Briefe bei.

2) Von Rudolf Benfey, dem nun verstorbenen Gatten der Empfängerin, beabsichtigt.

58 wurde neben dem ständigen Repertoire Mozart's, Weber's, Rossini's, Meyerbeer's etc. aufgeführt:

Februar 49 »*Tannhäuser*«, 28ten August 50 »*Lohengrin*« (zum 1ten mal), später der »*Fliegende Holländer*« und die herrliche Bearbeitung Wagner's der »Iphigenia in Aulis« von Gluck. — Berlioz's Benvenuto Cellini, Schumann's Manfred (zum 1ten mal), Raff's König Alfred; 2 Opern von Lassen, Spohr's Faust (mit den Recitativen), Sobolewski's Comala, Dorn's Nibelungen (zum 1ten mal) etc. etc. — Schliesslich der *Barbier von Bagdad* von Peter Cornelius — die letzte Opernvorstellung, die ich dirigirte.

Dieses kleine Register genügt zu dem Zweck Ihrer Brochüre; fügen wir noch bei, dass mehrere damals noch wenig bekannte, oder ganz neue Oratorien und symphonische Werke gleichfalls unter meiner Leitung aufgeführt wurden:

Marx' Moses, Rubinstein's Verlorenes Paradies, Schumann's Paradies und Peri und seine Faust-Schlussscenen etc., und an Symphonien die grosse Pyramide Beethoven's 9te (zu Goethe's Jubiläum 49), fast sämmtliche Symphonien und Ouverturen von Berlioz, andere Symphonien und Ouverturen von Schumann, Raff, Hiller, Bronsart, Joachim, Bülow etc.

Besser und ausführlicher als die Theaterarchive werden Sie über die musikalische Thätigkeit Weimars (von 49 bis 58) berichten mehrere mitwirkende und befreundete Theilnehmer, namentlich Gille, Lassen, Gottschalg, Grosse, Posaunist und Contrapunktist, Wahlbrüll, Milde und seine Frau und Frau Dr. Emilie Merian.

Übrigens bezweifle ich nicht, dass Ihnen der jetzige Intendant Freiherr von Loën freundlichst die Einsicht des Weimarer Theater-Archivs und der etwaig noch vorhandenen Hofconzert-Programme der damaligen Periode gewähren wird. Ebenso können Sie auf die gefällige Bereitwilligkeit zur Beförderung Ihrer Brochüre von Seiten Lassen's und Müller-Hartung's rechnen.

Seit mehreren Jahren finden sich immer während meines Sommer-Aufenthaltes in Weimar einige Pianisten dort ein, die meine symphonischen Dichtungen gerne und gut spielen. In der Wintersaison kann ich Niemand nennen. Befragen Sie darüber Lassen und Müller-Hartung. Beiliegend mein Empfehlungsschreiben an Frau Merian. Sie singt mit innigstem Verständniss meine Lieder, von Herz zu Herz.

11ten November 80. (Villa d'Este.) F. Liszt.

## 269. An das Comité der Antwerpener Société de Musique.

Très honorés Messieurs,

Une circonstance indépendante de ma volonté a retardé l'expression de ma sincère reconnaissance pour votre très bienveillante lettre.

La haute réputation de la »Société de Musique« d'Anvers m'est connue; nombre de personnes qui ont assisté à vos *Festivals* de 1876, 77 et 79, me parlèrent avec les plus vifs éloges de l'excellence de ces grandes productions musicales, des notoires mérites de votre directeur, Peter Benoit, de sa *Rubens-Cantate* et de son *Oratorio*[1]) récemment chanté à Bruxelles, lors de la solennité nationale, par 900 voix de votre Société.

Très flatté de votre invitation, Messieurs, je désire que ma réponse ne vous disconvienne point. Dispensez-moi de l'honneur de diriger le *Festival* que vous projetez pour l'année 1881, et permettez-moi d'y venir en simple auditeur.[2]) Si

---

1) La Guerre, De Oorlog.

2) Das *Liszt-Festival* der »Société de Musique d'Anvers« fand am 26. Mai 1881, unter Benoit's Leitung in Antwerpen statt. Das Programm umfasste: die Graner Messe, das Es-dur-Concert, von Frau Falk-Mehlig, den Todtentanz, von Zarembski gespielt, Mignon und andere Lieder, von den Damen Kufferath und Schauenburg gesungen, und die »Préludes«.

Bei einem zweiten, von Liszt's ehemaligen Schülern Franz Servais und Jules de Zarembski am 29. Mai veranstalteten Festconcert kamen der »Tasso« und die Faust-Symphonie, das Concert pathétique (von Zarembski und Gattin gespielt) und die Loreley mit Orchester (Frl. Kufferath) zur Aufführung. Der berühmte Musikgelehrte Gevaërt feierte Liszt in der Festrede als »*le virtuose incomparable*« dont le prestige n'a jamais été surpassé, ni même égalé; le *compositeur fécond* et inspiré, qui dans les nombreux doquelque mienne œuvre était admise dans le programme, je prierai Mr Peter Benoit[1]) de vouloir bien la diriger, car depuis une quinzaine d'années, je me déclare invalide à cet égard en tout pays.

Jusqu'à Pâques, des obligations me retiennent à Budapest. Après je serai charmé de l'occasion de vous renouveler personnellement à Anvers, très honorés Messieurs, l'assurance des sentiments de haute considération et d'estime distinguée que vous prie d'agréer

16 Novembre 80 — (Villa d'Este) Tivoli. F. Liszt.

## 270. An Sophie Menter.

Liebe, Hochverehrteste,

Wenn ich Ihren Brief und das Telegramm richtig verstehe, gehen Sie nächstens nach Paris und London und kommen auch nächstens nach Rom. Wann? — Sagen Sie mir dies deutlich.

Ein römisches Sophie Menter-Conzert lässt sich leicht arrangiren und wird mich erfreuen.

Obschon meine Empfehlungen *Ihnen* ganz überflüssig sind, bitte ich Sie, stets darüber zu verfügen.

Für die deutschen Botschafter in Frankreich und England wird Ihnen am besten Frau Gräfin Schleinitz besorglich sein. In der Hugenottenfantasie ändern, schneiden und verbessern Sie ganz nach Belieben. Dergleichen Stücke sind nur von ausserordentlichen Virtuosen zu produziren — also Sophie Menter. Der Transcripteur dient dabei kaum als »*Klecks*«.[2])

Herzlich ergebenst

2ten Dezember 80 (Villa d'Este, Rom). F. Liszt.

---

maines de l'art qu'il a abordés a ouvert de nouvelles voies, exploré de nouveaux rivages et laissé partout l'empreinte lumineuse de son génie audacieux et novateur; *l'éminent chef d'école* que l'on peut sans exagération qualifier d'initiateur par excellence du mouvement musical de notre époque; un de ces rares favoris des dieux, pour qui la postérité commence déjà de leur vivant« etc.

1) Ein Hauptvertreter der belgischen Nationalcomponisten (geb. 1834), Director des Antwerpner Conservatoriums.

2) Klecks heisst die Lieblingskatze von Frau Menter.

Wohin die Briefe zu schicken, beantworten Sie mir vielleicht bald mündlich in Rom: wo nicht, schreiben Sie mir Ihre Adresse. Bis 5ten Januar verbleibe ich hier: am 15ten bin ich in Budapest.

## 271. An Dr. Friedrich Stade in Leipzig[1]).

Sehr geehrter Herr und Freund,

Ihre Transcription des »Gretchen«[2]) für Pianoforte und Harmonium ist *vortrefflich*, ganz nach meinem Wunsch. Ich erlaube mir nur ein paar sehr kleine Änderungen und füge 10 Takte (am Schluss) bei, welche auch fürder in der Partitur und meinen Arrangements der »Faust-Symphonie« eingeschaltet werden sollen.[3])

Wenn Sie die Güte haben sich der Mühe zu unterziehen, die ganze »Faust-Symphonie« 4händig zu setzen, weiss ich Ihnen besonderen Dank dafür.[4]) Verfahren Sie möglichst frei in den Figurationen und den Zurechtlegungen in den 7 Octaven der leidigen Claviatur. Meines Bedünkens muss das *Litterale* öfters weichen vor dem besser Klingenden, und selbst vor der Bequemlichkeit der Spieler am Clavier.

Dankend und freundschaftlich ergebenst

11ten December 80. Rom. F. Liszt.

Vor der Herausgabe Ihrer 4händigen Bearbeitung spielen wir sie zusammen in Weimar — nächstes Frühjahr.

---

1) Musikschriftsteller (geb. 1844) in Leipzig.

2) Aus Liszt's Faust-Symphonie.

3) Sie folgen anbei im Orchestersatz nach Angabe Dr. Stade's.

4) Dies geschah.

(I. Solo)
2 Flöten
2 Oboen
2 Clarinetten in A
2 Fagotte
dim.
dim.
dim.
dim.

pp
perdendo.
pp
perdendo.
pp
perdendo.
pp
perdendo.

Un poco più lento.
I. Viol.
3
3
pp
II. Viol.
pp
Bratschen.
pp
Violoncelle.
(divisi)
pp
Violoncelle.
pp
C.-B. tacet .)

## 272. An Professor S. Jadassohn in Leipzig[1].

Sehr geehrter Herr,

Ihre Composition des 100ten Psalms ist von edler religiöser Empfindung und vortrefflichem Styl. Meisterhafte Führung der Chöre bewährt sich von Anfang bis Ende: besonders glänzend tritt die Stelle hervor Pag. 14, 15—19, 20 »mit Frohlocken«, wo die Posaunen und dann die Trompeten und Posaunen das Thema der Fuge in der Vergrösserung jubelnd verherrlichen.

Auch das darauf folgende Arioso: »Er, Er hat uns gemacht« bringt inniges Frommen. Schöne Altstimmen haben daran schöne Weide.

Aufrichtigen Dank, sehr geehrter Herr, für die Widmung dieses vorzüglichen Werkes. Ich werde es den mir befreundeten Musikdirectoren zur Aufführung empfehlen: vorerst an Hofcapellmeister Müller-Hartung, und ihn ersuchen, Ihren Psalm in Weimar zu produziren.

Verehrungsvoll ergebenst

10ten Januar 81. Villa d'Este. F. Liszt.

## 273. An Frau Reisenauer-Pauly in Königsberg.

Sehr geehrte Frau,

Mit Empfehlungen sehr sparsam umzugehen, gehört zu meinen Pflichten. Indess wiederhole ich gerne, dass meines Bedünkens Ihr Sohn Alfred sich als hoch talentirter, glänzend aufstrebender Pianist zeigt und bewährt.

Wenn ihm diese gewissenhafte Meinung zu weiteren Empfehlungen förderlich sein könnte, möge er sie verwenden.

Aufrichtig ergebenst

29ten Januar 81, Budapest. F. Liszt.

---

1) Componist, (geb. 1831) seit 1871 Lehrer am Conservatorium zu Leipzig.

## 274. An Dionys von Pazmandy, Redacteur der »Gazette de Hongrie«*).

Verehrter Herr und Freund,

Sie wollen wissen, welchen Eindruck mir das gestrige Bülow-Conzert gemacht hat? Gehört er doch Ihnen, uns allen, dem ganzen intelligenten Publikum Europas. Um ihn mit zwei Worten zu bezeichnen: Bewunderung, Begeisterung. Vor 25 Jahren war Bülow mein Schüler in der Musik, wie ich 25 Jahre vorher der Schüler meines hochgeehrten und theuren Meisters Czerny war. Aber Bülow ist es gegeben, besser und ausdauernder zu kämpfen, als ich. Seine bewundernswürdige Beethoven-Ausgabe ist mir gewidmet als »Frucht meiner Lehre«. Hier jedoch hatte der Lehrer vom Schüler zu lernen, und Bülow fährt fort zu belehren — sowohl durch seine erstaunliche Virtuosität am Clavier, als durch sein ausserordentliches musikalisches Wissen und jetzt auch durch seine unvergleichliche Leitung der Meininger Capelle. — Da haben Sie den musikalischen Fortschritt unserer Zeit!

Herzlich der Ihre

Budapest, 15. Febr. 1881. F. Liszt.

## 275. An Frau Cölestine Bösendorfer in Wien[2].

Ne pas vous revoir cette fois à Vienne, Madame, me peinait. C'était comme une ombre mélancolique sur mon séjour, d'ailleurs si bienveillamment agréé là. —

Les roses sans épines de votre gracieux souvenir m'accompagnent, et mon cordial et respectueux dévouement demeure fixe.

F. Liszt.

Dimanche de Pâques, 17 Avril 81. Weimar.

Veuillez redire à Bösendorfer ma très cordiale amitié.

---

*) In französischer Sprache in der »Gazette de Hongrie« abgedruckt; d. Herausg. aber nur in der Übersetzung (»Neue Zeitschrift für Musik«?) bekannt.

1) Die frühverstorbene Gattin des berühmten Clavierbauers.

## 276. An das sehr verehrliche Comité des Wagner-Vereins. Berlin.

Zu Händen des Herrn Prof. Otto Lessmann.

Hochgeehrte Herren,

Selten empfingen die höchsten Meister der Tonkunst, denen ich nur als Lehrling angehöre, eine Auszeichnung wie die, welche der Berliner »Wagner-Verein« und das Publikum mir gestern erwiesen. 1)

Genehmigen Sie meinen innigsten Dank für das »*Liszt-Fest-Conzert*« am Sonntag 24ten April: es verbleibt als freudiger Stachel zur stetigen Arbeitsamkeit lebenslang Ihrem

hochachtungsvoll ergebensten

Montag, 25ten April 81. Berlin. F. Liszt.

## 277. An Kornel von Ábrányi.

13. Mai 81. Weimar.

Verehrter lieber Freund,

Nun wäre etwas über die Hälfte meiner diesjährigen Conzertverpflichtungen absolvirt. Die beiden »Christus«-Aufführungen in Berlin und Freiburg gingen vortrefflich: ebenso die *Liszt-Conzerte* in Freiburg und Baden-Baden: ersteres brachte auch die 3stimmige Hymne »Des Kindes Erwachen«, reizend von anmuthig hellen Stimmen gesungen. Als Probe hielten davon die Damen ein Morgenständchen, mir zu Gunsten, bei meinen freundlichen Gastgebern Riesler, deren Villa mir in angenehmster Erinnerung verbleibt. Felix Mottl dirigirte *rühmlichst* in Baden-Baden das Liszt-Conzert mit »Mazeppa«, «Mephisto-Walzer«, »Hunnenschlacht« und drei Stücken aus dem Christus-Oratorium.

Zu Berlin Bülow's *Liszt-Abend* wundervoll wie in Pest und Wien. .—.

---

1) Vor einer eingeladenen grossen Zuhörerschaft wurden im Wintergarten des Centralhotels »Préludes« und »Festklänge« mit Orchester, diese unter Lessmann's, jene unter Mannstädt's Leitung aufgeführt. Dazwischen sang Marianne Brandt die »Jeanne d'Arc au bûcher«, Heinrich Ernst Liszt'sche Lieder. Eine Festtafel beschloss die Feier.

Bis Sonntag 22. Mai verweile ich hier. Am 24ten bin ich in Antwerpen. Dort am 26ten Aufführung der *Graner Messe.* Es freut mich, dass das Comité des Musikfestes eben *dieses* mehr besprochene und herunterkritisirte, als gehörte Werk wählte. Natürlich überliess ich gänzlich das Programm der Fürsorge des Comités, weil ich wahrlich keines meiner Werke irgendwo empfehlen möchte. Meine Aufgabe bleibt anspruchslos fortzuarbeiten, ohne Bekümmerniss des Fortkommens! —

Treu ergebenst F. Liszt.

Herzlichen Gruss an Ihre Frau und Söhne.

Von Antwerpen und Brüssel schicke ich Ihnen die Programme. Am 4ten Juni bin ich wieder hier zurück. Vom 9ten bis 12ten Juni Tonkünstler-Versammlung in Magdeburg.

## 278. An Kornel von Abrányi.

Hochgeehrter lieber Freund,

Vortrefflich gelungen ist die zweite Abschrift (mit den paar hundert Takten Verlängerungen) der Partitur meines *zweiten* Mephisto-Walzers. Sagen Sie dafür meinen freundschaftlichen Dank an Gyula Erkel; als geringes Honorar seiner Zeitverwendung bitte ich ihn die einliegenden 40 Gulden zu genehmigen. Dieselben in zarter Weise einzuhändigen, vertraue ich Ihrer langjährig bewährten, tüchtigen Freundschaft. Bei Fürstner (Berlin) erscheint nächsten Herbst die Partitur des 2ten Mephisto-Walzers, wonach die Aufführungen stattfinden können in Budapest und anderwärts.

An unsern verehrten Herrn Director der königlich ungarischen Landes-Musikakademie, Franz Erkel, schreibe ich, dass der Flügel Chikering's, als vorzügliche und gütige Gabe aus Amerika, im Musiksaale, Radialstrasse, aufgestellt werden soll. Nach meinem baldigen Ableben gehört dieser Flügel, sowie meine ganze Budapester Besitznahme, der königlich ungarischen Landes-Musikakademie. *Correctheit* bleibt die Devise Ihres treu ergebensten

22ten Mai 81, Weimar. F. Liszt.

Morgen Abend bin ich in Antwerpen. Ohne meine Beeinflussung hat das dortige Comité die *Graner Messe* zur Aufführung am 26ten Mai bestimmt. Also Éljen Hungaria — in allen Landen.

Adressiren Sie nur Anfangs Juni — Weimar.

## 279. An Frau Charlotte Blume-Arends[1].

Weimar, 29. August 81.

Hochgeehrte Frau,

Während meines langen Unwohlseins hat sich in meiner Hauswirthschaft manches Unregelmässige eingeschlichen. Erst gestern kamen mir Ihre lieben Zeilen zu. Von Herzen danke ich Ihnen dafür und nehme die Pathenstelle an. Ihr Sohn soll also Franz heissen und wie mein Patron, der heilige Franz von Paula, dessen Devise »Caritas«, die Lebenswogen im sichern Vertrauen auf Gott fest und ruhig durchschreiten.

Längst wollte ich Ihnen schriftlich danken für die reizende Gabe, welche mein Arbeitszimmer in dem neuen Gebäude der Budapester Musik-Akademie ziert. Das elegante Kunststück wird von meinen zahlreichen Besuchern sehr bewundert.

Schön wäre es, wenn die liebenswürdige Spenderin es selbst wieder besichtigte. Ihr Andenken ist in Budapest nicht erloschen.

Empfehlen Sie bestens Ihrem Herrn Gemahl Ihren herzlich dankenden und ergebenen F. Liszt.

In 10 Tagen hoffe ich ganz hergestellt zu sein und reise dann nach Rom.

## 280. An Otto Lessmann.

8ten Sept. 81 — Weimar.

Verehrter Freund,

Ich habe noch eine Nachcur zu gebrauchen mit Bädern und Schwitzereien.[2]) Diese werde ich in Weimar vollziehen.

---

1) Schülerin Liszt's, jetzt in Berlin.

2) Liszt war in Folge eines Falles den ganzen Sommer über ernstlich leidend gewesen.

Vom 21ten September bis 30ten bin ich in Bayreuth, und von October bis Neujahr in Rom.

An Bock sende ich heute die 4 händige Version der symphonischen Dichtung »Von der Wiege bis zum Grab«. —. Die Partitur expedire ich ihm aus Bayreuth, weil ich nun kaum mehr als ein paar Stunden des Tages anhaltend arbeiten kann.

Es giebt so viele vortreffliche Noten, dass man sich schämt noch Noten zu schreiben. Bei mir geschieht es jetzt nur drängend, innerlichst.

Herzlich dankend, ergebenst F. Liszt.

## 281. An François Auguste Gevaërt, Director des Conservatoriums in Brüssel[1]).

Très honoré cher ami,

Un des plus chers souvenirs de ma longue existence d'artiste est celui de votre sympathie bienveillante. Je vous en garde sincère reconnaissance, et serais heureux de le prouver. Pour commencer, permettez-moi de vous dédier le poëme symphonique, écrit récemment, d'après un dessin de Michel Zichy, intitulé: »du berceau jusqu'à la tombe«. — Partition assez courte, et sans *chevilles*, ce me semble.

Lassen vous a parlé de la représentation à Weimar de votre Quentin Durward. Le Grand Duc la désire, son intendant du théâtre, Baron de Loën, se préparait à l'effectuer, et les chanteurs mettront certainement tout empressement et soin à bien remplir leurs rôles.

A mon regret, partagé par Monseigneur, son théâtre et le public, cette représentation doit s'ajourner, car la traduction allemande manque et je ne sais quelle lambinerie de votre éditeur fait obstacle. Qu'il se ravise bientôt: et pour la traduction allemande je vous recommande particulièrement mon ami Richard Pohl (domicilié à Baden-Baden, et rédacteur en chef du journal de la charmante localité). Pohl se distingue

1) Berühmter belgischer Musikgelehrter u. Componist, geb. 1828.

par son intelligence musicale et son habileté de traduction qu'il a prouvée par Béatrice et Bénédict de Berlioz et Samson de S^t Saëns.

Lassen et le Baron Loën continueront avec vous la correspondance au sujet de la mise en scène de Quentin Durward, à Weimar. Les petites villes n'ont que de petits succès à offrir. Les grands et petits vous reviennent de droit. Acceptez-les. —

Je n'hésite point à vous demander un service, cher ami. J'étais alité quand m'est parvenue la décoration de l'ordre de Léopold, accompagnée de quelques lignes flatteuses du secrétaire du ministère des affaires étrangères, Baron de Lambermont et du document officiel que j'avais à signer. Remercier le Baron de L. et lui exprimer ma vive gratitude pour la royale faveur, était mon devoir, très agréablement impérieux. Je ne pus le remplir aussitôt, vu mon état maladif qui m'empêchait d'écrire et me rend encore maintenant l'occupation difficile. En sus quelque désordre s'est introduit dans mon ménage; plusieurs lettres et manuscrits ont été égarés; et malgré mes recherches minutieuses je n'ai pas réussi à retrouver les lignes du Baron L. ni leur incluse. Je viens donc vous prier, très honoré cher ami, de m'excuser auprès du Baron, et de le prier de m'envoyer un double du document à signer.

Du 22 Septembre jusqu'au 2 Octobre, mon adresse: Bayreuth (Bavière): plus tard, via e hôtel Alibert, Rome.

Tout à vous, de haute estime et cordiale amitié.

19 Septembre, 81. Weimar. F. Liszt.

## 282. An François Auguste Gevaërt.

Très honoré Maître, et cher ami,

Enfin, grâce à votre amicale obligeance je me suis mis en règle avec le Baron Lambermont et viens de lui écrire mes très reconnaissants remercîments.

Permettez-moi de revenir à nos moutons. Panurge n'y a que faire; pas davantage l'honorable marchand de galettes du

Gymnase ou son paisible voisin, votre éditeur Mr Grus. Il faut seulement la partition de votre *Quentin Durward*, et le consentement du compositeur à la représentation de Weimar. L'intendant du théâtre grand-ducal se chargera de l'honoraire du traducteur allemand, mon ancien ami Richard Pohl, qui prendra certainement grand plaisir à remplir sa tâche de la manière la plus satisfaisante. Le Baron Loën et Lassen vous écriront au sujet de cette représentation projetée pour Décembre 82.

Cordialement merci du bon accueil que vous faites à ma dédicace. La copie de la partition et son édition, avec celle des parties d'orchestre, demandent encore quelques mois. Avant leur terminaison, je vous enverrai la réduction pour piano (à 2 et à 4 mains) imprimée.

Veuillez bien dire, très honoré cher ami, mes affectueux sentiments à Madame Gevaërt et à vos fils, et compter à toujours sur mon très reconnaissant dévouement.

8 Octobre 81. — Bayreuth. F. Liszt.

Dans huit jours je serai à Rome.

## 283. An Edmund von Mihalovich.

Très cher ami,

On doit me trouver coupable. Je ne m'excuse point. Mon aversion des lettres est devenue excessive. Comment répondre à plus de 2000 lettres par an, à moins de se crétiniser?

J'ai passablement souffert ces trois derniers mois. Quand le mieux apparaissait, autre chose suivait. N'en parlons plus, car vous savez que ma santé ne m'occupe guère, et qu'il m'est même désagréable d'en entendre parler. Bref, je suis assez bien rétabli pour me mettre après-demain en route pour Rome. Ma très chère petite-fille Daniela m'accompagne et restera avec moi jusqu'au commencement de Janvier. Ce m'est une douceur providentielle sur laquelle je ne comptais nullement, mais dont je remercie les bons anges.

Les petites raisons qui m'ont empêché de communiquer plus tôt vos deux superbes partitions et leurs arrangements pour piano à 4 mains aux éditeurs Breitkopf et Härtel, je vous les dirai verbalement. Enfin vos beaux manuscrits sont à Leipzig, et Messieurs les propriétaires actuels de l'antique et illustre maison Breitkopf et Härtel vous écriront sous peu le mode de publication, à prendre ou à laisser. Ils savent mon sincère intérêt pour vos œuvres et y participeront, je l'espère, sans vous mettre en frais.

Stern [1]) m'a donné d'assez bonnes nouvelles sur les préparatifs de la représentation de votre *Hagbar* à Dresde. Les jeunes compositeurs sont toujours trop impatients. —

Veuillez me rappeler cordialement au souvenir de nos excellents amis, les Végh, Albert Apponyi, Madame d'Eötvös et ses filles, Mademoiselle Polyxena et .... j'allais nommer une charmante et spirituelle femme, qui m'a disgracié.

Bien à vous F. Liszt.

8 Octobre 81 — Bayreuth.

De la mi-Octobre jusqu'au 1 Janvier mon adresse: Via e Hotel Alibert. Roma.

A *Wahnfried* on vous garde affectueux souvenir. Wagner achève l'instrumentation du second acte de Parsifal et la soigne passionnément. Nous entendrons du nouveau, merveilleux et d'inouï.

Mr Humperdink, le fortuné *triple* lauréat des trois fondations »Mozart«, »Meyerbeer«, Mendelssohn«, travaille ici à la copie de la partition de Parsifal; [2]) Joseph Rubinstein [3]) en continue l'arrangement pour piano à Palerme maintenant et le terminera plus tard à Bayreuth. D'autres artistes, en veine de célébrité, s'emploient aussi à la copie du même *Opus*

---

1) Adolf Stern in Dresden, Dichter des Textbuchs.

2) E. Humperdink, geb. 1854 wurde in Neapel 1880 mit Wagner bekannt und leitete 1882 bei den ersten Aufführungen des »Parsifal« die Chöre aus der Höhe und die Bühnenmusik. Seit 1885 lehrt er am Conservatorium zu Barcelona.

3) Geb. 1847 (Russland), lebte seit 1872 viel in Wagner's Umgebung und betheiligte sich an den Proben zu den Bayreuther Festspielen 1875 u. 76. Er starb durch eigene Hand am 15. Sept. 1884 in Luzern.

*magnus*, dont nous acclamerons la représentation en Juillet 1882. Ce sera une procession quasi miraculeuse et de grande mode.

P. S. Le glorieux Spiridion a eu la distraction d'emporter une petite montre en or, qui m'appartient, et dont je lui avais seulement accordé l'usage pendant qu'il était à mon service. Je vous prie d'inviter Spiridion à vous remettre cette montre au jour de l'an: Vous me la rendrez lors de mon retour à Budapest mi-Janvier 82.

## 284. An Jules de Zarembski.

Très cher ami,

Rarement j'ai fait un petit travail, — les gros me molestent — avec autant de plaisir que celui de l'orchestration de vos deux Danses galiciennes. Elle est entièrement terminée avec quelques allongements que vous ne désapprouverez pas, j'espère; mais impossible de vous envoyer le gribouillis de mon manuscrit: donc, j'ai prié Friedheim[1]) de se charger de la copie que je vous expédierai avant le jour de l'an. Si l'éditeur Simon est disposé à publier cette orchestration, je la lui livre pour mille Mark: autrement, gardez la chose et usez-en comme bon vous semblera; d'abord au concert où vous produirez exclusivement vos compositions. Je voudrais y assister et vous renouveler à cette occasion la sincère et sympathique estime que je porte à vos nobles et rares talents. Ils fructifieront moyennant persévérance.

La copie de Friedheim vous arrivera à temps pour que vous puissiez faire copier les parties d'orchestre et ajouter les nuances nécessaires. Veuillez m'envoyer le programme du concert dont Zarembski remplira tout le programme comme compositeur. L'autre programme que vous projetez, dévolu à mes œuvres de piano, me paraît pécher par sa longueur: c'est un défaut dont je ne puis que vous savoir grand gré: cependant je vous demanderai de réduire la séance à la proportion moyenne. Une heure et demie de musique de piano

1) Einer der hervorragendsten unter den jüngeren Schülern des Meisters.

de ma façon suffisent largement, quelqu'admirable qu'en soit l'exécution.

Le président de la Société de Musique à Bruxelles, M^r Becquet m'écrit au sujet de l'exécution de l'*Elisabeth*; de même M^r Radoux, directeur du Conservatoire de Liège. Je crains que la traduction du texte et son ajustement convenable à la musique n'occasionnent des difficultés. Cependant si votre ami Franz Servais avait la complaisance de se charger du travail de révision et d'appropriation intelligente au chant, je serais rassuré, et désire seulement revoir le tout avant que l'éditeur Kahnt ne fasse imprimer le texte français sous l'allemand. C'est ce que j'écris à M^r Becquet.

Veuillez dire ma cordiale amitié à Franz Servais, et mon reconnaissant souvenir au Maître Gevaërt.

Ci-joint les photographies signées pour MM^rs Dumon et Dufour; j'ajoute une troisième (récemment faite à Rome) à votre intention.

On m'honore, me flatte et ... m'écrase aussi par de nombreuses lettres. Plus de cent me sont parvenues ces dernières six semaines: pour remplir mes devoirs de correspondance. il me faudrait y employer une dizaine d'heures chaque jour: je ne le puis. Même mon état de santé, qui n'est pas mauvais, mais me défend une application continue, s'y oppose. De plus, quand ma vieille manie d'écrire de la musique me reprend — comme c'est le cas maintenant — je me sens tout à fait incapable de songer à *plumifier* autrement qu'en notes. Je vous prie donc, en particulier, d'exprimer à M^r et Madame Tardieu mes excuses et mes très affectueux remercîments pour la bienveillance qu'ils me témoignent.

J'espère les leur renouveler personnellement, car il n'est pas dit que je ne revienne à Bruxelles, quoique les voyages me deviennent malaisés. L'envoi du *liquide* spiritueux de M^r Tardieu m'a réconforté à plusieurs soirs pendant mon travail ... superflu, mais complétant celui qui a précédé.

Votre bien dévoué ami

4 Décembre 81 — Rome. F. Liszt.

Jusqu'à la première semaine de Janvier je reste ici *Via e hôtel Alibert.*

## 285. An Camille Saint-Saëns.

Très-honoré cher ami,

Vous n'êtes pas de ceux qu'on oublie et avez conquis vaillamment votre belle renommée. Mes sincères sentiments d'admiration et reconnaissance vous sont dévoués depuis nombre d'années: ils demeurent et s'augmentent par les preuves de constante et active sympathie que vous donnez.

Je vous ai écrit cet été de Magdebourg lors du festival. Votre remarquable œuvre »La Lyre et la Harpe« figurait sur le programme; un retard de la traduction et des études chorales m'ont obligé, bien à regret, de remettre l'exécution à l'été prochain, quand se réunira de nouveau la »Tonkünstler-Versammlung« qui a l'honneur de vous compter parmi ses membres actifs et qui vient de me nommer son président honoraire.

Avant Noël l'éditeur Fürstner vous enverra de ma part 3 exemplaires (partition, versions de piano à 2 et à 4 mains) de ma seconde Valse-Méphistophélès dédiée à Camille Saint-Saëns. Je vous remercie cordialement du bon accueil que vous lui avez déjà fait. Personne plus que moi ne ressent la disproportion entre le bon vouloir et son résultat effectif dans mes compositions. Cependant je continue d'écrire — non sans fatigue — par besoin intime et vieille habitude. Viser haut n'est pas défendu: atteindre le but reste le point d'interrogation, à peu près comme la terminaison de la Valse Méphistophélique sur *si fa*

intervalles accusés dès les premières mesures du même morceau.

Vous m'insinuez très amicalement de revenir à Paris. Voyager devient onéreux à ma vieillesse et je crains fort qu'on ne me trouve *déplacé* en des capitales comme Paris ou Londres où nulle obligation directe ne m'appelle. Cette crainte ne me rend pas ingrat envers le public et surtout envers mes amis de Paris auxquels je me reconnais si redevable. Aussi ne voudrais-je pas renoncer entièrement à l'idée de les revoir, quoique la triste exécution de la Messe de Gran en 66 et les verbiages consécutifs m'aient laissé une pénible impression. Cela s'explique simplement de part et d'autre. Néanmoins, m'exposer désormais à de semblables malentendus, serait de trop. Sans fausse modestie ni sotte vanité, je ne saurais me ranger parmi les célèbres pianistes égarés en des compositions manquées.

A ce sujet, permettez-moi une question. Si je retournais à Paris, seriez-vous disposé, cher ami, à *récidiver* en dirigeant à je ne sais quel concert d'orchestre quelques miennes œuvres? Je n'ose pas vous en prier, mais supposé qu'une occasion favorable se présente, je serais tout fier d'y assister. En attendant, veuillez avoir la bonté de me rappeler au bienveillant souvenir du Vicomte Delaborde, et dire à votre collègue de l'Institut, Massenet, mes sincères remerciements de son télégramme. Il m'excusera de n'avoir pas répondu de suite. Suffire à ses devoirs de correspondance est un problème insoluble pour votre bien reconnaissant et dévoué ami

6 Décembre 81. Rome. F. Liszt.

## 286. An Ludwig Bösendorfer.

Verehrter lieber Freund,

Die vielen Zeichen des Wohlwollens und der Freundschaft am 22ten October[1]) versetzten mich in eine sehr gehobene Stimmung. Um dieser Ausdruck zu geben, schrieb ich mehrere Seiten Musik, aber gar keine Briefe. Die Abneigung gegen die Briefschreiberei wird bei mir eine Krankheit. ...

Haben Sie die Güte meine Wiener Befreundeten zu bitten, mich zu entschuldigen. Wahrscheinlich lebe ich noch lange genug, um ihnen bessere Beweise meiner Anhänglichkeit zu liefern, als Worte.

---

1) Dem 70. Geburtstag des Meisters.

Mit meiner Gesundheit beschäftige ich mich keineswegs: sie steht passabel und verlangt nur Schonung, welche zu gewähren mir manchmal lästig fällt.

Wie gewöhnlich seit 10 Jahren, werde ich wieder Mitte Januar 82 in Budapest anlangen.

Herzlichen Gruss an Ihre Frau.

Getreu ergebenst und dankbar

8ten December 81. Rom. F. Liszt.

Insbesondere wiederhole ich Zellner meinen freundschaftlichen Dank.

## 287. An Pauline Viardot-Garcia[1]).

Illustrissime et bienveillante amie,

Une femme d'esprit et talent fort distinguée, auteur de plusieurs volumes arrivés au succès de plusieurs éditions, me demande un mot d'introduction près de vous. Je lui ai dit ce qu'elle sait comme tout le monde, c'est que Pauline Viardot est la plus admirable artiste dramatique de notre temps: en sus, archi-musicienne et compositeur de la plus fine et vive intelligence. À cette opinion aussi juste que générale, Mad. X. donnera littérairement l'expression ample et élégante dans la notice qu'elle désire publier sur vous.

Veuillez faire bon accueil à votre nouvelle correspondante et garder amical souvenir à votre vieux adorateur très dévoué

12 Décembre 81. Rome. F. Liszt.

## 288. An Madame Malwine Tardieu in Brüssel[2]).

Que vous êtes bonne, Madame, d'accorder l'indulgence aux retards et manquements de mes lettres! C'est une fâcheuse infirmité chez moi de ne pas savoir écrire davantage et mieux. Vos dernières lignes bienveillantes m'ont charmé, et je vous

1) Die grosse Gesangskünstlerin, die noch jetzt in Paris als Lehrerin wirkt, war im Clavierspiel Liszt's Schülerin.

2) Gattin des Chef-Redacteurs der »Indépendance belge«.

en remercie bien affectueusement. Le brillant succès de l'*Hérodiade* de Massenet[1]) me fait un sincère plaisir; le *tout Paris* qui applaudissait cet ouvrage à sa première représentation à Bruxelles, le réapplaudira volontiers à Paris même; d'autres publics à l'étranger suivront le bon exemple. Pour ma part je vous dirai tout bas que je garde quelque réserve à l'endroit de certaines scènes amoureuses, nécessaires paraît-il au théâtre, introduites dans les sujets bibliques.

Elles m'offusquent, — excepté dans la Dalila de notre admirable et vaillant ami S^t Saëns qui a fait un superbe Duo d'amour, et de parfait à propos; car Dalila et Samson devaient s'endiabler amoureusement, tandis que dans la Madeleine et l'*Hérodiade* de Massenet la chose n'était que de convention .... théâtrale.

Veuillez me pardonner, Madame, cette opinion un peu pédante, sans prétention quelconque.

Quand vous reverrez Madame Viardot dites-lui que je garde mémoire enthousiaste d'elle, — Orphée, Fidès et Rosine typique, — de plus compositeur ravissant, et pianiste pleine d'ingénieuses dextérités. Avez-vous des nouvelles de sa fille, Madame Héritte? Connaissez-vous sa remarquable composition du »Feu du Ciel« de Victor Hugo? Monsieur Becquet[2]) m'a envoyé une excellente traduction française de l'Elisabeth[3]) tout à fait adaptée au sens et rhythme de la musique. Lors de la première exécution de cette Légende de Sainte Elisabeth, à Budapest (fin Août 1865), l'*Indépendance belge* publia un article, des plus flatteurs pour moi, sur l'œuvre. . —.

Veuillez rappeler au bienveillant souvenir de M^r Tardieu votre affectionné et dévoué serviteur

20 Janvier 82, Rome. F. Liszt.

Zarembski a reçu mon orchestration de ses très charmantes »Danses polonaises.«[4])

1) Die erste Vorstellung der Oper fand im Théâtre de la Monnaie in Brüssel am 19. Dec. 1881 statt.

2) Präsident der Brüsseler »Société de Musique« (seitdem aufgelöst).

3) Von Gustave Lagye.

4) »Danses galiciennes.«

## 289. An den Oberst Alexander Wereschagin[1]).

Cher Monsieur de Wereschagin,

Je vous suis bien reconnaissant du cadeau de la photographie d'un des admirables tableaux de votre frère. Son »Oublié« est une lugubre et terrifiante symphonie des vautours et corbeaux; je l'entends et m'imprègne profondément de sa prodigieuse inspiration.

Veuillez avoir la bonté de dire à votre frère mon admiration pour son génie, et agréez, cher Monsieur, l'expression de mes sentiments très distingués et dévoués.

1882. 5 Février, Budapest. F. Liszt.

## 290. An die Kammervirtuosin Martha Remmert.

Liebe Martha,

Beiliegend die verlangten *Varianten* zum »*Todtentanz*«. Ich notirte sie, nachdem ich im vorigen Mai dieses Stück zum erstenmale mit Orchester bei dem Musikfest in Antwerpen (von Zarembski meisterhaft gespielt) hörte. Die kurzen Veränderungen sind leicht in den Orchesterstimmen einzutragen, weil sie nur 7 Takte mehr für die *Hörner* betreffen; dann Pausen im Orchester, während das Clavier *solo* fortfährt.

In der beifolgenden Abschrift ist alles genau bezeichnet, sodass, wenn der Verleger Siegel (Leipzig) disponirt wäre der Partitur ein Ergänzungs-Blatt anzufügen, dasselbe bequem nach dieser Abschrift gedruckt werden könnte. Ich möchte Siegel deswegen nicht behelligen; autorisire Sie aber, liebe Martha, Siegel die Ergänzungs-Seiten A, B, C mitzutheilen[2]).

Glückauf verdienter Weise Ihren Conzert-Productionen, und stets aufrichtig ergebenst

20ten Februar 82, Budapest. F. Liszt.

---

1) Bruder des berühmten Malers; ehemals Adjudant des bekannten russischen Generals Skobeleff, auch Schriftsteller.

2) Die betr. Varianten sind nicht im Stich erschienen.

## 291. An Madame Malwine Tardieu.

Chère Madame,

Vous saviez avant moi que l'exécution de la $S^{te}$ Elisabeth doit avoir lieu, pour la première fois en français, à Bruxelles, le Dimanche 30 Avril. S'il n'y a pas changement de date, j'arriverai le 27 pour les dernières répétitions.

Par discrétion j'ose à peine accepter l'hospitalité que vous avez l'aimable bonté de m'offrir: cependant, pour peu que vous m'aidiez à tranquilliser mes scrupules, ils disparaitront. Mille remerciements des bonnes nouvelles que vous me donnez du succès en Allemagne du *Samson* et d'autres ouvrages de $S^t$ Saëns. Mon admirative amitié lui est dévouée depuis nombre d'années.

Très affectueux et reconnaissants respects.

11 Avril 82, Budapest. F. Liszt.

Dans une dizaine de jours je serai de retour à Weimar, où j'attendrai le programme *imprimé* de $M^r$ Becquet qui fixera mon arrivée à Bruxelles.

Veuillez bien remercier $M^r$ Tardieu de son obligeante intention de reproduire l'article de *l'Indépendance* sur la première exécution de l'Elisabeth, à Budapest, en Août 1865. Je vous dirai verbalement de qui sont ces lignes.[1]

## 292. An Franz Servais.

Très cher ami,

Que vous brilliez par votre absence à mon prochain retour à Bruxelles m'est un chagrin. Le concert-Liszt que vous y dirigiez et aviez mis à flot le printemps dernier, reste un des meilleurs souvenirs de ma trop longue carrière d'artiste. Alors déjà vous aviez donné l'idée de procéder à l'exécution de *l'Elisabeth*: et je n'imaginais pas qu'elle aurait lieu en votre

1) Der Reményi unterzeichnete Artikel rührte von Liszt's Tochter, Frau Cosima Wagner, her und bot (Madame Tardieu's Urtheil zufolge) »durch seine poetische und geistvolle Auffassung hohes Interesse«.

absence. Ma seconde visite prochaine à Bruxelles est toute de reconnaissance pour l'accueil sympathique qui m'était accordé là, au concert que vous dirigiez: exécution admirable de quelques miennes œuvres. Peut-être *l'Elisabeth* rencontrera-t-elle aussi quelque chance favorable.... M^r Lagye en a fait une traduction française excellente.

L'important pour vous, cher Franz, c'est que vous acheviez votre *Ion*. [1]) Ce sera votre avénement de compositeur auquel souhaite plein et retentissant succès votre amicalement dévoué F. Liszt.

22 Avril 82. Weimar.

Ecrivez-moi à Bruxelles où je resterai du 1^r au 4 mai, et adressez à Zarembski.

## 293. An Madame Malwine Tardieu.

A moins de contre-ordre de votre part je serai à Bruxelles Dimanche soir. [2]) En route, je me permettrai de vous télégraphier l'heure de mon arrivée. Entendre *l'Hérodiade*[3]) me sera de grand intérêt.

Le très spirituel article de Bülow sur le Samson de S^t Saëns, que Bülow déclare être le meilleur et le plus réussi des opéras représentés depuis une quinzaine d'années (ceux de Wagner exceptés), — cet article qui fait sensation et bruit à »Landerneau«, vous parvient en même temps que ces lignes de votre très affectionné serviteur

23 Avril 82. Weimar. F. Liszt.

## 294. An Otto Lessmann.

So vielen Dank schulde ich Ihnen, verehrter, lieber Freund,

---

1) Der ursprüngliche Titel einer jetzt »*l'Apollonide*« genannten Oper, die Servais, obwohl vollendet, noch in seiner Mappe zurückhält.

2) Die erste Aufführung der »Elisabeth« in französischer Übersetzung fand am 3. Mai statt. Saint-Saëns, Massenet, Francis Planté u. A. m. wohnten derselben bei.

3) Liszt hörte Massenet's Oper am 2. Mai

dass ich damit gar nicht fertig werden könnte. Wäre mir die canonische Form nicht zu ungeläufig, so dedizirte ich Ihnen einen symphonischen Danksagungs-*Canone perpetuo.*

Unsere Freundin Adelheid von Schorn sagt mir, dass Sie wahrscheinlich die Ferienzeit in Weimar zubringen. Herzlichst willkommen.

Dieses Jahr findet die »Tonkünstler-Versammlung«, wobei ich als überflüssig Nothwendiger (»le superflu, chose si nécessaire«, selon Voltaire) erscheine, seit der Gründung der Tonkünstler-Versammlungen mit Brendel vor 20 Jahren — also findet diesmal in Zürich statt, vom 9ten bis 12ten Juli.

Reisen wir zusammen dahin, lieber Freund, von Weimar aus.

Ihr vorzügliches Blatt lese ich mit Vorliebe und propagire es weidlich. Herzlich dankbar ergebenst

23ten April 82 — Weimar. F. Liszt.

## 295. An Frau Charlotte Blume-Arends.

23. April 1882. Weimar.

Verehrte Frau,

Poesie ist Ihnen eigen. Wie ein hübscher französischer Vers sagt »Même quand l'oiseau marche, on sent qu'il a des ailes.« — Also freundlichsten Dank für Ihre angeblich prosaische Gabe und besten Gruss an Ihren Herrn Gemahl. Schön wäre es, wenn Sie wieder nach Weimar kämen. Von Mitte Juni bis 12. Juli verbleibt hier ohne Unterbrechung

Ihr ergebenster F. Liszt.

## 296. An Freiherr Hans von Wolzogen.

Hochgeehrter Freiherr,

Ihre »*Leitfäden*« sind eine gedeihliche Bereicherung der Musik-Litteratur. Sie fördern wesentlich das geistige Verständniss der grossen, erhabenen, einzig dastehenden Schöpfungen Wagner's. Bereits gelten auch die »Leitfäden« für *classisch*, und mit Recht, weil sie als Musterarbeit Schule machen.

Genehmigen Sie meinen verbindlichsten Dank für die vielen Beweise Ihres Wohlwollens, dem einigermassen zu entsprechen wünscht aufrichtig ergebenst

25. April 82. Weimar. F. Liszt.

Auf freundschaftliches Wiedersehen im *Parsifal!*

## 297. An Frau Hofräthin Henriette von Liszt in Wien.

11ten Mai 82. Weimar.

Verehrte theure Cousine,

Unsere liebe Hedwig[1]) ist nicht in Vergessenheit gerathen. Gleich nach meiner Ankunft hier bestellte ich für sie Overbeck's erbauliche Zeichnungen: »Die sieben Sakramente«, deren eingehendes Studium nebst dem Commentar höchst empfehlenswerth bleibt. Das Werk ist in Regensburg erschienen; mein hiesiger Buchhändler pflegt seine Geschäfte in *Tempo moderato molto commodo* abzumachen. Er liess mich warten, und ich musste nach Belgien (am 30ten April) reisen. Erst gestern fand ich hier das benannte Werk und expedire es Ihnen heute, begleitet von dem »Ave Maria« für Harmonium und Meyer's vortrefflichem »Handlexikon des allgemeinen Wissens«. Eduard und Hedwig mögen daran ihr Wissen vermehren.

Meine belgische Woche — vom 1ten bis 8ten Mai Brüssel und Antwerpen — ward mir angenehmst. Beiliegend der gemässigte Artikel betreffs der Elisabeth-Aufführung des Brüsseler Schelle und Hanslick[2]) — Eduard Fétis, Sohn des hochberühmten und verdienstvollen Autors der vielbändigen »Biographie universelle des Musiciens« und der allgemeinen Musikgeschichte. Demselben Fétis sagte ich vor 30 Jahren etwas übermüthig, fast frech: »Mein Trachten geht dahin, nicht blos Artikel zu erlangen, wohl aber eine dauernde Stellung in der Kunstgeschichte einzunehmen.«

Bis Anfangs Juli verbleibt in Weimar

Ihr herzlich ergebenster F. Liszt.

---

1) Die Tochter E. v. Liszt's, die einen Sommer hindurch bei Liszt in Weimar studirte.

2) In der Indépendance belge.

Soeben meldet man mir die Ankunft der »Kaiser Virginia«. Tausend Dank. Bitte mir die kleine Rechnung einzusenden.

## 298. An Camille Saint-Saëns.

Très cher ami,

Je reste encore tout émerveillé de votre »prédication aux oiseaux de St François.«[1]) Vous *partitionnez* l'orgue de façon inouïe, comme seulement un grand compositeur et grand virtuose, tel que vous, peut s'en montrer capable. Les plus habiles organistes en tous pays n'ont qu'à vous tirer leur révérence.

Par la même poste je vous envoie un paquet de mes choses d'orgue. Si vous trouvez occasion de produire à Bruxelles l'Introduction de l'*Elisabeth,* elle effectuera sous vos doigts l'émotion religieuse que j'intentionnais.

Cordialement merci de votre visite à Bruxelles et à toujours votre bien dévoué d'admiration et amitié.

14 Mai 82. Weimar. F. Liszt.

## 299. An Madame Malwine Tardieu.

Chère bienveillante,

Le télégramme Tardieu-Lynen-Lessmann mandé d'Aix-la-Chapelle, m'a fait un vif plaisir.[2]

Mes *padrone di casa* (Lessmann l'est par son journal sont toujours excellentissimes.

Daniela de Bülow, ma toute chérie petite-fille, m'écrit votre amabilité, et viendra avec nous prochainement, à la Villa »Fantaisie« Bayreuth).[3])

Au *Parsifal* nous serons 30,000; s'entrevoir là sera de chance favorable.

---

1 Von Liszt für Clavier allein componirt; Pest, Roszavölgyi.

2) Tardieu's, Lynen's (Antwerpener Freunde Liszt's) und Otto Lessmann wohnten dem Aachener Musikfest bei.

3 Sie hatte ihren Vater, Dr. Hans v. Bülow begleitet, der (unter Wüllner's Leitung Brahms' erstes Clavierconcert und Beethoven's 32 Variationen (über ein Motiv aus der Eroica) spielte.

L'opéra de »Hamlet« de Stadtfeld,[1] écrit aux années de transition (50), représenté ici deux fois, non sans succès, est du meilleur genre Meyerbeer-Donizetti que je connaisse. L'invasion Wagner modifie singulièrement à présent les exigences théâtrales. Plus moyen d'écrire un »Hamlet« selon la coutume d'un Duprez, ténor absolu quelconque, avec le fameux *ut* de poitrine, ni de faire intervenir bénévolement l'Ombre du papa de »Hamlet« afin d'effectuer un Trio ou Quatuor, même de jolie facture musicale. Donc l'œuvre distinguée de Stadtfeld appartient au passé théâtral, si riche en oubli . .—.

Puisque vous avez la bonté de vous charger de mes livres, je vous demande le prochain envoi des ouvrages suivants:

1° Gevaërt — Histoire de la Musique dans l'antiquité: 2 volumes (Editeur Annoot Braekmann à Gand.

2° Charles Clément — Michel Ange, Léonard de Vinci, Raphael, — un magnifique volume illustré de 167 Dessins: — relié prix 15 francs Editeur Hetzel, Paris).

3° J. D. Lewis — »Bons mots des Grecs et des Romains«: un volume in 16 — librairie Charavay.

Mille pardons d'user et d'abuser ainsi de votre aimable obligeance.

J'ai lu avec plaisir l'article du »Guide musical« sur le Festival d'Aix-la-Chapelle, et vous prie de redire à l'auteur ma sincère amitié.

Au très bon revoir à Bayreuth, fin Juillet.

Affectionnée reconnaissance. F. Liszt.

J'ajoute l'article du journal officiel de Weimar, sur le *Hamlet* de Stadtfeld.

10 Juin 82. Weimar.

---

1) Erste Aufführung der Oper. Der Componist, ein Wiesbadener (geb. 1826, hatte auf dem Conservatorium zu Brüssel studirt, starb auch 1853 an letzterem Ort.

### 300. Dem verehrlichen Vorstand des Allgemeinen deutschen Musikvereins*).

Hochgeehrte Herren,

Eine hohe Auszeichnung erweist mir der Allgemeine deutsche Musikverein, indem Er mich zu Seinem Ehrenpräsidenten ernennt.

Seit dem Anfange dieses Vereins, vor 20 Jahren, rechne ich es mir zur Ehre, Ihm dienlich zu sein. Sein Zweck ist ein würdiger: zeitgemässe, unparteiische Förderung der Musik und Musiker. Seine Mittel haben sich immer als lauter und anerkennenswerth bekundet, ungeachtet mancherlei widersachlicher Besprechungen und Verschweigungen.

Also schreiten wir zusammen auf edler Bahn wacker vorwärts!

Empfangen Sie, hochgeehrte Herren, meinen herzlichsten Dank nebst der Versicherung, dass seiner Aufgabe bewusst und thätig verbleibt

hochachtungsvoll treuergebenst

Rom. [Juni 1882.] F. Liszt.

### 301. Herrn Commendatore F. von Jagemann in Freiburg i. B.**)

Sehr geehrter Herr Commendatore,

Sie befragen mich, ob die Biographie von L. Ramann »classisch« ist? Zu den Classikern zählen heisst vorerst todt, dann weltlich unsterblich zu sein. Keines von beiden beansprucht heutig hochachtungsvoll

6ten Juli 82. Freiburg. F. Liszt.

### 302. An Nicolaus Oesterlein in Wien[1]).

Sehr geehrter Herr,

Das Lob Ihres »Katalog einer Richard Wagner-Bibliothek«

---

* Abgedruckt »Neue Zeitschrift für Musik« 1882, Nr. 23.

** Nach einer Abschrift Liszt's im Besitz von Otto Lessmann in Charlottenburg.

1) Adressat der verdienstvolle Gründer und Eigenthümer des

habe ich bereits vernommen. Damit einzustimmen wird mir ein Vergnügen sein: in Erwartung der freundlichen Zusendung Ihres Werkes dankt Ihnen für die Begleitungs-Zeilen

ergebenst

16ten Juli 82, Bayreuth. F. Liszt.

## 303. An Kornel von Abrányi.

23ten Juli 82,. Bayreuth.

Verehrter lieber Freund,

Mit derselben Post erhalten Sie die Instrumentirung des »A magyarok istene« für das Debrecziner Musikfest. . — . Den Herrn Dirigenten bitte ich, die kleine Instrumentirung *vor* der Generalprobe, mit den Instrumenten, (plus die glänzenden Becken) ohne die Gesangsstimmen aufmerksam zu probiren.

Der *Solotrompeter* soll als ungarischer Magnat, edelst blasen; nicht handwerksmässig.

Etwaige Unterlassungsfehler in meinem schnell geschriebenen und nicht revidirten Partitur-Manuscript bitte ich auch den Herrn Dirigenten, corrigiren zu wollen. Wenig bekümmert um die Verbreitung meiner Compositionen, wünsche ich doch, dass dieselben nicht verstümmelt dem Publikum geboten werden. Da ich mir schmeichle, eine genügende Portion Selbstkritik zu besitzen, verbleibt mir die andere Kritik nur werth und instructiv.

Ihr Sohn Kornel ist mir herzlich willkommen in Bayreuth.

Mit Végh [1]) bespreche ich hier die ministerielle Angelegenheit Ihres »akademisch historischen Lehrbuchs«. Gewiss wird sich die Sache zu Ihrer Zufriedenheit erledigen.

Treu ergebenst F. Liszt.

---

Richard Wagner-Museums in Wien, einer in ihrer Art einzigen Sammlung von musik- und culturhistorischer Bedeutung. Die in dem Brief erwähnte Bibliographie erschien (bei Breitkopf & Härtel) kurz vor der ersten Aufführung des »Parsifal«.

1) Damaliger Vicepräsident der ungarischen Musikacademie.

Wagners »Parsifal« überragt hoch die Meisterwerke, welche bis jetzt dem Theater angehören. Das Publikum möge sich heranbilden.

## 304. An Freiherr Hans von Wolzogen.

Hochgeehrter Freiherr,

Bei und nach der gestrigen Darstellung von Wagner's »Parsifal« war der allgemeine Eindruck, dass sich über dieses *Wunderwerk* nichts sagen lässt.

Ja wohl verstummt es die davon tief Ergriffenen: sein weihevoller Pendel schlägt vom Erhabenen zu dem Erhabensten.

Ergebenst

27ten Juli 82. — Bayreuth. F. Liszt.

## 305. An Madame Malwine Tardieu.

12 Septembre 82, Weimar.

Chère Madame et amie,

Que de reproches je me fais sur le retard de mes remercîments *écrits!* Ceux d'*avant la lettre* ne vous ont point manqué et votre amicale bonté me touche vivement. Lassen m'assure de votre indulgence. Il a entendu récemment à Bruxelles »l'hymne à la beauté« [1]), et ne l'a pas trouvée suffisamment belle (soit dit entre nous). Dans ce genre les plus grands maîtres même ont rarement réussi à se débarasser de la tiède convention. Elle offre matière à prix académiques comme en a remporté plusieurs Madame Louise Collet, d'inglorieuse mémoire.

Notre ami Benoit suivra sa vocation de *Rubens* musicien.

Et »*Rédemption*« de Gounod! De succès ou non, à pareille œuvre faut-il en parler! Gounod a toujours gardé l'aiguillon religieux catholique avec la tension au sublime. Son *Polyeucte* témoigne pour lui.

---

1) Von Benoit, beim Brüsseler Musikfest (August 1882) aufgeführt.

Puisse l'abominable ergoteur et sanglant doctrinaire, Henri VIII, fournir un éclatant et durable succès à S^t Saëns, qui le mérite grandement; mais en fait d'opéras sérieux le public est arrivé à ce point de blasement que le mot d'un naïf réformateur allemand, Ronge, explique:

»Ce que nous avons, nous n'en voulons plus; et ce que nous voudrions, on ne le sait guère.« Wagner a su vouloir et perpétrer — glorieusement, quoique et parce que. Son œuvre s'immortalise déjà.

Parlons de choses modestes, concernant votre serviteur. Les 3 Psaumes ont été admirablement traduits en français par M^r Lagye; je lui écrirai mes remercîments tout au long, aussitôt que j'aurai terminé le travail *d'adaptation* complète du texte à la musique. Pour cela il faut modifier et récrire une quinzaine de pages, dont une douzaine sont prêtes. Je remettrai le tout à l'éditeur Kahnt Dimanche prochain et informerai du restant des arrangements Lagye, auquel je suis redevable.

Ses traductions me paraissent vraiment excellentes, très soignées et prosodiquement bien appropriées à la musique. Je regrette seulement de lui donner tant de peine, mais espère que finalement il sera content de moi. Il recevra le second exemplaire de mes *Lieder:* s'il réussit aussi bien à les franciser que les 3 Psaumes, ils pourront cheminer avec avantage en Belgique et plus loin.

Tous mes articles de critique musicale, publiés dernièrement sous le titre d'»Essais« par L. Ramann (chez Breitkopf et Härtel, Leipzig) ont été écrits *en français.* 3 ou 4 ont paru jadis dans les *Débats* et le *Constitutionnel.* Celui de plus d'étendue sur la Symphonie de Harold de Berlioz devait être inséré dans une revue célèbre de Paris: mais dans les années 50 on l'a trouvé *trop élogieux* et je me suis refusé aux changements amoindrissants pour Berlioz. ... Par conséquent cet article n'a paru que traduit en allemand (Neue Zeitschrift für Musik, Leipzig). Ce que sont devenus les manuscrits originaux français de l'ensemble de mes articles je l'ignore complètement. La recommandation que demande M^r

Kufferath [1]) pour la maison Härtel ne servira guère au but de M$^{r}$ Kufferath. La seule personne qui pourrait lui donner quelques renseignements serait Mademoiselle L. Ramann, mon biographe, qui depuis plusieurs années est à la recherche de toutes les choses relatives à ma prose et musique. Elle dirige une école de piano à *Nuremberg* (*Bavière*) *Durerplatz*.

Veuillez remercier Kufferath de son bienveillant intérêt, et l'assurer que si je m'abstiens d'écrire à la maison Härtel, ce n'est nullement un manque de complaisance de ma part.

Mille choses amicales à votre mari, et perpétuelle cordialité bien dévouée. F. Liszt.

Jusqu'aux premiers jours d'Octobre je reste ici.

## 306. An Otto Lessmann.

Verehrter lieber Freund,

Von der Absicht Hellmesberger's, nächstens in Wien eine neue *Messe* meiner Art aufzuführen, weiss ich nur durch Ihre freundschaftlichen Zeilen. Hellmesberger war mir zwar immer sehr wohlgewogen und hat öfters in der Hofkapelle die ungarische Krönungs-Messe dirigirt und in Conzerten mehrere meiner längeren Werke: aber eine *neue* Messe aufzuführen dürfte ihm schwer fallen, weil ich keine componirte. Es müsste etwa die *Missa choralis* (nur mit Orgel-Begleitung) sein....

Hier die Liste und Reihenfolge meiner componirten Messen:

1. Für Männerstimmen (mit Orgel) Anno 48 — *Editio nova* bei Härtel.
2. Graner Messe.
3. Missa choralis (mit Orgel) bei Kahnt.
4. Ungarische Krönungs-Messe (bei der Krönung in Buda aufgeführt.)
5. Requiem für Männerstimmen (mit Orgel). Rom, spätere 60er Jahre. Kahnt's Verlag.

---

1) Moritz Kufferath, Musikschriftsteller, Recensent des »Guide musical« (Schott) und Übersetzer mehrerer Wagner'scher Schriften, hatte gewünscht Liszt'sche Essays in's Französische zu übertragen.

Vielleicht schreibe ich noch auf besondere Bestellung ein Requiem. 1)

Dem freundlichen Verleger der symphonischen Dichtung »Von der Wiege bis zum Grab« bitte ich meinen Dank zu sagen für die Zusendung der Clavier-Version dieser Composition. Vor Ende October schicke ich an Bock die fertige Partitur.

Ein kurzes *Parsifal*-Stück: »Feierlicher Marsch zum heiligen Gral« gelangt heute zu Schott nach Mainz.

Drei Wochen verbleibt noch hier, Ihnen herzlich ergeben
16ten Sept. 82 — Weimar. F. Liszt.

Stets willkommenst in Weimar: vorausgesetzt, dass Ihnen der Besuch als *Allegro commodo* passt. Meine Freunde zu incommodiren wäre mir schrecklich.

## 307. An Otto Lessmann.

Verehrter Freund,

Wenn man gerecht sein will, hat man überhaupt von Hans von Bülow nur mit grosser Hochachtung zu sprechen. Sein Wissen, Können, Leisten sind erstaunlich und grenzen an's Fabelhafte. Insbesondere ist er durch langjähriges Studium in das Verständniss Beethoven's dermassen eingedrungen, dass ihm darin gleichzukommen kaum möglich erscheint. Man lese seinen Commentar der Clavierwerke Beethoven's (Cotta's Ausgabe), höre seine Interpretation derselben — (welcher Virtuos hätte es gewagt, die 5 letzten Sonaten Beethoven's an einem Abend dem Publikum vorzutragen?) und man folge der Direction Bülow's in den Orchester-Werken Beethoven's.

Gegen solch merkwürdige Thatsachen zu opponiren, halte ich für blöden oder böswilligen Unsinn.

Freundschaftlich ergebenst
20ten Sept. 82 — Weimar. F. Liszt.

1) Ein Requiem, auf den Tod des Kaisers Maximilian von Mexiko componirt, existirt noch im Manuscript.

### 308. An Frau Charlotte Blume-Arends.

27. September 82. Weimar.

Sehr geehrte Freundin,

Ich verdanke Ihnen wieder eine schöne, liebe Gabe: »das Oberammergauer Passionsspiel« beschrieben von Franz Schöberl, Pfarrer in Laibstadt. Das kleine Büchlein ist mit aufrichtiger Pietät verfasst und bringt eine genaue Darstellung der Oberammergauer Production, welche mir besonders bemerkenswerth scheint durch die *Konkordanz* zwischen den alttestamentlichen *Vorbildern* — von Adam und Eva angefangen bis zur ehernen Schlange und weiter — und deren Erfüllungen in den evangelischen *Handlungen*. Diese Konkordanz ist keine schlichte Bauernerfindung, wohl aber eine sinnige, tief rührende Zusammenstellung, ausgedacht von gebildeten Geistlichen, vertraut mit der christlichen Tradition. Gruppirung und stumme Ausführung der lebenden alttestamentlichen *Vorbilder* und der Kreuzigung Christi in Oberammergau verdienen volles Lob, im Gegensatz zur Musik, die sich unter der Kritik geberdet und mir die ganze Vorstellung sehr verleidete. Auch die angesehensten, ehrenwerthesten katholischen Musiker und geistliche Herren wie F. Witt, Haberl etc. protestiren gegen solch platten, musikalischen Unfug, Tand und Sudel.

Nochmals Dank und mit herzlichem Gruss an die Ihrigen ergebenst F. Liszt.

### 309. An Otto Lessmann.

Verehrter Freund,

Bei dem Musikfest, welches ich die Ehre hatte vor etwa 25 Jahren in Aachen zu dirigiren, verhielt sich allerdings mein Pariser Jugendfreund Hiller sehr kritisch gegen den Dirigenten und dessen Compositionen.

Ich nahm keine besondere Notiz von seinem Betragen, hörte aber, dass es mehreren Personen missfiel, welche ihm daraus kein Hehl machten. Auch sagte man mir damals, dass Hiller eine der Proben nicht ganz freiwillig verliess. Da ich am Dirigenten-Pult beschäftigt war, konnte ich die Veranlassung seines Fortgehens nicht bemerken und begnügte mich, einige Tage später sein witziges Referat über das Aachener Musikfest in der Kölner Zeitung zu lesen. Mein vortrefflicher Freund, Freiherr Hans von Bronsart, beantwortete mit nicht minderem Witz und anderer Gesinnung Hiller's Referat. Leider ist die musikalische Chronik mit unaufgelösten Dissonanzen überfüllt.

Ihnen, verehrter Freund, bleibt *harmonisch* ergebenst

14ten October 82, Weimar. F. Liszt.

## 310. An Otto Lessmann.

[Weimar] 4ten November 82.

Verehrter Freund,

Es wird mich freuen wenn die *Tannhäuser*-Lieder [1]) Ihre Zufriedenheit erlangen. Wählen Sie einen Pianisten des schönen oder unschönen Geschlechts in Berlin, welcher zum öffentlichen Vortrag dieser Lieder sich gut anschickt. Meines Bedünkens dürften sie dem Spieler Applaus bringen.

Ihre 2 Anfragen beantworte ich sogleich.

Von meiner »regelmässig fortgeführten Autobiographie« habe ich bis jetzt nichts vernommen. Mehrmals ersuchten mich Verleger, Memoiren zu schreiben: ich lehnte es ab mit der Entschuldigung, dass es mir mehr als genügt, mein Leben zu durchleben, ohne es dem Papier zu überliefern. Wäre ich verheirathet, könnte ich allerdings hie und da meiner Frau einiges dictiren. So aber entziehe ich mich gerne den Federquälereien, die mir widerwärtig bleiben.

Die dramatische Aufführung der *Elisabeth* in Köln soll nach meiner Rückkehr von Budapest, nächsten April oder Mai stattfinden. (Ich habe versprochen derselben beizuwohnen.)

Gestern Abend übergab ich ein paar Dank- und Lobes-Zeilen für Herrn Duysen an Fräulein Spiring, eine empfehlens-

1) Von Lessmann componirt, von Liszt für Clavier transscribirt, Berlin, Barth (jetzt Leipzig, Junne) erschienen.

werthe Pianistin und Lehrerin, der Sie hier begegneten. [1]) Sie versucht sich in Berlin zu etabliren und ich empfehle sie Ihrem freundlichen Wohlwollen.

Dankend ergebenst F. Liszt.

Nach der Leipziger Aufführung der *Maccabäer* besucht mich Rubinstein nächsten Dienstag.

## 311. An Madame Malwine Tardieu.

6 Novembre 82. Weimar.

Chère bienveillante,

Je suis encore retenu ici, un peu par sotte raison d'indisposition, nullement sérieuse, mais désagréablement prolongée. Ma règle est de ne jamais me préoccuper de ma santé, et je prie mes amis de ne jamais s'y intéresser.

Merci de l'envoi du 3me volume de la Correspondance de George Sand. La longue lettre de 20 pages à Mazzini, datée du 23 Mai 52, me paraît un chef d'œuvre de jugement et de divination. En 1852 peu d'hommes politiques s'étaient placés à un point de vue aussi élevé pour dominer les fluctuations du socialisme et comprendre sa valeur nécessaire. Mazzini lui-même s'y est mépris, comme aussi sur l'importance de la conquête du suffrage universel. Pardon de m'égarer ainsi en choses politiques auxquelles je n'entends goutte et dont je ne me mêle pas de deviser. Je vous citerai cependant un mot qui en 1842 fut un peu répété à la sourdine à Pétersbourg. Une belle dame de ma connaissance me raconta que l'empereur Nicolas lui avait dit de moi »Quant à ses cheveux et à ses opinions politiques, ils me déplaisent«. Je priai la même dame de transmettre ma réponse que voici: Sa Majesté a tous les droits du monde de me juger comme bon lui semble: néanmoins j'oserai la supplier de ne pas me tenir pour un imbécile. Or il y aurait imbécillité de ma part à afficher des opinions politiques. L'empereur les connaîtra quand il daignera mettre à ma disposition 300,000 soldats. —

1) Lebt jetzt in Jena.

Je reviens aux lettres de George Sand. Celles adressées en 52 au prince Jérôme Bonaparte et à Louis Napoléon, relatives au *graciement* de plusieurs démocrates, sont d'un goût exquis: le génie d'un grand cœur y apparaît.

Permettez-moi de réclamer la petite note des livres que vous avez eu la bonté de m'envoyer, chère Madame Tardieu, et ajoutez-y le prix de l'abonnement au *Bien public*. Je suppose que vous ne l'avez pris que pour un trimestre, et ne le continuerai pas, ne pouvant suffire à lire la moitié des journaux que ma profession et mon goût me porteraient à connaître. D'ailleurs mes yeux, sans être précisément maladifs, ne se prêtent plus ni aux lectures ni aux écritures sans relâche; et le soir venu je ressens souvent une extrême fatigue....

*L'Indépendance belge* a-t-elle parlé d'un superbe volume des plus intéressants:

»Correspondance et œuvres musicales de Constantin Huygens« (17$^{me}$ siècle) publiées par Jonckbloet et Land, professeurs à l'université de Leide, magnifiquement éditées par Brill à Leide?

L'ouvrage vaut la peine qu'on en tienne compte.

Aux bienveillantes lignes que *l'Indépendance* a insérées sur le concert du 23 Octobre avec le programme Liszt[1]), j'ajoute l'observation que le véritable titre de ma »Transcription« de la Marche de Rakoczy serait — Paraphrase symphonique. Elle a plus du double des pages de celle, très connue de Berlioz, et a été écrite *avant*. Par délicatesse d'amitié pour mon illustre ami, j'en ai retardé la publication jusqu'après sa mort; car il m'avait dédié sa version orchestrale du Rakoczy pour laquelle du reste une de mes transcriptions antérieures lui a servi, principalement pour l'harmonisation qui diffère de façon notoire des accords rudimentaires généralement usités dans les exécutions des Tsiganes et autres petits orchestres de la même marche. Sans quelconque vanité j'indique simplement le fait, aisé à vérifier pour chaque musicien.

1) Liszt-Concert im Weimarer Theater zur Feier seines Geburtstags.

Enfin je viens d'écrire à mon très honoré et plus qu'obligeant collaborateur M$^{r}$ Lagye. Son excellente traduction française de mes 4 Psaumes est à la gravure. Aussitôt qu'elle paraîtra vous la recevrez.

Dans une dizaine de jours je rejoindrai les Wagner et passerai plus d'un mois chez eux à Venise, Palazzo Vendramin.

Cordiales amitiés à votre mari de votre très reconnaissant et affectionné F. Liszt.

Le directeur des concerts d'abonnement à Weimar, donnera la »Guerre« de Benoit, et au prochain *Musikfest* on entendra le *Sanctus* et *Benedictus* de Benoit.[1])

## 312. An den Redacteur der »Allgemeinen Musikzeitung«, Otto Lessmann in Charlottenburg.

Sehr geehrter Herr Redacteur,

Durch zu viele Einsendungen von Partituren, anderen Compositionen und sonstigen Zuschriften in meinen Arbeiten äusserst gestört, bitte ich Sie, bekannt zu machen, dass ich wünsche, in dieser Weise künftig nicht weiter in Anspruch genommen zu werden. Autographensammlungen beizusteuern enthalte ich mich bescheidenst seit vielen Jahren. Ergebenst

Weimar, November 1882. F. Liszt.

## 313. An Adelheid von Schorn.

Lundi 20 Novembre 82 —

*Venezia la bella:* Palazzo Vendramin.

Chère amie,

Je n'entends pas que vous appreniez premièrement par d'autres ma bonne arrivée ici. Grâce au ciel les Wagner et toute la famille sont en parfaite santé.

De Nuremberg votre frère vous écrira que la méthode de Whist quasi inventée et certainement perfectionnée par vous, se propage aussi sous votre nom au Durerplatz chez

1 Das eine wie das andre Vorhaben Liszt's scheiterte an äusseren Gründen.

L. Ramann. Se débarrasser d'abord de tous les as est fort glorieux.

Sauf un incident que de plus sévères que moi appelleraient une filoutrie réglementaire de l'octroi de Milan, et dont je suis quitte moyennant 70 francs d'amende pour l'introduction de 50 cigares (!), tout mon voyage s'est bien passé. À Zurich j'ai trouvé le même bienveillant accueil de la part de plusieurs membres du comité — le président de la ville Mr Roemer en tête — qu'au *Musikfest* en Juillet dernier. Le propriétaire de l'hôtel Bellevue, Mr Pohl (non apparenté avec son homonyme de Baden) a mis de l'insistance à me faire accepter gratis un charmant logis, avec dîners, soupers et des vins excellents. Pareille munificence aurait donné un accès de fièvre chaude à feu Hemleb de l'*Erbprinz*, et ses consorts n'imiteront guère l'aimable procédé de Mr Pohl. Aussi vous prierai-je de recommander à vos amis et connaissances qui passeront par Zurich le très comfortable hôtel Bellevue de premier rang. Sans leur promettre qu'on les y recevra *gratis* je leur assure qu'ils trouveront la belle vue sur le lac, des appartements bien tenus, excellente cuisine et service attentif. Le Duc d'Altenburg et d'autres Princes l'ont habité et signé leurs noms dans l'Album de l'hôtel.

Votre amie Ada Pinelli est encore ici chez la Princesse Hatzfeld, Palazzo Malipieri. J'irai la voir demain. Du reste je pratiquerai la sobriété en fait de visites. Wagner n'en fait guère et je l'imiterai de mon mieux sur ce point. Mon illustrissime ami m'a magnifiquement établi dans un spacieux appartement du superbe Palazzo Vendramin, qui appartenait autrefois à Madame la Duchesse de Berry. Son fils le Duc della Grazia en est maintenant le propriétaire et Wagner le locataire pour un an. Le beau mobilier porte le cachet de l'ancien régime princier, et s'est parfaitement conservé. Le corps de logis habité du Palazzo Vendramin est quasi dans le meilleur état, de sorte que Wagner n'avait aucune dépense particulière à faire, pas même pour les poêles et d'autres choses requises, souvent négligées.

Dès mon premier séjour en 1837, je m'étais épris de

Venise: cela ne diminuera pas cette fois, tout au con traire.

Cordiale et bien dévouée amitié. F. Liszt.

Tâchez de savoir quelque chose de Bülow, et écrivez-le-moi. Ne pas le revoir à Meiningen m'était un crève-cœur.

## 214. An Freiherr Hans von Wolzogen.

Hochgeehrter Freiherr,

. — . Wagner ist vollständig im Wahren, wenn er sagt, dass ohne die ausserordentliche Munificenz S. M. des Königs von Bayern die Parsifal-Vorstellungen in Bayreuth gefährdet gewesen wären, und ihre Fortsetzung nur die Theilnahme des Publikums, ausserhalb der Wagner-Vereine, ermöglichte. Folgt aber daraus die Nutzlosigkeit der Vereine und die Opportunität von deren Verabschiedung? Nicht, meines Bedünkens, denn sie erhalten eine heilsame Agitation und stützen die »Bayreuther Blätter«, die sich als wesentlich förderlich der guten Sache erweisen. Durch die Veränderung des Namens *Verein* in *Genossenschaft* scheint mir kein Vortheil zu erlangen. Der grosse Name und die höchste Persönlichkeit Wagner's sind hier zumeist nothwendig. Übrigens wird der Parlamentarismus der Vereine die absolute Autorität des Schöpfers so vieler unsterblicher Werke nicht verleiden. Blos über Nebensachen können sich noch verschiedene Meinungen zeigen; in allem Wesentlichen sind wir ja alle ganz einig. Deshalb wünsche ich die Fortdauer, Consistenz und wachsende Wohlfahrt der Vereine. —

Es versteht sich von selbst, dass Wagner als legitimer Monarch herrschen und regieren soll, bis zur vollständigen äusseren Realisirung seiner Bayreuther Idee: die Mustervorstellung seiner *Gesammtwerke*, unter seiner Aegide und Anordnung in Bayreuth.

Dieses Ziel anzustreben gebührt allen Theilnehmenden an der historisch-civilisirten Cultur der Kunst in den nächsten Jahren des endenden 19ten Jahrhunderts.

Bei der Erreichung des bewussten Zieles singen wir mit Schiller und Beethoven:

»Freude, schöner Götterfunken!«

Empfangen Sie, hochgeehrter Freiherr, die Versicherung meiner verehrungsvollen, getreuen Ergebenheit.

24. November 82. Venezia. F. Liszt.

Bitte mich den Ihrigen ergebenst zu empfehlen.

## 315. An Franz Servais.

Cher Franz,

Vos bonnes lignes m'arrivent de Weimar et je vous en remercie cordialement...

Je vous répète, cher Franz, que vous êtes né »coiffé«: après l'audition au piano de votre opéra, le succès de la représentation viendra. — Ne vous impatientez pas d'un peu d'attente, les plus illustres compositeurs, Meyerbeer en tête, n'ont pu dire comme Louis XIV «j'ai failli attendre« ... Mais j'espère que le proverbe »tout vient à point à qui sait attendre« se réalisera sans beaucoup de retard pour vous. Donc bon courage et maîtresse patience.

Quant à l'exécution de l'*Elisabeth* à Bruxelles, comment aurais-je pu m'imaginer qu'elle aurait lieu sans votre participation active? Cet ouvrage n'était connu à Bruxelles que de vous — (vos auditions de chant et piano), de Zarembski et de mon vaillant traducteur Lagye. — Impossible de me dédire au dernier moment après avoir accepté tout simplement de bon cœur.

Veuillez dire mon très affectueux souvenir à Godebski; son gracieux buste de si parfaite ressemblance sculpturale et psychique de l'inoubliable Madame Moukhanoff fait toujours le précieux ornement de mon petit salon à la »Hofgärtnerei« à Weimar.

Le grand buste de Rossini que Godebski a offert au Grand Duc décore le foyer du Théâtre où il rayonne comme un dieu de l'Olympe. Ecrivez-moi quels sont les derniers ouvrages de Godebski.

Quand vous reverrez Madame Judith Gautier, je vous prie de lui renouveler les hommages admiratifs de

votre bien dévoué

Venezia, 26 Novembre 82. F. Liszt.

P. S. Nos amis *** pourraient, ce me semble, vous rendre bon service auprès de Mr Vaucorbeil et lui dire aussi, en guise de superflu, que je m'intéresse vivement à votre ouvrage. — Peut-être jugerez-vous à propos d'en faire entendre quelque fragment à un concert public?

Jusqu'au jour de l'an je reste ici chez les Wagner, au superbe Palazzo Vendramin, ensuite je retournerai droit à Budapest.

## 316. An Adelheid von Schorn.

8 Décembre 82 — Venezia.

Chère amie,

Vos tristes nouvelles sur l'état maladif de Bülow s'appareillent à celles que sa femme donnait à Daniela. Attendons-en de plus rassurantes!

Ici, Palazzo Vendramin, paisible et très unie vie de famille continue sans monotonie. Mais je ne sais parler des choses qui me touchent le plus, qu'avec gaucherie. Donc, mieux vaut m'abstenir.

De Rome la Princesse m'écrit qu'elle sera charmée de faire l'acquisition de deux aquarelles de Gleichen pour les splendides portefeuilles de dessins appartenant à sa fille, et dont la mère. depuis les années de Weimar, a fourni en régale la majeure part. Ces portefeuilles rangent au nombre des plus belles collections d'Europe.

Joukowski, [1]) retardé par des obsèques et les inondations, arrivera ici aujourd'hui. Ni obsèques ni inondations n'ont pu empêcher Lassen de partitionner notre intermède symphonique »*Über allen Zauber Liebe*«. J'espère que Lassen le

1 Durch seine Parsifalskizzen und die Portraits von Liszt und Wagner's Familie in weiten Kreisen bekannt.

dirigera au concert de la cour, le premier jour de l'an; et vous prie de l'écouter et de m'en écrire. —.

Je demande à Gille de m'envoyer le volume: »Die deutsche Bühne von einem Weimaraner.« Savez-vous qui? D'après l'index il veut ignorer l'activité du théâtre de Weimar en ces trente dernières années, ce qui pour un Weimarois n'est nullement honorifique et ressemble fort à une poltronnerie de mauvais aloi. Votre cordialement dévoué F. Liszt.

Samedi 9 Décembre, matin.

Joukowski nous est bien arrivé hier soir, et du coup nous avons chanté vos louanges.

Daniela vous a écrit. Je vous enverrai le programme de la représentation des »Geschwister« de Goethe, qui aura lieu demain chez la Princesse Hatzfeld.

Les vieux bouquins d'opéras, tels que »les Indes galantes« et autres antiquités, réédités à Paris, peuvent rester tranquillement à la »Hofgärtnerei«, à moins que vous ne préfériez les prêter à quelqu'amateur de ce genre, recherché par d'aucuns.

## 317. An Professor Carl Riedel.

Verehrter Freund,

Dräseke's *Requiem* ist ein so vortreffliches Werk und dessen günstige Aufnahme von Seiten des Publikums so wahrscheinlich, dass ich nochmals die Aufführung bei der nächsten Tonkünstler-Versammlung bevorworte. Vernünftiger Weise wird auch schliesslich Dräseke damit einverstanden sein.

Gustav Weber's Trio op. 5, bei Siegel verlegt und mir gewidmet, halte ich für ein ausgezeichnetes, sehr empfehlens- und aufführungswerthes Werk. Gewiss sind Sie derselben Meinung.

Dem Lieder-Programm der Tonkünstler-Versammlung wünsche ich 2 Lieder von Ihrem Homonym Riedel, jetzt fungirender Hofkapellmeister in Braunschweig, [1]) beizufügen.

1) Hermann Riedel, geb. 1847, machte mit Liedern aus Scheffel's »Trompeter v. Säkkingen« besonders Glück.

Wenn man sie Ihnen zuschreiben sollte, werden sie dafür noch besser gefallen. Und à propos, warum bringen Sie so selten Ihre gehaltvollen, vorzüglichen Werke zu Gehör in der Conzert-Öffentlichkeit? Über dieses Unrecht werde ich Ihnen noch Vorwürfe machen bei unserer Besprechung des Programms und hoffe, dass Sie Ihre Componisten-Reserve nicht länger übertreiben. Ohne sich vorzudrängen, muss man Stand halten, wozu Sie, verehrter Freund, vollkommen berechtigt sind.

Haben Sie die Gefälligkeit, Härtel's zu veranlassen, mir baldig hierher 25 Bogen 10liniges und 25 Bogen 12liniges Notenpapier (hohes Format, nicht quer) gegen Bezahlung zu schicken: nebst einigen der kleinen *Musterhefte*, wo alle Sorten der Notenpapiere enthalten sind, deren Ankauf ich mehreren befreundeten Componisten hier und anderwärts empfohlen habe. Es lässt sich bestens auf diesem Papiere radiren, was eine Hauptsache bleibt, vorausgesetzt, dass man nicht das ganze Manuscript zerreisst, was oftmalen rathsam wäre.

Fröhliche Weihnachten: und rüstiges neues Jahr 83.

Stets Ihr hochachtungsvoll getreu ergebener

Venezia, Palazzo Vendramin, F. Liszt.

9ten December 82.

## 318. An den Präsidenten des Comités der »Presse parisienne« Arthur Meyer in Paris*).

Monsieur le Directeur,

Mon télégramme de ce matin vous disait mes pénibles excuses et regrets de ne pouvoir servir au programme de votre festival. 1)

Y participer me serait certainement un honneur et je

---

*) Abgedruckt in der »Gazette de Hongrie« 1r Février 1883. Budapest.

1) Man hatte Liszt eingeladen, bei einem Festival mitzuwirken, das zum Besten der Überschwemmten von Elsass-Lothringen in der Grossen Oper veranstaltet wurde. »Le nom de Liszt, en France«, so schrieb man, »est synonyme de triomphe, nous savons qu'il est aussi synonyme de bonté«.

n'oublie point combien je dois de reconnaissance à Paris où mes années de jeunesse se passèrent.

De plus, il serait bienséant, ce me semble, qu'après la généreuse et éclatante sympathie témoignée à Paris — aussi par un festival au Grand-Opéra — à mes compatriotes, lors du désastre de l'inondation de Szeged, un artiste de Hongrie, favorisé de la bienveillance française, en fît ses remercîments publics à votre prochaine grande représentation.

Malheureusement, mon âge de 72 ans me rend invalide comme pianiste. Je ne saurais plus risquer en public mes dix doigts — hors d'exercice depuis longues années — sans encourir un juste blâme. Sur ce point nul doute; et je suis bien résolu de m'abstenir en tous pays de toute production au piano de ma sénilité.

Veuillez agréer, Monsieur le Directeur, mes remercîments et sentiments très distingués.

Budapest, 28 Janvier 1883. F. Liszt.

## 319. An den Componisten Albert Fuchs.

Ihre Ungarische Suite[1]) ist ein vortreffliches und wirkungsvolles Werk. Aus dem musikalisch ungarischen Boden entsprossen, verbleibt sie doch Ihr Eigenthum, weil darin keine Nachahmungen noch verbrauchte Floskeln vorfindlich, wohl aber manche neue harmonische Wendung und stets nationales Colorit. Für die Widmung dankt Ihnen aufrichtig ergebenst

Budapest, den 4. Februar 1883. F. Liszt.

## 320. An Saissy, Redacteur der »Gazette de Hongrie« in Budapest*).

Je viens vous demander conseil, cher Monsieur Saissy; veuillez me le donner tout franchement, sans quelconque réserve, et me dire si vous trouvez opportun que ma lettre ci-

1) Für Orchester, Liszt gewidmet.

*) Nach einem Brief-Concept im Besitz von Hrn. Buchhändler O. A. Schulz in Leipzig.

jointe, relative à ma *prétendue* animadversion contre les Israélites soit publiée ou non. Dans le cas affirmatif je vous prie de l'insérer dans le prochain numéro de la Gazette de Hongrie : autrement elle restera non imprimée, car je ne l'adresserai à nul autre journal.

Selon le proverbe, le silence est d'or: mais peut-être, dans la circonstance donnée, vu la grave question des Israélites en Hongrie, mieux vaut parler en la monnaie d'argent courante dans les journaux.

Rectifions les erreurs, et restons modestes, mais non peureux. Véritable dévouement.

6 Février 83. Budapest. F. Liszt.

## 321. An den Redacteur der »Gazette der Hongrie«*).

Monsieur le Rédacteur,

Ce n'est qu'à regret que je vous adresse ces lignes; mais puisqu'il s'est fait ici quelque bruit de ma prétendue hostilité contre les Israélites, je dois rectifier l'erreur de ce faux bruit.

De notoriété publique dans le monde musical, d'illustres Israélites, Meyerbeer en tête, m'ont accordé estime et amitié; de même dans le monde littéraire, Heine et d'autres.

Il me paraît superflu d'énumérer maintes preuves que j'ai données, pendant cinquante années, de ma loyauté active envers les Israélites de talent et de capacité, et m'abstiens aussi de parler de mes contributions volontaires aux institutions charitables du Judaïsme en divers pays.

La devise de mon patron, St. François de Paule, est »Caritas!« J'y resterai fidèle ma vie durant!

Si, par quelques citations tronquées de mon livre sur les *Bohémiens* en Hongrie, on m'a cherché noise et fait ce que l'on appelle en français une querelle d'Allemand, je puis affirmer, en bonne conscience, que je ne me sens coupable

*) Abgedruckt »Gazette de Hongrie«, 8 Février 1883. Budapest. Erschien in der Übersetzung auch in deutschen Blättern, u. a. in Lessmann's »Allgem. Musikzeitung« und zwar auf Wunsch des Meisters, dem »die ihm angezettelte und angeschwärzte Unthat des Antisemitismus« ärgerlich war.

d'aucun autre méfait que celui d'avoir reproduit faiblement la thèse du royaume de Jérusalem, mise en avant par Disraëli (Lord Beaconsfield), Georges Elliot (Mme Lewes) et Crémieux, trois Israélites de haut parage.

Agréez, Monsieur etc.

6 Février, 1883. Budapest. F. Liszt.

## 322. An Rich und Mason in Toronto*).

[1883.]

Sehr geehrte Herren,

Der Rich- und Mason-Flügel, den Sie mir in so freundlicher Weise hier zugesandt, ist musterhaft. So werden denselben Künstler, Beurtheiler und das Publikum anerkennen.

Gleichzeitig mit meinem verbindlichsten Dank wollte ich das von Ihnen verlangte Liszt-Portrait schicken. Es ward gemalt von Baron Joukowski, Sohn des hochzuverehrenden und auch in der russischen Litteratur berühmt verbleibenden Erziehers und Freundes Alexander II. Nun aber ist dieses Liszt-Portrait dermassen gelungen, dass man hier verlangt, ein ähnliches zweites für das Museum von Joukowski zu besitzen. Der Maler ging gefällig auf das Gesuch ein, was eine Verspätung von 2 bis 3 Monaten bezüglich meiner Expedition des ersten Portraits nach Toronto nöthig macht.

Zu den *Parsifal*-Decorationen in Bayreuth hatte auch Joukowski die Skizzen vorbereitet, deren günstige Ausführung erfolgte.

Entschuldigen Sie, sehr geehrte Herren, die Verspätung meines Dankes, und empfangen Sie die Versicherung meiner ausgezeichneten Hochachtung. F. Liszt.

## 323. An Madame Marie Jaëll in Wien**).

Chère admirable,

Je vous dis de suite la plus cordiale bienvenue à Buda-

---

*) Nach einem Brief-Concept im Besitz von Hrn. Buchhändler O. A. Schulz in Leipzig.

**) Autograph im Besitz von Hrn. Commerzienrath Bösendorfer

pest. Avez-vous déjà pris vos arrangements de concerts ici? Mon excellentissime ami Bösendorfer vous sert-il d'intermédiaire? À mon regret je ne suis pas en mesure de vous assister en cela, vu ma bisbille très prononcée avec les principaux arrangeurs des concerts de la localité, qui font impertinemment un piteux métier au profit de l'art .... de leur bourse et prédominance.

Au très bon prochain revoir. Veuillez me faire connaître vos nouvelles compositions et agréer l'hommage de mon admirative sympathie et affection.

12 Février 83. Budapest. F. Liszt.

Etes-vous en relation avec un compositeur sérieux, de véritable distinction, — Rendano? Il donnera son concert à Vienne ces jours-ci.

## 324. An Adelheid von Schorn.

Si vous étiez ici, chère amie, vous trouveriez peut-être moyen de mettre un peu d'ordre dans les centaines de lettres qui me pleuvent de partout. Ces ennuis et charges de l'amabilité qu'on m'attribue, deviennent insupportables, et j'ai bonne envie, un beau matin de crier du haut des toits, que je prie le public de me tenir pour un homme des plus désagréables, quinteux et incomplaisants.

Au cordial bon revoir à Weimar, les premiers jours d'Avril.

Toujours votre très affectionné et reconnaissant

14 Février 83. — Budapest. F. Liszt.

## 325. An Otto Lessmann.

Ihr Trauer-Nachruf [1]) durchdringt mein Herz. Sie haben ein des grossen, unsterblichen Kunstheros würdiges Wort gesagt: »das Gedenken an ihn führe uns die rechte Strasse zur Wahrheit!«

---

in Wien. — Adressatin die Wittwe Alfred Jaëll's, Claviervirtuosin und Componistin in Paris.

1) Nach Wagner's Tod am 13. Februar.

Nach Venedig und Bayreuth sogleich zu gehen unterliess ich. Deswegen wird kein verständiger Mensch meine Gesinnung verdächtigen.

Bis zur Charwoche bleibe ich hier; dann nach Bestimmung meiner Tochter komme ich nach Bayreuth oder anderwärts hin, wo sich die hochgeliebte Tochter befindet.

Herzlichen Dank, verehrter Freund, für Ihre zutreffende, wahrheitsgemässe *Berichtigung* meiner keineswegs anzuzweifelnden noch furchtsamen Stellung in der Semiten-Frage.

Losung und Lösung derselben ist Sache der Beharrlichkeit der Israeliten und der allwaltenden göttlichen Vorsehung.

Getreu ergebenst und dankbar

18ten Februar 83 — Budapest. F. Liszt.

Dem Cardinal Haynald, meinem langjährigen gnädigen Gönner — der auch der Liszt-Jubiläums-Feier in Budapest präsidirte — werde ich die Nummer Ihrer Wochenschrift (16ten Februar) mittheilen.

## 326. An Lina Ramann.

Verehrteste Freundin,

Seit meinen Jugendjahren halte ich das Sterben für viel einfacher als das Leben. Wenn auch öfters furchtbare, langwierige Schmerzen dem Tode vorangehen, bleibt er immerhin die Erlösung unseres unfreiwilligen Jochs der Existenz.

Die Religion mildert dieses Joch, doch blutet darunter beständig unser Herz! —

»Sursum corda!«

In meinem »Requiem« (für Männerstimmen) versuchte ich der milden, erlösenden Stimmung des Todes Ausdruck zu verleihen. Sie zeigt sich selbst im »Dies irae«, wo die Schreckens-Herrschaft nicht zu vermeiden war: auf der dreitheiligen Strophe:

»Qui Mariam absolvisti,
Et latronem exaudisti,
Mihi autem spem dedisti«

liegt der innig sanftmüthige Accent, der von gewöhnlichen

Sängern nicht leicht getroffen wird. . . . Auch erschweren den Vortrag die 2 halben Töne, aufsteigend im $1^{ten}$ Tenor, niedersteigend im $2^{ten}$ Tenor und $1^{ten}$ Bass. Dergleichen Stimmführungen sind zwar nicht neu, doch leisten selten die Sänger die erforderliche krystallreine Intonation, ohne welche der armselige Componist unterliegt.

*Unsere* $3^{te}$ Elegie »Die Trauer-Gondel« (»La Gondola funebre«), in Venedig letzten December unversehens geschrieben, soll diesen Sommer erscheinen, bei Kahnt, der schon meine 2 früheren Elegien verlegte.

Herzlichen Gruss an Ihre verehrlichen Mitwirkenden, und stets Ihr dankbar ergebenster

$22^{ten}$ Februar 83 — Budapest. F. Liszt.

## 327. An Madame Malwine Tardieu.

Chère bienveillante,

Aux grands deuils le silence convient. Je me tairai sur Wagner, prototype d'un génie initiateur.

Cordialement merci de votre télégramme d'hier.[1] Personne plus que moi n'applaudit aux succès de Saint-Saëns. Ils lui sont dûs sans doute; mais la fortune, grande souveraine d'équivoques mœurs, souvent ne s'empresse pas de se ranger du côté du mérite.

Il faut lui tirer l'oreille avec ténacité (comme l'a fait $S^t$ Saëns) pour qu'elle entende raison.

Ayez la bonté de m'envoyer le numéro de l'*Indépendance* avec l'article sur Henri VIII. Je demanderai au directeur de la »Gazette (française de Hongrie« $M^r$ Saissy, professeur de littérature française à l'université de Budapest, de reproduire cet article dans sa Gazette. Saissy est de mes amis; par conséquent il publiera ce qui est favorable au Henri VIII.

$S^t$ Saëns m'a envoyé la partition de sa *belle* œuvre »La Lyre et la Harpe«. Hélas! tout ce qui n'est pas du *théâtre* et n'appartient pas au répertoire des anciens maîtres classiques

---

1 Über den Erfolg von Saint-Saëns' Oper »Heinrich VIII.« in der Pariser Oper.

Händel, Bach, Palestrina etc. ne jouit pas encore de la considération attentive et payante — critérium décisif — du public. Berlioz, de son vivant, en fournit la preuve.

Veuillez dire mes amitiés à votre mari, et agréer ma dévouée et reconnaissante affection.

6 Mars 83. Budapest. F. Liszt.

Vis à vis de Lagye je suis contrit. Maintes besognes à expédier avec soin, m'empêchent de procéder à la révision de l'édition française de mes *Lieder*. Ce sera fait le mois prochain.

### 328. An den Musikverleger Ferdinand Taborszky in Budapest.

Lieber Taborszky,

Da es unbestimmt ist ob ich noch nächstes Jahr am Leben verbleibe, schrieb ich dieser Tage zur Eröffnung des neuen ungarischen Theaters, Radialstrasse, ein ungarisches *Königslied* nach einer alten Weise.

Anbei das Manuscript für Clavier zweihändig, und Partitur mit Text von Kornel Abrányi[1]) folgt in der Osterwoche.

Die Veröffentlichung meines *Königsliedes* soll erst gelegentlich der ersten Vorstellung 84, im neuen Theater stattfinden. Bis dahin verhalten wir uns schweigsam. —

Freundschaftlich ergebenst

11. März 83. Budapest. F. Liszt.

### 329. An die Baronin M. E. Schwartz*).

Budapest, 22 Mars 83.

Chère excellentissime,

C'est vraiment prodigieux qu'après tant d'années de pratique constante des œuvres de miséricorde vous ne soyez pas ruinée. Votre vie me semble une vaste *symphonie* de générosités, munificences, aumônes, charités, dons et attentions aussi délicates que coûteuses. À commencer par Garibaldi et les siens et à continuer indéfiniment avec les pauvres hères d'alle-

---

1) Deutsche Übersetzung von Ladislaus Neugebauer.

*) Autograph im Liszt-Museum zu Weimar.

mands, malades à Rome, et enterrés là à vos frais: et puis, les belliqueux Crétois, les infirmes de votre hospice de Jena, les associations pour la protection des animaux, etc., etc.

Je vous admire et m'incline devant vos perpétuelles bontés et bienfaisances, — d'autant plus que vous les exercez discrètement, comme à l'ombre, sans nulle fanfare de trompettes et tambours.

Ne me grondez pas d'avoir partagé le don que vous m'avez confié pour les inondés de Raab. Pour eux 300 florins suffisaient largement: les autres 300 florins de vos 50 Livres Sterling se plaçaient bien aux jardins d'enfants (institution admirable de Fröbel) dont Madame Tisza, femme du président du Conseil des Ministres de Hongrie, est la présidente en ce pays.

Ci-joint les remercîments de Madame Tisza (en hongrois, avec traduction allemande) et le reçu du Comte Thun, — Comte suprême (ancien titre conservé, — en allemand »Obergespan«) du Comitat de Raab.

J'ai préféré envoyer votre don au nom de Madame E. de Schwartz et ne point y mêler votre pseudonyme littéraire de Elpis Melena. Pardonnez-moi cet arbitraire innocent.

Vous reverrai-je, très chère amie, cet été à Weimar? je l'espère et demeure *semper ubique*

votre reconnaissant et dévoué F. Liszt.

De la mi-Avril jusqu'en Août je resterai à Weimar, sauf quelques excursions de peu de jours. Veuillez me prévenir une quinzaine d'avance de votre amicale visite.

## 330. An Baronin Wrangel in St. Petersburg[1]).

Madame la Baronne,

Depuis une trentaine d'années je m'abstiens complètement de fournir aux collections d'autographes et de m'inscrire sur des Albums quelconques.

1) Die Empfängerin hatte Liszt um einen Beitrag für ein Album gebeten, das man Henselt zu seinem 25jährigen Jubiläum als General-Musikinspector der kaiserl. Erziehungshäuser in Petersburg, Moskau etc. überreichen wollte. Hier Liszt's Antwort.

Cependant je fais volontiers exception aujourd'hui, en vous remerciant de vos bienveillantes lignes, et vous priant de transmettre à mon très honoré ami A. Henselt la courte copie ci-jointe.

Un diplomate de bon renom me disait jadis: »aux princes il ne faut offrir que des fleurs cueillies dans leur jardin«.

Henselt appartient aux princes et agréera le souvenir d'une des plus belles fleurs de son noble jardinage.

Très humbles respects.

20 Mai 83. Weimar. F. Liszt.

*Albumblatt für Henselt.*

Motiv des wunderbaren *Larghetto* in A. Henselt's Conzert.

Dem Componisten verbleibt seit 40 Jahren verehrungsvoll und freundschaftlich ergebenst

Mai 83. Weimar. F. Liszt.

## 331. An Mason und Hamlin in Boston*).

Sehr geehrte Herren,

Welch herrliche Orgel verdanke ich Ihrem Wohlwollen! Sie ist lobens- und bewundernswerth! Selbst mittelmässige Spieler können darauf vielen Beifall erringen. — Gern hätte ich dies prächtige Instrument in meiner Wohnung behalten; leider fehlt der genügende Platz. Nun prangt es in dem grossen Saale der hiesigen Orchesterschule: ein Institut von Bedeutung, dessen vortrefflicher Director Herr Prof. und Hofcapellmeister K. Müller-Hartung — er hat schöne Sonaten für Orgel veröffentlicht und trägt dieselben nicht minder schön vor — ist. — Am Abend der Aufstellung spielten zwei renommirte Organisten, Hoforganist A. W. Gottschalg (Herausgeber des ansehnlichen Orgelrepertoires etc. etc.) und Stadtorganist B. Sulze, der sich durch mehrere geschätzte Compositionen und Transcriptionen einen ausgezeichneten Ruf erwarb. — Wahrscheinlich besuchen mich in diesem Sommer Prof. Dr. Naumann aus Jena, Walter Bache aus London und Saint-Saëns aus Paris, welcher meines Bedünkens der hervorragendste, ausserordentlichste Herrscher des Orgelspiels verbleibt. Ich werde nicht ermangeln die 3 genannten Virtuosen zu bitten, nähere Bekanntschaft mit Ihrer Orgel zu machen. Im Übrigen soll dieselbe nicht missbraucht werden und den gewöhnlichen Spielern verschlossen bleiben.

Genehmigen Sie etc

Weimar, 12. Juni 1883. F. Liszt.

## 332. An Madame Malwine Tardieu.

Chère bienveillante,

Merci de la très agréable nouvelle de la reprise des

*) In Gottschalg's »Urania« abgedruckt.

représentations de Henri VIII et leur continuation. Personne plus que moi ne souhaite à St Saëns tous les succès qu'il mérite grandement, au théâtre comme aux concerts.

En fait de concerts ceux de la chapelle de Meiningen, sous la direction de Bülow, sont étonnants et fort instructifs pour la compréhension des œuvres et le *rendu* de leur exécution. Je vous envoie copie de quelques lignes écrites à un ami: elles vous diront mon impression que vous partageriez si vous entendiez ces concerts de la plus haute lignée artistique. — Le parallèle entre le Sigurd de Reyer[1]) et le Siegfried de Wagner, est ingénieusement tracé par votre mari, et rend de bons offices préparatoires au succès des représentations du Sigurd. Quant à la tétralogie des Nibelungen de Wagner elle resplendit d'une gloire immortelle.

Dans le courant de la saison d'hiver, le théâtre de Weimar donnera le *Quentin Durward* de Gevaërt. Lassen mettra le plus grand soin à en diriger les études et la représentation. A mon regret je ne pourrai assister à la *première* ici, devant me trouver à Budapest avant la mi-Janvier.

Veuillez dire à Tardieu les cordiales amitiés de votre bien dévoué

14 Décembre 83 — Weimar. F. Liszt.

Encore un jeune pianiste, mais de la meilleure sorte, — Mr Siloti, russe de naissance et de bonne éducation. Il passait pour le plus vaillant élève de Nicolas Rubinstein, avant de travailler avec moi. Dernièrement il obtint un succès marqué à Leipzig qu'il continuera la semaine prochaine à Anvers. Malgré mon aversion des lettres de recommandation je lui donne deux mots pour les Lynen et le recommande à votre bienveillante attention.

## 333. An Cäsar Cui.

Très honoré ami,

On n'ignore point en divers pays la haute estime que je

1) Zum ersten Mal am 7. Jan. 1884 im Brüsseler Théâtre de la Monnaie aufgeführt.

porte à vos ouvrages. Persuadé que la »*Suite*« dont vous me parlez se montre digne de vos compositions précédentes, je me sens honoré par la dédicace, et vous en remercie avec reconnaissance. Votre style musical s'élève fort au dessus de la phraséologie; vous ne cultivez pas le commode et stérile champ des lieux communs ... Sans doute il faut à l'expression des idées et des sentiments la *forme* de l'art: il la faut adéquate, souple, libre, tantôt énergique, tantôt gracieuse, délicate, parfois même subtile et complexe, mais toujours à l'exclusion des vieux restes du *formalisme* décrépit.

Dernièrement à Meiningen où l'admirable direction de Bülow fait accomplir à la chapelle des merveilles de rhythme et nuances, j'ai eu l'honneur de m'entretenir avec le Grand-Duc Constantin Constantinowitch du développement actuel de la musique en Russie et de la capacité notoire de ses courageux promoteurs. Son Altesse Impériale en apprécie justement la sérieuse valeur, le noble caractère, l'intensive originalité: par conséquent, cher Monsieur Cui, le Grand Duc accorde pleine louange à vos talents et mérites.

Je prends plaisir à vous le répéter en vous renouvelant l'assurance de mes sentiments les plus distingués et dévoués.

30 Décembre 83 — Weimar. F. Liszt.

Un jeune pianiste russe, Mr Siloti, que les leçons et l'exemple de Nicolas Rubinstein ont porté à une virtuosité de marque, obtient maintenant des succès de bon aloi en Allemagne. Quand il sera à Pétersbourg, je le recommande à votre bienveillance.

## 334. An Otto Lessmann.

10ten Januar 84, Weimar.

Verehrter Freund,

Die merkwürdigen Conzerte der Meininger Hofkapelle führten mich in Versuchung einen *Bülow-Marsch* zu schreiben. Hierzu ein Vorwort beiliegend; und nebstbei eine französische, briefliche Erörterung meines Eindruckes in Meiningen.

Wollen Sie beides in Ihrem Blatt aufnehmen? Sodann übersetzen Sie freundlichst den französischen Brief. [1])

Getreu ergebenst

F. Liszt.

10 bis 14 Tage verbleibe ich noch in Weimar wegen der schweren Krankheit Achilles. [2])

*Vorwort zum Bülow-Marsch.*

Seit dreissig Jahren in der Kunstwelt bedeutet, bethätigt und fördert Hans von Bülow alles edle, richtige, hoch- und freisinnige Schaffen. Als Virtuos, Docent, Dirigent, Kommentator, Propagandist — ja selbst als manchmal humoristisch gelaunter Journalist verbleibt Bülow der *Obmann* des musikalischen Fortschritts mit der Ihm von Gottes Gnaden angebornen und zugehörigen Initiative, leidenschaftlichen Beharrlichkeit, unaufhaltsam heldenmüthig das Ideal anstrebend, möglichst erzielend.

Einen neuen Beweis dafür bekundet seine Leitung der Meininger Hofkapelle. Derselben widmet in Hochschätzung ihrer mustergiltigen symphonischen Vorträge diesen *Bülow-Marsch*

Januar 84 — Weimar. F. Liszt.

Meiningen, Décembre 83.

A 7 heures, on était à la répétition du *Concert-Beethoven.* Sous la direction de Bülow, la chapelle de Meiningen fait des prodiges: Nulle part ne se rencontre une telle intelligence des œuvres diverses, la précision dans leur exécution avec les plus justes et fines nuances rhythmiques et dynamiques. La circonstance de l'abolition de l'Opéra à Meiningen opérée par le Duc depuis une vingtaine d'années est très favorable aux concerts. De la sorte l'orchestre a le temps de faire bon nombre de répétitions partielles et générales sans trop se fatiguer, le service de l'Opéra étant rayé. Bülow prodigue

1) Er folgt nach dem Vorwort hier im Original. Lessmann's »Allgem. Musikzeit.« brachte ihn übersetzt am 18. Januar 1884, als »Brief an einen Freund«.

2) Liszt's Diener.

presque les répétitions comme l'eût fait Berlioz s'il en avait eu les moyens ... Le résultat est admirable et à certains égards hors de pair, le Conservatoire de Paris et d'autres célèbres instituts de concerts, non exceptés. La petite phalange de Meiningen, grâce à son chef actuel, a de l'avance sur les plus gros bataillons. On dit que Rubinstein et quelques autres se sont exprimés de manière désapprobative sur plusieurs *tempi* et nuances inusités de Bülow; à mon avis, leur critique tombe à faux ...

Outre le programme du Concert-Beethoven, il y avait dans la matinée séance *extra* de l'orchestre pour l'exécution des Ouvertures du »Roi Lear« (Berlioz) et des »Meistersinger«, ma Marche »Vom Fels zum Meer«, les »Ideale« et les Variations de Brahms sur un thème de Haydn. Toujours même et complète entente de l'ensemble et des détails des partitions: même vigueur, énergie, finesse, correction, relief, vitalité et *caractère* supérieur de l'interprétation.

Chose étonnante! l'œuvre de Quatuor la plus difficultueuse de Beethoven et qui à cause de ses complications ne figure sur aucun programme, la grande Fugue, op. 133, est exécutée par la chapelle de Meiningen avec un parfait ensemble. À une occasion précédente j'ai entendu aussi à Meiningen la célèbre Chaconne de Bach virtuosement jouée à *l'unisson* par une dizaine de violons. F. Liszt.

## 335. An Felix Mottl, Hofcapellmeister in Carlsruhe[1]).

Sehr geehrter lieber Freund,

Sie haben eine edle künstlerische That gethan: die Rehabilitirung der reizenden Oper von Cornelius »Barbier von Bagdad«. Ich wüsste kaum eine andere komische Oper von so vielem feinen Humor und Geist. Dieser Champagner hat *Mousse* und vortrefflichen Gehalt.

---

1) Adressat (geb. 1856), seit 1880 in Carlsruhe, woselbst er neuerdings zum Hofoperndirector ernannt wurde, seit 1886 Mitleiter der Bayreuther Festspiele, gehört zu den bedeutendsten Dirigenten der Gegenwart und ist auch als Componist hervorgetreten.

Die *einactige* Fassung scheint mir die günstigste. So wie in Carlsruhe soll sie auch fernerhin anderwärts gelten. Schreiben Sie darüber an Hans Richter. Der »Barbier von Bagdad« könnte vielleicht, *in einem Act*, Repertoire-Oper in Wien werden und dann wieder nach Weimar zurückkehren, wo man sich vormals, bei der ersten Aufführung, schwer versündigt hatte.

Freundschaftlichen Dank und stets ergebenst

8ten Februar 84 — Budapest. F. Liszt.

## 336. An Frau Hofräthin Henriette von Liszt.

Hochgeehrte liebe Cousine,

Diesmal konnte ich in Wien nicht »ausruhen«. Solches Extra passirt mir kaum irgendwo. Mein Leben ist fortgesetztes Ermüden. Einstens fragte man den berühmten katholischen Kämpen Arnauld (Jansenist), warum er sich nicht etwas Ruhe gönnte. »Dazu haben wir die Ewigkeit«, antwortete er.

Von einer Cousine oder Nichte, Mary Liszt, Conzertgeberin, höre ich zum erstenmale durch Sie. Öfters fungirten in Provinzstädten unter unserem Namen Conzertisten missbräuchlicherweise. In Constantinopel bat mich ein Pianist, Herr Listmann, um Verzeihung, die zweite Silbe seines Namens auf dem Programm gestrichen zu haben. Dafür erhielt er eine reichliche Gabe des damaligen Sultans Abdul Medgid .—.

Auf Wiedersehen in der Osterwoche, theure Cousine, und stets herzlich ergebenst

8ten Februar 84. Budapest. F. Liszt.

Ein und selbst zwei Briefe des Monats Januar von der Frau Fürstin sind verloren.

## 337. An Camille Saint-Saëns.

Très cher, excellentissime ami,

Avant de recevoir votre bonne lettre, j'avais signifié à l'intendant du théâtre de Budapest, le Baron Podmaniczki qu'il devait tenir à honneur de donner votre Henri VIII — affreux personnage historique, mais brillamment illustré par votre belle musique.[1] L'inauguration du nouveau théâtre se fera fin Septembre, avec le St Etienne, nouvel opéra d'Erkel, le compositeur dramatique par excellence populaire en Hongrie. Son *Hunyadi Laszlo* a eu 250 représentations, et son *Bankban* plus de 100, sans jamais dépasser la frontière. Après le St Etienne, deux autres ouvrages sont prénotés, de sorte que votre Henri VIII ne pourra apparaître qu'en 85, car il faudra encore le traduire en langue hongroise.

J'en ai parlé à Vienne avec son Excellence le Baron Hoffmann, intendant des théâtres Impériaux. Il m'a dit que votre ouvrage sera prochainement représenté à Prag et qu'il y enverra son directeur Mr Jahn afin d'être mieux renseigné. Je vous engage à faire parvenir de suite la partition de piano d'Henri VIII à Mr le directeur Jahn (très influent) avec quelques lignes obligeantes: de même à Mr Erkel Sandor (fils du compositeur), directeur de l'Opéra national de Budapest. Adressez-lui »Théâtre national« Budapest.

Très contrarié de ne pouvoir faire place à une de vos grandes œuvres — comme votre superbe Messe ou quelque Poëme symphonique — dans le programme de notre prochaine Tonkünstler-Versammlung à Weimar du 23 au 28 Mai. Sauret jouera votre troisième Concerto et je vous enverrai ce programme très surchargé. Si vous veniez l'écouter, ce serait un grandissime plaisir pour votre admirativement et cordialement dévoué

29 Avril 84. Weimar. F. Liszt.

## 338. An Otto Lessmann.

[Weimar,] 7ten Mai 84.

Verehrter Freund,

Die Devise meines Oratoriums »Stanislaus« ist: »Religion und Vaterland«.

In dem Fragment (Orchester-Interludium), welches bei der

---

1) Oper von Saint-Saëns.

nächsten Tonkünstler-Versammlung hier aufgeführt wird, leuchtet der Sinn des ganzen Werkes hervor.[1])

Auf baldiges Wiedersehen. Stets treu ergebenst

F. Liszt.

## 339. An Camille Saint-Saëns.

Très cher ami et confrère,

Je me refusais à soupçonner un mauvais vouloir quelconque contre vous à Budapest. Cependant je trouve singulier et fort injuste que vos ouvrages dramatiques et symphoniques n'aient pas encore pris en Hongrie la place qui leur est due. Je m'en suis expliqué clairement plusieurs fois, mais le *ménage* du théâtre et même des Concerts Philharmoniques se fait en dehors de mon influence. On veut bien me porter de la considération générale, sauf à s'arranger dans les cas particuliers autrement que je ne l'entendrais. Pour beaucoup d'artistes les profits équivoques et les manigances contraires à leur dignité exercent un attrait irrésistible. La notion de l'honneur leur semble trop incommode.

Je ne me désisterai point de ma propagande consciente de votre Henri VIII et d'autres de vos ouvrages. Le nouveau théâtre de Budapest s'ouvrira (fin Septembre) avec le *Roi St Etienne*, grand opéra hongrois d'Erkel (senior). Ensuite l'intendant Baron Podmaniczky s'est engagé à faire donner un nouvel opéra également hongrois de Goldmark et un autre de Delibes. Entre ces trois, le Henri VIII devrait apparaître. Sa représentation à Prague déterminera celle de Vienne, prochaine, je l'espère. Son Excellence le Baron Hoffmann, intendant des Théâtres Impériaux de Vienne, me disait qu'il députerait à Prague son directeur artistique et musical (à l'opéra) Mr Jahn. De l'opinion de ce personnage dépend la mise en scène de Henri VIII à Vienne.

Quand vous reviendrez à Weimar, vous êtes certain d'y être reçu avec sympathie, reconnaissance et admiration sincères par votre vieil ami dévoué.

18 Mai 84. Weimar. F. Liszt.

1) Dasselbe blieb bekanntlich unvollendet.

Merci de la photographie; vous la trouverez bien placée ici près d'un charmant buste. La cour et la ville de Weimar vous gardent leurs très affectueux et distingués sentiments.

## 340. An Walter Bache.

Verehrter lieber Freund,

Sehr gerne bin ich mit allen Ihren Massnahmen einverstanden und protestire nur gegen die Opfer, die Sie in edelmüthigster Weise meinen verkritisirten Werken brachten.

Die englische Ausgabe der *Elisabeth-Legende* mit der Übersetzung Ihrer Schwester erfreut mich.

Sagen Sie Herrn Alfred Littleton, er möge mir die Correctur-Bogen *(geheftet)* des Clavierauszugs und der Partitur nach Weimar senden. Nebenbei wären auch die Pianoforte-Arrangements der 4 Stücke vierhändig (Kahnt's Verlag) herauszugeben. Vielleicht könnte man sogar damit anfangen? Verfügen Sie darüber mit Herrn Littleton ganz nach Belieben. Ich habe nur die Correcturen zu revidiren, was schnell erfolgen wird.

Wenn Sie es passend finden, füge ich noch für die englische Edition ein kleines Vorwort bei, unter Briefform — an Walter Bache adressirt.

Mit derselben Post heute sende ich Ihnen das ausführliche, enorme Programm der »Tonkünstler-Versammlung« (25 Jahre bestehend). Heute Abend beginnt man mit der *scenischen* Aufführung der Elisabeth-Legende.

Auf Wiedersehen!

In Bayreuth verbleibe ich vom 5ten Juli bis Mitte August und komme dann nach Weimar zurück.

Getreu und dankend ergebenst

23ten Mai 84. Weimar. F. Liszt.

Kahnt habe ich das ihn Betreffende Ihres Briefes mitgetheilt.

## 341. An den Componisten Carl Navrátil in Prag.

Lieber Herr Navrátil,

In Eile schreibe ich Ihnen, dass mich der Tod Smetana's[1]) sehr ergriffen hat. Er war ein Genie. Nächstens mehr.

In Eile

Weimar, 30. Mai 84. F. Liszt.

## 342. An Baron Friedrich Podmaniczky, Intendant der ungarischen Oper in Budapest*).

[1884.]

Monsieur le Baron,

J'ai prié mon ami M^r^ de Mihalovich de vous entretenir d'une proposition dont le sort dépend du comité dirigeant les commandes des sculptures du nouveau théâtre national hongrois.

En exclure l'effigie de deux compositeurs de haute distinction, feu Mosonyi et Franz Doppler serait à mon humble avis, injuste, et même ingrat. De Mosonyi, un charmant opéra de noble goût, »Szép Ilonka«[2]) a été représenté ici une douzaine de fois avec succès, ensuite relégué à tort dans les oubliettes de la régie. Un autre plus grand ouvrage dramatique de Mosonyi »Álmos« est resté manuscrit, quoique votre prédécesseur à l'intendance, le Baron Orczy avait quelqu'idée de le produire en scène.

Tout l'ensemble de la valeureuse activité musicale de Mosonyi à Budapest est des plus honorables et méritoires, tant par son enseignement que par ses nombreuses compositions de musique d'église, d'orchestre et de piano. Plusieurs de ses morceaux hongrois demeurent classiques à l'encontre des marchandises courantes de genre prétendu analogue, plus fréquemment entendues (actuellement à Vienne).

---

1) Böhmischer Componist und Pianist (1824—84).

*) Nach einem im Besitz Abrányi's befindlichen Concept von Liszt's Hand.

2) »Die schöne Helena«, gleich der nachgenannten Oper »Almos« ihrem Stoff nach der ungar. Geschichte entnommen.

Franz Doppler a laissé le meilleur souvenir de ses rares talents et qualités à Budapest, où pendant longues années il a rempli les fonctions de maître de chapelle au théâtre et brillé par sa virtuosité très célèbre en Europe sur la flûte, instrument dont Frédéric le grand daignait faire usage. Les opéras de Doppler »Beniowszky« et »Ilka« furent accueillis avec faveur; et jusqu'à présent Ilka est le seul opéra hongrois admis au répertoire de plusieurs théâtres d'Allemagne. En plus Doppler a écrit aussi deux actes de l'»Elisabeth«,[1] par laquelle Sa Majesté la reine de Hongrie a été festoyée au théâtre de Budapest.

Je me permets donc, Monsieur le Baron, de recommander à votre sollicitude de faire placer convenablement au nouveau théâtre de la Radialstrasse deux beaux reliefs de Mosonyi et Doppler[2], et vous prie d'agréer l'expression de mes sentiments de haute considération et de sincère dévouement.

F. Liszt.

## 343. An Freiherr Hans von Wolzogen.

Verehrter Freiherr,

Meine unbegrenzte Bewunderung verbleibt dem erhabenen Genius Wagner's.

Welch segensreiches Schaffen und Wirken hat er, stets beharrlich fortschreitend, seit dem Tannhäuser bis zu dem Ring des Nibelungen und dem wundervollen Parsifal bethätigt. — Die *Kunst* unseres Jahrhunderts findet ihre Erbauung und Glorie daran.

Das Geringfügige, was ich brieflich über Wagner schrieb, steht zu Diensten der Publizität.

Mit ausgezeichneter Hochachtung Ihnen ergebenst

18. Juni 84. Weimar. F. Liszt.

Auf freundschaftliches Wiedersehen, Mitte Juli in Bayreuth.

---

1) Die Oper »Elisabeth«, von Franz Erkel und Doppler componirt, wurde 1857 im Nationaltheater aufgeführt.

2) Die Reliefs schmücken in der That das Vestibule des Opernhauses.

## 344. An die Kammersängerin Auguste Götze[1].

Verehrte Freundin,

Ihnen zu Ehren werde ich gern versuchen, die melodramatische Begleitung dem Gedicht von Felix Dahn beizufügen[2]. Diese kleine Arbeit bedarf nur wenige Stunden; aber ich gelange nur selten zu freien Arbeitsstunden. . . Allerlei Störungen halten mich vom Schreiben ab.

Herzlichen Gruss an Ihre liebenswürdige Collega, Fräulein von Kotzebue. Hochachtungsvoll, freundschaftlich

22$^{\text{ten}}$ Juni 84. Weimar. F. Liszt.

## 345. An Kornel von Abrányi.

Hochgeehrter, vortrefflicher Freund,

Die passende Instrumentirung des »Rheinweinliedes« für das Miskolczer Musikfest wird am allerbesten unser Freund C. Huber[3]) anfertigen. Dieser Männerchor ward in Berlin Anno 42 geschrieben und dort mehrmals aufgeführt; nachher auch in Leipzig, worüber mir bald in Paris eine »*querelle d'Allemand*« zukam. —

Ertragen und Vertragen bleibt die Lebensaufgabe.

Wie ich es in dem beiliegenden Exemplar anmerke, sollen Seite 3, 5, 7 anstatt Des, Ges, im 2$^{\text{ten}}$ Tenor C F

verbleiben.

1) Tochter von Prof. Franz Götze und, als eine der ersten Gesangsmeisterinnen der Gegenwart, Erbin seiner Schule; zugleich geniale Sängerin, Declamatorin und dramatische Dichterin. Sie lebt in Leipzig,

2) »Die Mette von Marienburg«. Liszt's Absicht blieb leider unausgeführt.

3) Carl Huber, Dirigent des ungar. Landes-Sängerbundes, starb 1885.

Die »Gazette de Hongrie« und mehr noch das »Budapester Tageblatt«, als dessen Mitarbeiter Ihr Sohn Kornel fungirt, gaben mir Benachrichtigung von den Wahlbewegungen in der *cara patria.*

Ohne im Geringsten Politik zu treiben, nehme ich dabei den Antheil, welcher jedem nicht ungebildeten Menschen zusteht; und erfreut es mich, dass Kornel Abrányi junior seinen Platz im Parlament einnimmt. Herzlich, getreu ergebenst

1ten Juli 84. Weimar. F. Liszt.

Vom 12ten Juli bis Mitte August bin ich in Bayreuth.

Empfehlen Sie Huber, die Instrumentirung des »Rheinweinlieds« ganz frei nach seinem Belieben und Dafürhalten herzustellen, ohne zu sorgsame Berücksichtigung der gedruckten Clavierbegleitung.

## 346. An den Musikverleger Rahter in Hamburg.

Sehr gehrter Herr Rahter,

Besten Dank für die freundliche Sendung der russischen Fantasie von Naprawnik, — ein glänzend gelungenes Conzert-Stück — und der Schlummerlieder von Rimsky-Korsakoff, den ich hochschätze; seine Werke gehören zu den seltenen, aussergewöhnlichen, vortrefflichen. — Der Clavierauszug seiner Oper »Die Mainacht« ist mir entweder nicht zu- oder abhanden gekommen. — Schicken Sie mir ihn nach *Weimar* nebst einem zweiten Exemplar der russischen Fantasie von Naprawnik, welches zur Aufführung nothwendig.

Mehrere meiner jungen Pianisten werden gerne diese Fantasie im Salon und in Conzert-Aufführungen propagiren. —

Freundlichst dankend

München, 28. August 1884. F. Liszt.

## 347. An Richard Pohl*).

Verehrter lieber Freund,

Längst wollte ich Ihnen meinen herzlichen Dank wieder-

---

*) In der »Allgemeinen deutschen Musikzeitung« v. 24. Oct. 1884 abgedruckt.

holen für die treue, edelmüthige Anhänglichkeit, die Sie der Weimarer Fortschrittsperiode in den Jahren 1849—58 stets entschieden und herzhaft bewähren. Der dritte Band Ihrer gesammelten Schriften: »Hector Berlioz«, bringt einen neuen Beweis zu Ehren dieser Anhänglichkeit, welche hoch zu schätzen ist gegenüber dem gar zu gebräuchlichen Wischiwaschi der Gesinnungslosigkeit.

Nach dem unerhörten Erfolg von mehr als 20 Aufführungen von »Faust's Verdammung« seitens der Conzertgesellschaften Lamoureux, Pasdeloup, Colonne, in derselben Saison in Paris — *ausserhalb* des *Theaters*, dem sich dieses Werk nicht anpasst, vermehrt sich die französische Berlioz-Literatur. Sie kennen den Octav-Band von Hippeau »Berlioz intime«, dem ein zweiter »Berlioz artiste«, nächstens folgen wird. Diesem wünsche ich von Ihrem Werk zu profitiren.

Bei der Lesung des ersten Bandes ward ich peinlich berührt durch mehrere Stellen aus Berlioz' Briefen; darin erschallen der Misston und die Zerrissenheit seiner Jugend-Jahre heftig aufschreiend. Er konnte sich nicht der richtigen Idee fügen, dass ein Genie nicht unbestraft bleiben darf und ein *Neuerer* nicht sogleich das Wohlgefallen der *Veralteten* zu beanspruchen hat.

Übrigens liegt in seinem Grollen gegen die Pariser »gredins et crétins« (Schurken oder Lumpen und Dummköpfe), die er auch anderwärts finden konnte, ein starker Theil von Ungerechtigkeit. Trotz seiner übertriebenen *Courtoisie* zu Gunsten des Auslandes steht thatsächlich fest, dass bis jetzt kein europäischer Componist solche Auszeichnungen von seinem Lande erhielt, wie Berlioz von Frankreich. Man vergleiche die Stellung Beethoven's, Weber's, Schubert's, Schumann's mit der von Berlioz. Bei Beethoven bestellte nur der Erzherzog Rudolf die »Missa solemnis«. Der Ertrag seiner seltenen Conzerte war gering, und zuletzt wandte er sich an die Londoner philharmonische Gesellschaft um Unterstützung.

Weber fungirte als Dresdener Hofkapellmeister und schrieb auf Einladung von London seinen »Oberon«.

Schubert's erstaunliche Productivität wurde von den Verlegern schlecht honorirt; andere Begünstigungen kamen ihm nicht zu.

Schumann's Biographie bezeugt keine patriotische Begeisterung für seine Werke während seiner Lebensjahre. Seine Stellung als Musikdirector in Düsseldorf war keine glänzende. . .

Anders mit Mendelssohn, der von Hause aus bemittelt war, und durch seinen feinsinnigen richtigen Eklecticismus an Bach, Händel und selbst Beethoven sich anschmiegend, ständige Erfolge in England und Deutschland errang. König Wilhelm IV. berief ihn gleichzeitig mit Cornelius, Kaulbach, Schelling, Meyerbeer nach Berlin, wo er sich nicht besser gefiel, als in Leipzig.

Meyerbeer erwähne ich hier nicht weiter, weil er hauptsächlich seine universalen Erfolge Paris verdankt. Dort wurden alle seine Opern, von Robert und den Hugenotten an, bis zur posthumen Afrikanerin, *zuerst* aufgeführt — ausgenommen das »Feldlager in Schlesien«, welches später auch in Paris als »Nordstern« erglänzte.

Nun sehen wir, wie es Berlioz in seinem Vaterlande erging.

Seine zahlreichen Conzerte in Paris waren immer sehr besucht. Wenn deren Reinertrag sich sehr verminderte, so verschuldeten diesen Übelstand die grossen Kosten des Orchesterpersonals und der Copiaturen.

Die französische Regierung machte mehrere Bestellungen für Werke und Conzertdirectionen an Berlioz.

Wie Victor Hugo wurde er nach dreimaliger Candidatur zum Mitglied des »Institut de France« ernannt, — ebenfalls (ohne Candidatur) zum Bibliothekar des Conservatoriums, Mitarbeiter des hochangesehenen »Journal des Débats« und Officier de la Légion d'honneur.

Wo finden wir in Deutschland ähnliche Bevorzugungen? Wozu also die bitteren Beschimpfungen Berlioz' der Pariser »gredins« und »crétins«? Allerdings hat es Berlioz leider nie zu einem durchschlagenden Theatererfolg gebracht, obschon seine Natur theatralisch angelegt war.

Einliegend sende ich Ihnen das Feuilleton Reyer's (14. September, Journal des Débats betreffs der neuesten Brochüre von Ernst »über Berlioz«.

Herzlich dankend und ergebenst

12. September 84. Weimar. F. Liszt.

### 348. An Sophie Menter.

Verehrte liebe Freundin,

Meine paar Tage Aufenthalt in Ihrem *bezauberungsvollen* Schlosse Itter[1]) verbleiben mir in bezauberter Erinnerung.

Wenn Sie den Petersburger Conservatoriums-Contract unterschrieben haben, sagen Sie es mir. Sie wissen ja, dass ich diese Wendung und Fixirung Ihrer glänzenden Künstlerlaufbahn sehr billige. Sie bedingt keine übermässigen Verbindlichkeiten und bringt Ihnen Vortheile.

Freundschaftlichen Gruss an *Neuschul* von

Ihrem getreuen Bewunderer und Freund

13ten September 84. Weimar. F. Liszt.

Bis Anfangs October bin ich hier. Später besuche ich meine Freunde Geza Zichy und Sandor Teleky in Ungarn.

### 349. An Baron Friedrich Podmaniczky, Intendant der kön. ungarischen Oper in Budapest*.

Sehr geehrter, hochgeborner Herr Baron,

Auf Ihren vom 17. d. M. datirten Brief habe ich die Ehre Folgendes zu erwidern: Dass das Lied »Hahj, Rakóczy. Bercsényi« mir nicht unbekannt war, beweist der bei Ta-

1) In Tyrol.

*) Im »Pester Lloyd« (27. Sept. 1884, Abendblatt) abgedruckt. — Podmaniczky hatte, nachdem ihm Liszt, statt eines von ihm erbetenen Festvorspiels, für Eröffnung des neuen ungarischen Opernhauses einen Königs-Hymnus eingesandt, dem Meister am 17. Sept. 1884 geschrieben, dass der Aufführung dieses letzteren die einem revolutionären Lied entlehnten Motive desselben leider als »unbesiegbares Hinderniss« im Wege seien. Das Schreiben war von Alexander Erkel, als Director mit unterzeichnet. Darauf gab Liszt vorstehende Antwort.

borsky und Parsch erschienene Clavierauszug meines »Ungarischen Königshymnus«, auf dessen Titelblatt die Worte stehen: »Nach einer alten ungarischen Weise«. Dieses Lied lernte ich in Stefan Bartolus' Anthologie kennen, und es ergriff mich mit seinem bestimmten, ausdrucksvollen und ungekünstelten Charakter; ich versah es sofort mit einem Siegesfinale, und ohne mich um den Geist seines einstigen revolutionären Textes weiter zu kümmern, ersuchte ich Kornel Abrányi jun. um einen neuen loyalen Text mit dem Refrain »Éljen a király«, damit mein »Königshymnus« sowohl textlich als musikalisch zu vollkommenem Ausdruck gelange.

Umwandlungen sind sowohl in der Kunst wie im Leben nichts Seltenes. Aus zahllosen heidnischen Tempeln wurden katholische Kirchen. In der classischen Epoche der Kirchenmusik — im 16ten Jahrhundert — nahm man viele weltliche Melodien unter die Kirchenlieder auf; später ertönten die katholischen Antiphonen als protestantische Choräle. Und so ging dies weiter; selbst die Oper nicht ausgenommen, wo Meyerbeer den Choral »Eine feste Burg« zu einem Bühneneffect benutzte und im »Nordstern« den »Dessauer Marsch« zur russischen Nationalhymne weihte. Dem allgemein bekannten und beliebten Rakoczymarsch schreibt man auch häufig eine revolutionäre Tendenz zu, und seine Aufführung wurde mehr als einmal verboten.

Die Musik bleibe immerdar Musik, ohne überflüssige und schädliche Deutungen. Übrigens bewahre Gott, dass ich irgendwo oder wie meine Person oder meine geringen Compositionen vordränge. Ich überlasse es ganz Ihrer Einsicht, hochgeborner Herr Baron, zu bestimmen, ob mein »Königshymnus« im neuen ungarischen Opernhause aufgeführt werden soll oder nicht. Bei den Verlegern Taborsky und Parsch stehen die vervielfältigten Orchester- und Chorstimmen, sowie auch die Partitur zur Verfügung.

Empfangen Euer Hochgeboren den Ausdruck meiner besonderen Hochachtung.

Weimar, 21. September 1884. F. Liszt.[1]

1) Alex. Erkel machte hierauf den Vermittelungsvorschlag, dass

## 350. An Walter Bache.

Très honoré ami,

Depuis une vingtaine d'années vous employez votre beau talent de pianiste, vos soins de professeur et de chef de concerts à faire connaître et propager en Angleterre mes œuvres. La tâche paraissait ingrate, son insuccès menaçant: mais vous l'accomplissez noblement avec la plus honorable et ferme conviction d'artiste. Je vous renouvelle mes reconnaissants remercîments à l'occasion de la présente édition, publiée par la très accréditée maison Novello, de la Légende de $S^{te}$ Elisabeth.[1]

Cette œuvre exécutée pour la première fois en 1865 à Budapest, a été reproduite successivement en plusieurs pays et langues. Espérons qu'elle rencontrera aussi quelque sympathie en Angleterre. Votre bien dévoué

18 Octobre 84. Weimar. F. Liszt.

## 351. An den Componisten Mili Balakireff, Director der kaiserl. Hofsängercapelle in St. Petersburg.

Très honoré cher confrère,

Ma sympathie admirative pour vos œuvres est connue. Quand mes jeunes disciples veulent me faire plaisir, ils me jouent de vos compositions, et de celles de vos vaillants amis. Dans cette intrépide phalange musicale russe, je salue du cœur des maîtres doués d'une rare énergie vitale: ils ne souffrent nullement de l'anémie des idées — maladie fort répandue en divers pays. De plus en plus leurs mérites seront reconnus, et leurs noms renommés. J'accepte avec reconnais-

---

Liszt's »Königslied«, statt zur Eröffnung des neuen Hauses am 27. Sept., bei einer »Extra-Festivität der Oper« zur ersten Aufführung komme. Der Meister willigte ein, erschien aber nicht bei dieser am 25. März 1885 stattfindenden erstmaligen Aufführung seines Werks, das stürmischen Beifall erntete.

1) Die Übersetzerin der englischen Ausgabe, Miss Constance Bache, übertrug auch Liszt's Lieder in's Englische.

sance l'honneur de la dédicace de votre poême symphonique »*Thamar*«, que j'espère entendre à grand orchestre l'été prochain. Quand l'édition à 4 mains paraîtra, vous m'obligerez beaucoup de m'envoyer un exemplaire. De la mi-Janvier jusqu'à Pâques je serai à Budapest.

Agréez, cher confrère, l'expression de mes sentiments de haute estime et cordial dévouement.

21 Octobre 84. Weimar. F. Liszt.

## 352. An die Gräfin Louise de Mercy-Argenteau[1]).

24 Octobre 1884.

Certainement, très chère bienveillante amie, vous avez 100 fois raison d'apprécier et goûter l'actuelle Russie musicale. Rimski-Korsakoff, Cui, Borodine, Balakireff, sont des maîtres de saillante originalité et valeur. Leurs œuvres me dédommagent de l'ennui que me causent d'autres plus répandues et vantées dont il me serait difficile de dire ce que vous écrivait jadis d'Amsterdam Léonard après un Lied de Schumann: »Que d'âme, aussi quel succès!« Rarement le succès s'empresse d'escorter *l'âme*. En Russie les nouveaux compositeurs, malgré leur remarquable talent et savoir, n'ont encore qu'un succès restreint. — La haute compagnie de cour attend qu'ils réussissent ailleurs avant de les applaudir à Pétersbourg. A ce propos je me souviens d'un mot frappant que me disait en 43 feu le Grand-duc Michel: »Quand j'ai à mettre mes officiers aux arrêts je les envoie aux représentations des opéras de Glinka.« Les mœurs s'adoucissent: et Mrs Rimski, Cui, Borodine ont eux-mêmes grade de colonel.

Aux concerts annuels de l'association musicale allemande et universelle (Allgemeiner deutscher Musik-Verein) on exécute chaque fois, depuis plusieurs années, sur mon indication,

---

1) Bekannt durch ihre in Belgien und Frankreich eifrig betriebene Propaganda für die Musik der neu-russischen Schule. Nach dem Tod ihres Gatten (1888), Kammerherrn Napoleon's III., verliess sie ihr Vaterland Belgien und siedelte nach Petersburg über, wo sie im November 1890 starb.

quelqu'œuvre des compositeurs russes. Peu à peu le public se formera. L'année prochaine en Juin notre Festival aura lieu à Carlsruhe. St Saëns y viendra; pourquoi pas vous, chère amie? Vous y entendriez aussi du russe.

Quand vous écrirez à St Saëns, exprimez-lui bien mon admirative amitié, très constante. Par le travail de traduction que vous avez bravement entrepris, je pense que vous faites sagement et habilement de vous affranchir du servage de la rime, et de vous en tenir à la prose rhythmée. L'important c'est de maintenir l'accent lyrique ou dramatique et d'éviter les »désastreuses salades de syllabes longues et brêves, des temps forts et faibles.« Il s'agit de bien prosodier sans quelconque autre scrupule.

On dit que Mr Lamoureux admet dans un de ses programmes la »Steppe« de Borodine. Nous verrons quel accueil lui sera fait. Du reste je doute que Lamoureux se risque de sitôt dans la propagande russe. Il a trop à faire avec Berlioz et Wagner.

Ne vous laissez pas déconcerter ni par l'insouciance »ineffable«, ni par le bataillon carré d'objections comme celles-ci: »c'est un fouilli inextricable, c'est abracadabrant« — etc.!

Sans politesse ni cérémonie, je vous dirai en parfaite sincérité que votre instinct ne vous a pas induit en erreur le jour où cette musique vous a si vivement charmée. Continuez donc votre travail dans la ferme conviction d'être dans le vrai.

Surtout je vous prie de ne pas imaginer à faux que je tiens la lorgnette à l'autre bout. Quand vous frapperez, non seulement je dirai: entrez, mais viendrai au devant de vous. Retourner à Paris pour m'y présenter en jeune compositeur ou continuer le métier de vieux pianiste dans les salons ne me tente guère. J'ai autre chose à faire ailleurs.

Fidèles hommages. F. Liszt.

P. S. Je ne sais quelle date mettre à ces lignes. J'en écrivis la première feuille au reçu de votre enchanteresse lettre. Je voulais y répondre tout au long: toute sorte d'obligations pressées et d'ennuis survinrent . . . J'ai aussi été à l'inauguration de la statue de Bach, illustrée par 3 concerts, composés exclusivement de nombreux ouvrages de Bach (en tête desquels la Messe en *si* mineur) à Eisenach; puis j'assistai à un concert plus singulier à Leipzig: au retour une assez forte indisposition m'a pris qui m'empêcha d'écrire pendant plusieurs jours. Bref, cette lettre devrait vous être parvenue depuis trois semaines. Demain 25 Octobre je quitte Weimar et n'y reviendrai qu'après Pâques. Si vous daignez continuer à m'écrire veuillez adresser jusqu'à la fin de Novembre Budapest (Hongrie). Prompte réponse suivra.

F. Liszt.

## 353. An Madame Malwine Tardieu.

Budapest, 7 Décembre 84.

Chère bienveillante amie,

Sincèrement dit, quand il m'arrive parfois d'obtenir du succès, je m'en réjouis moins que de celui de mes amis. Merci de l'agréable nouvelle de la réussite brillante d'Ossiana[1]) au concert Godard.—.

Vous ne me dites pas où a paru la petite notice (avec mon nom en tête) que vous avez la bonté de m'envoyer.[2]) Un de mes ouvrages y est mentionné plus qu'élogieusement: la Messe de Gran, — si tristement exécutée à Paris, en 66, et plus tristement critiquée alors . . . Mon tort était de n'avoir pas interdit une exécution faite dans d'aussi déplorables conditions. Une raison philantropique, non valable en matière d'art, me retenait: je ne voulais pas priver la caisse des pauvres de la recette assurée de plus de 40,000 francs. Pardon de rappeler ce fâcheux incident qui me rend d'autant plus sensible aux attentions flatteuses que le même ouvrage rencontre.

A mon grand regret, les représentations à Weimar et à

---

1 Frau Marie Jaëll, die bekannte, Liszt befreundete Künstlerin.

2) Im »Gaulois« aus der Feder Fourcaud's und später im Album des »Gaulois«, zu dem die namhaftesten Tondichter ein noch nicht veröffentlichtes Musikstück beigesteuert hatten.

Budapest du Henri VIII de notre très vaillant ami St Saëns sont ajournées. La *médiocratie,* comme disait Balzac, régente aussi les théâtres. Toutefois son pouvoir doit souffrir quelques intermittences. Veuillez dire à votre mari les cordialités de votre bien dévoué F. Liszt.

Mercredi je serai à Rome, et vers la mi-Janvier de retour ici.

## 354. An Freiherr Hans von Wolzogen.

Hochgeehrter Freiherr,

Herzlichen Dank für Ihren wohlwollenden Brief. Mich Ihren edlen, eifrigen, hochherzigen Bestrebungen in Sachen der Verherrlichung Wagner's und im Sinne seiner Wittwe anzuschliessen, verbleibt mir stets Pflicht und Ehre.

Getreu ergebenst

18ten December 84. Rom. F. Liszt.

## 355. An Camille Saint-Saëns.

[Ende 1884 oder Anfang 1885.]

Très cher ami et compagnon d'armes, votre sympathie pour le »Salve, Polonia«[1]) me rend tout heureux. Ecrivant encore de la musique, je me demande parfois à tel ou tel endroit »Est-ce que cela plairait à St Saëns?« L'affirmative m'encourage à continuer, malgré la fatigue de l'âge et d'autres lassitudes.

Si vous me faites l'honneur, au festival de Carlsruhe, de jouer une de mes compositions, veuillez choisir laquelle: peut-être la Danse macabre avec orchestre: ou ce qui me semblerait mieux, car le public préférera vous entendre seul, la Prédication aux oiseaux, suivie de Scherzo et Marche.[2])

1) Orchester-Interludium aus dem unvollendeten Oratorium »Stanislaus«. Es wurde bei der Tonkünstler-Versammlung in Weimar 1884, bei der Saint-Saëns gegenwärtig war, aufgeführt.

2) Saint-Saëns kam nicht nach Carlsruhe.

Cordials vœux pour l'année 85, et toujours votre admirativement dévoué F. Liszt.

Dites mon meilleur souvenir de Budapest à Delibes.

## 356. An die Gräfin Mercy-Argenteau.

Quelle merveille vous venez d'accomplir avec votre concert russe, à Liége, chère admirable! Matériellement, les Instituts des Sourds-muets et des Aveugles, en ont profité: artistement, d'autres sourds-muets ont entendu et parlé; les aveugles voyaient et en vous regardant étaient ravis.

Certes, je ne me désisterai pas de ma propagande des remarquables compositions de la nouvelle école russe que j'estime et apprécie de vive sympathie. Depuis 6 ou 7 ans, aux grands concerts annuels de l'association de Musique »allgemeiner deutscher Musikverein« que j'ai l'honneur de présider, les œuvres orchestrales de Rimsky-Korsakoff et Borodine figurent sur les programmes. Leur succès va *crescendo*, malgré la sorte de contumace établie contre la musique russe. Ce n'est point par singularité d'esprit que je m'attache à la propager, mais par un simple sentiment d'équité, appuyé sur ma conviction de la valeur réelle de ces œuvres de haute lignée. Je ne sais lesquelles a choisi Hans von Bülow, l'Achille des propagandistes, pour le concert russe qu'il a donné dernièrement avec la chapelle de Meiningen, d'inouïe discipline et perfection.

J'espère que Bülow continuera des concerts du même acabit dans diverses villes d'Allemagne.

Les meilleurs de mes disciples, brillants virtuoses, jouent superbement les compositions les plus difficiles pour piano de Balakireff etc.: je leur recommanderai la *Suite* piano et violon de Cui.

Vu la rareté des chanteurs doués à la fois de voix, d'intelligence et de bon goût pour les choses non rebattues —, il y a du retard relativement aux compositions vocales de Cui, Borodine, etc. Cependant on parviendra à les produire convenablement, et à les faire apprécier et réussir. En France votre traduction des textes aidera beaucoup, en Allemagne il faudra pourvoir à une traduction assortie.

Une partie des articles que vous avez eu la bonté de m'envoyer sur votre concert à Liége, sera insérée dans la »Neue Zeitschrift für Musik«. Je tâcherai de trouver encore un autre journal, quoique mes relations avec la presse soient des moins familières.

L'éditeur de musique à Hamburg, Rahter, correspondant de Jürgenson, Moscou, vous offrira en hommage, trois de mes transcriptions russes: la »Polonaise« de Tschaikowsky; la »Tarantelle« de Dargomijsky avec la pédale continue de *la-la;* une »Romance« du Comte Michel Wielhorsky. Ajoutons-y la Marche tscherkesse de Glinka et surtout le prodigieux *Kaléidoscope* des variations et paraphrases du motif fixe:

C'est la chose la plus sérieusement divertissante que je sache; elle nous donne un manuel pratique, par excellence, de tout savoir musical; les traités d'harmonie et de composition y sont résumés et fusionnés en quelque trente pages qui en apprennent très long — au delà de l'enseignement usuel.

Mes très aimables hôtes à Anvers, Lynen, m'engagent à y retourner cet été lors de l'exposition, dont M^r Lynen est président. J'en serais tenté après le festival de Carlsruhe, gardant un charmant souvenir de la bienveillance qu'on m'a témoignée à Bruxelles et Anvers.

Dans une dizaine de jours je rentre à Budapest, d'où vous recevrez une photographie de la vieille triste figure de votre constant admirateur, et dévoué serviteur

20 Janvier 85. Rome. F. Liszt.

Un éditeur obstiné me redemande ma transcription de la Ste Cécile de Gounod. Si parmi vos vieux papiers vous en retrouvez le manuscrit, veuillez me le *prêter* pour une quinzaine, afin qu'il soit copié, imprimé, et puis restitué à sa très gracieuse propriétaire.

Février et Mars, mon adresse: Budapest, Hongrie.

## 357. An Camille Saint-Saëns.

Très honoré cher ami,

Pour ne pas devenir trop monotone, je ne vous remercie plus. Cependant votre transcription de mon *Orphée* pour Piano, Violon et Violoncelle me charme, et je vous prie de l'envoyer soit à Härtel directement, pour qu'il la publie de suite, soit à votre tout reconnaissant, pour que je la lui transmette, après avoir eu le plaisir de la lire et de l'entendre à Budapest, où sera de retour Jeudi,

votre bien dévoué condisciple

Mardi 27 Janvier 85 — Florence — F. Liszt.

A revoir en Mai, Carlsruhe.

## 358. An Madame Malwine Tardieu.

J'écris au directeur de notre »Musikverein«, de vous écrire, chère amie. Mieux que personne vous direz à Mademoiselle Kufferath combien sa participation aux concerts de Carlsruhe — les derniers jours de Mai — sera agréable à tous et à moi en particulier.[1])

Notre »Musikverein« n'a pas les avantages de la richesse matérielle; cependant nous existons bravement depuis 25 années, sans nous endetter et pratiquons honorablement notre règle principale qui est de faire exécuter chaque année, en diverses villes, les œuvres valables (en dehors de celles du théâtre, sauf quelques morceaux de chant) des compositeurs contemporains, de quelconque pays. Cette règle, difficile à maintenir, vu les frais et les difficiles études, nous distingue des autres

1 Es kam nicht zu ihrer Mitwirkung. Saint Saëns' »Sündflut« (Déluge), in der sie singen sollte, wurde in Carlsruhe nicht aufgeführt, und Frl. K. verheiratete sich inzwischen und verliess die künstlerische Laufbahn.

sociétés musicales et nous donne le caractère de pionniers du progrès. Nous n'avons pas été en retard avec le groupe des compositeurs de la jeune Russie musicale, Rimsky Korsakoff, Borodine, Cui etc.: car depuis 4 ans leurs œuvres sont exécutées chez nous.

La très gracieuse Comtesse de Mercy Argenteau en a fait récemment la propagande à Liége, avec un éclatant succès, tout légitimé par les qualités des œuvres et le charme de la patronesse.

Veuillez bien, chère amie, exprimer ma reconnaissance à Mr de Fourcaud, [1] et agréer mes sentiments de cordiale affection.

Budapest, 6 Avril 85. F. Liszt.

Dans quelques jours je serai de retour à Weimar.

## 359. An Lina Ramann.

[Weimar.] 27ten April 85.

Sogleich sende ich Ihnen, verehrte, liebste Freundin, die bei mir in Weimar vorhandenen Partiturenbände[2]. Die hochgerühmte *Missa Papae Marcelli* ist nicht dabei, aber leicht aufzufinden: deren letzte Ausgabe, von *Amelli*, Mailand, Chef-Redacteur der dortigen Kirchen-Musik-Zeitung. Ich veranlasste ihn einige Vortrags-Bezeichnungen beizufügen, weil meines Bedünkens, ohne solche fernere Ausgaben von Palestrina und Lassus, — die beiden grossen Cardinäle der alten katholischen Kirchen-Musik nur für das Lesen, *nicht* für die wirklichen Aufführungen dienen. Gewiss kann Niemand für Palestrina und Lassus absolut giltige Signaturen bestimmen: doch giebt es Anhaltspunkte, wonach man sich richtet.

Das allerbeste Modell ist und bleibt: Wagners Einrichtung von Palestrina's »Stabat mater« — mit Vortrags-Bezeichnungen und Angabe der Vertheilung der Singstimmen — halber Chor, Soli, ganzer Chor.

Zur Zeit seiner Kapellmeisterschaft in Dresden fertigte

1) Kunst und Musikreferent des Pariser »Gaulois« von ausgesprochen Wagner'scher Gesinnung.

2) Werke Palestrina's.

Wagner diese *musterhafte* Bearbeitung an. Sie erschien 15 Jahre später in Kahnt's Verlag. Hoffentlich wird man sich allmählig danach reguliren mit Vernunft — und Weile.

Getreu ergeben F. Liszt.

## 360. An Camille Saint-Saëns.

Cordialement merci, mon très cher ami, de la concession que vous voulez bien me faire.

L'association des musiciens à laquelle je m'intéresse depuis 25 ans a pour principe: Produire les œuvres des Symphonistes-Compositeurs *vivants* en tous pays. Donc je réclame votre participation supérieure et continue, en demeurant votre admiratif et dévoué ami

8 Mai 85. Weimar. F. Liszt.

## 361. An Alexander Siloti[1].

In Weimar sich *passiv* und *negativ* verhalten ist das Gerathenste.

Also, lieber Siloti, *keinen* »Liszt-Verein« versuchen.[2])

Dankend ergeben

Mai 85. F. Liszt.

## 362. An den Componisten J. P. von Király in Eisenstadt*).

Sehr geehrter Freund,

Vor 90 Jahren bereitete sich mein Vater zu seinem Dienste als Rechnungsführer bei dem Fürsten Nikolaus Esterhazy in Eisenstadt vor. Damals wirkte er auch als Dilettant am Violoncellpult mit in den frequenten Hofconzerten des Fürsten,

---

1 Bekanntlich einer der begabtesten Schüler Liszt's und einer der ersten Pianisten der Gegenwart (geb. 1863), lebt jetzt in Paris.

2) Infolge vorliegenden Briefes wurde der Liszt-Verein nicht in Weimar, wie Siloti zuerst beabsichtigte, sondern in Leipzig 1885 gegründet, um daselbst unter Leitung von Prof. Martin Krause glänzend zu gedeihen.

*) Nach einer Abschrift von Dir Aug. Göllerich in Nürnberg.

unter Leitung des glücklich grossen *Meisters* Josef Haydn. Mein Vater erzählte mir oft von seinem Verkehre mit Haydn und den täglichen Partien, die er mit ihm machte. Im Eisenstädter Franziskanerkloster besuchte ich 1848 den lieben herzlichen Pater Albach und widmete ihm meine Messe für Männerstimmen, die in den nächsten Tagen hier glänzend aufgeführt wird. Möge der kindlich fromme Genius Haydn's über dem von Ihrer Tochter geleiteten Eisenstädter Kindergarten stets walten.

»Ernst und Scherz!« Bravo, Freund, das Werk ehrt den Meister, der die Musen genau kennt. In Oedenburg und Eisenstadt wird wohl Jedermann pränumeriren. Anfangs Juli werde ich Ihnen einen kleinen Beitrag zu dem Kindergarten zukommen lassen. Vielleicht kann ich später mehr leisten; leider bin ich nichts weniger als vermögend und muss mich ärmlich abfinden.

Antwerpen, 5. Juni 1885. F. Liszt.

## 363. An den Musikverleger Ferdinand Taborszky in Budapest.

Antwerpen, 8. Juni 85.

Lieber geehrter Freund,

Von Weimar, wo ich in 10 Tagen zurück sein werde, erhalten Sie Anfangs Juli einige kurze ungarische Clavierstücke, die ich später orchestriren werde, betitelt:

»Dem Andenken

| | |
|---|---|
| Stephan | Széchényi |
| Franz | Deak |
| Josef | Eötvös |
| Ladislas | Telek |
| Michael | Vörösmarti |
| Alexander | Petöfi.« |

Letztes Stück ist bereits in Taborszky's Verlag erschienen,

soll aber noch in der neuen Ausgabe mehrere Schlusstakte enthalten.

Als Numero 7 »Mosonyi's Trauerklänge«, ebenfalls schon bei Ihnen seit 15 Jahren vorhanden. Unser vortrefflicher charaktervoller Freund Mosonyi darf auch nicht als überlegener Musiker vergessen bleiben.

Die 7 Nummern betragen zusammen 60 Druckseiten. Alle neuen Stücke sind im Manuscript gänzlich fertig geschrieben, bedürfen aber nun des Copisten, den ich unterwegs nicht ausfinde.[1])

Mit der Zusendung der Manuscripte schreibe ich Ihnen das Weitere betreffs deren Herausgabe.

Zunächst, lieber Freund, haben Sie die Gefälligkeit, sich mit Frau von Fabry in meine Wohnung zu begeben. Dummer Weise vergass ich dort, im Schlafzimmer, *nicht* im Salon, die schöne und revidirte Copie einer Composition für Pianoforte und Violin oder Violoncell — nebst deren Transcription für Pianoforte allein. Der Titel lautet: »la lugubre Gondola« (»Die Trauergondel«). Wie aus Vorahnung schrieb ich diese Elegie in Venedig, 6 Wochen vor Wagner's Tod.

Nun möchte ich sie Fritzsch (Leipzig), Wagner's Verleger, zur Veröffentlichung überlassen, sobald sie mir durch Sie in Weimar zukommt.[2]) Herzlichen Gruss an die Ihrigen.

Stets getreu ergebenst F. Liszt.

## 364. An Alfred Reisenauer.

Geehrter, befreundeter Kunstgenosse,

Ihre *vortreffliche* Orchestrirung des 3ten Mephisto-Walzers bitte ich Sie, mir im Manuscript hierher zu senden. Nehmen Sie sich nicht die Mühe, irgend etwas in diesem Manuscript zu verändern oder neu zu schreiben: senden Sie mir es *so*, wie ich es gesehen habe. Nach Abschrift desselben erfolgt

---

1) Liszt's Absicht, die Stücke zu orchestriren, blieb unausgeführt.

2) Bei Fritzsch erschienen.

die gedruckte Herausgabe mit Nennung des Namens Reisenauer. Freundschaftlich

1ten September 85 — Weimar. F. Liszt.

### 365. An den Redacteur der »Allgemeinen Musikzeitung« Otto Lessmann in Charlottenburg[1]).

Geehrter Herr Redacteur,

Mit Bedauern und fester Überzeugung wiederhole ich Ihnen brieflich: das Vergessen Theodor Kullak's ist von seinen Erben wieder gut zu machen. Anders müsste man es scharf rügen, als Veruntreuung dem Künstlerstand gegenüber. Eine Hinterlassenschaft von mehreren Millionen, durch Musikunterricht erworben, darf nicht ohne Berücksichtigung der Musikbeflissenen eingescharrt verbleiben. Wenn es die Erben nicht vorziehen eine *Kullak-Stiftung* zu gründen, so halte ich es für ihre Pflicht und Schuldigkeit, die bestehenden 4 Musik-Stiftungen — Namens Mozart, Mendelssohn, Meyerbeer, Beethoven — jede mit 30 000 Mark — total 120 000 Mark, zu dotiren.

In bekannter Gesinnung, der Ehre des *Künstlerstandes* eingedenk und ergebenst

5ten September 85 — Weimar. F. Liszt.

### 366. An Cäsar Cui.

Très honoré ami,

La très gracieuse propagandiste, Madame la Comtesse de Mercy-Argenteau, a déjà reçu une transcription de votre brillante »Tarantelle«. J'en expédierai une seconde copie à Bessel (Pétersbourg) et lui demanderai de vous la communiquer, espérant que vous ne désapprouverez point les quelques licences et allongements que je me suis permis afin d'adapter ce morceau au programme des Virtuoses-pianistes.

Sincères sentiments d'estime et dévouement.

18 Octobre 85 — Munich. F. Liszt.

---

1) Kam im September 1885 in der »Allgem. Musikzeitung« zum Abdruck.

### 367. An die Gräfin Mercy-Argenteau.

Chère admirable propagandiste,

Votre coutume est d'écrire les plus charmantes lettres du monde. Avant de recevoir vos dernières lignes je vous avais envoyé de *Weimar*, ma transcription de la Tarantelle de Cui. Si vous daignez l'illustrer de vos doigts, elle recevra sa pleine lumière.

Vous aurez la bonté d'envoyer mon billet à Cui, qui j'espère, ne sera pas fâché des variantes et amplifications que je me suis permises avec l'intention de faire ressortir davantage le pianiste. Dans ce genre de transcriptions, il faut de la marque.

Demain soir je serai à Rome, — hôtel Alibert. Veuillez m'y adresser l'accusé de réception du manuscrit.

Constants hommages, admirativement dévoués.

24 Octobre 85. Innsbruck. F. Liszt.

### 368. An Eduard Reuss in Carlsruhe[1].

Geehrter lieber Freund,

Dank und Lob für Ihre *vortreffliche* Orchester-Bearbeitung des »Concerto pathétique«. Sie erscheint mir wirkungsvoll, gut proportionirt, mit feinem, richtigem Verständniss ausgeführt. Ich hatte daran nur Geringes zu ändern: aber einige Ergänzungen des Originals passen, um dem Clavier-Virtuosen seinen ganzen Platz einzuräumen.[2] Daher, an verschiedenen Stellen, etwa 50—60 Takte im Ganzen, die ich Ihrem Manuscripte beifüge. Auch der Anfang soll 10 Takte früher anfangen, und der Schluss mit 22 Takten mehr schliessen.

Von einer Orchestrirung desselben »Concerto pathétique«, in Moskau produzirt, sprach man. Ich kenne sie nicht, und nach der Ihrigen verbleibt sie unnütz. Mit dieser erhielt ich

1) Pianist, Schüler Liszt's.

2) »Dieses ‚Concerto pathétique' scheint mir ein *Mordsstück*, welches bedeutende Virtuosen zur Geltung bringen können«, schreibt Liszt bald darauf am 10. Nov. an Reuss.

in Weimar fast gleichzeitig einen Brief aus New-York von Joseffy, der mich ersucht, das Stück zu instrumentiren. Nächstens antworte ich ihm, dass Ihre Partitur bereits fertig vorliegt, und er sich an meinen Freund Eduard Reuss zu wenden hat, falls er geneigt wäre, das »Concerto« mit Orchester in Amerika vorzutragen.[1])

Einliegend meine Empfehlung an Härtels, betreffs der Herausgabe. Senden Sie dieselbe nebst Ihrem Manuscript, dessen Abschrift nicht nothwendig ist — nur meine Kritzelei der Ergänzungen muss auf einem Extra-Bogen rein und deutlich abgeschrieben werden. —

Wahrscheinlich zeigen sich Härtels nicht spröde. Wenn dieselben die Herausgabe übernehmen, möchte ich noch die letzten Correctur-Bogen durchlesen.

Von Carlsruhe verbleibt mir die schönste Erinnerung.[2]) Der Grossherzog war so gütig und ernstlich liebenswürdig! —

Ihrer Frau sagen Sie meine aufrichtige Anhänglichkeit.

Getreu ergebenst

4ten November 85. F. Liszt.

Hôtel Alibert. Rom.

## 369. An Breitkopf und Härtel[3]).

Sehr geehrte Herren,

Obschon Ihr Verlag bereits mit zwei Ausgaben meines »Concerto pathétique« behaftet ist, empfehle ich Ihnen *insonders* die vortreffliche Orchester-Bearbeitung desselben Stückes[4]), wozu ich noch Ergänzungs-Takte hinzufügte, welche auch bei den etwaigen (?) späteren Clavier-Ausgaben aufgenommen werden sollten.

---

1) Joseffy spielte das »Concerto pathétique« in dieser Form aus einer Abschrift im Frühjahr 1886 in New-York.

2) Nämlich von der Tonkünstler-Versammlung des »Allgemeinen Deutschen Musikvereins« vom 27. Mai bis 1. Juni 1885.

3) Liszt's letzter eigenhändiger Brief an die Firma; ein späterer über den gleichen Gegenstand (16. Juni 86) ist nur von ihm unterzeichnet.

4) Von Eduard Reuss. Sie erschien bei Breitkopf & Härtel.

Dichter und Schriftsteller verändern oftmalen. Bei dem Musikstich ist dies beschwerlicher, doch nicht ganz zu beseitigen. Hochachtungsvoll

November 85. Rom. F. Liszt.

## 370. An Walter Bache.

Sehr geehrter lieber Freund,

Gewiss gilt Ihre Einladung vor allen anderen. Wählen Sie also den Ihnen beliebigen Tag und ich werde mich einfinden. Ohne Walter Bache und seine langjährigen aufopfernden Bemühungen um die Propaganda meiner Werke wäre ja mein Londoner Besuch undenkbar.[1])

Kennen Sie Ihren Homonym (ohne das Schluss-E), Herrn Emil Bach, preussischer Hofpianist? Einliegend ein zweiter Brief, den ich wie den ersten dahin beantwortete, dass ich Niemandem Unkosten und Ungelegenheiten verursachen darf. Orchester-Conzerte sind überall kostspielig; in London besonders. Folglich kann ich Emil Bach's Vorhaben nicht ermuntern und von dessen Realisirung ihm nur abrathen. Die Sache ist bedenklich. Benachrichtigen Sie mich darüber.

Dankend getreu ergebenst

17. Nov. 85. Rom. Hôtel Alibert. F. Liszt.

Un pianiste et musicien de véritable talent, Mr Stavenhagen, a l'idée de se produire à Londres et vous écrit à ce sujet.[2]

---

1 Bald darauf, am 26. Nov. schreibt L. an Bache: »Ich bin ganz Ihrer Meinung, der *Hauptaccent* meiner Londoner Anwesenheit ist der Elisabeth-Aufführung beizulegen. Dieselbe bestimmte mein Kommen und wird hoffentlich gut ausfallen«. Sie fand am 6. April 1886 statt. Bache hatte »Elisabeth« bereits 1876 in London aufgeführt.

2) Jetzt einer der gefeiertsten Pianisten.

## 371. An die Gräfin Mercy-Argenteau.

Chère admirable propagandiste,

Ci-joint une variante du trille, avec l'indication à la main gauche, du motif qui se reprend au complet, ensuite. Ce nouveau *trille* est un peu incommode, mais pas trop malaisé. Veuillez l'envoyer à Cui, et le prier de me servir d'intermédiaire auprès de l'éditeur de l'original de la brillante Tarantelle de Cui, pour la publication de la transcription. A mon regret la modicité de mon revenu m'oblige à faire flêche, non pas de tout bois, mais de fagots de mes transcriptions, lesquelles me sont payées maintenant en Allemagne, Russie, France de douze à *1500 Marks* pièce, pour la propriété en tout pays.

Notez que je choisis les œuvres à transcrire, et me refuse à d'autres demandes. Cette année, par exemple, je me suis borné à l'opuscule que vous daignez agréer — et mettrez en lumière, j'espère, par les diamants et perles de vos doigts.

M^r Bessel n'a donc qu'à m'envoyer 1200 Marks d'honoraire, ou à me retourner le manuscrit, sans vergogne.

Très humbles et constants hommages.

21 Novembre 85 — Rome. F. Liszt.

Quand vous m'aurez écrit le résultat de la négociation avec Bessel, j'écrirai à Cui mes remercîments et cordialités.

NB. Le nouveau *trille* doit être imprimé comme *Ossia*, au dessus de l'ancien.

## 372. An Camille Saint-Saëns.

Très honoré confrère et très cher ami,

Certainement je serai à Londres la première semaine d'Avril. Pour ma visite à Paris, je reste encore fort indécis, ne voulant pas m'exposer à une déconvenue comme celle qu'il m'a fallu subir en 66. [1])

---

1) Liszt s Bedenken wurden gehoben; er ging bekanntlich nach

Partout et toujours je serai heureux et fier de votre collaboration et demeure votre sincère admirateur et dévoué ami

28 Novembre 85. Rome (Hôtel Alibert). F. Liszt.

Jusqu'à la mi-Janvier je resterai ici. Cet été, M^me^ Montigny[1]) m'a parlé de son mariage, accompli maintenant. M^r^ de Serres m'a laissé l'impression d'un galant homme qui adore sa femme. Je n'ai point de nouvelles des nouveaux époux. Rien de plus spirituel que votre remarque sur la *perpétuelle* jeunesse des compositeurs à Paris. En votre compagnie, cher ami, je me mettrai volontiers de la partie, nonobstant mes 74 ans.

## 373. An Eugen d'Albert[2]).

Bewunderter, lieber »*Albertus Magnus*«, Dank für die Widmung Ihres gehaltvollen, edlen, wirksamen Conzerts, welches ich wieder mit besonderem Vergnügen durchgelesen und von Stavenhagen spielen hörte.

Ist davon keine Ausgabe für 2 Pianoforte erschienen? Ich halte solche Ausgaben für zweckmässig — fast unentbehrlich. Auch sind sie jetzt sehr gebräuchlich.

Zu Ihrer glücklichen Vaterschaft gratulirt mit den besten Empfehlungen an Ihre Frau aufrichtig ergebenst

26. December 85. — Rom. F. Liszt.

## 374. An Sophie Menter.

Wohlwollende Diplomatin und sehr liebe Freundin,

Dem Grossfürsten Constantin schreibe ich meinen unterthänigsten Dank für seine gnädige Einladung, nebst dem sehr motivirten Bedenken über mein Alter und Augenschwäche — und hauptsächlich meine *Untauglichkeit* zum Clavierspielen und

---

Paris und sah sich daselbst unbeschreiblich gefeiert. Die Triumphe seiner Jugend wiederholten sich nun noch einmal an der Neige seines Lebens.

1) Mme Montigny-Rémaury, treffliche Pianistin, zog sich nach ihrer zweiten Verheiratung in Wien von der Öffentlichkeit zurück.

2) Der bedeutendste und vielseitigste der jüngeren Schüler Liszt's.

Orchester-Dirigiren. Diese behindert mich irgend welche Ansprüche auf Honorar zu stellen: doch wissen Sie, liebe Freundin, dass mein geringes Einkommen nicht ausreicht, Wohnung und Wagen in Petersburg zu bezahlen. — Vom 1ten bis 12ten April bin ich in London verhalten. Wenn es dann *nicht zu spät ist*, kommt nach Petersburg

Ihr stets getreu ergebenster

30ten December 85. Rom. F. Liszt.

Mitte Januar kehre ich nach Budapest zurück. Freundschaftlichen Gruss an *Neuschul*, den ich bitten werde, mir als wirklicher geheimer Rath in Petersburg beizustehen. Von dem nächsten Brief des Grossfürsten Constantin erwarte ich die Entscheidung, ob meine Reise nach Petersburg *Mitte April* genehmigt, oder nicht.

## 375. An Eduard Reuss.

Geehrter lieber Freund,

Noch kleine Änderungen und Verlängerungen im »Concerto pathétique«.

Der Pauken-Rhythmus

scheint mir zu riskirt: wenn der Tympanist plump daraufschlägt, verdirbt er das ganze Stück. Setzen wir also

Dieser Rhythmus dient uns zweimal als Transition, — und am Schluss.

Vor Ende dieses Monats bin ich in Budapest und Anfangs April in London zur »Elisabeth«-Aufführung (St James Hall) unter Leitung von Mackenzie. Getreu ergebenst

10. Januar 86 — Rom. F. Liszt.

## 376. An Walter Bache.

Verehrter, sehr lieber Freund,

Es scheint beabsichtigt in London, mich an's Clavier zu schieben.

Öffentlich kann ich mir dies nicht gefallen lassen, weil meine 75jährigen alten Finger nicht mehr dazu passen, und Bülow, Saint-Saëns, Rubinstein und Sie, lieber Bache, meine Compositionen viel besser spielen, als meine verkommene Wenigkeit.

Vielleicht wäre es opportun, wenn Freund Hüffer die Gefälligkeit hätte, durch eine kurze Note dem Publikum anzudeuten, dass Liszt nur als dankender Besucher, nicht als Fingerbetheiligter weder in London noch irgendwo erscheinen darf. Freundschaftlichst ergeben

11ten Febr. 86. Budapest. F. Liszt.

## 377. An die Gräfin Mercy-Argenteau.

Très admirable et admirée,

Votre amabilissime lettre ne m'est parvenue qu'après quelque retard, car j'ai mis une dizaine de jours à faire le trajet de Rome à Budapest.

Madame Falk m'écrit aussi du concert de Liège: mais je crains de n'avoir que des excuses à offrir. Le 20 Mars je serai à Paris, où la trop critiquée *Messe de Gran*, et par quelques polissons même sifflée (au Concert Pasdeloup en 66), doit réapparaître le 25 Mars, à St Eustache. Cette fois Mr Colonne la dirigera et l'on m'assure qu'elle sera *mieux entendue* maintenant . . . Invariables hommages.

17 Février 86. Budapest. F. Liszt.

Très affectueux remercîments de l'invitation d'Argenteau. En profiter reste expectatif pour votre très humble serviteur, vieux et affaibli.

## 378. An Sophie Menter.

Hochgeehrte liebe Diplomatin,

Acht Tage vor dem 19. April (russischen Styls) werde ich in Petersburg eintreffen. Bitte sehr mit meiner Wenigkeit *möglichst wenig* Umstände zu machen. Die 2 Programme scheinen mir richtig: meine geringe Betheiligung daran werde ich erst in Petersburg anmelden. Also am 19ten April *Elisabeth;* am 23ten Conzert. — Veranlassen Sie das Comité, mir die *Einladung* zu den beiden Aufführungen an »Novello et Co Music Publishers, 1, Berner's Street, London«, zu adressiren. Vom 1ten bis 12ten April bin ich der Gast Novello's. Wie verhält es sich mit meinem Unterkommen in Petersburg, wozu mein dürftiges Einkommen nicht ausreicht? — Von Ihnen, liebe Freundin, erwarte ich in London Bestimmung. — So ehrenvoll für mich die Warschauer Einladung wäre, könnte ich derselben jetzt nicht Folge leisten. Vor Ende Mai ist meine Rückkehr in Weimar geboten, wegen der Tonkünstler-Versammlung in Sondershausen. Herzlich ergebenst

18ten März 86. Argenteau (Lüttich). F. Liszt.

Einliegende Zeilen und verlangte Photographien für Freund Zet. — Eine weitere Unterschrift der Photographien zu dem Zeitungsgebrauch halte ich für ganz überflüssig. Überschwänglichkeiten passen mir keineswegs. —

## 379. An die Gräfin Mercy-Argenteau.

Westwood-House, Sydenham (près de Londres où tout est loin).

Mercredi, 14 April 86.

Très chère Présidente et vaillante propagandiste russophile, —

La seconde exécution de l'»*Elisabeth*« fixée à Samedi prochain, au *Crystal-Palace*, me retient ici quelques jours de plus que je ne pensais.

De Mardi prochain à celui de Pâques, j'ai redemandé la bienveillante hospitalité des Lynen (Anvers).

Il est encore question de l'*Elisabeth* au Trocadéro le 30 Avril. Si vous y manquiez, ce serait un affront pour votre très humble et admiratif vieux serviteur

F. Liszt.

Cette fois je demeurerai chez Munkacsy (Avenue Villiers, 53). (Très à la hâte).

## 380. An Alexander Ritter in Meiningen.

24ten April 86. Antwerpen.

Sehr geehrter, lieber Freund,

Herzlichen Dank für die Widmung. Ihr »fauler Hans« hat nichts faules an sich. Mit seinem anmuthigen, feinen Witz leistet er treffliche Gesellschaft unserm lieben »Barbier von Bagdad«, dessen Wiederaufnahme in Begleitung des »faulen Hans« ich nächstens Baron Loën (Weimar) empfehlen werde. Getreu

F. Liszt.

Mitte Mai bin ich in Weimar zurück. Sagen Sie meinen verehrungsvollen Gruss Ihrer Frau.

## 381. An Frau Amalie von Fabry.

Sehr geehrte Freundin,

Dass meine Wohnzimmer in Budapest verschlossen bleiben während meiner Abwesenheit, wünsche ich.[1]) Übrigens hat darüber Seine Excellenz Minister Trefort zu befehlen. Er riskirt nicht, in meiner Wenigkeit einem Oppositionsmann zu begegnen.

Nicht viel ruhiger als den Winter und das Frühjahr werde ich diesen Sommer verbringen. Nächste Woche bin ich beim Musikfest in Sondershausen; dann bis 30. Juni wieder hier.

Meine Enkelin, Daniela von Bülow, vermählt sich in Bay-

---

1) Es fanden sich viele Neugierige, die sich darin umzuschauen liebten, sodass Liszt ein Verbot ergehen lassen musste.

reuth am 3. Juli mit dem hochgeschätzten Kunsthistoriker Thode. Nachher vom 5. bis 18. Juli verweile ich bei meinen vortrefflichen lieben Freunden Munkacsy auf ihrem Schloss Colpach (Luxemburg). Dem ganzen Cyclus der Parsifal- und Tristan-Vorstellungen in Bayreuth vom 20. Juli bis 23. August werde ich beiwohnen.

Mehr als halb erblindet bin ich schon, vielleicht lässt der Rest nicht lange auf sich warten. . .

Stets getreu ergebenst

27. Mai 86. Weimar. F. Liszt.

## 382. An Madame Malwine Tardieu.

Weimar, 29 Mai 86.

Ma vue se perd, chère amie, et je n'écris plus qu'avec peine.

Cordials remercîments de votre lettre, et au bon revoir à Bayreuth, aux représentations de *Parsifal* et *Tristan*.

Votre très affectionné F. Liszt.

Je serai à Bayreuth le 3 Juillet — jour du mariage de ma petite-fille Daniela.

Du 4 au 18 Juillet, mes excellents ami Munkacsy me feront l'hospitalité à leur château de Colpach (Luxèmbourg) d'où je reviendrai à Bayreuth pour y rester jusqu'à la dernière représentation, 23 Août.

Veuillez m'envoyer »le *théâtre en liberté*« de Victor Hugo. Nous réglerons nos comptes à Bayreuth.

## 383. An Eduard Reuss.

Geehrter, lieber Freund,

Meine Augenschwäche wird ärger; deswegen kann ich Ihnen nicht »mano propria« schreiben. Ihrem *Wilhelm Franz* wünsche ich Glück zu bringen. Einstweilen danke ich Ihnen herzlich für meine Pathenschaft.

In aufrichtiger Freundschaft ergebenst

Sondershausen, 5. Juni 86. F. Liszt.

### 384. An die badische Hofopernsängerin Frau Reuss-Belce.

Sehr geehrte Frau,

Meinen Ihrem Herrn Gemahl eben ausgesprochenen Dank verdopple ich Ihnen, da Sie den Principal-Part bei dem Familien-Opus »Wilhelm Franz« ausgeführt haben.

Mit den herzlichsten Wünschen für das Fortgedeihen der Eltern und des Kindes verbleibt Ihnen ergebenst

Sondershausen, 5. Juni 86. F. Liszt.

### 385. An Eduard Reuss.

Sehr geehrter Freund,

Soeben erhalte ich die einliegende Antwort Härtels. Senden Sie ihnen also die Partitur *mit dem Clavierpart* und empfehlen Sie ihnen den Druck dieser *vollständigen* Partitur — nicht des Orchesters allein — womöglich bis nächsten October, resp. Ende September. Vorderhand sind dann zur Aufführung zwei Exemplare der vollständigen Partitur nöthig — eins für den Dirigenten und eines für den Solisten, der den Clavier-Part so lange aus der Partitur heraus zu spielen hat, bis Sie nicht vielleicht späterhin den Orchester-Part für ein zweites Clavier als Begleitung arrangiren, und das Concert in einer Ausgabe wie das Es-dur-Conzert erscheint.

Freundschaftlich ergeben

Weimar, 22. Juni 86. F. Liszt.

NB. Am 1. Juli reise ich auf ein paar Monate von hier ab.

### 386. An Sophie Menter.

3ten Juli 86, Bayreuth.

Sehr liebe verehrte Freundin,

Morgen, nach der kirchlichen Trauung meiner Enkelin Daniela von Bülow mit Herrn Professor Henry Thode (Kunst-Historiker) begebe ich mich zu meinen vortrefflichen Freunden Munkacsy's: *Schloss Colpach, Grossherzogthum Luxemburg.*

Am 20ten Juli bin ich wieder hier zurück für die 7—8 ersten Vorstellungen des »*Festspieles*«: dann muss ich mich leider der mir sehr widerwärtigen Kur in Kissingen unterziehen und im September steht mir bei Gräfe in Halle eine Augenoperation bevor. Seit einem Monate kann ich gar nicht lesen und kaum ein paar Zeilen mühsam schreiben. Zwei gefällige Sekretäre helfen mir durch Vorlesen und Briefschreiben unter meinem Dictat.

Wie lieb wäre es mir, verehrte Freundin, Sie in Ihrem Zauberschlosse Itter zu besuchen! Doch sehe ich dazu keine nächste Gelegenheit.

Vielleicht kommen Sie nach Bayreuth, wo vom 20ten Juli bis 7ten August verbleibt

Ihr herzlich ergebener F. Liszt.

* * *

Es war dies wol der letzte Brief, den des Meisters Hand geschrieben. Krank kehrte er von Colpach nach Bayreuth zurück. Noch einmal hörte er »Parsifal« und »Tristan« — dann legte er sich zum Sterben nieder, und am 31. Juli 11 Uhr Abends war seine grosse Seele eingegangen zum ewigen Frieden.

# Nachtrag

## einiger während des Druckes eingegangener Briefe.

---

### 387. An Hofmarschall Freiherr von Spiegel in Weimar*).

Monsieur le Grand Maréchal,

Je suis très heureux d'apprendre par vous que Son Altesse Impériale Madame la Grande Duchesse a daigné agréer avec bienveillance ma *traduction* de la belle œuvre de Beethoven que je me suis permis de lui offrir humblement. L'original de cette œuvre marque pour les musiciens le point de perfection du genre *classique* (désignation selon moi fort arbitraire) parmi les compositions instrumentales, non symphoniques. Beethoven — ainsi que plusieurs grands génies dans l'histoire de l'art — est semblable au Janus antique; de ses deux faces, l'une est tournée vers le passé, l'autre vers l'avenir. Le Septuor marque en quelque sorte le point d'intersection et se trouve ainsi admiré sans restriction et par les dévots du passé et par les croyants de l'avenir.

À ce titre j'ai pensé qu'il y avait convenance à en faire le respectueux hommage à S. A. I., en attendant qu'il me soit permis de mettre à ses pieds une œuvre de plus longue haleine, et qui exprimera plus particulièrement ma reconnaissance personnelle.

Ce n'est qu'hier que me sont parvenues les lignes si flatteuses de Votre Excellence. Il n'y a donc pas de ma faute si je n'ai pas répondu plus tôt à la gracieuse demande que

---

*) Autograph im Liszt-Museum zu Weimar.

vous voulez bien me faire relativement à mon voyage de Weimar.

Sans nul doute, j'accepte avec empressement l'invitation de Votre Excellence pour le mois d'Octobre. Permettez-moi seulement de vous prier de vouloir bien me faire savoir si vous jugez plus convenable que j'arrive au commencement, ou à la fin du mois d'Octobre. N'étant pas tout à fait maître de mon temps, il me serait très agréable de savoir par vous, la huitaine la plus favorable.

J'ai l'honneur d'être avec respect, Monsieur le Grand Maréchal, de Votre Excellence le très humble et obéissant serviteur F. Liszt.

Paris, 30 Septembre 1841.

19 —· rue Pigalle (adresse permanente).

## 388. An Eugenio Gomez, Organist der Cathedrale zu Sevilla*).

Séville, 27 Décembre 44.

Vous avez bien voulu, mon cher Monsieur Gomez, me demander mon avis *tout franc* sur vos *Mélodies harmonisées*, et — tout franc, j'en suis fort embarrassé, car j'ai beau les tourner et les retourner en tout sens, je ne trouve de tout côté que des compliments à vous en faire. Il est vrai que vous ne sauriez douter de leur sincérité pas plus que du mérite réel de votre œuvre. On a beau parler de la modestie du véritable talent; cette modestie ne peut aller jusqu'à la niaiserie, et l'Artiste et l'Architecte suprême des mondes nous donne lui-même l'exemple de cette satisfaction légitime que donne la conscience d'avoir *bien* fait, en s'applaudissant à chaque jour de la Création de son œuvre.

Un défaut pourtant, et un bien grave défaut, qu'à force de chercher j'ai découvert à vos *Harmonies*; c'est de n'être que *douze* au lieu de 24, ou 48 — ainsi que tous les vrais amateurs

*) Autograph ohne Adresse im Liszt-Museum zu Weimar. — Adressat (geb. 1802) auch Pianist und Componist.

le désireront. Allons vite, mon cher Monsieur Gomez, remettez-vous à l'œuvre et réparez au plus tôt cet impardonnable défaut de votre travail; et en l'allongeant le plus possible, souvenez-vous quelquefois de votre tout affectionné et dévoué serviteur

F. Liszt.

## 389. An Madame ?*)

[Sevilla, Ende December 1844.]

Vous ne m'aviez pas trop dit des merveilles de Séville, Madame, et pourtant vous ne pouviez guère me parler à l'avance de ce que j'y ai trouvé de plus charmant — la lettre de Mademoiselle Caroline. Grâce à ses charmantes lignes je me trouvais de la meilleure composition du monde pour tous les chefs d'œuvre imaginables et on ne peut plus disposé aux admirations et aux émerveillements!

Pendant les dix jours que je viens de passer à Séville n'ai-je pas laissé passer un seul jour sans venir faire ma très humble cour à la Cathédrale, Epopée de granit, Symphonie architecturale dont les accords éternels vibrent dans l'infini! —

Il n'y a point de phrases à faire sur un pareil monument. Le mieux serait de s'y agenouiller avec la foi du charbonnier (si l'on pouvait) ou de planer par la pensée le long de ces arceaux et de ces voûtes pour lesquels il semble qu'il n'y ait déjà »*plus de temps!*« — Pour ma part ne me sentant ni assez charbonnier ni assez aigle, je me suis borné à rester le nez en l'air et bouche béante. Parfois cependant ma prière s'est élevée comme un lierre inutile, embrassant avec amour ces troncs noueux qui défient toutes les tempêtes du génie chrétien.

Quoi que vous puissiez penser de mon enthousiasme pour *votre* cathédrale, toujours est-il qu'elle m'a entièrement absorbé pendant les 10 jours que j'ai passé à Séville, si bien que ce n'est que la veille de mon départ que j'ai pu me décider à visiter l'alcazar.

En vérité, s'il était permis de souhaiter le rétablissement

*) Autograph ohne Adresse, Datum und Schluss im Liszt-Museum zu Weimar.

de la bastonnade, ce serait pour l'appliquer exclusivement à ces infâmes malitieux qui ont osé barbouiller de chaux et de plâtre tant de ravissantes fantaisies, tant de féeriques caprices.

Quels enchantements adorables et quels hideux dégâts!

Le cœur se dilate — et puis se resserre à chaque pas. Peu m'importent les jardins (lesquels par parenthèse ressemblent un peu à des jardins de curé enjolivés), peu m'importent même les bains de Maria Padilla, qui actuellement font un peu l'effet d'une lessive, — mais quels dessins, quelle harmonieuse profusion dans ces lignes, quelles insaisissables voluptés dans toute cette ornementation! que ne puis-je vous les envoyer sous cette enveloppe tels que je les ai sentis et dévorés des yeux!

Voilà bien des *points d'exclamation* et vous allez bien rire de moi, n'est-ce pas, Madame? Mais qu'y faire? Et comment après cela vous parler de moi et de mon chétif individu?

## 390. An Madame ?*)

[Wahrscheinlich Anfang 1845.]

Où en sont vos projets de voyage pour cet hiver, Madame? Les miens sont entièrement dérangés. Je ne réussis pas à quitter l'Espagne, et le fait est, que m'y trouvant bien il n'y a point de raison pour chercher mieux ailleurs. Le seul point qui me contrarie c'est l'obligation où je me trouve de renoncer à mon bout de service à Weymar pour cet hiver. Mais je tâcherai de prendre une éclatante revanche dans le courant de l'année même.

Malgré nos conventions je ne vous ai pas envoyé le *bulletin* de mes pacifiques victoires au Cirque de Madrid [1]) (et ailleurs) parce que vous savez qu'il y a un certain nombre de choses très simples d'ailleurs mais que je ne sais pas faire. Plus

---

*) Autographe Briefskizze (ohne Adresse, Datum und Schluss) im Liszt-Museum zu Weimar.

1) Liszt concertirte vom October bis December 1844 im Teatro del Circo in Madrid.

d'une fois pourtant je vous ai regretté à votre loge de fondateur — premières en face! — et me suis retourné de ce côté attendant les Bravos incitateurs qui devaient partir avant tous les autres aux passages *perlés!*

La Melinetti vous aura donné sans doute de mes vieilles nouvelles de Pau! Pauvre femme, avec son luxe de mari (superflu qui n'était nullement chose si nécessaire pour elle) et sa petite tête de travers .... elle m'a bien promis d'être enfin raisonnable, posée et réflechie. J'espère qu'elle tiendra parole. Avec un peu d'esprit, de conduite et de tact, elle pourra se faire une très bonne position à Pau. M^me^ d'Artigaux [1]) qui est la femme la plus idéalement bonne que je sache, lui porte un véritable intérêt. Plusieurs autres personnes lui veulent sincèrement du bien — il ne dépend que d'elle d'y prendre une bonne assiette — mais malheureusement elle est plutôt farceur, casse tous les pots et toutes les vitres!

Que savez-vous de l'élégiaque et séraphique Chopin? J'ai écrit quelque lignes à M^me^ Sand de Pau — mais ma lettre ne demandait guère de réponse, et elle a d'ailleurs mieux à faire.

## 391. An Madame ? in Mailand*).

[1846.]

Je suis tout à vos pieds, Madame, et vous baise les mains — mais impossible de ne pas vous quereller et sérieusement sur les dernières lignes de votre lettre! Par quelle distraction, permettez-moi de vous demander, se peut-il que vous m'écriviez »Je ne vous parle pas de nos affaires parce que *je me souviens* que vos sympathies ne sont pas avec nous.« Franchement, si vous me disiez que je n'ai jamais

1) Unvermählt hatte sie sechzehn Jahre früher, als Comtesse Caroline St Criq, Liszt's ganzes Herz besessen, wie ihm das ihre zu eigen blieb. Aber das Gebot ihres Vaters, Ministers St Criq, trennte ihre Wege, weil er — nur ein Künstler war. Liszt gedachte ihrer in seinem letztem Willen; doch ging sie vor ihm, schon Anfang der 70er Jahre aus der Welt.

*) Autograph im Liszt-Museum zu Weimar.

fait que des fausses notes sur le piano et que ma vocation était l'épicerie en détail, cette opinion offrirait, à mon sens, un plus grand degré de probabilité. Evidemment, en ma double qualité, de bourgeois et de musicien, je n'ai même pas à me justifier du tort que vous me [faites.] Souffrez donc que je ne m'y arrête pas davantage, et daignez à l'avenir m'épargner le chagrin que me causerait tout soupçon analogue.

Votre lettre m'a d'ailleurs été une grande joie; d'abord comme venant de vous, et puis en m'annonçant la réalisation d'un désir, d'une idée à l'ajournement desquels je m'étais résigné tant bien que mal, mais que je n'avais guère abandonnés. Votre Sardanapale me vient à point, tout autant que les 2000 frcs seront à propos pour le poète. Le mode de paiement est fort simple. La sœur de Belloni se trouvant à Milan, elle aura l'honneur de venir chez vous et *contre* la remise du manuscrit, elle acquittera le total de ma dette, c'est à dire francs deux mille. Permettez-moi seulement une dernière prière, c'est que vous vouliez bien prendre la peine de relire en entier le libretto, et s'il y avait lieu, de communiquer directement au poète les observations que vous jugeriez nécessaires. Les notes et commentaires que vous avez ajoutés en marge du libretto de Rotondi (que je garde précieusement) témoignèrent d'une si maîtresse *maestria* dans ce genre qu'on ne saurait faire plus sagement que de s'en remettre en toute confiance à votre décision. —[1])

Grâce à Dieu, et à cette bonne étoile qui m'a permis de vivre plusieurs années assez honnêtement »comme si j'étais immortel« ainsi que vous me le disiez, me voici déjà depuis la fin Septembre de l'année passée tout-à-fait en dehors de concerts — et il n'y a pas grand' apparence que je retourne de si tôt à cette galère. — Jusqu'au 15 Août je resterai à Weymar; ensuite j'irai faire un tour en Crimée par le Danube en repassant probablement par Constantinople s'il y a moyen. —

1) Der Plan eine Oper »Sardanapal« zu componiren, beschäftigte Liszt Jahrelang.

Au printemps prochain le Sardanapale sera prêt — et en même temps j'aurai peut-être à vous parler d'autre chose — qui vaudra la peine que je vous en parle. —

Soyez assez bonne pour m'accuser réception de ces lignes; mais de grâce épargnez-moi les injures, et veuillez bien me faire l'honneur de croire, sans réserve ni restriction, à la sincère droiture de mes *sympathies* et à ma franche et ferme bonne volonté de les traduire en actes ou en œuvres, selon les circonstances, dans les mesures de mes forces.

Bien à vous d'admiration et d'amitié F. Liszt.

## 392. An Frau Charlotte Moscheles?*)

Je vous suis tout à fait reconnaissant, Madame, du souvenir que vous voulez bien me garder à l'occasion de la publication de l'Album des travailleurs, et m'empresserai d'y répondre au plus tôt et de mon mieux.

Pour vous l'avouer en toute sincérité cependant, je me trouve un peu embarrassé sur le choix à faire dans le nombre de manuscrits inutiles et *inemployables* que je serais charmé de mettre à votre disposition bienveillante. Après le »*Arbeiter Chor*« et le »*Arbeiter Marsch*« dont je viens de gratifier deux Albums de Vienne, votre gracieuse lettre vient me surprendre passablement à court d'à propos. Quel mal à propos, n'est-ce-pas? Voyons pourtant comment y remédier. —

J'ai songé d'abord à une »*Marche funèbre*« à l'usage des banquiers; puis à une *Élégie* dédiée aux oisifs; ensuite à des *Jérémiades Omnibus*; — mais rien de tout cela ne me convient entièrement.

A défaut d'un bien absolu, permettez-moi donc de m'arrêter au mieux relatif (lequel sera, ce me semble, un meilleur choix): une Paraphrase — charitablement adaptée aux doigts des pianistes charitables qui voudront nous faire la

*) Autographe Briefskizze ohne Adresse im Liszt-Museum zu Weimar. — Muthmassliche Empfängerin die Gattin des bedeutenden Claviervirtuosen und -Pädagogen Ignaz Moscheles.

charité de l'acheter et de l'exécuter — de la »*Charité*« de Rossini que j'aurai l'honneur de vous faire remettre par Mr Kistner les premiers jours de Juillet. Une ancienne maxime d'un très ancien Père d'Eglise justifierait au besoin ce choix. »Dans les choses nécessaires: *Unité*; dans les questions douteuses: *Liberté*; dans toutes: *Charité!*« —

Veuillez bien, Madame, avoir la bonté de me rappeler très amicalement au souvenir de mon excellent maître et ami Moscheles; et agréez de nouveau, je vous prie, l'expression de mes hommages et de mes sentiments les plus affectueusement distingués.

22 Juin, Weymar 48. F. Liszt.

## 393. An Heinrich Wilhelm Ernst*).

30 Mai 1849.

Cher ami,

Weymar ne vous a pas oublié et j'espère être bientôt à même, lors du retour du Prince héréditaire, que nous attendons pour le jour de sa fête, 24 Mai au plus tard, de vous transmettre la marque du souvenir distingué qu'on vous garde. Je me plais à croire qu'elle vous sera agréable et qu'elle contribuera à vous rattacher davantage par la suite à des personnes dignes de vous apprécier.

J'eusse désiré vous en informer plus tôt, mais les lenteurs inévitables dans les circonstances actuelles ajournent plus d'un désir.

Après les déplorables journées de Dresde, Wagner est venu ici et n'en est reparti que pour se soustraire au *Steckbrief* (lettre de cachet) par lequel le gouvernement saxon le poursuit; j'espère qu'à l'heure qu'il est il sera arrivé sain et sauf à Paris où sa carrière de compositeur dramatique ne saurait manquer de grandir, et dans de grandes proportions. C'est un homme d'un génie évident qui doit nécessairement

*) Fragmentarisch, wie vorstehend, im »Voltaire« abgedruckt. — Adressat der berühmte Violinvirtuos und -Componist (1814—1865).

s'imposer à l'admiration générale et tenir une haute place dans l'art contemporain. Je regrette que vous n'ayez pas eu l'occasion d'entendre son *Tannhäuser* qui est à mon sens le drame le plus lyrique, le plus remarquable, le plus harmonique, le plus complet, le plus original et *selbstwürdig* (le plus digne d'elle) de fond et de forme que l'Allemagne ait produit depuis Weber. Belloni vous a, je crois, écrit au sujet de Wagner pour vous demander des informations sur la situation actuelle de l'Opéra anglais à Londres.

Je ne fais aucun doute que s'il était possible que Wagner obtienne des directeurs un tour de représentation dans le courant de l'année pour un nouvel ouvrage (*Lohengrin,* dont le sujet se rapportant aux chevaliers de la table ronde qui allaient à la recherche du Saint-Graal est du plus poétique intérêt) il n'y fasse grande sensation et belle recette. Aussitôt qu'il me donnera des nouvelles de son arrivée à Paris permettez-moi de l'engager à vous écrire directement si ses plans ne se changent pas à cet égard.

## 394. An Josef Dessauer?*)

[Wahrscheinlich Anfang der fünfziger Jahre.]

Herzlichsten Dank für Deine Lieder. Es freut mich, dass Du mich einer Widmung werth hältst, und ich verspreche Dir, dass, wenn wir uns wiedersehen, ich Dir die Lieder auswendig vorsingen werde. Vielleicht bringst Du mich wieder zu einer Lieder-Stimmung, die mich einiges in der Art aufzuschreiben drängt. Meine früheren Lieder sind meistens zu aufgebläht sentimental, und häufig zu vollgepfropft in der Begleitung.

## 395. Empfehlungsschreiben für Joachim Raff**).

[Wahrscheinlich Anfang der 50er Jahre.]

Les talents de M^r Raff comme compositeur et musicien

*) Autographe Briefskizze ohne Adresse, Datum und Schluss im Liszt-Museum zu Weimar.

**) Autographe Briefskizze ohne Adresse und Datum im Liszt-Museum zu Weimar.

sont un fait tellement évident et certain, ses récentes compositions d'orchestre, aussi bien que ses œuvres pour le chant et pour le piano, en fournissent de si valables preuves que je tiens pour superflu d'ajouter à cette évidence et de la certifier davantage.

Toutefois, ayant eu plus que d'autres occasion, durant les quelques années de nos relations d'apprécier ses capacités (notamment lors des fêtes musicales à Bonn pour l'inauguration du monument de Beethoven en 1845, — et celles de *Herder et Goethe* à Weymar en 1850, etc.), connaissant à fond et la partition de son opéra en quatre actes »König Alfred« représenté maintefois avec un véritable succès à Weymar sous la direction de l'auteur, ainsi que plusieurs de ses ouvrages manuscrits que je tiens en sincère estime, je me fais un devoir de recommander sérieusement M^r^ Raff à ceux des Instituts de Musique qui attachent du prix à posséder un directeur intelligent et très au fait des exigences et des progrès de l'art.

F. Liszt.

## 396. An Dr. Eduard Hanslick in Wien[1].

Monsieur,

La manière dont vous avez rendu compte dans la »Presse« des deux concerts de Dimanche et Lundi, correspond entièrement à l'opinion que j'avais de vous — et vous vous êtes montré en cette circonstance, selon votre habitude, critique éminent et parfait *gentleman*.

Permettez-moi de vous faire mes sincères remercîments pour la part que vous avez bien voulu m'accorder et d'espérer que les années prochaines en nous rapprochant davantage me

1) Der berühmte Musikschriftsteller u. Kritiker (geb. 1825 in Prag), Professor der Musikgeschichte an der Wiener Universität. — Der Brief bezieht sich auf das von Liszt dirigirte Mozart-Jubiläumsconcert in Wien und Hanslick's Kritik, in welcher er den Mangel an Courtoisie rügte, womit man Liszt, der zur Leitung dieses Concerts eingeladen worden war, seitens des Publikums und des Comité's behandelte.

mettront à même de vous mieux témoigner les sincères sentiments d'estime et de considération distingués dont je vous prie d'agréer l'assurance.

31 Janvier 56. F. Liszt.

### 397. An den österreichischen Minister des Innern, Freiherr von Bach*).

Eure Excellenz,

Die Fürsorge und Protection, welche Eure Excellenz den geistigen Interessen im Kaiserstaate angedeihen lassen, gestatten mir den Wunsch und die Bitte vorzutragen: Die Messe, welche ich im Auftrage Seiner Eminenz des Fürst Primas von Ungarn, zur Einweihungs-Feier der Graner Basilica componirt und daselbst am 31ten August zur Aufführung gebracht habe, möchte durch die K. K. Staatsdruckerei in Partitur und Clavierauszug auf Staatskosten gedruckt und herausgegeben werden.

Ohne mein Werk ungeziemend anzupreisen, erlaube ich mir doch bescheidentlich die Zuversicht auszusprechen, dass der *katholische* Sinn und Geist, welcher demselben zu Grunde liegt und seine verschiedenen Bestandttheile erfüllt, durch die Veröffentlichung der Auflage allmählig mehr Verbreitung und Verständniss finden werde, so dass ich hoffen dürfte, einen nicht unwürdigen Beitrag zur christlichen Kunst sowie der hohen Kirchen- und Landes-Feier des 31. August geliefert zu haben.

In der Erwartung, dass meine Bitte jenem fördernden Wohlwollen begegnet, dessen ernste und redliche Kunst-Bestrebungen bedürftig sind, habe ich die Ehre gehorsamst zu verbleiben

Euer Excellenz unterthänigster und ergebenster Diener

Wien, 18ten Sept. 56. F. Liszt.

---

*) Autographer Briefentwurf im Liszt-Museum zu Weimar. — Die Graner Messe wurde in der That durch die Wiener Staatsdruckerei gestochen und herausgegeben.

## 398. An ? in Leipzig*).

[Frühjahr 1859.]

Lieber Freund,

Gleichzeitig mit Ihrem Brief erhalte ich ausführlichere Mittheilung über die Leipziger Präliminarien von Brendel, worauf er auch ausführlichere Antwort empfangen wird.

Ich bin nicht der Meinung, dass das Orchester-Conzert durch den abschlägigen Bescheid von Rietz sofort aufzugeben ist. Möglicherweise übernimmt *David* die Direction desselben, und rathe ich Brendel sich mit ihm darüber in Einvernehmen zu stellen. Andrerseits wäre es auch im Nothfall zu erwarten, dass die Weimarer und Sondershäuser Kapelle vereinigt das *Programm* ausführten. Letzteres aber müsste so festgehalten werden wie es früher bestimmt ward, und den *ausschliesslichen* Charakter »*nur Compositionen* von *Mitarbeitern der Zeitschrift*« — Schumann, Berlioz, Wagner, R. Franz und zum Schluss meine Wenigkeit — nicht einbüssen. Daher kann ich in keinem Bezug die von Brendel angedeutete Concession, Werke von Haydn, Mozart, Beethoven etc. darin aufzunehmen billigen noch motivirt finden. Das *Musikalische* anbetreffend, halte ich es für unmöglich ein so übermässig reichhaltiges Programm an *einem Abend*, ohne Abstumpfung für das Publikum, vorzuführen; das ginge noch über die berüchtigten Londoner Conzerte, welche 6 Stunden Dauer einnehmen, abgesehen davon, dass man die anerkannten Classiker in gar zu bescheidenen Schatten stellen würde! — Hauptsächlich aber passt ein so überfülltes Programm durchaus nicht zu der Jubiläums-Feier der Neuen Zeitschrift, welche bei dieser Gelegenheit ihr gutes Recht und den Fortschritt in der Kunst, den sie bezweckt und unterstützt, insbesondere zu betonen [hat]. Deshalb ist die früher einverstandene Beschränkung des Programms unerlässlich.

*) Autographe Briefskizze ohne Adresse, Datum und Schluss im Liszt-Museum zu Weimar. — Der Inhalt bezieht sich auf das Orchesterconcert der für Anfang Juni 1859 geplanten und ausgeführten Tonkünstler-Versammlung zu Leipzig.

Falls sich *schliesslich* unüberwindliche Hindernisse der Ausführung desselben entgegenstellen sollten, habe ich keine Einwendung, das *Orchester-Conzert* durch ein *Conzert für Kammer-Musik* zu ersetzen. Das Wort »*Abend-Unterhaltung*« muss aber dabei, wie selbstverständlich, gänzlich wegfallen. Unsre Sache ist, das Auditorium zu erheben, zu erbauen, nicht zu unterhalten; und wenngleich, wie Goethe sehr treffend sagt, »tief und ernstlich denkende Menschen gegen das Publikum einen bösen Stand haben«, so wollen wir nichts desto weniger, wohl desto mehr — diesen Stand ernstlich behaupten. Einstweilen ist es gerathen, die musikalische Aufführung des ersten Abends einfachst durch das Wort *Conzert im Gewandhaus* anzuzeigen, bis wir später darüber im Klaren sind, ob ein *Conzert* mit Orchester, oder blos mit Kammer-Musik.[1])

NB. Bitte diese Zeilen *Niemand andrem als etwa Brendel mitzutheilen*, denn *der darin ausgesprochene Gesichtspunkt* des Conzert-Programms muss *absolut verschwiegen bleiben.*

## 399. An Dr. Eduard Hanslick[2]).

Monsieur,

L'expérience m'ayant appris à regarder comme un sort attaché à mon nom, l'impossibilité de rien publier sans qu'aussitôt il s'amasse autour de mon œuvre des opinions aussi contraires que vivement énoncées, je suis, quoique très habitué à ces petites tempêtes, fort sensible au bienveillant jugement de ceux qui, ne se laissant pas influencer par ce mouvement passager, veulent bien considérer ce que j'écris, avec sangfroid et tranquillité, ainsi que vous l'avez fait dans votre compte rendu de mon livre »*des Bohémiens*«. — Je vous suis sur-

---

1) Es kam ein Orchesterconcert im Theater zu Stande, doch wurden Compositionen Mendelssohn's, Schubert's, Chopin's dabei mit aufgenommen.

2) Der Brief bezieht sich auf Hanslick's Besprechung von Liszt's Buch »Les Bohémiens et leur musique« in der Wiener (alten) »Presse«.

tout fort obligé d'avoir reconnu que si les exigences de mon sujet et l'opinion que j'ai conçue après une vingtaine d'années de réflexions sur la Musique bohémienne, m'imposaient la nécessité d'attribuer à un peuple nomade un art tout empreint d'une poésie qui ne peut s'être développée que dans une nation vagabonde, je n'en ai pas moins cherché à mettre en relief tout ce dont cet art est redevable à la compréhension et au goût que les Hongrois ont toujours eu pour ses œuvres, n'ayant rien voulu diminuer de leurs mérites à cet égard, tout en me voyant dans l'impossibilité de considérer comme venant *d'eux* l'expression de sentiments qui ne pouvaient leur appartenir dans leur entité, quelque sympathiquement qu'ils s'y soient associés. —

Toutefois ce point que je relève en premier, vu les attaques trop violentes et prématurées dont j'ai été l'objet, n'est pas celui que j'ai envisagé comme le plus important de mon volume. De fait il pourrait m'être assez indifférent à moi *Artiste* de savoir si cette Musique est originaire des Indes ou de la Tartarie. Ce qui m'a paru digne d'études pour un Artiste c'est cette Musique elle-même, son sens et les sentiments qu'elle est destinée à reproduire. C'est en cherchant à me rendre clairement compte de ces derniers que j'ai cru ne pouvoir les rattacher qu'à des individus placés dans les conditions exceptionelles des Bohémiens, et c'est en me demandant quelle pouvait être la poésie (si souvent relevée) de la vie bohémienne, que je me suis convaincu qu'elle devait être identique à celle qui respire dans l'art des Bohémiens. Cette identité une fois évidente à mon esprit, j'ai naturellement cherché à la rendre sensible et évidente à mes lecteurs. Pour y mieux réussir j'ai corroboré mon opinion, en groupant quelques suppositions sur la question des origines en manière de complément. Mais le côté scientifique de cette question n'a été à mes yeux que fort accessoire; je n'eusse probablement pas pris la plume pour la traiter. Si je l'ai soulevé, cela a été une conséquence, non le but de mon ouvrage. Artiste, et poète si vous voulez, je ne me suis attaché à voir et à décrire que le côté poétique et psychologique de ma thèse. J'ai demandé à la parole la possibilité de peindre avec moins de feu et d'entraînement, mais avec plus de précision que la musique ne l'a fait, des impressions qui ne relèvent ni de la science ni de la polémique — qui viennent du cœur et parlent à l'imagination.

La prose poétique et descriptive étant peu usitée en Allemagne, je conçois sans peine qu'à l'annonce du titre de mon volume on se soit plutôt attendu à un *cours* qu'à une sorte de *poème en prose*. J'avoue que je n'eusse point entrepris de faire un cours sur un sujet dont les matériaux ne me paraissent pas suffisants à cet effet. Quel petit nombre de personnes d'ailleurs auraient eu intérêt à apprendre le *peu* qu'il serait permis *d'affirmer* à cet égard? Tandis que l'expression de sentiments intimes et profonds, quels qu'ils soient, du moment qu'ils ont été assez puissants pour inspirer tout un art, n'est jamais tout à fait dénuée d'attrait, même pour ce cercle plus étendu qui renferme non seulement les musiciens, mais tous ceux qui sentent et voudraient comprendre la musique.

En vous remerciant encore une fois, Monsieur, de la parfaite impartialité et de la clarté avec lesquelles vous avez indiqué et jugé la charpente de mon livre, je vous prie de trouver ici l'expression de ma très parfaite estime et considération distinguée.

24 Septembre 59. F. Liszt.

# Namenregister.

(Fette Ziffern bezeichnen Briefadresse, magere Ziffern blosse Erwähnung im Briefe. N-Nachtrag.

1195444R0

Printed in Germany by
Amazon Distribution
GmbH, Leipzig